EIN PRINZ AUS DEM HAUSE DAVID

Asfa-Wossen Asserate

EIN PRINZ
AUS DEM
HAUSE DAVID
und warum er
in Deutschland blieb

Scherz

»It was the best of times, it was the worst of times.«
Charles Dickens, A Tale of Two Cities

www.fischerverlage.de

Erschienen bei Scherz, ein Verlag
der S. Fischer Verlag GmbH, Frankfurt am Main
© S. Fischer Verlag GmbH, Frankfurt am Main 2007
Bildnachweis: Foto Milano, Sergio Vignali, Asmara 18;
Hero Bild, Helmut Rominger, Ebingen 29; C. v. Girsewald, Frankfurt am Main 30;
Friedhelm Holleczek, Dormagen 31; D. Stewart-Smith 34; Sven Paustian 35
Alle weiteren Bilder stammen aus dem Privatarchiv von Asfa-Wossen Asserate.
Lektorat: Rainer Wieland, Berlin
Gesamtherstellung: Ebner & Spiegel, Ulm
Printed in Germany
ISBN 978-3-502-15063-3

Meinem Doktorvater in Frankfurt
Herrn Prof. Dr. Eike Haberland
und meinem Tutor in Cambridge
His Hon. Dr. Colin F. Kolbert
in großer Dankbarkeit.

Inhalt

Der Tag, der mein Leben veränderte 9

Über den Dächern von Addis Abeba 20

Im Glanz des äthiopischen Kaiserhofes 61

Man spricht deutsch 95

Risse im Fundament 116

Gaudeamus igitur 156

My Salad Days 191

Dem Abgrund entgegen 223

»Ityopya tikdem!« – »Äthiopien über alles!« 252

Schickt mir die Heimatlosen . . . 280

Zeitenwende 319

Dort, wo das Herz spricht 356

Nachbemerkung 372
Verzeichnis Kaiserlich-äthiopischer Titel 375
Genealogische Tafel des Hauses David 376
Register 378

Der Tag, der mein Leben veränderte

Der 23. November 1974 war ein grauer, trüber Tag, einer jener Tage, an denen es gar nicht hell werden wollte. In meiner kleinen Studentenwohnung am Beethovenplatz im Frankfurter Westend, ich nannte sie liebevoll mein Schließfach, brannte den ganzen Tag über Licht. Vor dem Fenster direkt unter dem Dach hingen dunkle Wolken. Ich war nicht allein an jenem Nachmittag. Mein Freund Zewde Germachtew, genannt Basha, und seine Freundin Rena Makridis versammelten sich mit mir um den niedrigen Holztisch, auf dem sich das kleine schwarze Transistorradio befand. Neben uns standen drei Teller mit Zwetschgenkuchen und Sahne, die inzwischen zu einem weißen See zerlaufen war. Frau Rumbler, die Hausmeisterfrau, die zusammen mit ihrem Mann gleich nebenan wohnte, hatte ihn uns einige Stunden zuvor gebracht, aber wir hatten die Teller nicht einmal angerührt. Alle paar Minuten drehte ich an dem winzigen Schalter, um die Frequenz zu wechseln, vom Hessischen Rundfunk zu den Kurzwellenprogrammen von Deutscher Welle und BBC und wieder zurück. Noch heute kann ich die Schlagzeilen jenes Tages auswendig vorsagen: »Oppositionsführer Carstens mahnt für die anstehenden Tarifauseinandersetzungen im Öffentlichen Dienst einen moderaten Abschluß an.« – »Das Schicksal der Passagiere der von palästinensischen Terroristen in Dubai entführten British Airways-Maschine ist weiter unklar.« – »Der amerikanische Präsident Ford und der sowjetische Parteisekretär Breschnew zeigen sich bei ihrem Zusammentreffen in Wladiwostok zuversichtlich, daß ein bilaterales Abkommen zur Beschränkung strategischer

Offensivwaffen in greifbarer Nähe sei.« – »Der evangelische Bischof von Berlin Kurt Scharf weist Forderungen nach einem Rücktritt im Zusammenhang mit seinem umstrittenen Gefängnisbesuch bei Ulrike Meinhof zurück.«

All diese Meldungen interessierten uns an jenem Tage nicht – wir warteten verzweifelt auf Nachrichten aus Addis Abeba. Rena Makridis war gerade mit dem Flugzeug aus Äthiopien eingetroffen, Basha und ich hatten sie am Morgen vom Flughafen abgeholt. Die Stimmung war gedrückt. Seitdem im Frühjahr des Jahres die Taxifahrer von Addis Abeba zu streiken begonnen hatten, geschahen schier unglaubliche Dinge in meiner Heimat. Nach den Taxifahrern demonstrierten die Studenten und verlangten nach demokratischen Rechten. Und es gab kaum einen jungen Menschen, kaum einen Intellektuellen, der nicht mit dem neuen Geist, der in diesem äthiopischen Frühling überall zu spüren war, sympathisierte. Eine neue Regierung, angeführt von einem meiner Vettern, Endalkatchew Makonnen, war angetreten und eine Kommission eingesetzt worden zur Erarbeitung einer neuen, demokratischen Verfassung, welche die Befugnisse des Kaisers beschränken sollte. Der Kaiser selbst schien sich all diesen Plänen nicht zu widersetzen. Doch irgendwann begann der Wind sich zu drehen. Die neue Regierung wurde bereits nach wenigen Monaten wieder abgesetzt. Eine Gruppe von Militärs – die sich *Derg*, Provisorischer Militärrat, nannte – hatte sich nach und nach als das neue Machtzentrum des Landes herausgeschält. Sie streckten die Hand nach den Politikern und Repräsentanten des alten Regimes aus. Zuerst traf es nur den ein oder anderen Offizier oder kaiserlichen Beamten, die aus ihren Wohnungen, Kasernen und Amtsstuben abgeführt wurden. Vielleicht waren die Militärs selbst überrascht davon, daß sich kein Widerstand regte, allmählich wagten sie sich weiter hervor. Nach einigen Monaten jedenfalls saß die gesamte Führungsschicht des äthiopischen Kaiserreichs im Gefängnis. Und am Morgen des 12. September 1974, dem Tag nach dem äthiopischen Neujahrsfest, war der Kaiser selbst – der König der Könige aus dem Hause David, der Löwe von Juda, wie ihn die Europäer nannten, aus dem Geschlecht der Salomoniden, der 225. Herrscher auf dem Thron des drei Jahrtausende alten äthiopischen Kaiserreichs –, war Haile Selassie abgesetzt und, wie es hieß, »unter Hausarrest gestellt« worden. Die Verfassung war aufgehoben, die Regierungsgeschäfte hatte eine Provisorische Militärregierung übernommen. Das Photo, auf dem zu sehen ist, wie Uniformierte den Kaiser die Stufen des Palasts hinab in einen hellblauen VW Käfer dirigieren, ging um die Welt. Während all dieser Monate war in Addis Abeba kaum ein Schuß gefallen, die politischen Kommentatoren der internationalen Medien sprachen von einer »schleichenden Revolution«.

Doch verblaßte die Sorge um das Schicksal meines Heimatlandes vor dem Hintergrund der Angst, die ich um meine Familie hatte. Mit Haile Selassie waren nämlich, neben weiteren Angehörigen der kaiserlichen Familie, auch meine Mutter und meine Geschwister inhaftiert worden – alle außer meiner Schwester Tsige, die ihren Häschern durch Zufall entging und sich an einem unbekannten Ort versteckt hielt. Mein Vater Leul Ras (Kaiserlicher Herzog) Asserate Kassa, Vorsitzender des Kaiserlichen Kronrats, saß bereits seit fast drei Monaten in Haft. Wie jeden Sonntag hatte er auch am Morgen des 30. Juni 1974 die Messe besucht, beim Verlassen der Kirche war er von einer Abordnung des Derg abgeführt worden.

Es war schwierig, verläßliche Informationen aus Addis Abeba zu bekommen. Anrufe im Kreis der Familie und der Freunde konnten nur mit äußerster Vorsicht erfolgen – uns allen war klar, daß die Leitungen abgehört wurden. Meine wichtigsten Vertrauenspersonen in diesen Tagen (und in den schweren Wochen und Jahren, die auf diese noch folgen sollten) waren die Bediensteten meiner Eltern. Bis auf Ketemma, den Kammerdiener meines Vaters, waren sie alle auf freiem Fuß. Doch was ich von ihnen erfuhr, war niederschmetternd. Debre Tabor, die Residenz meiner Eltern auf dem Entoto in den Bergen über der Hauptstadt, war von Soldaten abgeriegelt worden, niemand durfte sich ihr nähern. Meine Mutter und meine Geschwister waren mit weiteren Mitgliedern der Kaiserfamilie im Palast des Herzogs von Harrar festgesetzt, mein Vater zusammen mit vielen hohen Würdenträgern des Landes im Keller des Menelik-Palastes. Dort saß auch der Vater meines Freundes Basha ein, der einstige Landwirtschaftsminister Dejazmatch Germatchew Tekle-Hawriat, der als Schriftsteller im ganzen Land bekannt und darüber hinaus wie mein Vater Mitglied des Kronrats war. Sie alle warteten auf den Beginn der von den neuen Machthabern mit großer Geste angekündigten gerichtlichen Untersuchungen. Und ich saß in weiter Ferne in Frankfurt am Main, abgeschnitten von allen Informationen und ohne Möglichkeit zu helfen. Vor wenigen Tagen hatte ich meinen sechsundzwanzigsten Geburtstag begangen, aber nach Feiern war mir nicht zumute gewesen.

Die neuen Informationen, die Bashas Freundin Rena aus Äthiopien brachte, waren alles andere als dazu angetan, die Stimmung aufzuhellen. Es kursierten Gerüchte, daß es innerhalb jener geheimnisvollen Gruppe des Derg Auseinandersetzungen über die Zukunft des Landes gäbe. Seit einer Woche war der offizielle Vorsitzende der Provisorischen Militärregierung, in dessen Händen angeblich die Geschicke des Landes lagen – General Aman Andom –, nicht mehr in der Öffentlichkeit gesehen worden. Statt dessen hatte eine neue, bis dahin unbekannte Figur die öffentliche Bühne betreten. Der 36jährige Oberst Mengistu, vormals Major der Kaiserlichen Armee und nun Erster Stellvertretender Regierungschef der Provisorischen Militärregierung, hatte zu einer Pressekonferenz geladen, und sein Ton unterschied sich merklich von der konzilianten und umsichtigen Art von General Aman. Er richtete eine scharfe Mahnung an die äthiopischen Studenten, den Weisungen der Militärregierung Folge zu leisten. Und er wies darauf hin, daß sich in die Regierung »reaktionäre Elemente« eingeschlichen hätten, bis in die höchste Verantwortungsebene hinein, die man nicht zu dulden gewillt sei.

Ich wußte nicht, was mir lieber war: nichts über Äthiopien im Radio zu hören – was immerhin die Hoffnung aufrecht erhielt, daß sich die Dinge nicht zum Allerschlimmsten gewendet hatten –, oder aber, Klarheit über die aktuelle Lage zu bekommen. Am späten Nachmittag gab es auf BBC World dann tatsächlich Informationen aus meiner Heimat: In der Hauptstadt seien Truppen aufgezogen, General Aman Andom sei – wie die inzwischen bekannte Formulierung hieß – »unter Hausarrest gestellt«, eine »militärische Auseinandersetzung« zwischen den verschiedenen Gruppen des Militärrats stehe unmittelbar bevor. Von nun an klebten wir förmlich am Radio. Alle dreißig Minuten wurden die wenigen Sätze wiederholt wie die Litanei in einem Gottesdienst, ohne daß wir Näheres erfahren hätten. Basha und ich versuchten uns abzulenken, indem wir uns an unsere gemeinsamen Jahre an der Deutschen Schule von Addis Abeba erinnerten – der imposante Weihnachtsbaum in der Aula, die Faschingsfeiern mit Luftschlangen und bunten Kostümen, der Besuch des Kaisers, den ich als Schülersprecher offiziell begrüßen durfte, und all die Nachmittage, die wir zusammen im Schwimmbad des Ghion-Hotels verbrachten . . . Doch all das vermochte unsere Beklemmung nur für Minuten zu lösen.

Gegen Mitternacht müssen wir auf unseren Stühlen eingenickt sein. Der Regen peitschte gegen das Dachfenster, als ich aus dem Schlaf fuhr. Ich weckte meine Freunde. Wir beschlossen, daß es sinnlos sei, die ganze Nacht wach zu bleiben, und ich richtete für meine Gäste die Couch.

Ich hatte den Wecker auf sechs Uhr gestellt, und sowie er am nächsten Morgen klingelte, galt mein erster Handgriff dem Radio. Nun war Äthiopien auf BBC die Spitzenmeldung: »Blutiger Machtkampf in Äthiopien – Mehr als fünfzig Personen erschossen.« Und noch bevor ich Näheres erfuhr, noch bevor ich auch nur den Namen eines einzigen der Erschossenen hörte, spürte ich es instinktiv: Mein Vater war nicht mehr am Leben.

Eine Stunde später meldete die BBC, daß unter den Ermordeten nicht nur General Aman Andom, der offizielle Chef der Militärregierung, sondern auch zahlreiche hohe Politiker und Offiziere des Kaiserreichs seien, darunter zwei ehemalige Ministerpräsidenten, ein Enkel und ein Vetter des Kaisers. Ich griff nach dem Telefon. Egal, wie schwierig, und egal, wie gefährlich es sein mochte, in

Äthiopien anzurufen: Ich mußte Gewißheit bekommen. Es dauerte zwei Stunden, bis ich eine Verbindung bekam. Als meine Tante, Emamma Bezounesh, meine Stimme hörte, brach sie in Tränen aus. Dann hörte ich die Stimme ihres Mannes, meines Onkels Abbaba Nebeye. Sie klang ruhig und gefaßt: »Lege dein Schicksal in die Hände des Allmächtigen«, sagte er zu mir. »Das Los, das unserer Familie und unserem Volk bestimmt ist, ist so schlimm, daß die Weisheit und das Vermögen von Menschen nicht hinreichen, es zu wenden.« Meinen Geschwistern und meiner Mutter gehe es gut, aber mein Vater und drei meiner Vettern seien in der Nacht erschossen worden.

Ich wunderte mich, daß ich ebenso ruhig und gefaßt blieb wie Abbaba Nebeye. Es muß eine ganze Weile still geblieben sein in der Leitung. Ich erinnere mich, daß ich aus der Ferne das Weinen vieler Menschen hörte, bevor ich meinen Onkel fragte, ob er etwas über das Schicksal von Bashas Vater wisse, aber über diesen hatte er nur vage Informationen.

Sowie ich den Hörer aufgelegt hatte, fing das Telefon an zu klingeln. Die erste, die ich am Apparat hatte, war die Kronprinzessin Medferiash-Work aus London, die den Hörer an ihren Mann, den Kronprinzen Asfa-Wossen, weitergab. Ich verstand kaum, was der Kronprinz sagte; seitdem er ein Jahr zuvor einen Schlaganfall erlitten hatte, war der Sohn des Kaisers halbseitig gelähmt. Er machte sich große Sorgen um das Schicksal des Kaisers, und der Tod meines Vaters erschütterte ihn. Mit ihm hatte er einen seiner engsten Vertrauten verloren. Mein Vater war damals von Haile Selassie zum persönlichen Betreuer des Kronprinzen bestimmt worden und hatte diesen über ein Jahr lang zu medizinischen Behandlungen nach Europa begleitet. Von der Kronprinzessin erfuhr ich dann erstmals die Namen der insgesamt sechzig Erschossenen, die Militärs in Addis Abeba hatten eine Liste bekanntgegeben. Ich war fassungslos. Über Nacht war im Handstreich die gesamte Führungsschicht des Landes – Minister und Würdenträger, Generäle und leitende Beamte – ausgelöscht worden: auf Grund von »Verbrechen gegen das äthiopische Volk«, wie Radio Äthiopien verkündet hatte. Die Prinzessin forderte mich auf, die nächste Maschine zu nehmen und nach London zu kommen, doch ich lehnte ab. Zuerst mußte ich mit mir selbst ins reine kommen.

Aber das Telefon wollte nicht mehr stillstehen. Aus allen Erdteilen kamen die Anrufe, mechanisch und wie in Trance nahm ich die Beileidswünsche entgegen. Mancher meiner aufgelösten Cousinen und Tanten, manchem erschütterten Freund, der selbst einen Onkel oder nahen Verwandten verloren hatte, versuchte nun ich Trost zu spenden. Basha hatte inzwischen seine Mutter in Addis Abeba erreicht und die Bestätigung erhalten, daß sein Vater am Leben war. Am Nachmittag fuhren meine beiden Freunde nach Ulm zurück, und ich war zum ersten Mal allein in meiner Wohnung. Mein Kopf dröhnte von den Ereignissen der letzten Stunden. War das Wirklichkeit oder war es ein schrecklicher Traum?

Es gibt in Frankfurt einen Ort, den ich als meine geistige Mitte bezeichne: die Liebfrauenkirche an der Hauptwache, die einzige noch vorhandene Klosterkirche der Stadt. Vielleicht ist mir die Liebfrauenkirche auch deshalb so nahe, weil die heilige Muttergottes meine Patronin ist. Nach dem äthiopischen Kalender bin ich an einem Marienfesttag geboren. Wenn ich eine Last zu tragen habe, wenn ich zur Besinnung kommen will, gehe ich dorthin, um zu beten, und so tat ich es auch an jenem Nachmittag. Ich öffnete die schwere Kupfertür zur Anbetungskapelle, in der das Allerheiligste aufbewahrt wird. Keine der drei schmalen Sitzreihen war besetzt, ich war ganz allein im Raum. Ich trat in die erste Bank, kniete nieder und fing an zu beten. Und in diesem Moment brach es aus mir heraus: Ich weinte, wie ich noch nie in meinem Leben geweint habe. Ich weiß nicht, wie lange ich so verbrachte, als ich plötzlich eine Stimme vernahm. Eine ältere Frau, die ich hier noch nie gesehen hatte, saß hinter mir – ich hatte sie gar nicht hereinkommen hören. Sie mußte wohl schon eine Weile mitangesehen haben, wie ich mit mir kämpfte: »Ich will Ihnen nicht zu nahe treten . . .«, flüsterte sie. »Aber was auch immer passiert ist – lassen Sie los!«

Nach einer Weile versiegten die Tränen. Und ich beschloß, dem Rat meines Onkels zu folgen: Ich legte mein Schicksal in die Hände meines Schöpfers. Ich dankte ihm für meine Rettung. Ich war am Leben. Was wäre wohl geschehen, wenn ich mich in Äthiopien aufgehalten hätte? Wäre mir, der ich als jemand galt, der sich nicht leicht einschüchtern ließ und immer klar und deutlich seine Meinung sagte, nicht das gleiche Schicksal zuteil geworden wie meinem Vater? Ab diesem Moment war ich wieder in der Lage, klar zu denken.

Schon beim Aufschließen der Wohnungstür hörte ich wieder das Telefon. Ich beschloß, an diesem Tag für niemanden mehr erreichbar zu sein, und zog das graue Kabel aus der Dose. Ich erinnerte mich der Worte meines Bruders Mulugeta, die er mir Jahre zuvor inmitten einer ausgelassenen Hochzeitsfeier in Addis Abeba zugerufen hatte, als er meinte, ich hätte mich danebenbenommen. »Du bist der Älteste! Du repräsentierst die Familie!«

Mein Vater war tot. Meine Mutter und meine Geschwister saßen im Gefängnis – aber sie lebten. Ich war jetzt nicht mehr nur der älteste, ich war der einzige aus meiner Familie, der sich in Freiheit befand und in Sicherheit. Die lähmende Trauer, die mich die letzten Stunden in ihrem Bann gehalten hatte, verwandelte sich in ein neues Gefühl, ein Gefühl der Wut. Und ich schwor mir: Ich würde alles daransetzen, meine Mutter und meine Geschwister zu befreien. Ich würde nicht eher ruhen, bis ich sie alle wohlbehalten in meine Arme schließen konnte. Dies sollte von nun an meine Lebensaufgabe sein.

Aber was konnte ich tun? Ein einfacher äthiopischer Student in Frankfurt, der gerade dabei war, an der dortigen Universität im Fach Äthiopistik zu promovieren. Dessen Zukunftspläne nach Äthiopien ausgerichtet waren, dessen Karriere als Diplomat im äthiopischen Staatsdienst vorgezeichnet war. Dessen privates Glück an der Seite seiner zauberhaften Freundin Tessy, der Tochter des Oberbürgermeisters von Asmara, gemacht schien. Der sich nun über Nacht vom Studenten zum politischen Flüchtling verwandelt sah, und sein

Gastland in den Ort des Exils. »Wer das Exil nicht kennt«, schrieb Heinrich Heine, »begreift nicht, wie grell es unsere Schmerzen färbt, und wie es Nacht und Gift in unsere Gedanken gießt.«

Doch ich beschloß zu kämpfen.

Hätte ich damals geahnt, wie lange der Kampf um meine Familie dauern sollte – siebzehn bleierne, von Schmerzen gefärbte Jahre –, hätte ich geahnt, wieviel Leid und Verheerung die Zeit des Roten Terrors über Äthiopien bringen würde, wieviel Nacht und Gift das traurige Schicksal meines Landes in meine Gedanken gießen würde – hätte ich die Kraft gehabt, diesen Kampf durchzustehen? Ich weiß es nicht. Aber ich weiß wohl, wie sehr mir in jenen mehr als dreißig Jahren, die mein Exil in Deutschland nun währt, jenes Land, das mir einst Zuflucht gewährt hat, dem ich mich schon seit meiner Kindheit verbunden wußte, ans Herz gewachsen ist. Ich bin deutscher Staatsbürger geworden und lebe nun schon länger in Deutschland als in meiner Heimat. Nach meinen vielen Reisen, die mich mit meinem Buch *Manieren* durchs ganze Land führten, kann ich sagen, daß ich Deutschland inzwischen wahrscheinlich sogar besser kenne als mancher Deutscher. Dennoch verbindet mich ein unauflösbares Band mit Äthiopien, ja, ich kann sagen: Alles, was ich tue – bis zum heutigen Tag –, hat im weitesten Sinne mit Äthiopien zu tun.

Manchmal frage ich mich selbst, wie ich, der von seinen deutschen Freunden ein »deutscher Äthiopier« und von seinen äthiopischen Freunden ein »äthiopischer Deutscher« genannt wird, nach Deutschland kam – und warum ich, dessen Brust ein Archiv äthiopischen Gefühls ist, in Deutschland geblieben bin.

Es ist eine Gewohnheit von mir seit Kindertagen, vor dem Einschlafen im Bett noch in einem Buch zu lesen, und wenn es nur ein paar Seiten sind. Am Abend jenes 24. November 1974, an dem ich in Frankfurt von der Ermordung meines Vaters aus dem Radio erfuhr, am Abend jenes Tages, der mein Leben veränderte, nahm ich ein Buch aus dem Regal, das mich seit meiner Kindheit begleitet:

Robert Louis Stevensons *Schatzinsel*. Ich fing an, die vertrauten Worte zu lesen:

»Unser Gutsherr, Baron Trelawney, Dr. Livesay und die übrigen Herren drangen in mich, eine genaue Darstellung unserer Reise nach der Schatzinsel niederzuschreiben und nichts auszulassen als die Angabe ihrer Lage . . . So greife ich denn im Jahre des Heils 17** zur Feder und versetze mich in die Zeiten zurück, da mein Vater noch das Wirtshaus ›Zum Admiral Benbow‹ hielt . . . Ich erinnere mich deutlich, als wäre es gestern gewesen . . .«

Nach einigen Seiten legte ich das Buch zur Seite, und zwischen Wachen und Schlafen tauchten vor meinem inneren Auge die glücklichen Tage meiner Kindheit auf.

Ich sah die Terrasse der Residenz meines Vaters auf dem Entoto in der Dämmerung, von der ich so gerne auf Addis Abeba hinabblickte, wenn die Sonne über der Stadt unterging und im Tal nach und nach die Lichter angingen, die Luft vom Duft der Eukalyptuswälder erfüllt. Ich sah mich im alten Genete-Leul-Palast am Weihnachtstag, mit meinen Vettern in Reih und Glied aufgestellt, vor uns Kaiser Haile Selassie, freundlich lächelnd, einem nach den anderen sein Geschenk überreichend. Ich sah die riesigen Bücherwände in der Bibliothek meines Vaters, in der ich so viele Nachmittage verbracht hatte. Und ich sah den strengen Blick unseres alten Zeremonienmeisters, Balambaras Assefa, mit dem er uns Kinder musterte, wenn wir bei Tisch nicht stillsitzen wollten.

Ich sah mich mit meinen Geschwistern als kleiner Junge in unserem offenen grünen Pontiac vor der Enrico-Bar und unseren Chauffeur auf uns zukommen, beide Hände voll mit Eistüten beladen. Über seine dunklen Handrücken flossen dünne Bäche von Erdbeerrot, Pistaziengrün und Vanillegelb. Und ich sah mich, den Duft von Weihrauch in der Nase, an der Hand meines Großvaters, wie er mich ins Allerheiligste der Jesus-Kirche führte, das eigentlich nur geweihten Priestern zu betreten erlaubt ist. Er zeigte mir den hölzernen Schrein mit dem *Tabot*, dem Symbol der heiligen Bundeslade, und lehrte mich die Proskynese. Er legte sich flach auf den Boden, das Gesicht nach unten gerichtet, führte die Finger zum Kuß an den Mund und streckte sie in Richtung des Tabots aus, und ich tat es ihm nach.

Ich roch die Holzkohleöfen in den Straßen von Addis Abeba, die am frühen Abend, wenn ich von der Schule nach Hause ging und es langsam kühler wurde, zum Anfachen nach draußen vor die well-blechbedeckten Rundhütten geschoben waren. Ich sah mich mit meinen Mitschülern im Awassa-See herumtollen, bis zur Brust im grünlich-blauen Wasser, beim Versuch, uns gegenseitig unterzutauchen, während die Fische uns zwischen den Beinen hindurch schwammen. Und ich sah mich mit meinem Vater frühmorgens durch die menschenleeren Straßen von Asmara reiten. Die Nüstern der stolzen Rosse aus dem Palastgestüt dampften in der feuchten Luft zwischen den Palmenalleen.

Ich sah mich als Junge mit meiner Mutter und meinen Schwestern Tsige, Rebecca und Turuwork im Hotel Meurice in Paris sitzen, als mir Tsige, die ich – wenn ich bloß wüßte, womit – bis zur Weißglut gereizt haben muß, eine Flasche Cola über den Kopf goß. Und ich sah meine geliebte Freundin Tessy, wie ich mit ihr Hand in Hand lachend im großen Garten des Palastes von Asmara spazierenging, sie in ihrem hochgeschlossenen zitronengelben Kleid, die Haare nach oben gesteckt und zart nach Pfirsich duftend.

Über den Dächern von Addis Abeba

Wenn ich als kleiner Junge bei Abbaba Nebeye, meinem Onkel Fitaurari Nebeye-Leul, zu Gast war, nahm er mich manchmal nach dem Essen beiseite und erzählte mir die Geschichte von der Königin von Saba und König Salomo.

In biblischen Zeiten herrschte über Israel König Salomo, und über die südlichen Länder zu beiden Seiten des Roten Meeres, über den Jemen und über das Horn von Afrika, die Königin von Saba, in Äthiopien Makeda oder auch Azeb genannt. Bis an den Hof der Königin des Südens verbreitete sich damals die Nachricht vom Großen Tempel, den König Salomo in Jerusalem errichtete – an eben der Stelle, die seinem Vater, dem König David, zugewiesen war.

Der äthiopische Kaufmann Tamrin brachte für den Tempelbau aus Arabien rotes Gold, schwarzes Holz und Saphire an den Hof nach Jerusalem und zeigte sich tief beeindruckt von der Weisheit Salomos. Nach seiner Rückkehr an den Hof der Königin Makeda verging kaum ein Tag, an dem er seiner Herrscherin nicht von der Weisheit Salomos vorschwärmte. Kein Mensch, so hieß es, komme Salomo an Weisheit gleich – und was gebe es überhaupt auf der Welt, das mehr zähle als die Weisheit? Sie ist süßer als Honig, läßt einen mehr frohlocken als Wein, sie strahlt heller als die Sonne, sie sättigt mehr als das feinste Öl und das köstlichste Fleisch und verleiht mehr Ruhm als alles Gold und Silber der Welt. Kein Königreich hält sich aufrecht ohne Weisheit, und kein Reichtum läßt sich ohne Weisheit bewahren. So weise soll der Sohn Davids sein, erzählte Tamrin, daß ihm nicht einmal die Sprache der Raubtiere und die der Vögel ein Geheimnis bleibe. Einen solchen Menschen mußte auch die Königin von Saba kennenlernen. Und so machte sie sich mit einer Karawane von 797 Kamelen, unzähligen Maultieren und Eseln, allesamt hochbeladen mit den kostbarsten Geschenken, auf die lange und beschwerliche Reise nach Jerusalem.

Am Hof von König Salomo wird sie empfangen, wie es der Königin des Südens gebührt. Ein köstliches Mahl wird ihr gereicht mit geschlachteten Ochsen und Stieren, Hirschen und Gazellen und gebratenen Hühnern in Hülle und Fülle, begleitet von den Gesängen eines Chores von fünfundzwanzig Männern und fünfundzwanzig Frauen. Die Pracht des Hofes von König Salomo beeindruckt die Königin, aber wie mag es mit Salomos Weisheit bestellt sein? Makeda will ihn auf die Probe stellen. Sie läßt Jungen und Mädchen in gleiche Kleider stecken und den König raten, wer wer ist. Der wirft Äpfel in die Schar – die Jungen sammeln sie auf, die Mädchen halten sich zurück. Sie stellt ihm prachtvolle Blumensträuße auf, und er soll raten, welche künstlich sind. Auch diese Probe löst der König im Nu: Nur über den echten summen die Bienen, über den künstlichen die Fliegen.

Vierhundert Hauptfrauen und sechshundert Nebenfrauen nennt Salomo sein eigen, aber keine von ihnen ist von einer solchen Schönheit wie Makeda. Doch hartnäckig widersetzt sie sich seinem Werben, Tag für Tag, bis zum Vorabend ihrer Abreise. So sinnt Salomo auf eine List. Er empfängt die äthiopische Gesandtschaft zu einem prachtvollen Abschiedessen. Mit Purpurvorhängen und mit Teppichen ist das Lager ausgelegt, die Luft ist von Moschus, Myrrhe und Weihrauch erfüllt. Aber serviert werden scharf gewürzte Speisen, und die Getränke sind mit Essig versetzt. Nach dem Mahl lädt Salomo die Königin ein, in seiner Kammer zu schlafen. Er schwört, sich ihr nicht mit Gewalt zu nähern – unter der Bedingung, daß sie sich nicht an etwas vergreife, was ihm gehöre. Die Königin lacht über seine Worte. Ihr Königreich sei ebenso prächtig wie das seine, glaube er etwa, sie sei gekommen, um ihn zu bestehlen? In der Nacht bekommt die Königin großen Durst und greift nach dem bereitstehenden Wasserbecher. Das ist der Augenblick, auf den Salomo gewartet hat, er hat sich nur schlafend gestellt. Makeda erschrickt: »Mit einem Becher Wasser habe ich den Eid gebrochen?« Es hilft nichts, sie muß das Lager mit ihm teilen.

In der Nacht erscheint König Salomo eine helleuchtende Sonne, die vom Himmel herabsteigt und ihren Glanz über Israel verbreitet, bis sie sich plötzlich abwendet und die Flucht ergreift. Im fernen Äthiopien läßt sie sich nieder. Dort erstrahlt sie von neuem und heller als je zuvor, und Israel bleibt in Dunkel gehüllt. Am darauffolgenden Morgen wird Makeda von König Salomo reich beschenkt: Sechstausend Kamele werden beladen mit allem, was kostbar ist. Dazu erhält die Königin der Sage nach auch ein Gefährt, in dem man geschwind über die Meere reisen kann, und eines dazu, mit dem man die Lüfte durchquert. Beim Abschied zieht König Salomo den Ring von seinem Finger und überreicht ihn der Königin mit den Worten: »Nimm diesen Ring, damit du mich nicht vergißt. Wenn mein Same Frucht trägt und du einen Sohn gebierst, sende ihn an meinen Hof. Der Ring soll ihm das Zeichen sein.« Und er erzählt ihr von seinem Traum und von der über Äthiopien aufgehenden Sonne. »Möge Gott der Herr mit dir sein, und dein Land soll gesegnet sein.«

Neun Monate und fünf Tage später, noch immer auf der Heimreise nach Äthiopien, gebiert Makeda einen Sohn und tauft ihn Menelik (amharisch für: »Was wird er wohl schicken?«). Schon bald fragt der Sohn nach seinem Vater, und Makeda erklärt ihm, sie sei ihm Vater und Mutter zugleich. Doch Menelik ist beharrlich, und so weiß er bald um die Geschichte seiner Herkunft. Im Alter von zweiundzwanzig Jahren, erfahren in den Künsten der Kriegsführung und des Reitens, des Jagens und Fallenstellens, macht er sich auf die Reise nach Jerusalem zu seinem Vater, dem König von Israel. An seinem Finger trägt er den Ring Salomos. Schon auf dem Weg macht er auf sich aufmerksam, denn er ist seinem Vater wie aus dem Gesicht geschnitten. »Vor uns steht Salomo, der Sohn Davids!« rufen die Bewohner Gazas und verneigen sich in Ehrfurcht. Gesandte werden nach Jerusalem vorausgeschickt, um König Salomo den Besucher anzukündigen. Salomo geht ein Stich durchs Herz, denn trotz seiner zahlreichen Gemahlinnen hat Gott ihm nur drei Nachkommen geschenkt, und der Sohn der Königin von Äthiopien ist sein Erstgeborener. In Jerusalem wird Menelik von seinem Vater gesalbt und gesegnet. Salomo trägt ihm die Königswürde Israels an, doch alles Zureden bleibt vergeblich: Menelik drängt es zurück in die Heimat zu seiner Mutter. Dort soll er König von Äthiopien werden, und zum Geleit schickt ihm Salomo die erstgeborenen Söhne der Fürsten seines Reiches mit. Wie die Väter zur Linken und Rechten des Königs von Israel sitzen, so sollen deren Söhne zur Linken und Rechten des erstgeborenen Sohnes von König Salomo am Throne Äthiopiens sitzen, als Kammerdiener, Schreiber, Siegelbewahrer, Zeremonienmeister, Heerführer und Hofrichter. Doch mit dem Abschied von Menelik erfüllt sich auch die Prophezeiung jener Nacht, in der Salomo mit Makeda schlief. Die Söhne Israels nehmen die heilige Bundeslade mit auf den Weg nach Äthiopien, jenes heilige Gefäß, das die Tafeln mit den Gesetzen enthält, die Mose einst auf dem Berg Sinai von Jahwe erhielt. Gott selbst öffnete ihnen die Türen zum heiligen Tempel in Jerusalem. Bis zum heutigen Tag, so will es die äthiopische Tradition, werden die heiligen Tafeln in Axum, der einstigen Hauptstadt des äthiopischen Kaiserreichs im Norden des Landes, aufbewahrt.

Und so ging über Äthiopien die Sonne auf: Makeda überließ Menelik (auch genannt *Ebna Hakim* – der Sohn des Weisen) den Thron und nahm den Fürsten des Reiches den Eid ab, daß über Äthiopien nie ein anderer als ein Nachkomme Salomos, ein Nachfahre aus dem Hause Davids, herrschen solle. So steht es geschrieben in dem uralten Werk der äthiopischen Literatur, dem *Kebra Negast* (»Die Herrlichkeit der Könige«).

Mit dem Hinweis auf das *Kebra Negast* pflegte Abbaba Nebeye seine Erzählung von der Königin von Saba und König Salomo zu beenden, und stets schloß sich daran die Geschichte meiner Herkunft an. Dabei griff Abbaba Nebeye zu Papier und Feder, und ich sah staunend zu, wie sich auf dem Blatt ein weitverzweigter Stammbaum entfaltete. »Schau, hier bist du, und da dein Vater und dein Großvater Ras Kassa, der einst zu den drei Kandidaten gehörte, die für den äthiopischen Thron vorgeschlagen wurden. Der Fürstenrat entschied sich dann nicht für ihn, sondern für Ras Tafari, seinen Vetter, unseren Kaiser Haile Selassie. Von ihm führt die Linie zurück zu König Salomo und Königin Makeda.« Striche und Namen flogen aufs Papier, dann zog Abbaba Nebeye einen langen senkrechten Strich, malte zwei ineinander verschlungene Ringe und schrieb daneben die Namen Salomo und Makeda. »Die andere Linie deines Großvaters führt zurück zum Königshaus von Lasta und von Gondar . . .«, und Abbaba Nebeye zog einen zweiten, nicht ganz so langen Strich. »Und schau, da ist deine Mutter, sie entstammt der königlichen Familie von Wollo. Unsere Kaiserin ist ihre Großmutter, und Negus Mikael von Wollo war ihr Urgroßvater.« Er schrieb den Namen aufs Papier. »Er nannte sich der große Imam Mohammed Ali, bevor er von Kaiser Yohannes IV. getauft wurde. Seine Linie leitet sich direkt vom Propheten Mohammed ab. Wenn man es also genau betrachtet . . .«, mein Onkel machte eine kleine Pause und zeichnete mit energischer Hand zwei waagrechte Striche aufs Papier, als würde er die Lösung einer Rechenaufgabe präsentieren, ». . . stammst du von König David und vom Propheten Mohammed ab . . . Und mit Kaiser Haile Selassie bist du gleich doppelt verwandt: Du bist sein Urgroßneffe und sein Stiefurenkel.« Mir kam das Ganze damals tatsächlich wie eine knifflige Rechenaufgabe vor, die mein Onkel mit Bravour zu lösen imstande war. Auch wenn ich als kleiner Junge wohl nicht verstand, was genau man sich unter einem Stiefurenkel vorzustellen hatte, war ich stolz darauf, von König Salomo und der Königin Makeda abzustammen.

Mir stand Makeda seit ich denken kann lebhaft vor Augen, und das keinesfalls nur aus Erzählungen meines Onkels. Die Geschichte ihrer Reise nach Jerusalem ist eines der beliebtesten Motive der äthiopischen Malerei. Überall sieht man sie dargestellt, auf dem

Kamel von Äthiopien nach Jerusalem reitend oder an der Tafel im Palaste König Salomos, und, Seite an Seite mit dem König, in dessen Gemächern liegend, neben ihnen der schicksalhafte Becher mit Wasser. Mein Großvater Ras Kassa erzählte mir oft die Geschichte, wie er höchstpersönlich ein Stück des Felsens, auf dem einst der Salomonische Tempel stand, von Jerusalem nach Addis Abeba gebracht hatte. Im Juni 1911 hatte er der Krönungsfeier von Georg V. in London beigewohnt und war dabei auf den *Stone of Scone*, den englischen Krönungsstein, aufmerksam geworden, der Ende des 13. Jahrhunderts unter dem Königsthron in Westminster eingebaut worden war und bis heute Teil der Krönungszeremonie ist. Auf der Rückreise machte er dann in Jerusalem Station und erbat vom Vertreter des Kalifen in Jerusalem den Stein aus dem heiligen Tempel. Als Haile Selassie dann am 2. November 1930 in Addis Abeba im Beisein von Repräsentanten aus vielen Ländern, darunter Großbritannien, Frankreich, Italien und Deutschland, zum *Negusa Negast*, zum König der Könige, gekrönt wurde, stand sein Thron auf jenem Stein, der aus dem Felsengrund des Salomonischen Tempels geschlagen war. Wie die englischen Könige im Krönungsritual durch den *Stone of Scone* die Einheit der Königreiche England und Schottland hervorhoben, so demonstrierte Haile Selassie durch den Felsenstein des Salomonischen Tempels von Jerusalem seine königliche Abstammung aus der Salomonischen Dynastie. Der äthiopische Kaiser, so die Überlieferung, stammte also von König David ab, er war ein Verwandter Jesu Christi und führte den Titel »Auserwählter Gottes«. Noch in der äthiopischen Verfassung von 1955 wird der Anspruch der Salomonischen Dynastie auf den Thron festgeschrieben: »Die Würde des Kaisers soll verbunden bleiben mit der Linie, die ohne Unterbrechung herführt vom Geschlecht Meneliks I., des Sohnes der Königin von Äthiopien, der Königin von Saba, und König Salomo von Jerusalem.« Und weiter: »Kraft Seines kaiserlichen Blutes und als gesalbter Herrscher ist die Person des Kaisers heilig, Seine Würde unantastbar und Seine Macht unteilbar.« Haile Selassie, wie sich Ras Tafari Makonnen als Kaiser nannte, zählte sich

25

in der Salomonischen Dynastie als 225. Nachfolger Meneliks I. auf dem äthiopischen Thron.

Später, als ich größer war und mit vielen klugen Männern und Gelehrten zusammenkam, hörte ich immer wieder, wie Zweifel an dieser Tradition angemeldet wurden. Jüdische Schriftgelehrte erzählten mir, sie hätten nirgendwo in den heiligen Schriften einen Hinweis gefunden, daß die Bundeslade aus Jerusalem entwendet worden sei. Im Alten Testament stehe lediglich, daß die Königin von Saba König Salomo besucht habe und voller Ehrfurcht über seine Weisheit gewesen sei. Islamische Geistliche wiederum erzählten mir, die Königin des Südens habe gar nicht Makeda geheißen, sondern Bilquis. Nur eines ihrer Beine sei bildhübsch gewesen, das Ende des anderen ein behaarter Eselsfuß – ein Tropfen Blut von einem Drachen, den sie einst besiegt hatte, sei im Kampf auf ihren Fuß getropft und habe ihn entstellt. Salomo habe von diesem Makel erfahren und die Königin mit einer List dazu gebracht, ihr Bein zu zeigen. Doch sei er von der Königin derart bezaubert gewesen, daß er seinen Dämonen befohlen habe, sie von ihrem Eselsfuß zu befreien. Anschließend seien sie zusammen, die Königin des Südens und der König von Israel, zum Islam übergetreten, so stehe es ganz zweifelsfrei im Koran.

Auch die Riege der Historiker meldete sich zu Wort. Die Königin des Südens könne gar nicht in Axum geherrscht haben, erklärten sie, das Reich von Axum sei nämlich erst nach dem Reich von Saba, im fünften Jahrhundert vor Christus, entstanden. Und mehr als das: Es sei höchst fraglich, ob es sie überhaupt gegeben habe, schließlich seien von ihr keinerlei historische Zeugnisse überliefert. Der große Schatz der äthiopischen Geschichtsschreibung, das im 14. Jahrhundert aufgezeichnete *Kebra Negast*, sei ohnehin nur eine Legende, ersonnen um einer politischen Funktion willen. Man habe das äthiopische Herrscherhaus glorifizieren wollen; indem man den Kaiser von Gott habe abstammen lassen, habe man ihn unangreifbar machen wollen. Und überhaupt: Gefährte, mit denen man über die Meere und durch die Lüfte fliegen könne, wie Makeda sie von König Salomo zum Abschied erhielt, entstammten doch wohl dem Reich der Märchen. Das Patent für das erste Motorflugzeug hätten die Brüder Wright im Jahre 1903 angemeldet! Sie nannten mir eine Vielzahl von historischen Büchern, in denen dies alles haarklein dargelegt sei.

Ich wußte nicht, was ich darauf entgegnen sollte, aber ich fühlte mich wie jemand, den man seiner Großmutter und seines Großvaters berauben wollte. Wenn ich heute derlei höre und lese – und als Historiker ist dies unvermeidlich –, antworte ich diesen Kritikern im stillen mit den Worten von Gilbert Keith Chesterton: »Man erkennt leicht, weshalb eine Legende mit größerem Respekt behandelt wird als ein Geschichtsbuch. Die Legende stammt gewöhnlich von der Mehrheit der Leute im Dorf, die bei Vernunft sind. Das Buch wird gewöhnlich von dem einen Mann im Dorf verfaßt, der verrückt ist. Man vertraut einem Konsensus gewöhnlicher menschlicher Stimmen anstatt einem vereinzelten oder willkürlichen Zeugnis.« Hat Chesterton nicht recht? Jede Nation bezieht ihre Kraft aus ihren Legenden. Was wäre England ohne die Artussage, was Frankreich ohne den heiligen Remigius und die Nationalfigur der Marianne? Deutschland hielt über Jahrhunderte hinweg – in den Zeiten des Heiligen Römischen Reiches Deutscher Nation und auch noch danach – den Mythos Karls des Großen und die Idee des »Reiches« aufrecht, bis Adolf Hitler diese im 20. Jahrhundert wohl für immer diskreditierte. »Tradition«, so Chesterton weiter, »ist die Demokratie der Toten. Sie lehnt es ab, sich der kleinen, arroganten Oligarchie derer zu unterwerfen, die zufällig zu einem bestimmten Zeitpunkt auf der Erde herumlaufen. Die Demokratie lehrt uns, die Meinung eines anständigen Mannes nicht geringzuachten, und wenn es unser Stallknecht ist; die Tradition fordert uns auf, die Meinung eines anständigen Mannes nicht zu verachten, auch wenn er unser Vater ist.« Nach der Eroberung Roms traf Napoleon Bonaparte mit dem Sekretär des Heiligen Vaters, dem Fürsten Camillo Francesco Massimo, zusammen, dessen Familie zu den ältesten Italiens gehörte und von sich behauptete, von dem römischen Konsul und Heerführer Quintus Maximus Cunctator aus dem dritten Jahrhundert vor Christi abzustammen. »Monsignore«, sprach Napoleon zu ihm, »ich habe gehört, daß sich Ihr Geschlecht auf den Bezwinger Hannibals zurückführt. Das kann doch nicht wahr sein!« – »Sie mögen recht haben, Sire«, erwiderte Fürst Massimo, »aber in meiner Familie erzählt man sich diese Geschichte seit zweitausend Jahren.«

So trug im äthiopischen Kaiserreich der höchste Orden den Namen König Salomos, der zweithöchste Orden den Namen der Königin von Saba. Und während der goldene Bruststern des Ordens vom Sigel Salomonis einen Davidstern zeigt, in dessen Mitte ein Kreuz prangt, ziert jener des Ordens der Königin von Saba ein Miniaturportrait der legendären Königin. Zu den Trägern des Ordens der Königin von Saba gehörten übrigens nicht nur meine Mutter, sondern auch die deutschen Bundespräsidenten Theodor Heuss und Heinrich Lübke. Noch heute steht gegenüber dem Bahnhof in Addis Abeba das Marmormonument mit dem goldenen Löwen von Juda, mit einer Krone auf dem Haupt und in der rechten vorderen Tatze das Auferstehungsbanner. Noch heute, mehr als dreißig Jahre nach dem Sturz des Kaiserhauses, werden viele äthiopische Mädchen auf den Namen Saba, Azeb oder Makeda getauft. Und noch heute pilgern die Gläubigen der äthiopisch-orthodoxen Kirche zu hohen Feiertagen zur Kirche Marjam Tsion (St. Maria von Zion) nach Axum, wo einst auch die äthiopischen Kaiser gekrönt wurden, um dort zu beten. Jedes Gotteshaus der äthiopisch-orthodoxen Kirche in Äthiopien hat in seinem heiligsten Bezirk den *Tabot*, eine Nachbildung der heiligen Bundeslade, die einst mit Menelik I. nach Äthiopien gekommen ist und überall im Lande verehrt wird.

In den Jahren, in die meine Kindheit fiel, erstrahlte das äthiopische Kaiserhaus in vollem Glanz. In ganz Afrika genoß Haile Selassie großes Ansehen als der Regent jenes Landes, das als einziges auf dem Kontinent den europäischen Imperialmächten widerstanden hatte und nie in seiner Geschichte unter das Joch einer Kolonialmacht gezwungen war. Die dunklen Jahre von 1935 bis 1941, die Zeit der Besetzung durch die Truppen des faschistischen Italiens, die den Kaiser ins Exil nach England getrieben hatten, schienen überwunden. Äthiopien war das erste Land, das von einem der Regime der späteren Achse Berlin-Rom-Tokio überfallen wurde, und es war das erste Land, das mit der Unterstützung alliierter Truppen von seinen Besatzern befreit wurde. Im Triumph war Haile Selassie im Mai 1941 nach Addis Abeba zurückgekehrt, die Truppen Mussolinis waren mit der Unterstützung der britischen Armee vernichtend geschlagen. Mein Großvater Ras Kassa war als »Kaiserlicher Herzog« (wie sich der Titel »Leul Ras« übersetzen läßt) und Generalfeldmarschall der äthiopischen Armee einer der führenden Politiker des äthiopischen Kaiserhauses. Protokollarisch kam er direkt nach dem Kaiser, er genoß Vorrang sogar vor dem Kronprinzen. Nie hatte es Haile Selassie meinem Großvater vergessen, daß dieser im Jahre 1916, als der Kronrat drei Kandidaten für das Amt des Regenten benannte, seine Ansprüche zurückgestellt hatte.

Die Freundschaft war unverbrüchlich und lebenslang und bewährte sich in den finsteren Stunden des Landes. Mindestens ebenso schwer wie die familiären Bande der beiden Vettern wog die Verbundenheit durch das gemeinsam erlittene Schicksal des Landes. Ras Kassa war stets loyal zu seinem Kaiser, und diese Loyalität übertrug sich auch auf seinen Sohn.

Mein Vater Asserate Kassa wurde 1922 in Fiche, rund hundert Kilometer nördlich von Addis Abeba geboren, wo mein Großvater damals als Generalgouverneur seine Residenz hatte. Im Alter von sechs Jahren wurde Asserate Kassa nach Addis Abeba geschickt. Zusammen mit dem zweiten Sohn des Kaisers, des Herzogs von Harrar, bekam er Privatunterricht in den Räumen des kaiserlichen Palastes. Die Lehrer kamen aus England, und so lernte er neben Schreiben und Rechnen ein geschliffenes Englisch. (Amharisch und Oromifa und auch die alte Kirchensprache Ge'ez hatte er bereits als kleiner Junge im Hause des Großvaters gelernt.) Er war vierzehn Jahre alt, als er 1936 im Gefolge des Kaiserpaars zusammen mit meinem Großvater nach England kam. Dort besuchte er die Monkton Combe School in der Nähe von Bath, im Westen Englands, wo die kaiserliche Familie die Zeit des Exils verbrachte. Im Jahre 1940 sollte er auf die Royal Military Academy nach Sandhurst gehen, um zum Offizier ausgebildet zu werden. Er war gerade zwei Wochen dort, als Italien England den Krieg erklärte und die neue britische Regierung unter Winston Churchill sich bereitfand, die äthiopischen Truppen bei der Befreiung des Landes zu unterstützen. Großbritannien schmiedete Pläne für einen Feldzug, und mein Vater sollte an der militärischen Befreiung an der Seite meines Großvaters und des Kaisers teilnehmen. Also wurde mein Vater in einer Geheimmission von London nach Sudan geschickt. In der Militärschule von Soba, der Schwesterschule von Sandhurst in der Nähe von Khartum, beendete er seine Offiziersausbildung. Im April 1941 rückte er in englischer Uniform im Gefolge des Kaisers in Äthiopien ein. Als sie die erste Stadt auf äthiopischem Boden, Omedla nahe der sudanesischen Grenze, betreten hatten, ernannte der Kaiser meinen Vater zum Oberst im Generalstab – mit gerade einmal achtzehn Jahren war er der jüngste Oberst der äthiopischen Geschichte. Er nahm an mehreren Militäroperationen teil und auch an jener Schlacht am 20. Mai 1941, als die Truppen meines Großvaters zusammen mit britischen Verbänden unter der Leitung des Brigadegenerals Orde Charles Wingate die italienischen Truppen, die unter dem Befehl des Obersten Maravento im Gebiet Salale noch Widerstand leisteten, bei Dera vernichtend schlugen.

Meinem Vater wurde die Ehre zuteil, auf einem stattlichen Schimmel die Siegesparade vor dem Kaiser in Fiche anzuführen. Kurze Zeit später wurde er zum Militärgouverneur der Region Salale ernannt. Alles deutete auf eine militärische Laufbahn hin, doch mein Großvater war darüber gar nicht glücklich. Drei Söhne hatte er im Krieg gegen Italien verloren, und er wollte nicht, daß seinen einzigen verbliebenen Sohn dasselbe Schicksal ereilte. Mein Großvater trug dem Kaiser seine Bedenken vor, und so kam es, daß mein Vater eine zivile Laufbahn einschlug. Als erstes wurde Asserate

30

Kassa zum Generalgouverneur der Provinz Gondar bestellt, und im Lauf der Jahre lernte mein Vater dann die verschiedensten Provinzen seines Heimatlandes kennen, denen er nacheinander als Generalgouverneur vorstand: Gondar, Wolegga, Arusi und Shoa, auf dessen Gebiet auch Addis Abeba liegt, und zum krönenden Abschluß Eritrea.

Meine Eltern kannten sich von Kindesbeinen an, und sie heirateten, nach europäischen Maßstäben, in jungen Jahren. Einundzwanzig Jahre zählte mein Vater zum Zeitpunkt der Hochzeit im Februar 1944, und meine Mutter, Prinzessin Zuriash-Work, war gerade einmal dreizehn. Sie war die Enkelin der Kaiserin Menen aus erster Ehe und zugleich Urenkelin des Negus Mikael von Wollo, jener Provinz im Nordosten Äthiopiens, die im Jahre 1973 durch die Hungerkatastrophe weltweit traurige Berühmtheit erlangen sollte. In früheren Zeiten war die Provinz islamisch, und noch heute leben dort viele Muslime. Negus Mikael nannte sich der große Imam Mohammed Ali. Der schwarze Turban, den er trug, wies ihn als direkten Nachfahren des Propheten Mohammed aus, ein Privileg, das er einzig mit den Königen von Jordanien und Marokko teilte. Er wurde von Kaiser Yohannes IV. bekehrt und getauft und schwor, die orthodoxen Gebote strikt zu befolgen. So eifrig war er in seinem neuen Glauben, daß er sich auch um das Seelenheil seiner Ahnen sorgte. Er soll den Bischof gefragt haben, ob es nicht möglich sei, die Mausoleen zu öffnen, um seine Vorfahren posthum taufen zu lassen. Nicht zuletzt dieser Teil meiner Abstammung mag der Grund dafür gewesen sein, daß ich mich in den letzten Jahren intensiv mit dem Islam auseinandergesetzt habe.

Auch in der Familie meiner Mutter hatte der Kampf gegen die italienischen Besatzer Wunden geschlagen. Im Alter von sechs Jahren hatte sie bereits ihren Vater verloren, nun war ihr Großvater mütterlicherseits, der einstige äthiopische Kriegsminister Ras Mulugeta, im Krieg gefallen. Daß die Familien meiner Mutter und meines Vaters eines Tages ihre Verbundenheit durch eine Eheschließung zum

Ausdruck brachten und bekräftigten, schien fast zwangsläufig. Die Kaiserin, so erzählte es meine Mutter, vergötterte meinen Großvater geradezu. Nie hatte sie es ihm vergessen, wie er sich einst im Krönungsjahre 1930 für sie eingesetzt hatte. Der Kaiser wollte damals den Thron mit einer neuen Frau besteigen und seine erste Frau verlassen. Auf Geheiß ihres Onkels, des damaligen Thronerben Lij Iyasu, war sie neunzehn Jahre zuvor von ihrem Ehemann geschieden worden, um Ras Tafari zu heiraten. Sie hatte sich gefügt und zu ihrem neuen Gatten Zuneigung gefaßt – und nun wollte dieser sie mir nichts, dir nichts verlassen? Mein Großvater war sehr erzürnt über das Verhalten Haile Selassies und scheute sich nicht, ihn zur Rede stellen: »Wie kannst du deine Frau im Stich lassen, die in deinen dunkelsten Tagen immer an deiner Seite stand und die dir sechs Kinder geschenkt hat! Nur weil du ein Auge auf eine andere geworfen hast?« Die Predigt verfehlte ihre Wirkung nicht, und so bestieg sie als Kaiserin Menen zusammen mit Haile Selassie den äthiopischen Thron. Niemand in unserer Familie wollte es als bloßen Zufall betrachten, daß das Datum der Geburt meiner Mutter ausgerechnet auf den Tag der feierlichen Krönung Haile Selassies, den 2. November 1930, fiel. Die verschiedensten politischen und familiären Erwägungen mögen bei der Eheschließung zwischen meinem Vater und meiner Mutter ihre Rolle gespielt haben, aber wer meine Eltern zusammen sah, dem konnte nicht verborgen bleiben, daß sie einander in aufrichtiger Liebe und gegenseitigem Respekt verbunden waren.

Debre Tabor, die Residenz meiner Eltern, befand sich in unmittelbarer Nähe des Anwesens meines Großvaters außerhalb von Addis Abeba auf den Bergen des Entoto, in dreitausend Metern Höhe. Ihren Namen verdankt Debre Tabor dem biblischen Berg Tabor, nach dem auch der gleichnamige Ort in der Region Gondar getauft wurde, der einst den Kaisern Yohannes IV. und Theodorus II. als Hauptstadt diente. Von der elterlichen Villa aus lag einem ganz Addis Abeba zu Füßen. Hier auf dem Entoto hatte einst 1881 der König von Shoa und spätere Kaiser Menelik II. sein Lager aufgeschlagen, Jahre bevor seine Frau, die Königin Taytu, dem im Tal liegenden Gebiet mit seinen warmen Quellen den Namen Addis Abeba – die »Neue Blume« – gab und er selbst im Tal mit dem Bau seines kaiserlichen Palastes begann. Vom Rücken seines Pferdes aus hatte Kaiser Menelik II. die Ländereien auf dem Entoto unter seinen Würdenträgern aufgeteilt, zu denen auch die Vorfahren meines Großvaters Ras Kassa gehörten.

Mein Großvater erbaute sich Anfang der zwanziger Jahre auf dem Gelände eine Residenz und ließ dort auch eine Kirche errichten, die Jesus-Kirche, der er selbst als Patron vorstand. Denn mein Großvater spielte nicht nur eine wichtige Rolle auf dem Gebiet der Politik, er war auch eine tragende Säule der äthiopisch-orthodoxen Kirche. Er war der Patron des größten äthiopischen Klosters Debre Libanos und las als geweihter Priester selbst regelmäßig die Messe. Wenn er sich nicht auf Reisen befand, leitete er oft sonntags den Gottesdienst in der Jesus-Kirche. Als meine Familie ins Exil ging, bemächtigten sich die Italiener der Residenz und ließen sie im Stil des Liberty, des italienischen Art decó, umgestalten. Offenbar bewiesen sie darin Geschmack, denn als mein Großvater seine Residenz 1941 wieder in Besitz nahm, beließ er fast alles so, wie er es vorgefunden hatte. Ich erinnere mich noch an die große Empfangshalle, die mit geprägten Ledertapeten ausgekleidet war. In allen Ecken der Halle standen Liberty-Stühle und Sofas und auf einem Sockel ein großer dunkelgrüner Diwan, über und über mit Seidenkissen beladen, auf dem mein Großvater seine Gäste zu empfangen pflegte. Von der Decke herab hing ein großer funkelnder Kandelaber aus Murano-Glas, auch er ein Überbleibsel der italienischen Zwischenmieter. Vor dem Gebäude hatten die Faschisten meinem Großvater ein imposantes Marmormonument hinterlassen. Über ein Dutzend Stufen stieg man empor zu einer wuchtigen Platte, die wie ein riesiger Sarkophag aussah. In ihr waren die Ziffern 05. 05. 1936 eingraviert, jenes Datum, an dem die italienischen Truppen Addis Abeba eingenommen hatten. Mein Großvater ließ auch dieses Monument fast unversehrt, er befahl lediglich, die letzten beiden Ziffern zu ändern. So trug das einstige Siegerdenkmal des faschistischen Italiens fortan das Datum 05. 05. 1941 – das Datum jenes Tages, an dem Haile Selassie siegreich in Addis Abeba wiedereinzog.

Die Residenz erhob sich – vergleichbar einer mittelalterlichen Burg in Europa – majestätisch über der Umgebung. Links und rechts von ihr waren Gemüse- und Obstgärten angelegt, umstanden von Wacholderalleen, Koniferen und Olivenbäumen. In einem separaten Gebäude war ein großer Festsaal untergebracht, der sogenannte *Aderash*, in dem viele hundert Gäste bewirtet werden konnten. Hier fanden zu traditionellen Feiertagen prunkvolle Bankette statt, *Geber* genannt, und nicht nur das: Am 27. jedes Monats, dem Tag des Erlösers, wurden hier von meinem Großvater die Bettler der Stadt bewirtet. Sie versammelten sich in Addis Abeba und zogen zur Residenz herauf, wo sie ein Mittagessen und etwas Geld bekamen. Nach dem Tod meines Großvaters setzte mein Vater die Tradition fort. Unterhalb des Aderash befanden sich die Stallungen, in denen Mulis, Ochsen und vor allem Milchkühe untergebracht waren. Hinzu kamen ein kleiner Pferdestall und Garagen für die Wägen und Maschinen. Das gesamte Gelände war umzäunt, und jenseits des Zaunes war die zahlreiche Dienerschaft angesiedelt, deren versprengte Behausungen, von einer Mauer umgeben, sich zu einem kleinen Dorf zusammenfanden.

Kaum fünfhundert Meter von der Residenz meines Großvaters hatte mein Vater im Jahre 1941 seine Villa errichtet, und in unmittelbarer Nähe hatten auch viele meiner Verwandten, meine Onkel und Tanten, ihre Häuser. Mein Vater pflegte zeit seines Lebens die Erinnerung an seine Kindheit in England, also ließ er auch die Villa nach dem Vorbild eines englischen Landhauses gestalten. Die Zimmer und der Salon waren mit prächtigen Stuckarbeiten verziert und mit Seidenvorhängen drapiert, überall im Haus standen Empire-Möbel und viktorianische Antiquitäten. Ich erinnere mich besonders an den imposanten Marmorkamin, der inmitten des Salons stand und an kalten Abenden der Regenzeit seine gemütliche Wärme verbreitete.

Um die Villa herum war ein großer Garten angelegt, den ein Hain von Pflaumenbäumen schmückte. Aus den Pflaumen wurde Jahr für Jahr Pflaumenwein gemacht. Da mein Vater ein großer Rosenliebhaber war, ließ er um die Villa herum einen zauberhaften Rosengarten anlegen. Mehrmals im Jahr ließ er sich die neuesten Züchtungen von *Closeburn Nurseries* aus Nairobi schicken, ein halbes Dutzend Gärtner wetteiferten auf dem Entoto um die prächtigsten Blüten. Ein Vertreter der Deutschen Botschaft erzählte mir übrigens später, daß auch die 1953 auf der Internationalen Gartenbauausstellung in Hamburg im Beisein Konrad Adenauers auf dessen Namen getaufte Rose in den Rosengarten meines Vaters Einzug gehalten habe – als ein Geschenk der Deutschen Botschaft. Die Konrad-Adenauer-Rose blüht, wie mir der Botschaftsgesandte versicherte, blutrot, sogar mehrmals im Jahr, und verströmt einen besonders intensiven Duft.

Die Freude meiner Familie war groß, als ich am Sonntag, den 31. Oktober 1948, fast fünf Jahre nach der Heirat meiner Eltern, um die Mittagszeit im Kaiserin-Zauditu-Krankenhaus von Addis Abeba das Licht der Welt erblickte, und vielleicht war sie im Hause meines Großvaters am größten. Der Schmerz, den die Ermordung seiner drei Söhne im Krieg ihm zugefügt hatte, war unstillbar. So sah man meinen Großvater nach 1941 nie wieder in seiner prächtigen Uniform, sondern stets in seiner schwarzen *Kabba*, dem traditionellen äthiopischen Umhang, mit einem Tropenhelm, den er bei feierlichen Anlässen gegen einen Bowlerhut tauschte. Jahr um Jahr verbrachte er im Bangen, ob sich die Linie der Familie wohl fortsetzen würde. Die Sorge wich einer zunehmenden Erleichterung, als er sah, wie dem ersten Kind seines einzigen noch lebenden Sohnes sogar weitere folgten. Sieben Kinder sollte meine Mutter meinem Vater insgesamt schenken.

Die äthiopisch-orthodoxe Kirche leitet ihre Gläubigen mit einer

Vielzahl von Riten und Geboten durchs Leben, und wie in allen christlichen Kirchen stellt auch in ihr das Sakrament der Taufe das Tor zum Eintritt in die Kirche dar. Der Tradition zufolge muß die Taufe genau vierzig Tage nach der Geburt stattfinden, wenn es sich um einen neugeborenen Jungen handelt; für Mädchen hält die äthiopisch-orthodoxe Kirche mit Rücksicht auf Evas Sündenfall eine Frist von achtzig Tagen für angebracht. Stets wird die Taufe mit einem großen Fest verbunden, doch in meinem Fall wurde daraus fast eine Staatsangelegenheit gemacht. Drei Tage und Nächte vergingen mit Festivitäten, deren detaillierter Ablauf in der äthiopischen Wochenzeitung *Sendek Alamachin (Unsere Flagge)* zum Abdruck gebracht wurde. Am ersten Tag waren die Diplomaten und Vertreter der europäischen Staaten zusammen mit der kaiserlichen Familie, Vertretern der Regierung und des äthiopischen Adels zum Bankett in den *Aderash* meines Großvaters geladen, am zweiten Tag gab es ein großes Essen für die Priesterschaft, und am dritten Tag fand ein Fest statt, zu dem nicht nur alle Dienstboten, sondern die ganze umliegende Bevölkerung eingeladen war. Jener dritte Festtag meiner Taufe soll, so erzählten es mir später nicht wenige der Bediensteten meines Vaters, mit Abstand der fröhlichste und ausgelassenste gewesen sein. Dies gilt sicher nicht für alle der Anwesenden, denn für mich endete meine Taufe fast tödlich.

Wie jede traditionelle äthiopisch-orthodoxe Messe beginnt auch der Taufgottesdienst, der am Anfang der Feierlichkeiten steht, frühmorgens um sechs Uhr, und wie die traditionelle Messe erstreckt er sich über einen Zeitraum von mindestens drei Stunden. Ich wurde in der Jesus-Kirche unweit des Anwesens meines Großvaters getauft, der damalige äthiopische Erzbischof Basileos höchstpersönlich hielt die Messe und achtete darauf, daß die Zeremonie streng nach den Regeln ablief. Zunächst weiht der Priester vor den Augen der versammelten Gemeinde das Salböl, und so war es auch in meinem Fall. Dann hält der Taufpate den Täufling dem Priester entgegen, und der Täufling wird in einer ausgedehnten Zeremonie gesalbt. Da ich keinen irdischen Taufpaten besaß, sondern der heiligen Muttergottes geweiht wurde, war es meine Mutter, die mich in den Armen hielt. Sodann bläst der Priester dem Täufling ins Gesicht, damit der den Heiligen Geist empfange, und also hauchte mir der Erzbischof den Heiligen Geist ein. Erst dann folgt der eigentliche Akt der Taufe, der wiederum mit der Weihzeremonie des Taufbeckens beginnt. Jeder äthiopische Christ hat zwei Namen, einen weltlichen, den er von seinen Eltern verliehen bekommt, und einen kirchlichen, den er bei der Taufe erhält. Der Taufname ist in der Regel für alle kirchlichen Belange, Zeremonien und Sakramente reserviert, zum Beispiel bei einer Hochzeit und der Totenmesse. Nur in einem Falle tritt der Taufname ganz an die Stelle des Geburtsnamens: im Falle der Kaiserkrönung. So nannte sich Ras Tafari Makonnen nach der Ernennung zum *Negusa Negast* fortan mit seinem Taufnamen *Haile Selassie* – »Macht der Dreifaltigkeit«. Ich wurde auf den Namen *Sarsa Dengel*, »Schützling der heiligen Muttergottes«, getauft, da ich an einem Marienfesttag zur Welt kam und die heilige Muttergottes meine Patronin ist.

In Äthiopien ist es Brauch, den Täufling mit dem ganzen Körper ins Taufbecken zu tauchen. »Ich taufe dich, Sarsa Dengel, im Namen des Vaters und des Sohnes und des Heiligen Geistes«, sprach also der Erzbischof, bevor ich dreimal von Kopf bis Fuß im eiskalten Wasser verschwand. Heute dürfen die Eltern zur Taufzeremonie warmes Wasser mitbringen, aber damals galt der strenge Brauch noch ohne Ausnahme: Das Wasser mußte eiskalt sein, und der Täufling war dreimal unterzutauchen. Meine Mutter erzählte mir später, daß ich die Prozedur reglos über mich ergehen ließ, ich schrie nicht, ja, ich verzog nicht einmal die Miene. Ich kann es mir nur so erklären, daß mich die klirrende Kälte in eine Art Schockzustand versetzte. Jedenfalls trug ich eine doppelseitige Lungenentzündung davon. Je ausgiebiger und ausgelassener in den darauffolgenden Stunden und Tagen mir zu Ehren und um mich herum gefeiert wurde, desto blasser, kränker und fiebriger wurde ich. Am Morgen nach dem letzten Tag der Feierlichkeiten hatte ich so hohes Fieber, daß ich das Bewußtsein verlor. Als meine Mutter mich reg-

37

los in meinem Bett fand, stieß sie einen Schrei aus. Im Nu setzte hektische Betriebsamkeit ein, meine Verwandten rissen sich förmlich darum, mich ins Krankenhaus zu fahren, aber da stand mein Vater schon mit dem Wagen vor dem Tor der Villa Debre Tabor. In Windeseile chauffierte er mich ins Kaiserin-Zauditu-Krankenhaus, das ich doch erst wenige Wochen zuvor verlassen hatte. Es waren nur fünf Kilometer von der Residenz zum Krankenhaus, aber sie schienen sich endlos zu dehnen. Ich lag auf dem Rücksitz im Arm meiner Tante Lady Bezounesh Kassa, und ihr habe ich mein Überleben zu verdanken. Mitten auf der Fahrt – so erzählte es mir Emamma Bezounesh später viele Male wild gestikulierend und mit dramatischen Worten – hörte ich plötzlich auf zu atmen. Meine Tante griff geistesgegenwärtig nach ihrer Shamma, dem traditionellen togaartigen Gewand, legte sie mir auf den Mund und fing an, hineinzublasen. Der Direktor des Krankenhauses, das von schwedischen Ärzten geführt wurde und einen exzellenten Ruf hatte, war schon telefonisch von meiner Ankunft in Kenntnis gesetzt. Dr. Anderson setzte die Mund-zu-Mund-Beatmung fort und leitete eine Herz-Rhythmus-Massage ein. Mein Vater, wenig vertraut mit den Errungenschaften der modernen Medizin, war angeblich nur mit Mühe davon abzuhalten, auf den Doktor loszugehen, als dieser seine verschränkten Arme gegen meinen zarten Brustkorb preßte. Er war felsenfest davon überzeugt, daß der schwedische Arzt dabei war, mich umzubringen. Groß war die allgemeine Erleichterung, als ich ein paar Augenblicke später wieder anfing zu atmen und die Augen aufschlug. Die nächsten Wochen verbrachte ich im Krankenhaus, selten zuvor und selten danach hatte man im Kaiserin-Zauditu-Krankenhaus eine derartige Ansammlung von Besuchern gesehen. Die ganze zahlreiche Taufgemeinde pilgerte an mein Krankenbett. Auch der Kaiser und die Kaiserin ließen es sich nicht nehmen, mich zu besuchen. Mein Überleben wurde in meiner Familie als ein Wunder betrachtet. Und nachdem alles gut überstanden war, bedankte sich mein Vater bei Dr. Anderson mit einer goldenen Omega-Uhr. Emamma Bezounesh beendete die Erzählung von meiner Taufe stets mit einem anerkennenden Nicken, gefolgt von den Worten: »Du hast alle Krankheiten, die ein Mensch haben kann, in den drei Tagen deiner Taufe bewältigt, dir kann nichts mehr passieren.« Sie hatte nicht unrecht damit, seitdem bin ich – Gott sei's gedankt – von ernsthaften Krankheiten verschont geblieben.

Auch dieser Vorfall trug wohl dazu bei, daß meine Kindheit eine sehr behütete war. Das Beste war gerade gut genug für den geretteten erstgeborenen Sohn, und das galt auch für die Wahl der Kinderfrauen. Mein Vater engagierte für mich eine ältere Dame aus dem russischen Adel, die im Zuge der russischen Revolution nach Äthiopien gekommen war. Jedermann nannte sie »Madame«, und ich nannte sie »Mamuschka Madame« – meine erste Erzieherin. Man sagte mir, daß ich als Kind einigermaßen Russisch gesprochen hätte. Leider ist davon nicht viel geblieben, außer dem Wort *Tjotja*, das russische Wort für Tante, mit dem ich ausgerechnet meine Mutter bezeichnete; *Mamuschka* war ja schon für »Madame« reserviert. Ich weiß nicht, wie es geschah, aber alle meine Geschwister haben die Bezeichnung übernommen, so daß wir bis heute unsere Mutter *Tjotja* – Tante – nennen. Mamuschka, die mich auf Händen trug, war steinalt. Ihr langes graues Haar war stets mit einem breiten Stirnband nach hinten gebunden, aus ihrem von Falten durchfurchten Gesicht blickte sie mit gütigen blauen Augen auf mich herab. Mamuschka liebte es, Geschichten aus den letzten Jahren des Russischen Kaiserreichs zu erzählen. Sie selbst hatte vom Straßenrand aus noch den triumphalen Einzug der Zarenfamilie in Moskau bei der Dreihundertjahrfeier der Romanows im Februar 1913 miterlebt. Zum Thronjubiläum, erzählte Mamuschka, sei eine Briefmarkenserie herausgekommen, die wieder eingezogen worden sei, weil die kaisertreuen Postbeamten sich geweigert hätten, den Poststempel auf das Gesicht des heiligen Zaren zu drücken. Meine Mutter schimpfte mit Mamuschka, wenn sie diese dabei ertappte, wie sie vom Kaiserreich zu den Schauergeschichten der russischen Revolution überging – was Mamuschka nicht davon abhielt, mir immer

39

wieder vor dem Einschlafen in lebhaften Bildern vom Schicksal der Zarenfamilie zu erzählen. Die ganze Familie, der strenggläubige Nikolaus II., die schwermütige Zarin Alexandra, der kleine, an der Bluterkrankheit leidende »Zarewitsch« und seine vier älteren Schwestern Olga, Tatjana, Maria und Anastasia, wurden von den Bolschewiki in einem Gebäude in Jekaterinburg festgehalten. Eines Nachts wurden sie von bewaffneten Wachen geweckt und zusammen mit dem Leibarzt des Kaisers und drei Bediensteten in den Keller geführt – Prinzessin Anastasia trug ihren Spaniel Joy im Arm. Keiner von ihnen ahnte, was mit ihnen geschehen sollte. Das Exekutionskommando bestand aus elf Personen, für jeden Gefangenen eine. Der Erschießungsbefehl wurde verlesen und Nikolai aufgefordert, den Text nachzusprechen. Dann eröffneten die Bolschewiki das Feuer. Noch mehr als über die Ermordung der Zarenfamilie war Mamuschka von dem schockiert, was darauf folgte: Nach der Ermordung habe man die Leichen in einem Lastwagen weggeschafft, mit Schwefelsäure übergossen und zu verbrennen versucht. Danach wurden sie in einer Grube verscharrt. In der Nacht darauf hatte man auch die Verwandten der Zarenfamilie abgeführt. Selbst die Tanten des Zaren, so erzählte Mamuschka Madame mit zitternder Stimme, seien, halb lebendig, halb tot, in die Erdgrube geworfen worden. Noch tagelang sollen aus der Tiefe ihr leises Stöhnen und ihre Bittgesänge zu hören gewesen sein.

Mich verfolgten diese Erzählungen bis in den Schlaf, und im Traum trugen die wimmernden Tanten des Zaren plötzlich das Antlitz von Mamuschka Madame und Emamma Bezounesh. Man kann also sagen, daß mir meine Abneigung gegen Diktatur und Kommunismus in die Wiege gelegt wurde. Wie glücklich wäre Mamuschka gewesen, hätte sie noch das Ende des kommunistischen Regimes in Moskau miterlebt! Und wie glücklich erst, hätte sie von der Heiligsprechung der Zarenfamilie durch die russisch-orthodoxe Kirche erfahren, die vor ein paar Jahren stattfand. Als sie sich zur Ruhe setzte, heulte ich Rotz und Wasser, ich war damals sechs Jahre alt. Mein Vater betrachtete mein inniges Verhältnis zu Mamuschka nicht ohne einen gewissen Argwohn – er hatte wohl Angst, ich würde zu sehr verhätschelt. Also hielt er nach einem neuen Kindermädchen Ausschau. Zunächst kam Nanny Hålme, eine Finnin aus der Adventisten-Mission, doch es reichte nur zu einer Stippvisite. Aus irgendeinem Grund verschwand sie bereits nach kurzer Zeit wieder, und meine Erinnerungen an sie sind mehr als undeutlich. Meinem Vater schien es nun angebracht, mir statt russischer Bemutterung eine ordentliche Portion preußischer Disziplin zu verordnen, und so kam Tante Louise zu uns. Sie hatte gerade ihre Stellung als Verkäuferin bei dem deutschen Apotheker Dr. Hildebrandt aufgegeben, und die neue Aufgabe kam ihr gerade recht. Allerdings kam Tante Louise gar nicht aus Preußen, sondern aus Österreich, aber sie war durch und durch deutsch. Sie sprach keinen Dialekt, sondern lupenreines Hochdeutsch, und auch sonst erinnere ich mich nicht daran, daß jemals das Wort Österreich fiel oder sie mir irgend etwas über Österreich erzählt hätte. Nur ihre Kochkünste offenbarten ihre Herkunft – sie war eine Meisterin im Zubereiten österreichischer Mehlspeisen, ihre Palatschinken sind mir bis heute ebenso unvergeßlich wie ihre Vanillekipferl, die sie jedes Jahr zu Weihnachten buk. Sie stammte aus Linz wie ihr Mann, Onkel Franz Haunold, der als Bauunternehmer in Äthiopien arbeitete und der unter anderem auch die Deutsche Schule in Addis Abeba errichtete. Ich weiß nicht, ob sie damals überhaupt schon verheiratet waren, denn Tante Louise wohnte selbstverständlich bei uns in der Residenz, Onkel Franz aber nicht.

Tante Louise war eine herzensgute und lebenslustige Frau. Sie war ausschließlich für die Betreuung und Erziehung der Kinder zuständig, und dabei hatte sie alle Hände voll zu tun. Die Familie wuchs rasch und stetig. Ein Jahr nach mir kam mein Bruder Mulugeta zur Welt, ihm folgten 1950 und 1951 meine Schwestern Tsige und Rebecca. 1955 wurde mein Bruder Kassa geboren, zwei Jahre darauf dann meine Schwester Turuwork, Mimi genannt, und als jüngster im Jahre 1959 mein Bruder Wond-Wossen. Tante Louise weckte uns frühmorgens und brachte uns abends zu Bett. Sie badete uns, zog uns die Schlafanzüge an, und nach dem elterlichen Gutenachtkuß las sie uns noch etwas vor, am liebsten aus den Hausmärchen der Brüder Grimm. Ich muß gestehen, daß Geschichten wie »Hänsel und Gretel« oder die von den Kindern, die miteinander »Schlachtens« spielten, mir einen ebenso großen Schrecken einjagen konnten wie die von Mamuschka Madame aus der russischen Revolution.

Allerdings waren Tante Louise auch unliebsame Pflichten aufgetragen. Aus seiner Zeit als Schüler in England hatte mein Vater allerlei Gebräuche und Hausmittel in seine Heimat zurückgebracht, die er nun auch seinen Kindern angedeihen lassen wollte. Jeden Abend vor dem Zubettgehen reichte uns Tante Louise eine Tasse *Horlicks* – eine Mischung aus Malz, Gerste und Weizen, mit heißer Milch zu einem zähen Brei eingedickt, deren Genuß uns das Einschlafen erleichtern sollte. Wahrscheinlich hätte eine einfache Tasse Milch auch ihren Zweck erfüllt, aber mein Vater schwor auf diese pflanzliche Medizin. Meine Geschwister und ich haßten sie fast ebenso wie den Lebertran, den uns Tante Louise jeden Morgen nach dem Frühstück, mit einigen Spritzern Zitronensaft versetzt, auf einem Eßlöffel servierte. Nicht ohne Genugtuung habe ich vor ein paar Jahren erfahren, daß das Wort *horlicks* inzwischen in Großbritannien eine bemerkenswerte Karriere durchgemacht hat. Der britische Außenminister Jack Straw verhalf ihm zu beachtlicher Popularität, als er einen Regierungsbericht über vermeintliche Massenvernichtungsmittel im Irak vor laufenden Kameras abfällig als »*a complete horlicks*« bezeichnete, was sich vielleicht am ehesten mit »ein einziger Schlamassel« oder einem noch stärkeren Kraftausdruck übersetzen ließe. Als ich dies hörte, sah ich die große Schüssel mit dem klumpigen hellbraunen Getreidebrei aus meiner Kindheit wieder deutlich vor Augen.

Auch die Gewohnheit des Kaltduschens hatte mein Vater auf der *public school* in England kennengelernt, und auch diese wurde uns Kindern eingeschärft. »Das härtet ab«, pflegte mein Vater zu sagen, ein Argument, das keinen weiteren Einwand duldete. Tante Louise hatte streng darauf zu achten, daß unsere Hände sich morgens vom Warmwasserhahn fernhielten. Als Kind hatte ich damals nicht recht verstanden, wofür oder wogegen man sich abhärten sollte, aber als ich mit dem Winter in Europa Bekanntschaft schloß, habe ich den Wert der kalten Dusche am Morgen um so mehr schätzengelernt. Bis heute befolge ich die väterliche Empfehlung: Das Ritual, das einem früher lästig erschien, ist mir zur zweiten Natur geworden.

Mein Vater achtete sehr darauf, uns zu lehren, daß jeder Mensch gleich viel zählt, ganz egal, aus welcher Schicht er stammt. Unseren Kindermädchen war für jedes von uns Geschwistern, bis wir in die Schule kamen, ein eigener Page zugeordnet. Mein Page, er hieß Tariku, war ein paar Jahre älter als ich. Eigentlich oblag ihm die Aufgabe, Botendienste zu verrichten, Spielzeug herbeizuschaffen und wieder einzusammeln und solcherlei Dinge mehr. Aber nie wäre ich auf die Idee gekommen, ihn mit irgend etwas zu beauftragen, und ich kann mich auch nicht erinnern, daß Tante Louise ihm irgendwelche Befehle gegeben hätte. Ich sah ihn nicht als einen Diener, sondern als einen Spielkameraden, nicht selten schlief er sogar auf der Matratze mit mir im Zimmer. Mein liebster Spielkamerad von allen und bester Freund in Kindertagen aber war Abebe Haile, der Sohn eines Verwalters des Familienguts in der Provinz Arusi, der entfernt mit uns verwandt war. Als sein Vater unerwartet verstarb, wurde Abebe in unsere Familie aufgenommen und wuchs mit mir auf, als wäre er einer meiner Brüder. Später sollte er eine beachtliche militärische Karriere machen, er brachte es bis zum Kapitänsleutnant der äthiopischen Marine. Als wir eines Tages über ein Spielzeug in Streit gerieten und anfingen, uns zu prügeln, sagte ich plötzlich zu ihm: »Was fällt dir ein! Weißt du nicht, wer ich bin!« Er überließ mir wortlos das Spielzeug und erzählte die Begebenheit anschließend meinem Vater. Es war das erste und letzte Mal, daß dieser mich schlug. »Der einzige Unterschied zwischen euch beiden ist der Zufall der Geburt«, wies mich mein Vater zurecht. »Du bist auf der einen Seite der Mauer geboren, er auf der anderen. Und wenn du besser sein willst als er, beweise es durch deine Taten. Im Moment bist du weit davon entfernt.« Es war eine Lektion, die ich mein Lebtag nicht vergessen habe.

Ein großer fürstlicher Haushalt, wie es der unsere war, hatte sicher eine Vielzahl dienstbarer Hände nötig, aber es waren augenscheinlich mehr, als wir brauchen konnten. Einmal gelang es mir als Junge, einen Blick auf die von unserem Majordomus verwaltete monatliche Lohnliste unserer Bediensteten zu werfen. Ich kam auf eine Zahl von einhundertzehn Personen, die für die Bewirtschaftung unserer Güter auf dem Entoto und in den verschiedenen Provinzen bei meinem Vater in Lohn und Brot standen: Verwalter, Hausdiener und Pagen, Botenjungen und Chauffeure, Gärtner, Köche und Küchenhilfen, ein Mundschenk und ein Rittmeister, Wäscherinnen und Kinderfrauen. Darunter waren viele, deren Namen ich noch nie in meinem Leben gehört hatte und die offensichtlich gar kein Amt ausübten. Mein Großvater soll noch jeden Tag mit all seinen Untergebenen gemeinsam zu Mittag gegessen haben, was ihm wohl dabei half, den Überblick zu bewahren. Als er starb und meine Tante Emamma Bezounesh und mein Onkel Abbaba Nebeye seine Residenz bezogen, war es selbstverständlich, daß all die Bediensteten, für die meine Tante keine Verwendung hatte, von meinem Vater übernommen wurden. Manch einer von ihnen schritt in Livree gravitätisch auf dem Gelände umher, ohne daß irgend jemand genau sagen konnte, was eigentlich seine Funktion sei. Unsere Bediensteten gehörten zu uns wie unsere Familienangehörigen, Tag für Tag lebten sie mit uns, nur zum Schlafen verschwanden sie in ihren Behausungen. Es war als Kind keineswegs leicht, dies feingesponnene Netz der Autoritäten und Dienstbarkeiten in all seinen Feinheiten zu durchschauen. Unter den Hausdienern herrschte eine besonders penible Verteilung der Aufgaben: Die einen waren ausschließlich für das Servieren zuständig, andere nur für das Saubermachen. Die allermeisten waren für die offiziellen Räumlichkeiten und die Salons vorgesehen. Nur wenigen war der Zutritt zu den privaten Gemächern gestattet, den allerwenigsten der Zutritt zu den Schlafräumen. Und nie wäre es uns in den Sinn gekommen, von einem Untergebenen etwas zu verlangen, für das er nicht zuständig war, ja mehr noch: Uns Kindern war es gänzlich untersagt, den Bediensteten irgendwelche Befehle zu erteilen. Ich erinnere mich noch, wie ich einmal einen Hausdiener aufforderte, mir ein Glas Wasser zu bringen. Dies war meinem Vater nicht entgangen, und er wies mich in scharfem Ton zurecht, daß ich es mir gefälligst selbst holen könnte. In unserem Hause, so scheint es mir heute im Rückblick, dienten wir alle, ob Herrschaft oder Untergebene, einer höheren Instanz – der Tradition.

Die wichtigste Person innerhalb der Dienerschaft war sicherlich Ketemma, jener Mann, den unsere Familie bis heute nur »unseren Mann in Äthiopien« nennt. Er war als Junge im Jahr 1949, kurz nach meiner Geburt, in unser Haus gekommen und hatte es schließlich bis zum Majordomus gebracht. Ketemma war darüber hinaus der persönliche Kammerdiener meines Vaters. Er suchte die Anzüge für meinen Vater heraus, je nach Gelegenheit; er wußte genau, wann welches Kleidungsstück zu tragen war und wann welche Ordensschärpe angebracht war. Ketemma legte meinem Vater die Shamma um, die kirchlichen Festen vorbehalten war, er begleitete das Procedere des Umkleidens, wenn mein Vater am Vormittag den Anzug gegen den Cut tauschen mußte und nachmittags den Cut gegen den Frack. Und wie über einen Schatz wachte Ketemma über das prachtvolle Ornat, das mein Vater an jenem feierlichen Tag 1966 trug, als er zum Leul Ras – zum Kaiserlichen Herzog – ernannt wurde. Es war aus grünem Samt und mit schweren Goldfäden durchwirkt, mit aufgesetzten goldenen Blumenmustern und Arabesken. Dazu trug er die Ordensschärpe des Ordens der hl. Trinität und andere Auszeichnungen. Ich fragte meinen Vater einmal, wo denn die Krone sei, die er bei seiner Ernennung trug, und er zeigte sie mir in ihrem Schrein: Sie wurde in der Jesus-Kirche aufbewahrt. Der Kaiser hatte sie einst meinem Großvater geschenkt, und es war keineswegs selbstverständlich, daß sie auf meinen Vater überging, dazu bedurfte es eines kaiserlichen Sondererlasses. Zu Zeiten des Kaisers Menelik II. trug man das Fürstenornat zu vielerlei Anlässen, nun, da auch in Äthiopien Smoking und Frack Einzug gehalten hatten, hätte es nur einen weiteren Anlaß gegeben, zu dem mein Vater es noch einmal hätte anlegen können: zur Krönung eines neuen Kaisers. Doch dazu sollte es bekanntlich nicht mehr kommen.

Ketemma sah nicht nur streng auf die Garderobe meines Vaters, er tadelte auch uns Kinder, wenn wir glaubten, die Kleiderordnung nicht ernst nehmen zu müssen. Ihm entging es nicht, wenn meine Krawatte nicht akkurat saß, die Manschetten nicht richtig zugeknöpft waren oder wenn sich auf einen meiner Schuhe ein Staubkorn verirrt hatte. Als Kind fand ich das mitunter lästig, heute bin ich ihm für seine Strenge dankbar. Die Achtlosigkeit gegenüber der Garderobe, die sich gerade beim männlichen Geschlecht nicht nur in Deutschland beobachten läßt, scheint mir weniger ein Zeichen von Gedankenlosigkeit als ein Zeichen von Unsicherheit und Unwissenheit zu sein. Die Herren der Schöpfung wissen nicht mehr, wann ein Cutaway (möglichst nur bei Tageslicht) und wann ein Smoking (möglichst nur bei Lampenlicht) zu tragen ist, wann ein grauer Zylinder (zum Cut) und wann ein schwarzer Zylinder (zum Frack); Zylinder halten sie für eine Art Faschingsrobe oder allenfalls für die Dienstkleidung eines Schornsteinfegers. Ich habe in Frankfurt und Düsseldorf junge Männer kennengelernt, die von ihrem Elternhaus nicht einmal mehr mitbekommen haben, wie man eine Krawatte bindet. Heute ist Ketemma ein alter Mann, aber er ist rüstig wie eh und je. Was verdanken wir nicht alles dem Wirken dieses wunderbaren Mannes! Seine Treue zu unserer Familie war und ist unverbrüchlich, und in den Jahren der Revolution ist er sogar für meinen Vater ins Gefängnis gegangen. Wenn ich oder meine Geschwister irgend etwas brauchen, rufe ich ihn auch heute noch in Addis Abeba an, und wir können sicher sein: Ketemma wird alle Hebel in Bewegung setzen, um uns behilflich zu sein. Vielleicht wäre Ketemma ja auf seine alten Tage auch bereit, eine kleine Rund-

46

reise durch deutsche Schulen zu absolvieren und ein bißchen Nachhilfeunterricht in Kleidungsfragen und Etikette zu geben – vorausgesetzt, dies verstößt nicht gegen die Statuten der deutschen Kultusministerkonferenz.

Unter allen Bediensteten beeindruckte mich als Kind am meisten unser Zeremonienmeister, in Äthiopien *Agafari* genannt, der schon zu Großvaters Zeiten Teil der Familie war. Er hieß Balambaras Assefa, und eigentlich hatte auch er keine bestimmte Aufgabe, aber in seinem Fall war eben genau dies seine Funktion: Alles, was der Agafari tun mußte, war, würdig auszusehen und uns so das Gefühl zu vermitteln, daß alles seinen geordneten, durch den unveränderlichen Lauf der Jahrhunderte legitimierten Gang ging – und es keinen Anlaß gab zu zweifeln, daß sich daran in den nächsten Jahrhunderten auch nur das Geringste ändern würde. Er konnte einem die Ahnenreihe der Familie zurück bis zu Salomo und der Königin von Saba vorsagen, und natürlich auch die seiner Familie, die sich zwar nicht von der Königin von Saba ableitete, aber immerhin von ihrer Magd. Selbstverständlich kannte er auch die Namen aller erstgeborenen Söhne, die König Salomo Menelik einst mit auf den Weg nach Äthiopien gab. Wenn meine Eltern Gäste erwarteten, bei festlichen Essen, Empfängen und bei Gesellschaften, begrüßte er jeden Ankömmling und führte ihn zu seinem ihm zugewiesenen Platz. Ich erinnere mich noch daran, wie ich ihn als Kind einmal an den Rockschößen festhielt und ihm die unerhörte Frage stellte: »Sagen Sie, wofür werden Sie eigentlich bezahlt?« Er verzog keine Miene und sah höflich schweigend über meine Respektlosigkeit hinweg. Wenn ich später in Deutschland von unserem Agafari erzählte, erntete ich oft lächelndes Kopfschütteln, selbst bei Bekannten aus adligem Hause. Ihnen war gar nicht bekannt, daß auch in europäischen Häusern bis weit ins 20. Jahrhundert hinein Zeremonienmeister anzutreffen waren. Reichspräsident und Generalfeldmarschall Paul von Hindenburg beschäftigte bis in seine letzten Tage im Jahre 1934 einen Zeremonienmeister, dessen vornehmliche Aufgabe es war, mit Zweispitz, breiter Schärpe und Fangschnüren versehen, bei Empfängen im Präsidentenpalais das Erscheinen seines Herrn anzukündigen. Dazu hielt dieser einen schwarzen Stab mit silberner Kugel in der Hand, den er dreimal auf den Boden stieß und dabei ausrief: »Der Herr Reichspräsident!« Unser Zeremonienmeister trug weder eine Uniform noch irgendwelche Insignien zur Schau; seine Würde verkörperte sich allein durch seine Miene. Ich war meinerseits überrascht, wenn mir europäische Freunde von speziellen Dienern berichteten, die bei uns vollkommen unbekannt waren. Ein Freund aus altmecklenburgischem Hause erzählte mir, er habe in seinen jungen Jahren noch Wasserträgerinnen und Portiere kennengelernt, deren einzige Aufgabe darin bestand, die Aborte zu leeren. Er war nicht wenig erstaunt, als ich ihm erwiderte, daß unser Haus auf dem Entoto wie auch das meines Großvaters seit ich zurückdenken kann mit Wasserleitungen ausgestattet war.

Eine weitere Person, die zu unserem täglichen Umgang gehörte (ohne daß diese freilich auf der Lohnliste meines Vaters zu finden gewesen wäre) und die es sich – völlig zu Recht – verbeten hätte, als Untergebener bezeichnet zu werden, war unser Hauspriester. Er saß bei allen Familienmahlzeiten mit uns zu Tisch und sprach das Tischgebet. Sein Eingangsgebet war meist kurz und bündig, aber wir Kinder fürchteten sein Dankgebet nach dem Essen, das um so länger ausfiel, je besser gegessen und je reichlicher getrunken wurde. Selbstverständlich war es keinem von uns gestattet, sich vor dem letzten »Amen« vom Tisch zu erheben.

Dem Hauspriester oblagen die spirituellen Angelegenheiten der Familie. Er hielt uns Kinder zum Beten an, gab uns nachmittags zusätzliche Religionsstunden und brachte uns die Kirchensprache Ge'ez bei. Während der Karwoche sahen wir ihn jeden Morgen mit dem Weihrauchgefäß durch die Gänge des Hauses schreiten und dabei Gebete murmeln. Der herbsüße Duft von Weihrauch und Myrrhe verbreitete sich dann im ganzen Haus.

Das Abendessen war meinen Eltern heilig, und wann immer es möglich war, wurde es zusammen mit der ganzen Familie eingenommen. Meist gab es ein äthiopisches und ein europäisches Menü zur Auswahl, aber es ging keineswegs opulent zu. Alkohol wurde nur zu besonderen Gelegenheiten ausgeschenkt. Der größte Unterschied zur äthiopischen Mittelschicht bestand weniger darin, was wir aßen, als darin, wie wir aßen. Bei Tisch wurde uns von Dienern in Livree und mit weißen Handschuhen aufgetragen, eine Form des Luxus, auf die ich als Sechsjähriger liebend gerne verzichtet hätte. Unser Hauspriester gab auch darauf acht, daß in unserer Familie die Fastenzeiten, mit denen die äthiopisch-orthodoxe Kirche reich gesegnet ist, streng befolgt wurden. Es gibt die große Fastenzeit vor Ostern, die in Äthiopien traditionell zwei Monate dauert: sechs Wochen für Gott, hieß es im Volksmund, und zwei Wochen für den Kaiser. In dieser Zeit waren nicht nur Fleisch, sondern auch Milch- und Eierprodukte tabu. Daneben gibt es die kleine Fastenzeit, die im August zum Gedenken an die Entschlafung Mariens abgehalten wird. Und außerhalb dieser Fastenzeiten darf an zwei Tagen in der Woche, am Mittwoch und am Freitag, kein Fleisch gereicht werden. Egal, um welchen Tag der Woche es sich handelte: Wie für die meisten jungen Menschen heute bestand auch unser größtes Glück damals darin, ein bißchen Geld in der Tasche zu haben und sich in einem Schnellrestaurant im Zentrum von Addis Abeba eine Pizza zu kaufen. Wo immer es möglich war, versuchten wir Kinder, aus dem strengen Reglement auszubrechen. In späteren Jahren saß ich einmal zusammen mit einem Freund in Asmara in einem Restaurant. Es war Freitag mittag, und vor mir stand ein Teller mit einem saftigen Steak darauf. Da betrat der Bischof von Eritrea, Abuna Lukas, den Saal. Ich sprang auf, begrüßte ihn und küßte das Kreuz in seiner Hand. Er sah auf meinen Teller und runzelte die Stirn. »Was machst du hier, mein Sohn?« fragte er leise. Ich antwortete: »Mein Vater, ich warte auf ein Wunder, daß der liebe Gott dieses Stück Fleisch in einen Fisch verwandeln möge.« Er blickte mir streng in die Augen und entgegnete: »Mein Sohn, ich sehe nur einen Fisch.«

Verwöhnt wurden wir Kinder dann, wenn wir bei unseren Tanten zu Besuch waren. Meine drei Tanten Lady Manyahleshal Kassa, Lady Bezounesh Kassa und Lady Tesseme Kassa, alle drei ältere Schwestern meines Vaters, hatten ihre Häuser ebenfalls ganz in der Nähe auf dem Entoto. Man nannte sie die drei Grazien, weil man sie bei Festen und bei Besuchen fast immer zusammen sah, mit ihren Männern dagegen nur selten. Alle drei trugen sie praktisch die gleiche Kleidung; man mußte als kleiner Junge schon sehr genau hinsehen, um die feinen Unterschiede zu bemerken, auf die sie doch allergrößten Wert legten. Sicher war das türkisfarbene Kleid der einen ein paar Zentimeter länger als das der zweiten, und die Volants am Saum des Rockes der dritten dreifach gebauscht. Und natürlich wären sie nie auf die Idee gekommen, den gleichen Hut zu tragen. Alle drei führten ein offenes Haus, und für uns Kinder gab es nichts Schöneres, als bei ihnen zu Gast zu sein. Wann immer man ankam, ob früh am Morgen oder spät am Abend, als erstes gab es etwas zu essen. Die Tafeln bei ihnen waren stadtbekannt, zu ihrem Personal gehörten hervorragende Köchinnen, ja wahre Künstlerinnen am Herd. Jede wollte die andere übertrumpfen in der Zubereitung des besten *Tej*, und so bereicherten sie die äthiopische Küche um eine Vielzahl neuer Gerichte: *Tej*, der traditionelle Honigwein, wurde nicht nur mit Honig, sondern auch mit Pflaumen und mit Kaffee gemacht. *Injera*, das säuerliche äthiopische Fladenbrot, das aus einer speziellen Getreideart – dem *Teff* – hergestellt wird und die Grundlage jeder äthiopischen Mahlzeit darstellt, wurde in sieben verschiedenen Varianten zubereitet. Wenn ich bei Emamma Bezounesh zu Gast war, freute ich mich immer auf eine besondere Spezialität: *Doro dabo*, ein köstliches Brot aus Weizenmehl, gefüllt mit gebratenem Hühnerfleisch. Für meine Tanten war es unvorstellbar, daß ein Mensch je satt sein konnte.

Meine Tanten waren nicht nur vortreffliche Gastgeberinnen, sie hatten auch eine starke karitative Ader. Es führte zu weit, all die vielen sozialen Organisationen aufzuzählen, denen sie vorstanden oder die sie unterstützten. Emamma Bezounesh versammelte all die Jahre über zwischen fünfzehn und zwanzig Waisenkinder unter ihrem Dach, sie lebten mit ihr und nahmen jede Mahlzeit mit ihr ein. Mancher mag glauben, sie sei so wohlhabend gewesen, daß sie dies spielend verkraftete. Aber selbst nach der Revolution, als die neuen Machthaber nicht nur uns, sondern auch ihr die Ländereien und Besitztümer entrissen, wäre es für sie undenkbar gewesen, ihre Schützlinge im Stich zu lassen. Ich weiß nicht, wie sie es schließlich geschafft hat: Aber keines der Kinder mußte weggeschickt werden. Ihre Schützlinge haben ihr das niemals vergessen.

Wenn ich von meinen Kindermädchen und Tanten spreche, darf ich »Tante Vera« nicht vergessen, obwohl sie weder eine leibliche Tante von mir war, noch bei meinem Vater angestellt war. Tante Vera sprach nicht gern über ihre aufregende Familiengeschichte, die mit der Geschichte Äthiopiens eng verwoben ist. Im Lauf der Jahre war es mir gelungen, sie aus ihr herauszukitzeln. Ihr Vater, Moritz Hall, war Mitte des 19. Jahrhunderts als Deserteur der Zaristischen Armee aus Krakau nach Äthiopien gekommen, wo er Aufnahme in der pietistischen St. Chrischona-Pilgermission fand. Er konvertierte vom Judentum zum Protestantismus und heiratete die Tochter eines sächsischen Malers und einer äthiopischen Hofdame. Am Hof wurde Kaiser Theodorus II., der in unruhigen Zeiten um die Einheit des Landes kämpfte und ein Bewunderer des technischen Fortschritts war, auf den gelernten Metallgießer Moritz Hall aufmerksam. Der Kaiser beauftragte ihn und die anderen Handwerker der Mission mit dem Bau einer Kanone. Einschlägige Literatur wurde herangeschafft und studiert, bevor sich Moritz Hall und seine Mitstreiter an die Arbeit machten. Die erste gegossene Kanone platzte beim Testversuch, die zweite aber hielt stand. »Zur großen Freude des Negus«, schrieb ein englischer Beobachter, »sahen die Berge von Debre Tabor zum allerersten Mal Kanonenkugeln in den Himmel steigen und in der Ferne einschlagen, in hundertfachen Echos wurde das Krachen von den Felsen zurückgeworfen.« Weitere Versuche sollten folgen, bis schließlich die Kanone fertig war, die Kaiser Theodorus auf den Namen »Sebastopol« taufte. Fünfhundert

Personen waren nötig, um die sieben Tonnen schwere Kanone zur kaiserlichen Festung Maqdala hinaufzuschleppen.

Nach dem Tod seiner geliebten Frau Mentwab entfaltete Kaiser Theodorus einen zum Jähzorn neigenden Charakter, und irgendwann fiel es ihm in seiner Unduldsamkeit ein, nicht nur Moritz Hall und seine Mitarbeiter, sondern auch den britischen Konsul, Hauptmann Cameron, in seiner Festung einzukerkern. Für Nationen, die sich zivilisiert nennen, sei der Status eines Botschafters unantastbar, schrieb ihm Queen Victoria, doch das beeindruckte Kaiser Theodorus nicht. So entsandte die englische Königin ein Strafbataillon unter General Robert Napier, das von Indien aus nach Äthiopien eingeschifft wurde, mit einem Dutzend Elefanten und einer Blaskapelle an Bord. Niemand hielt die Truppen auf ihrem Weg ins äthiopische Hochland von Wollo auf, bis sie schließlich vor der kaiserlichen Festung Maqdala standen. Bereits vor ihrem Eintreffen entließ Theodorus die Gefangenen, doch kampflos ergeben wollte sich der Kaiser auf keinen Fall. Als die britischen Truppen die kaiserliche Festung zu bombardieren begannen, rief er den Soldaten seiner Leibgarde zu: »Flieht! Ich entlasse euch aus euren Pflichten, doch ich werde niemals in die Hände meiner Feinde fallen!« Er zog die Pistole, richtete den Lauf in seinen Mund und drückte ab. Die Waffe, mit der er sich erschoß, soll ein Geschenk Queen Victorias gewesen sein.

Nach ihrer Befreiung aus der Festung Maqdala verschlug es Moritz Hall und seine Frau, die sich abwechselnd Katharina Hall und Wolete-Iyesus nannte, nach Jaffa, wo auch »Tante Vera« geboren wurde. Zwölf Kinder zählten die Halls, und die meisten von ihnen sollten später in Addis Abeba in den Dienst des Äthiopischen Kaiserhauses treten.

David Hall beispielsweise gründete in der äthiopischen Hauptstadt die St. Georgs-Brauerei, in der seit 1922 und bis zum heutigen Tag Bier nach dem deutschen Reinheitsgebot gebraut wird. Er organisierte das Post- und Fernmeldewesen und wurde unter Kaiser Haile Selassie Kaiserlicher Staatsrat. Der englische Schriftsteller

Evelyn Waugh, der 1930 Äthiopien das erste Mal bereiste, um über die Feierlichkeiten zur Krönung von Haile Selassie zu berichten, lernte David Hall kennen und beschrieb ihn als einen ungewöhnlich gutaussehenden Mann, stets geschmackvoll gekleidet und monokeltragend, von einer unerschütterlichen Höflichkeit und begabt mit einem seltenen Sprachtalent: »Seine Aufgabe bestand darin, sich die Sorgen der ausländischen (offiziellen wie inoffiziellen) Gäste anzuhören, den Journalisten Nachrichten zu übermitteln, Eintrittskarten auszugeben und Listen für die Veranstaltungen aufzustellen. Wenn die italienische Telegraphengesellschaft ihre Ruhestunde hielt, nahm Herr Hall an ihrer Stelle die Beschwerden in Empfang. Wenn ein allzu eifriger Polizist jemandem den Zutritt zu einer Zuschauertribüne verweigerte, mußte sich Herr Hall darum kümmern, daß dieser Beamte einen Rüffel erhielt. Wenn Seiner Majestät Hofdruckerei versäumt hatte, den Text des Krönungsgottesdienstes zu verteilen, versprach Herr Hall jedermann ein Exemplar. Wenn kein Omnibus da war, um die Kapelle zum Rennplatz zu bringen, wenn die Anzahl der Gedenkmedaillen, die in der Kirche verteilt wurden, nicht gereicht hatte, wenn jemand mit oder ohne Grund in Addis Abeba schlechte Laune hatte – stets wandte man sich an Herrn Hall.« Und unsere »Tante Vera« war niemand anders als die Schwester des Kaiserlichen Staatsrats! Sie wiederum war von Jaffa nach Deutschland zurückgekehrt, wo sie mit ihrem Mann, dem Bauingenieur Kurt Schumacher, in Stuttgart lebte. Nach dessen Tod kam sie in den fünfziger Jahren nach Addis Abeba und wurde Lehrerin an der Empress Menen School of Handicraft in Addis Abeba, einer Schule für Hauswirtschaft und Handarbeit für junge Mädchen, die nach der Kaiserin benannt war. Nach ihrer Pensionierung fragte mein Vater sie, ob sie nicht bei uns wohnen wolle. Da sie inzwischen nicht nur ihren Mann, sondern auch ihre beiden Söhne verloren hatte und ganz alleine lebte, sagte sie gerne zu.

Tante Vera war eine resolute Frau protestantischen Glaubens, mit ihrer Bibelfestigkeit verblüffte sie sogar unseren Hauspriester. Sie war der Inbegriff preußischer Disziplin. Jeden Tag legte sie auf dem Entoto eine Strecke von fünf Kilometern im Dauerlauf zurück. Davon abgesehen, sahen wir sie nie anders als in einem langen, dunkelblauen Kostüm mit hochgeschlossener weißer Bluse, das brünette Haar zu einem strengen Dutt arrangiert. Sie erinnerte mich ein bißchen an Fräulein Rottenmeier aus dem *Heidi*-Roman von Johanna Spyri, den mir Tante Vera in jungen Jahren zu lesen gegeben hatte; vielleicht auch deshalb, weil sie manchmal wie Heidis Frankfurter Hausdame die Augen zum Himmel verdrehte und ein leise verzweifeltes »Barmherzigkeit!« ausstieß. Ich weiß, daß ich ihr damit unrecht tat, denn sie war eine herzensgute Seele. Aus Tante Veras Mund habe ich meine ersten deutschen Worte vernommen, und im Verbund mit Tante Louise gelang es ihr, mir schon in frühsten Jahren die Grundlagen der deutschen Sprache beizubringen. Und schon bald gefiel ich mir darin, wenn sie nicht dabei war, theatralisch die Hände zu raufen und dabei auszurufen: »Ist das die Möglichkeit!« – »Ach, du lieber Himmel!« – »Das darf doch nicht wahr sein!« Mit meinen Geschwistern sprach Tante Vera für gewöhnlich englisch, und vor allem meine jüngste Schwester hütete sie wie ihren Augapfel. Wenn sie sie tadelte, fielen stets die gleichen Worte: »*Mimi, how disappointing!*« Es dauerte nicht lange, und der Ausspruch wurde ein geflügeltes Wort in unserer Familie, das von uns Kindern bei allen erdenklichen Gelegenheiten verwendet wurde. Besonders liebten wir es, möglichen Empörungsbekundungen Tante Veras zuvorzukommen und sie präventiv ins Leere laufen zu lassen mit den Worten: »*I know what you are going to tell me: Mimi, how disappointing!*«

Tante Vera brauchte keine Bücher, um uns daraus vorzulesen: Keiner konnte erzählen wie sie. Sie liebte es, vom kaiserlichen Deutschland Wilhelms II. zu erzählen, und auch diese Schilderungen klangen für uns Kinder märchenhaft. Auch nannte sie eine stattliche Sammlung von Postkarten aus dem Kaiserreich ihr eigen, die sie mit Freude herumzeigte: der Kaiser in der Uniform der preußischen Leibgardehusaren, das stolze Gesicht mit den breiten

Backen, dem gesträubten Schnurrbart und in der Ferne verlorenem Blick dem Betrachter zugewandt; der energisch ausschreitende Kaiser im Jubiläumsjahr 1913, den Marschallstab fest in der Rechten, die Linke am Griff seines Säbels; der Kaiser mit Pickelhaube auf seinem stattlichen Schimmel an der Seite der Kaiserin beim Spazierritt durch den Berliner Tiergarten; der Kaiser auf der Jagd in der Schorfheide, den Stock in der Hand und das Bein gegen einen Baumstamm gestemmt, ihm zu Füßen liegend die zahlreich erlegten Keiler in Reih und Glied; der Kaiser in Marineuniform auf seiner Segelyacht »Meteor« entspannt auf dem Deck hingestreckt, hinter ihm das mächtige Steuer und die versammelten Matrosen im Schneidersitz, und viele weitere Darstellungen.

Mir schien es damals, als habe Tante Vera höchstpersönlich die Kamera bedient, so liebevoll und vertraut sprach sie von »unserem Kaiser Wilhelm«. Auch über dessen Titel wußte sie bestens Bescheid: »Er war nicht nur unser Deutscher Kaiser«, begann sie, bevor sie tief Luft holte für die Aufzählung, die bei dieser Gelegenheit anstand, »sondern auch König von Preußen, Markgraf zu Brandenburg, Burggraf zu Nürnberg, Graf zu Hohenzollern, Großherzog von Niederrhein und Posen, souveräner und oberster Herzog von Schlesien und der Grafschaft Glatz, Herzog zu Sachsen, Westfalen und Engern, zu Pommern, Lüneburg, Holstein und Schleswig, zu Magdeburg, Bremen, Geldern, Kleve, Jülich und Berg, Herzog der Wenden und der Kassuben, zu Krossen, Lauenburg, Mecklenburg, dazu Prinz von Oranien und Landgraf zu Hessen und Thüringen, Markgraf der Ober- und Nieder-Lausitz, Fürst zu Rügen und zu Ostfriesland, zu Paderborn und Pyrmont, zu Halberstadt, Münster, Minden und Osnabrück, zu Hildesheim, Verden und Nassau, zu Fulda, Kammin und Mörs, gefürsteter Graf zu Henneberg, Graf der Mark und zu Ravensberg, zu Hohenstein, Tecklenburg und Lingen, zu Mansfeld und Sigmaringen . . .« Dieser Kaiser, so schien es mir damals, herrschte wohl fast über die ganze Welt – jedenfalls waren es mehr Orte, als das stolze Kaiserreich Äthiopien auf seiner Landkarte zeigte. Tante Vera muß Deutschland bereits in jungen Jahren verlassen haben, und in ihrer Erinnerung hat sich das kaiserliche Deutschland im Sepia-Ton mit all seiner Pracht konserviert. Sie war zu Tränen gerührt, als ich ihr einmal das Lied von der kaiserlichen Yacht »Meteor« auswendig vortrug, das mir mein Deutschlehrer Dr. Becker in der Pausenstunde beigebracht hatte: »Was taucht aus der Ostsee Fluten für ein stolzes Schiff empor? / Ist das nicht des Kaisers Jagdschiff, ist das nicht die Meteor? / Kaiser Wilhelm, der steht am Steuer, und Prinz Heinrich an der Fock / Und am Heck steht Prinz Adalbert, hißt die Fahne Schwarz Weiß Rot. / Und in der Kombüsen Tiefen sitzt des Kaisers Töchterlein, / die Viktoria Luise, schenkt uns Bier und Branntwein ein. / Hurra, hurra, hurra!« Dr. Becker lehrte mich noch eine weitere Strophe, die Kurt Tucholsky verfaßt haben soll. Ich spürte, daß sich Tante Vera über diese nicht würde freuen können, und so ließ ich sie bei meinem Vortrag lieber weg: »Und wir stehn zu Thrones Stufen stets bereit in Treue fest / Stets bereit, Hurra zu rufen, wenn's sich irgend machen läßt.«

Auch wenn wir den ganzen Tag über von Bediensteten, Kinderfrauen und unseren Tanten umgeben waren: Meine Eltern nahmen sich, wenn sie zu Hause waren, jeden Abend Zeit für ihre Kinder, und so entstand im Laufe der Jahre eine enge Bindung, die für äthiopische Familien damals eher ungewöhnlich war. Auch daß wir unsere Eltern duzten, unterschied uns von den meisten meiner Vettern und Cousinen. Als erstgeborener Sohn kam mir eine besondere Verantwortung zu, wie mir mein Vater und Großvater schon früh zu verstehen gaben. Und bereits im frühen Alter nahm ich diese Verantwortung gerne wahr, was mir den Spitznamen »*Tshinke*« einbrachte. Wörtlich heißt es soviel wie »der große Kopf«, und ich dachte zunächst, daß die Bezeichnung lediglich dem Umstand geschuldet sei, daß mein Kopfumfang tatsächlich ein wenig größer war als der meiner Geschwister und Kameraden. Aber *Tshinke* hat noch eine zweite Bedeutung: »der Fürsorgliche« oder »der, der sich Sorgen macht«.

In wichtigen Familiendingen rief mein Vater nach dem Erstgeborenen, und ich erinnere mich dabei an einen besonderen Auftrag. Die Fürstin Atsede Asfaw, die eine Tante meines Vaters war, lebte nach dem Tod ihres Mannes, Ras Seyoum Mengesha, allein und zurückgezogen bei uns in der Nähe auf dem Entoto. Eines Tages erfuhr sie, daß ihre Schwiegertochter, die Prinzessin Aida, schwer erkrankt war. Nach langwierigen Untersuchungen entschied man sich schließlich für eine Operation, die damals nur in den Vereinigten Staaten durchgeführt werden konnte und nicht ohne Risiko war. In jener Zeit war es alles andere als einfach, von Äthiopien in die USA zu telefonieren, und so liefen alle Informationen von dort im Haus meines Vaters zusammen. Die ganze Familie war in jenen Tagen in Gedanken mit Prinzessin Aida in New York und wartete auf Nachricht. Als mein Vater endlich erfuhr, daß alles gut über die Bühne gegangen war, rief er mich zu sich. »Fahr zur Fürstin«, trug er mir auf, »und erzähle ihr, daß die Prinzessin wohlauf ist!« Wie dringend die Botschaft auch immer sein mochte: Wichtige Nachrichten tat man nicht über das Telefon kund, man schickte einen persönlichen Boten – so wollte es die äthiopische Tradition. Ich war stolz auf meine Aufgabe, denn zur Tradition gehörte es gleichfalls, daß der Überbringer guter Nachrichten mit einem großzügigen Geschenk belohnt wurde. Unser Chauffeur fuhr mich zur fürstlichen Residenz, die nur ein paar Minuten von unserem Haus entfernt lag, direkt neben der Kirche, die dem heiligen Abba Gabre Menfes Kedus gewidmet war. Die große Empfangshalle im Hause der Fürstin war von einem allgemeinen Murmeln erfüllt, und in der Luft hingen Schwaden von Weihrauch. Vor mir sah ich wohl mindestens zwanzig Priester in weißer Tunika und mit Stoffturban, die mit gesenkten Köpfen im Raum umherliefen und leise vor sich hin beteten. Inmitten der Priester erblickte ich die Fürstin auf einem Seidensofa, auch sie ins Gebet vertieft. Seit dem Morgengrauen hatte sie, tatkräftig unterstützt von der versammelten Priesterschaft der benachbarten Kirche, Litaneien für die erkrankte Prinzessin gebetet. Ich kam mir wie ein Eindringling in einem heiligen Bezirk vor, während mich der stolze Zeremonienmeister des Hauses, Dejazmatch

Haile Sinke, in den Saal führte. Als mich die Fürstin Atsede bemerkte, winkte sie ihrem Zeremonienmeister. Der gab ein Zeichen, und im Nu hatten die Priester den Raum verlassen, und Dejazmatch Haile, die Fürstin und ich waren die einzigen in der riesigen Halle. Ich trat heran und verbeugte mich. Die Fürstin nahm mich bei der Hand, beugte sich zu mir herab, küßte mich auf die Wange und sagte: »Erzähle es mir ins Ohr, was dein Vater in Erfahrung gebracht hat.« Leise flüsterte ich ihr die frohe Botschaft zu. Sie drückte mir fest die Hand und umarmte mich, eine Träne rollte ihr über die Wange. Erneut winkte sie dem Zeremonienmeister und flüsterte ihm etwas zu, das ich nicht verstand. Dejazmatch Haile verließ den Raum. Und kaum war die Tür hinter ihm zugefallen, wurde sie auch schon wieder aufgerissen. Mit einem großen Ballen Stoff im Arm stand der Zeremonienmeister in der Tür: feinstes englisches Tuch, aus dem sich sicherlich ein halbes Dutzend feine Anzüge schneidern ließen. Er überreichte sie mir und obendrauf einen großen weißen Umschlag. »Und jetzt komm zu Tisch!« rief die Fürstin. Auf dem Weg in den Speisesaal gelang es mir, einen Blick in den Umschlag zu werfen – er enthielt zweitausend äthiopische Birr, ein Betrag, mit dem man sich damals ein Auto kaufen konnte! Ich nahm mit der Fürstin an einer langen Tafel Platz, dem Überbringer der freudigen Botschaft sollte ein üppiges Festmahl bereitet werden. Während das Essen aufgetragen wurde, malte ich mir aus, was ich mir von dem ganzen Geld alles anschaffen konnte, eine Gesamtausgabe der Werke Charles Dickens, einen Radioapparat, eine Popcornmaschine ... Mit jedem der üppigen Gänge wurde die Einkaufsliste in meinem Kopf länger und länger.

Als ich Stunden später mit meinen Geschenken nach Hause zurückkam, erwartete mich mein Vater schon im Salon. Ich erzählte ihm, wie glücklich die Fürstin die Kunde aufgenommen hatte. »Und?« fragte mein Vater und sah mich mit einem durchdringenden Blick an. »Die Fürstin hat mir einen Ballen Tuch geschenkt«, entgegnete ich so beiläufig wie möglich. »Und?« Seine Stimme hatte einen drohenden Unterton angenommen. Ich druckste herum, und schließlich gab ich ihm wortlos den Umschlag mit meinem gerade erhaltenen Schatz. Er zählte die Scheine und drückte mir von den zweitausend Birr immerhin zweihundert in die Hand. Der Rest wurde in meinem Namen der Genete-Iyasus-Armenhilfe gespendet.

Ich kann es nicht mit Gewißheit sagen, aber ich vermute, daß sich der Spitzname »Dicker Kopf«, den man mir gab, auch noch auf eine andere Sache bezog. Denn sowie ich lesen konnte, gab es eine Beschäftigung, die ich viel aufregender fand, als mit meinen Geschwistern, mit Tariku oder Abebe auf dem Hof herumzutollen. Mein Zimmer begann sich mit Büchern zu füllen, und schnell verdrängten sie alle Spielsachen, die sich noch darin befanden. Zu Beginn stürzte ich mich auf die Bände der Serie »Junior Classics«, die die Klassiker der Weltliteratur in Bildergeschichten wiedergaben. Doch schon kurze Zeit später las ich die großen englischen Schriftsteller selbst: Charles Dickens, Robert Louis Stevenson, Herman Melville und Jonathan Swift. Wenig später kam der Schatz der deutschen Märchen und Sagen dazu, die Bildergeschichten und Verse von Wilhelm Busch, Gustav Schwabs Sammlung der Sagen des Altertums und die Geschichten von Wilhelm Hauff; und bald auch die lateinischen Klassiker, Cicero, Caesar, Vergil und Ovid. Und schließlich entdeckte ich für mich mein Lieblingszimmer in der elterlichen Residenz: die Bibliothek meines Vaters. Es war ein großer Raum, der vollständig mit Holz verkleidet war, die Regale gingen bis zur Decke hinauf und waren über und über mit Büchern gefüllt. Mein Vater war ein ausgesprochener Büchernarr und hatte im Laufe der Jahre eine der größten Sammlungen zur äthiopischen Geschichte zusammengetragen.

Mehrmals die Woche erreichten uns Büchersendungen von Hatchard's aus London, der altehrwürdigen Buchhandlung direkt am Piccadilly, die von meinem Vater mit großer Spannung erwartet wurden. Politische Biographien und historische Sachbücher verschlang er geradezu, für schöne Literatur war er im allgemeinen nicht besonders empfänglich. Meine Leidenschaft für Bücher habe ich von ihm geerbt. »Das Paradies habe ich mir immer als eine Art Bibliothek vorgestellt«, schreibt Borges, und im Rückblick erscheinen mir die unzähligen Nachmittage, die ich in der Bibliothek verbrachte, tatsächlich als paradiesisch. Die Zeit war hier außer Kraft gesetzt. Mein Vater quittierte es gelegentlich mit einem Stirnrunzeln, wenn er mich abends aus der Bibliothek kommen sah. Hatte er Angst, daß ich mich zu einem Stubenhocker entwickeln würde? Ich weiß es nicht, er hat nie ein Wort darüber verloren. Irgendwann stieß ich in der Bibliothek auf das *Kebra Negast*, und zum ersten Mal war ich unserem Hauspriester dankbar. Meine Kenntnisse des altäthiopischen Ge'ez erwiesen sich immerhin als so ordentlich, daß ich mich daranmachen konnte, die Geschichte von der Königin von Saba und König Salomo zu entziffern. Aber ich war schließlich doch erleichtert, als ich auch eine Übersetzung ins Amharische fand. Wer weiß, dachte ich mir, vielleicht gab es darin ja noch das ein oder andere interessante Detail, das mir Abbaba Nebeye in seinen Erzählungen vorenthalten hatte?

Im Glanz des äthiopischen Kaiserhofes

Als der amerikanische Paläontologe Donald Johnson und sein Team im November 1974 im Afar-Gebiet im Norden Äthiopiens nach menschlichen Überresten graben und dabei auf ein Menschenskelett stoßen, erklingt aus dem Transistorradio *Lucy in the Sky with Diamonds* von den Beatles. Johnson ist davon überzeugt, daß es sich um das Skelett einer Frau handeln müsse – und er tauft sie auf den Namen Lucy. Vor 3,5 Millionen Jahren soll Lucy, nicht mehr als einen Meter groß und gerade mal dreißig Kilo schwer, durch die Ebenen Äthiopiens am Ufer des Awashflusses gestreift sein – die älteste Dame der Welt. Ich habe sie selbst im Keller des Nationalmuseums in Addis Abeba bewundern können, in einem Glasschrein gebettet auf rotem Samt. Wir Äthiopier nennen sie freilich nicht Lucy, sondern *Dinkenesh* – »die Wundersame«.

Die Existenz von Lucy hatte sich auch nach Europa herumgesprochen, aber wenn ich später meinen Freunden in London, Tübingen und Frankfurt davon erzählte, daß in Äthiopien nicht nur die Wiege der Menschheit stand, sondern das Land auch eine der ältesten Schriftkulturen besitze und zu einer Zeit christianisiert worden sei, als die Germanen noch zu Wotan, Thor, Njord und Freya beteten, erntete ich meist ungläubiges Staunen. Auf Betreiben des heiligen Frumentius war der König von Axum Mitte des vierten Jahrhunderts zum Christentum übergetreten. Die imposanten Granitstelen in Axum im Norden Äthiopiens zeugen noch heute vom Glanz jenes Reiches, das auf dem Höhepunkt seiner Macht Teile Ägyptens sowie Südarabien und den Sudan umfaßte. Mit der Ausbreitung des Islam im siebten Jahrhundert geriet das christliche Reich dann in Bedrängnis und in Vergessenheit. »Von den Feinden ihrer Religion eingeschlossen, schliefen die Äthiopier fast tausend Jahre lang, die Welt vergessend, von der sie vergessen wurden«, schrieb der Historiker Edward Gibbon in seinem großen Geschichtswerk. Über Jahrhunderte war das von Bergen umgebene Hochland von Äthiopien die christliche Festung im Meer des Islam, über das nur wenig nach außen drang. Nach Europa verbreitete sich die Legende, daß sich in Äthiopien ein großes und mächtiges christliches Reich befinde, das von dem Priester Johannes regiert werde. Um das Jahr 1160 soll jener legendäre Priesterkönig dem König von Byzanz einen Brief geschrieben haben, in dem er die Vorzüge seines Reiches beschreibt: Zweiundsiebzig Könige seien ihm tributpflichtig, schrieb der »König der Könige an den Grenzen der Welt«, und sein Palast sei von einmaliger Pracht, die Wände und Fußböden aus Onyx, die Eßtische aus Gold und Amethyst. Seine Schlafkammer sei mit wunderbaren Goldarbeiten und Edelsteinen geschmückt, das Bett ganz aus Saphir gefertigt. In einer Ecke des Thronsaals entspringe eine Quelle, wer aus ihr regelmäßig trinke, werde dreihundert Jahre alt und sich dabei immer im besten Jugendalter befinden. Nahe dem Palast befinde sich ein riesiger Spiegel, zu dem man über hundertfünfundzwanzig Stufen hinaufsteige. In diesem Spiegel könne der König die Geschehnisse in allen Provinzen seines Reiches verfolgen und so jegliche Verschwörung gegen den Thron schon im Keime ersticken. Er befehlige ein mächtiges Heer, und viermal im Jahr empfange er die schönsten Frauen des Reiches, um mit ihnen stattliche Nachkommen zu zeugen. Die berühmte Weltkarte des spanischen Seefahrers Juan de la Cosa von 1500 – die Alexander von Humboldt im 19. Jahrhundert auf seiner Reise nach Südamerika wiederentdecken sollte – zeigt das Reich des Priesterkönigs nördlich von Äthiopien, westlich des Nils.

In jenen tausend Jahren der Vergessenheit hatten das äthiopische Kaiserreich und die äthiopisch-orthodoxe Kirche Zeit, zu einer unzertrennlichen Einheit zu verschmelzen und einen prächtigen

Reichtum von Ritualen und Zeremonien zu entwickeln. Die Nabelschnur, die unsere Familie mit der altehrwürdigen Geschichte des äthiopischen Kaiserreichs verband, war die Person meines Großvaters, Ras Kassa.

Mein Großvater hegte eine große Zuneigung zu mir, am liebsten hätte er mich vierundzwanzig Stunden am Tag und sieben Tage die Woche um sich gehabt. So sehr hatte er mich ins Herz geschlossen, daß er einmal zu meiner Tante, Emamma Bezounesh, sagte: »Gib dem Asserate doch ein Enkelkind von dir als Ersatz für Asfa-Wossen, damit der Kleine hier bei mir aufwachsen kann.« Mein Vater soll ziemlich aufgebracht gewesen sein, als er von diesem Vorschlag erfuhr. Emamma Bezounesh erzählte mir später, daß ich schon als Fünfjähriger mit meinem Großvater über Staatsangelegenheiten wie auch über verwickelte theologische Probleme diskutierte: »Abbaba Kassa, sag einmal: Welche Provinz ist größer – Gondar oder Lasta?« – »Wer errichtete die Stelen von Axum, und wer grub die Felsenkirchen von Lalibela in die Erde?« – »Was ist der Unterschied zwischen den Titeln Dejazmatch und Fitaurari?« – »Ist Jesus wichtiger als der Erzengel Michael?« Solche Fragen stellte ich meinem Großvater, und Abbaba Kassa hörte stets aufmerksam zu, legte den Kopf zur Seite und beantwortete sie alle mit einer wahren Engelsgeduld, wohl wissend, daß jede seiner Antworten der Auslöser für eine Lawine neuer Fragen war. Meine Eltern schüttelten nur den Kopf, wenn sie uns beide in stundenlange Gespräche versunken sahen, war doch mein Großvater keineswegs als besonders geduldiger Mann bekannt. Aber mir gab er bereitwillig Unterricht in Theologie und in äthiopischer Geschichte, und ich fühlte mich nie von ihm wie ein Kind behandelt. Aus seinem Mund wurden die Gestalten der Geschichte des Kaiserreiches gegenwärtig.

Der heilige Frumentius aus Tyrus beispielsweise, dem Äthiopien das Christentum verdankt. Zusammen mit seinem Bruder, beide waren noch Kinder, sollte er seinen Onkel nach Äthiopien begleiten. Piraten überfielen ihr Schiff auf dem Roten Meer und verkauften die Jungen als Sklaven an den Hof von Axum. Schnell erwarb sich Frumentius das Vertrauen des Königs und stieg zum Schatzmeister und zum Hauslehrer des Thronfolgers Ezana auf. Und als Ezana König war, wurde er von Frumentius, inzwischen vom Patriarchen von Alexandria zum Bischof von Axum eingesetzt, getauft. Die Äthiopier verliehen Frumentius den Namen *Abba Salama* – Vater des Friedens.

Oder der sagenhafte König Lalibela, der im 12. Jahrhundert in der Stadt, die heute seinen Namen trägt, die geheimnisvollen Felsenkirchen errichten ließ. Die Bienen sollen ihn bei seiner Geburt umschwirrt haben und aller Welt bedeutet haben, daß Gott der Herr ihn zu Großem auserkoren habe. In einem Traum sei ihm der Allmächtige erschienen und habe ihm aufgetragen, in seinem Geburtsort ein Abbild des himmlischen Jerusalem zu schaffen – geschlagen aus einem einzigen Stein. Wenn die Handwerker am Ende des Tages erschöpft in den Schlaf fielen, sollen himmlische Engel Hammer und Meißel ergriffen und die Arbeit fortgesetzt haben. Daß höhere Mächte im Spiel gewesen sein mußten, davon war Abbaba Kassa felsenfest überzeugt. Wie sonst hätten in nur dreiundzwanzig Jahren Bauzeit ein Dutzend der imposanten Gotteshäuser aus dem roten Tuffstein herausgeschlagen werden können? Nicht ohne Stolz verriet mir mein Großvater, daß auch König Lalibela zu unseren Ahnen zählte.

Abbaba Kassa erzählte vom langen Kampf der Äthiopier gegen den Imam von Harrar, genannt Gran, der Linkshänder, der Äthiopien in einen dreißigjährigen Krieg gegen den Islam stürzte. Erst dem jungen Kaiser Claudius, der 1540 den Thron bestieg, gelang es, den furchtbaren Gran zu schlagen – mit Hilfe eines portugiesischen Expeditionsheers, das von Cristovão da Gama, dem Sohn des berühmten Seefahrers Vasco da Gama, angeführt wurde. Mein Großvater erzählte von König Susenyos, der den Einflüsterungen seiner portugiesischen Berater erlag, den Katholizismus zur Staatsreligion erhob, und damit einen Religionskrieg heraufbeschwor. Sein eigener Sohn Fasilidas setzte sich an die Spitze des Aufstands, stellte den alten Glauben wieder her und gründete, zum neuen Kaiser gekrönt, die neue Hauptstadt Gondar. Mein Großvater erzählte vom Niedergang des Reiches im 18. Jahrhundert, der »Zeit der Richter«, als der *Negusa Negast* zum Spielball in der Hand von Provinzfürsten wurde und die *Masafint*, mächtige Hausmeier aus einflußreichen Familien, nach Belieben Könige ein- und wieder absetzten. Und er erzählte mir vom Wiederaufblühen des Kaiserreichs im ausgehenden 19. Jahrhundert unter Kaiser Menelik II., der im Wettlauf mit den Kolonialmächten Äthiopien einte und ihm zahlreiche neue Provinzen einverleibte. Er erzählte davon, wie Menelik II. Äthiopien zu modernisieren begann, von der Gründung der neuen Hauptstadt Addis Abeba, dem Bau der Eisenbahnstrecke von Dschibuti über Dire-Dawa in die Hauptstadt und vom Bau des großartigen Kaiserpalastes, mit elektrischen Leuchtern und Wasserleitungen ausgestattet: Der Hofstaat verneigte sich vor der Allmacht des *Negusa Negast*, der dem Wasser befehlen konnte, in jede gewünschte Richtung zu fließen. Und wie staunte man, als das erste kaiserliche Automobil durch die staubigen Straßen von Addis Abeba rollte!

Vieles von dem, was mein Großvater berichtete, war Geschichtsunterricht aus erster Hand. Unvergeßlich war ihm die Szene, wie Kaiser Menelik sich einst mit seinem Herzog Ras Abate Boyalew versöhnte, der den Bau des Menelik-Palastes beaufsichtigte. Die beiden waren über die Innengestaltung des großen Aderash in Streit geraten, und Menelik wies seinen Baumeister in aller Öffentlichkeit zurecht. Am nächsten Tag erschien Abate nicht am Hof, und auch nicht am übernächsten. Der Kaiser machte sich große Sorgen und am dritten Tag sattelte er sein Pferd, ritt mit seinem Gefolge zum Haus von Ras Abate, stieg ab und ließ sich von seinem Zeremonienmeister einen großen Stein geben. Mit diesem Stein auf seinem Rücken trat der Kaiser vor seinen Herzog und Freund, um ihn um Vergebung zu bitten – er vollzog das traditionelle Sühneritual des alten Äthiopiens. Ras Abate war zu Tränen gerührt, als er seinen Kaiser so vor sich sah.

Die Bande zwischen Ras Abate und Kaiser Menelik waren unzerreißbar – nicht zuletzt deshalb, weil der Herzog zu den Heroen der

Schlacht von Adua vom 1. März 1898 zählte. An jenem Tag hatten die vereinten äthiopischen Truppen die von Norden angreifenden italienischen Verbände vernichtend geschlagen und gemeinsam ihr Land davor bewahrt, italienische Kolonie zu werden. Mein Großvater hatte selbst an den Kämpfen teilgenommen, als Junioroffizier und Page im persönlichen Zelt von Kaiser Menelik II. Mit eigenen Ohren hatte er die mitreißende Ansprache der Kaiserin Taitu gehört, die persönlich einen der Truppenzüge anführte und den an der Spitze ihrer Soldaten kämpfenden Fürsten von Tigray, Harrar, Gojam, Wollo und all der anderen Regionen am Vorabend der Schlacht Mut zusprach: »Weichet nicht!« rief sie. »Was ihr euch heute nehmen laßt, wird die Leiter sein, die an eure Festung gelehnt wird, und schon morgen werden die Feinde Äthiopiens auf eurem Grund stehen!« Mit einer List, erzählte mir Abbaba Kassa stolz, habe man die Italiener in einem günstigen Moment, am Tag der heiligen Muttergottes, zum Angriff bewegt. Zu diesem Zeitpunkt, so habe man die Anführer der gegnerischen Truppen glauben gemacht, sei die äthiopische Armee geschwächt, weil ihre Kämpfer in großer Zahl zu den heiligen Stätten von Axum pilgern würden, um dort zu beten. Tatsächlich hätten die italienischen Truppen in dieser Nacht zum Angriff geblasen, und innerhalb weniger Stunden seien sie von der äthiopischen Übermacht in alle Winde zerstreut worden. Mein Großvater war überrascht, als er sah, daß Kaiser Meneliks Stirn nach der entscheidenden Schlacht von Sorge zerfurcht war. Als die Siegesfeiern beginnen sollten, habe der Kaiser die Hand erhoben und ausgerufen: »Es gibt keinen Grund zu feiern an einem Tag wie diesem, an dem Christen Christen nach dem Leben trachteten.«

Oft erzählte Abbaba Kassa von dem schicksalhaften Krieg gegen Italien fast vierzig Jahre später, als Mussolini die erlittene »Schmach von Adua« ausmerzen wollte und Äthiopien überfiel. Mein Großvater hatte 1936 das Oberkommando der gegen die italienischen Truppen kämpfenden Nordfront. »Wir kämpften tapfer«, berichtete er. »Aber was sollten wir tun gegen einen Feind, den man nicht sehen kann?« Die italienische Luftwaffe setzte Senfgas ein. »Mit Flugzeugen versprühten sie das Gas über das Land bis weit hinter die Front. Männer, Frauen und Kinder, das Vieh auf den Weiden – alles, was sich regte, wurde davon getroffen.« Geblendet, die schmerzverzerrten Gesichter von Blasen übersät, hätten sich die Menschen die Kleidung vom Leib gerissen und sich Stoff in die Nasenlöcher gesteckt, bevor sie jämmerlich verbrannten. »Nicht eine einzige Gasmaske besaßen wir in der entscheidenden Schlacht!«

Abbaba Kassa erzählte von dem schmerzhaften Gang ins Exil an der Seite des Kaisers und von der Rede Haile Selassies vor der Generalversammlung des Völkerbundes in Genf im Juni 1936, als der Kaiser an das Gewissen der Welt appellierte. Ruhig und gefaßt habe Haile Selassie die Stufen zum Rednerpult bestiegen, im dunklen Anzug und darüber die schwarze *Kabba*, den traditionellen äthiopischen Umhang. Die Galerien waren mit italienischen Journalisten besetzt. Als »Seine Majestät, der Kaiser von Äthiopien« angekündigt wurde, erhob sich ein Sturm des Protests von der Tribüne: Pfiffe, Zwischenrufe, Füßestampfen, bis der rumänische Völkerbund-Gesandte, Titulescu, sich erhob und den Sitzungspräsidenten laut ermahnte: »*À la porte, les sauvages!*« Ohne die Spur einer Regung habe Haile Selassie den lärmenden Journalisten ins Gesicht gesehen. Obwohl er fließend Französisch und Englisch sprach, hielt er seine Rede in der Sprache seines Landes, in Amharisch: »Vertreter der Welt, die ihr hier versammelt seid, der Fall, den ich heute vor der Generalversammlung des Völkerbundes vortrage, betrifft nicht Äthiopien allein. Er betrifft alle Regierungen der Welt. Ich fordere die anwesenden fünfundfünfzig Nationen, die ihr Versprechen gegeben haben, Äthiopien im Falle einer gegen es gerichteten Aggression zu Hilfe zu kommen, um den Aggressor daran zu hindern, es niederzuschlagen – ich fordere die anwesenden fünfundfünfzig Nationen auf, ihr gegebenes Versprechen zu halten. Gott und die Geschichte werden sich Ihres Urteils erinnern! Denn die Katastrophen sind unausbleiblich, wenn die großen Staaten die Vergewaltigung eines kleinen Landes dulden.« Mein Großvater verfolgte die Rede des Kaisers von der Ehrentribüne aus. Es seien prophetische Sätze gewesen, sagte Abbaba Kassa stolz, ein historischer Augenblick. »In den Gesichtern der versammelten Botschafter sah ich die Scham: Sie wußten, daß ihre Untätigkeit der Anfang vom Ende des Völkerbundes war.« Abbaba Kassa zeigte mir die Ausgabe des *Time Magazine* aus jenem Jahr, die Haile Selassie als *Man of The Year* auf dem Titel zeigte.

Und ich hörte aus dem Mund meines Großvaters die Schilderung des triumphalen Wiedereinzugs des Kaisers in Addis Abeba am 5. Mai 1941. Seite an Seite mit seinem Vetter hatte Ras Kassa zuvor in Debre Libanos am Grab der gefallenen Patrioten gebetet. Seit Menschengedenken hatte unsere Familie das Patronat über dieses heilige Kloster inne. Mein Urgroßvater Ras Darge und meine Onkel, die ihr Leben im Kampf gegen die italienischen Besatzer gelassen hatten, lagen dort begraben. Die alten Klosteranlagen waren 1937 von den italienischen Besatzungstruppen niedergebrannt worden. Zuvor waren sämtliche Mönche des Klosters, dreihundertzwanzig an der Zahl, erschossen worden, zusammen mit zahlreichen äthiopischen *Asmari*, den traditionellen Minnesängern, die sich dort aufhielten. Die Besatzer fürchteten, die Sänger könnten die Umstände dieses grausamen Verbrechens mit ihren Liedern im ganzen Land verbreiten. Nach dem Totengedenken formierte sich der Siegeszug des Kaisers, und auf der alten Serpentinenstraße ging es von den Höhen des Entoto in die Hauptstadt hinab, mein Großvater mit den anderen Anführern der äthiopischen Truppen direkt hinter dem *Negusa Negast*. Fünfzehntausend äthiopische Widerstandskämpfer, erinnerte sich Abbaba Kassa, hätten den Straßenrand gesäumt, und man habe aufpassen müssen, nicht eine Kugel abzubekommen von den zahlreichen Gewehren, aus denen Salutschüsse abgefeuert wurden. Den alten Menelik-Palast flankierten südafrikanische Panzer, und überall sah man die äthiopische Flagge mit dem Löwen von Juda wehen. »An diesem Tag«, verkündete Haile Selassie in seiner ersten Ansprache von den Stufen des Palastes herab, »beginnt für Äthiopien eine neue Ära.«

Als ich vor einigen Jahren die Erinnerungen von Andrej Gromyko las, des langjährigen Außenministers der UdSSR, war ich überrascht, darin auf den Namen meines Großvaters zu stoßen. Bis in den Kreml hatte sich im Frühjahr 1936 der hartnäckige Widerstand der äthiopischen Nation gegen die italienischen Besatzer herumgesprochen. Stalin liebte es, seine Geheimdienstmitarbeiter persönlich auf ihre Tauglichkeit zu prüfen. So rief er einmal einen Sicherheitsoffizier zu sich und trug ihm auf, Ras Kassa ans Telefon zu holen. »Sehr wohl!« antwortete der Offizier, salutierte und eilte fort, um den Befehl auszuführen. Nach ein paar Minuten kam er mit gesenktem Kopf zurück, trat verlegen von einem Fuß auf den anderen und erstattete schließlich Bericht: »Genosse Stalin, wir können nicht zu Ras Kassa durchkommen. Er steckt mit seinen Kämpfern irgendwo in den äthiopischen Bergen.« Stalin, so überliefert es Gromyko, habe sich vor Lachen geschüttelt und entgegnet: »Wie? Und du bist noch immer bei der Staatssicherheit?«

Mein Großvater schlug mir nicht nur das Buch der Geschichte Äthiopiens auf, ihm verdanke ich auch meinen Glauben. »Wenn du Äthiopien verstehen willst, öffne die Pforten seiner Kirchen«, pflegte er zu sagen. Er brachte mir das Vaterunser bei, er nahm mich zum ersten Mal mit in die Liturgie, er führte mich in die Fastenriten ein und hielt mit mir meine erste Fastenzeit ab. Es würde zu weit führen, hier sämtliche Besonderheiten der äthiopisch-orthodoxen Kirche zu beschreiben. Die Liturgie zeichnet sich vor allem dadurch aus, daß sie ziemlich lang ist: Rund vier Stunden hat man für gewöhnlich stehend auszuharren, an Festtagen oftmals noch länger, was für einen Knaben keine geringe Anstrengung darstellt. Doch wenn mein Großvater in seinem prächtigen liturgischen Gewand, das silberne Vortragekreuz in beiden Händen haltend, die Messe hielt und die zahlreichen Gemeindemitglieder in der Jesus-Kirche, gestützt auf ihre Gebetsstöcke, das »Kyryalayson« anstimmten, wurden auch mir die langen Stunden kurz. »Wir müssen das Leben in Riten einbalsamieren, damit es nicht fault«, schreibt Gómez Dávila, und es gibt wohl kaum eine zweite Institution, die sich darauf so meisterhaft verstand wie die äthiopisch-orthodoxe Kirche. Jedesmal, wenn ich in Deutschland einer katholischen Messe beiwohne, bin ich erstaunt darüber, wie schnell sie vorübergeht. Kaum sind Introitus, Kyrie und Gloria verklungen, ist man schon bei der Predigt angelangt, und kaum ist die heilige Kommunion zu Ende, wird man schon mit dem Schlußsegen entlassen. Als ich in einem Buch über den Hof Maria Theresias las, daß die Sonntagsmesse im Hause des Staatskanzlers Fürst Wenzel Anton von Kaunitz stets nicht länger als zehn Minuten dauerte, erschien mir das fast wie ein Sakrileg.

Und wie stolz war ich als Kind darauf, mit meinem Großvater in der Jesus-Kirche das Allerheiligste betreten zu dürfen! Nur geweihten Priestern wie ihm war der Zutritt zum heiligsten Bereich der Kirche, in dem der Tabot aufbewahrt war, gewährt, nicht einmal der Kaiser war hier zugelassen.

Abbaba Kassa erzählte mir von Axum, dem »zweiten Jerusalem«, und von der Kirche Marjam Tsion, wo die Mosaische Bundeslade aufbewahrt wird, von der alle Tabots im Reich ihre heilige Kraft beziehen. In die Kapelle, welche die Bundeslade beherbergt, war kein Sterblicher zugelassen außer dem Priester, dem die Wache über das Heiligtum aufgetragen wurde. Mit seinem Amtsantritt durfte er den heiligen Bezirk nicht mehr verlassen – bis zu der Stunde, in der Gott ihn zu sich nahm. Später dann, im Jahre 1959, konnte ich die heilige Kirche in Axum, diesen Hort äthiopischer Frömmigkeit, an der Seite meiner Eltern besuchen.

Auch das unter dem Patronat unserer Familie stehende Kloster von Debre Libanos besuchte ich zum ersten Mal mit meinem Großvater. Rund hundert Kilometer nördlich von Addis Abeba liegen die Klostergebäude abseits der Straße auf einem Plateau über einer tiefen Schlucht. Der heilige Tekle Haymanot höchstpersönlich soll das Kloster im 13. Jahrhundert gegründet haben. In vielen Darstellungen sieht man ihn auf einem Bein stehen, mit ausgestreckten Armen, die Innenseite der Handflächen zum Himmel gewandt, die Augen ins Gebet vertieft. Um ihn herum sind Speere aufgerichtet, die ihn am Umfallen hindern sollen, hatte er doch das Gelübde abgelegt, bis in alle Ewigkeit stehend im Gebet zu verharren. So stand er, das linke Bein angezogen, und betete sieben Jahre, bis ihm das angewinkelte Bein abstarb. Schließlich erbarmte sich seiner der Allmächtige und verlieh ihm Flügel, damit er sein Gebet fortsetzen konnte. Tekle Haymanot sei es gewesen, erzählte mir Abbaba Kassa stolz, der den letzten Kaiser aus der Zagwe-Dynastie zur Aufgabe der Kaiserwürde bewegt habe und so die Salomonische Dynastie wiedereingesetzt habe. Bis heute wird der heilige Tekle Haymanot im ganzen Land verehrt. Jahr für Jahr pilgern Tausende zu der Höhle über der Schlucht, wo Tekle Haymanot sieben Jahre gebetet haben soll. Unweit der Höhle stürzt ein prächtiger Wasserfall von der Marienquelle herab, dem heilende Kräfte zugeschrieben werden. Kaiser Menelik II. habe sich in seinen letzten Jahren, erzählte mein Großvater, oft zu der Höhle hinauftragen lassen. Der *Negusa Negast* hatte den Glauben an seine zahlreichen Leibärzte verloren, nicht aber den Glauben an die heiligen Wasser von Tekle Haymanot.

Alle weltlichen Ehren und Titel hatte mein Großvater erhalten, die man im äthiopischen Kaiserreich erringen konnte, und dennoch habe ich niemand kennengelernt, der alles Weltliche so verachtete wie er. Er war ein zutiefst spiritueller Mensch und führte ein nahezu asketisches Leben. Nichts Größeres kannte er, als sich in klösterliche Einsamkeit zurückzuziehen und sich seinen theologischen Schriften zu widmen. Am Ende seines Lebens hatte er ein Dutzend theologischer Werke verfaßt, acht Kirchen persönlich gegründet, und bis in seine letzten Tage zelebrierte er fast jede Woche die heilige Messe.

Im besonderen Glanz erstrahlten Kaiserreich und Kirche zu den zahlreichen hohen Feiertagen des äthiopischen Kalenders. Dieser, muß man wissen, folgt bis heute nicht der Gregorianischen, sondern der Julianischen Zeitrechnung, die Äthiopien gegenüber der europäischen Zählung sieben beziehungsweise acht Jahre zurückliegen läßt. Das äthiopische Kalenderjahr beginnt am 11. September, dem äthiopischen Neujahrsfest, und das Weihnachtsfest der äthiopisch-orthodoxen Kirche fällt auf den 7. Januar. Es begann stets um Mitternacht mit einer Messe, die bis zum Morgengrauen dauerte. Vor der Jesus-Kirche auf dem Anwesen meines Großvaters war ein Zelt aufgebaut, in dem nach der Messe die *Agape* – die sogenannte Liebesmahlfeier in Anlehnung an die frühchristliche Gemeinde – abgehalten wurde: ein gemeinsames Essen für die Priester und die Gemeinde.

Von dort aus machten sich meine Eltern und meine Onkel und Tanten direkt zum Palast auf, um mit dem Kaiser zu frühstücken. Um zehn Uhr vormittags schloß sich die große Audienz beim Kaiser an, zu der die Würdenträger und das diplomatische Korps empfangen wurden. Ich habe weder das Weihnachtsfrühstück noch die Audienz je miterlebt, da wir Kinder nicht zugelassen waren. Aber dies störte uns nicht sehr, wir freuten uns auf den Nachmittag, an dem die Kinder zur Weihnachtsfeier in den Palast geladen wurden. Jahr für Jahr empfing das Kaiserpaar Hunderte von Kindern in den Palastgärten, wo ein großes Zelt aufgebaut war. Alle meine Cousinen und Vettern waren da, und die Verwandten der kaiserlichen Familie vom ersten bis zum ich weiß nicht wievielten Grad, dazu die Kinder der Minister, der Oberschicht und der Diplomaten.

Jeder von uns verbeugte sich so tief es nur ging vor der Kaiserin und dem Kaiser und dankte ihnen, daß sie den Weihnachtsmann auch dieses Jahr wieder zu sich gelassen hatten. Dann trat der Weihnachtsmann auf, der sich mit seinem weißen Bart, Pelzmütze und rotem Mantel in nichts von den Weihnachtsmännern in Berlin, London und New York unterschied, außer vielleicht darin, daß sich auf seiner Stirn einige Schweißperlen bildeten. Angesichts der milden Temperaturen, meist über zwanzig Grad, die Anfang Januar in Addis Abeba herrschen, schienen Mantel und Mütze ein wenig unangebracht, aber an so etwas dachten wir Kinder damals nicht. Der Auftritt des Weihnachtsmannes war stets spektakulär: Einmal kam er auf einem Kamel angeritten, einmal auf einem Elefanten;

und einmal flog er sogar im Helikopter ein. Der Weihnachtsmann sprach mit englischem Akzent (später habe ich erfahren, daß sich unter dem Kostüm ein Gesandter der Britischen Botschaft verbarg), rief uns nacheinander beim Namen auf und überreichte Geschenke. Rund um das Zelt waren Karussells aufgebaut, dazu traten Gaukler, Clowns und Feuerspucker auf, und auf einer kleinen Bühne gab es Puppentheater zu sehen. Es gab Süßigkeiten in Hülle und Fülle: Kuchen, Eiskrem, Zuckerwatte und – das Allergrößte für uns Kinder – frisch zubereitetes Popcorn.

Die Kaiserin und der Kaiser saßen währenddessen im Gefolge ihres Hofes vor ihrem Zelt. Bedienstete hielten samtbespannte Schirme über ihre Köpfe, während sie ihren Tee zu sich nahmen und den Kindern beim Herumtollen zusahen.

Der Kaiser ließ es sich nicht nehmen, jedes Jahr auch persönlich Weihnachtsgeschenke zu verteilen – an die Schülerinnen und Schüler der Hauptstadt. Jahr für Jahr wurden andere Schulen ausgewählt, so daß nach und nach alle Schüler in Addis Abeba einmal in ihrer Schulzeit mit dem Kaiser zusammentrafen. Jedem Schüler wurde ein wollener Pullover, ein Stück Gebäck und eine Apfelsine überreicht. Ich kenne keinen, für den dies nicht ein unvergeßliches Ereignis darstellte. Selbst die glühendsten Verfechter der kommunistischen Revolution erinnerten sich später nicht ohne Wehmut an ihr weihnachtliches Zusammentreffen mit dem Kaiser.

Für mich war Weihnachten stets eine doppelte Freude, denn in unserem Haus wurden sowohl das äthiopisch-orthodoxe Fest am 7. Januar wie auch das europäisch-christliche Fest am 25. Dezember gefeiert. Wenn ich ehrlich bin, war das europäische Weihnachten für mich als Kind vielleicht noch faszinierender als das äthiopisch-orthodoxe. Schon in den Jahren, bevor Tante Louise zu uns kam, gab es bei uns einen Weihnachtsbaum, und stets war er von einer märchenhaften Pracht. Er war über und über mit Lametta behängt und mit großen goldenen, roten und blauen Kugeln beladen, die die Äste nach unten bogen. Schneekugeln aus Watte ruhten auf den Zweigen, die Spitzen waren mit Kunstschnee weiß besprüht. Dazu blinkten elektrische Kerzen in allen Farben. Der einzige Unterschied zu einem englischen oder deutschen Weihnachtsbaum bestand darin, daß es sich nicht um eine Tanne oder Fichte handelte, sondern um einen äthiopischen Wacholderbaum, der vom Förster meines Vaters aus unseren Wäldern geschlagen wurde. Der Wacholder mit seinem üppigen Wuchs ließ den Weihnachtsbaum noch prächtiger strahlen; im Vergleich dazu kommt mir noch heute die deutsche Weihnachtstanne fast anklagend mager vor. Ein puritanisch geschmückter Weihnachtsbaum nur mit Strohsternen und echten Kerzen mag für viele mehr Würde ausstrahlen als der, den ich als Kind kennenlernte. Aber gerade bei einer derart prägenden Angelegenheit wie dem Weihnachtsbaum muß uns jede Abweichung vom Kinderideal als etwas Mangelhaftes vorkommen: Jeder Geschmack ist ein erworbener Geschmack.

Die Weihnachtsdekoration wurde Jahr für Jahr in großen Kisten von Harrods aus London angeliefert. Von dort kamen auch die Mince-Pies und der Plumpudding, die nach dem obligatorischen Truthahn serviert wurden. Der Truthahn, der stets dem hauseigenen Stall entstammte, gehörte für uns zum »europäischen« Weihnachten wie das Agape vor der Jesus-Kirche zum »orthodoxen« Fest. Meiner Mutter lag viel daran, daß an Weihnachten alles perfekt war. Schon Wochen vorher begannen die Vorbereitungen, und in den Tagen vor dem Fest versammelte sie stets frühmorgens die Dienerschaft zu einer ersten Lagebesprechung, es gab kein Detail, das sie nicht unter Kontrolle hatte. Das Schönste an den doppelten Weihnachtsfesten war für uns Kinder natürlich, daß es auch doppelt Geschenke gab: zum »europäischen« Weihnachtsfest nach angelsächsischer Tradition am Morgen des 25. Dezember, zum »orthodoxen« Fest frühmorgens nach überstandener Messe von der Familie und noch einmal nachmittags in den Palastgärten des Kaisers.

Die glanzvollsten Feste der äthiopischen Kirche, die ich in meiner Kindheit erlebte und die für mich untrennbar mit dem Hofe des Kaisers verbunden sind, waren *Timkat* und *Masqal*.

Masqal – das Fest der Auffindung des Heiligen Kreuzes – leitet traditionell den Frühling ein. Von Juni bis September, während der großen Regenzeit, verwandelte sich Addis Abeba stets in ein Meer aus Wasser und Schlamm. Die ganze Stadt atmete auf, wenn nach der Regenzeit Ende September die Sonne zurückkehrte und die Wiesen rund um die Stadt in sattem Grün zu leuchten begannen. Aus allen Winkeln schossen die Pflanzen empor, und alle anderen überstrahlte die goldgelbe Masqalblüte, die dem Fest ihren Namen verleiht. Bereits eine Woche vor dem eigentlichen Fest fand vor dem Kaiserpalast das sogenannte Vor-Masqal statt, eine Zeremonie, die aus der Zeit des axumitischen Kaisers Gebre-Masqal datierte. Als ihr Begründer gilt der Erzpriester Yared, der Gregor der äthiopisch-orthodoxen Kirche, der es als schmerzliche Lücke empfand, daß es im Laufe des Kirchenjahres kein Fest gab, mit dem die äthiopische Kirche ihrem Kaiser, dem »Verteidiger des Glaubens«, huldigte. In der Kirche der Heiligen Maria von Zion in Axum ist ein Gemälde mit dem Erzpriester und seinem Herrscher zu sehen: Der Fuß des Musikers ist auf dem Bild mit einem Speer durchbohrt, der dem Kaiser aus der Hand gerutscht war. In dicken Tropfen fließt das Blut aus der Wunde, aber sie beide sind so verzückt von Yareds Sphärenmusik, daß weder der eine noch der andere etwas davon bemerkt.

Zum Vor-Masqal waren stets nur sehr wenige Gäste zugelassen – ich durfte als erstgeborener Sohn der Familie daran teilnehmen. Der Kaiser saß auf seinem goldenen Thron vor einem mit rotem Samt bespannten Altar, auf dem die goldbesetzte Bibel aufgeschlagen war. Vor dem Altar war die Priesterschaft versammelt, und ich durfte hinter meinem Vater im Kreis der Würdenträger stehen. Nach den Lesungen aus der Bibel fingen die *Debteras*, die kirchlichen Zeremonienmeister, an, mit beiden Händen ihre Pauken – *Keberos* genannt – zu schlagen. Und dann begannen die Priester und Debteras zu singen. Gebannt sah ich ihnen zu, wie sie sich verzückt und fernab dieser Welt gleichmäßig im Takt der Trommeln wiegten und dazu ihre Rasseln schwangen. Immer schneller wurden die Pauken geschlagen, die Gesänge und Tänze steigerten sich bis zur Ekstase, bis plötzlich Stille einkehrte. Palastdiener führten auf silbernen Tabletts Sträuße von Masqalblumen herein, die der Patriarch weihte. Dann überreichte er zuerst dem Kaiserpaar, und danach den Mitgliedern des Kaiserhauses die gesegneten Blumen: Die Masqalzeit war eröffnet.

Am Tag darauf wurde auf dem Masqal Square, dem Kreuzesplatz, wo für gewöhnlich Militärparaden stattfanden, ein großer Scheiterhaufen mit einem Kreuz aufgebaut, rundum mit rotem Damast bespannt. Der Kaiser war mit seinem Hofstaat gekommen, links und rechts von ihm unter einem offenen Zelt saßen die Fürsten, die Minister, die leitenden Beamten und die Offiziere des Kaiserreichs. Und nachdem sich der Kaiser, in seiner Khaki-Uniform mit Umhang und Tropenhelm, vor dem Patriarchen verbeugt und das goldene Vortragekreuz geküßt, nachdem die kirchlichen Zeremonien ihr Ende gefunden hatten, kam der Augenblick, auf den alle gewartet hatten. Pünktlich um 18 Uhr, bei Einbruch der Dunkelheit, wurde der Scheiterhaufen entzündet, lange Reisigfackeln in Hülle und Fülle standen dafür bereit. Der Patriarch zündete stets die erste Fackel an und mit dieser die Fackel des Kaisers. Dreimal umrundeten der Patriarch und der Kaiser das Gerüst, begleitet von den singenden und tanzenden Priestern und Debteras, bevor sie mit den Reisigfackeln das Feuer entzündeten. Jeder von uns tat es anschließend dem Kaiser und dem Patriarchen nach und warf seine Reisigfackel in die lodernden Flammen.

Zu Masqal wurden nicht nur auf der kaiserlichen Wiese, sondern im ganzen Land Feuer entzündet. Mein Großvater vollzog die Zeremonie noch im Hofe seiner Residenz auf dem Entoto. Ich weiß noch, wie ich Masqal dort als Kind zum allerersten Mal erleben durfte, über den Dächern von Addis Abeba. An der Seite meines Vaters umrundete ich den Scheiterhaufen. Die Gesichter um uns herum waren rot erstrahlt, und ich hielt mich an seiner Hand fest. Die lodernden Flammen, das Prasseln und Knacken der Äste und

Stämme, die in Windeseile vom Feuer verschluckt wurden: All das war für mich faszinierend und unheimlich zugleich.

Das zweite große Fest des Jahres, bei dem Kirche und Kaiser zu einer eindrucksvollen Zeremonie zusammenfanden, war Timkat, das Fest der Taufe Christi, das traditionell am 19. Januar begangen wird. Auf der »Wiese Seiner Majestät« mitten in Addis Abeba stand ein großer steinerner Wasserbrunnen mit einem Altar in der Mitte. Schon am Tag zuvor hatten die Gemeinden der Kirchen von Addis Abeba die Tabots ihrer Kirche in Prozessionen zum Festplatz getragen. Dort war eine Zeltstadt aufgebaut, die die Tabots aufnahm. Die ganze Nacht hindurch wurden Choräle gesungen und Messen abgehalten. Morgens um zehn betrat dann der Kaiser mit seinem Gefolge die Wiese, und die kirchliche Liturgie begann. Am Ende der Messe nahm der Patriarch sein goldenes Vortragekreuz, tauchte es in den Brunnen und weihte das heilige Wasser. Danach nahm er einen silbernen Becher, füllte ihn mit Wasser und besprenkelte damit den Kaiser und die Bischöfe. Die Priester taten es dem Patriarchen nach und tauchten ihre silbernen Becher ins Becken und nahmen damit das Taufwasser auf. Wir Kinder freuten uns auf diese Zeremonie vor allem deshalb, weil sie stets in einer regelrechten Wasserschlacht endete. Zum Segnen der Volksmenge versammelten sich die Priester vor dem Becken, und mit beiden Händen griffen sie hinein und bespritzten die Menge der Gläubigen mit dem geweihten Wasser. Wie gerne wären mein Bruder und ich mitgelaufen, wie gerne hätten wir uns eingereiht und wie die anderen Jungen und Mädchen schreiend und johlend den priesterlichen Segen empfangen. Aber unsere Kindermädchen, die das Treiben stets mit einem strengen Blick verfolgten, hielten uns fest an der Hand, so daß es unmöglich war, sich loszureißen. Uns segnete wie alle anderen Mitglieder der kaiserlichen Familie der Patriarch höchstpersönlich mit dem heiligen Wasser aus seinem silbernen Becher, und stets fielen nur ein paar Tropfen auf meinen Anzug.

Nach der Taufzeremonie wurden die Tabots aus der Zeltstadt herausgetragen und nahmen ihren Weg zurück in ihre Kirchen. Der

Kaiser begleitete den Tabot der Kathedrale der Heiligen Dreifaltigkeit, und bevor der Tabot die Wiese verließ, kam es zu einer Szene, die Teil des Zeremoniells und gleichwohl spektakulär war. Die Priester drehten sich dem Kaiser zu, ein roter Teppich wurde ausgerollt, und der Kaiser warf sich vor dem heiligen Tabot zu Boden. *Coram publico*, vor Tausenden von Zuschauern, vor dem Hofstaat, den Botschaftern und der gläubigen Menge, verneigte sich der Kaiser vor der göttlichen Allmacht und vollzog die Proskynese. Jedes Jahr, wenn ich dies miterlebte, war auch ich aufs neue bewegt: Es war stets der einzige Moment, an dem sich der Kaiser vor den Augen seines Volkes einer höheren Macht unterwarf.

Mit dem Kaiser zusammenzutreffen, Seine Majestät in unmittelbarer Nähe zu wissen und ihr vielleicht sogar die Hand zu geben, das war nicht nur für mich als Kind damals stets ein großes Ereignis. Wenn mein Vater in der Residenz einen Telefonanruf des Kaisers entgegennahm, erhob er sich von seinem Stuhl und wie selbstverständlich vollzog er, den Hörer ans Ohr gepreßt, die Proskynese, sobald er die Stimme Seiner Majestät vernahm. Dies schien mir als Junge ein schlagender Beweis für die strahlende Größe des *Negusa Negast* – er schien allen gleich verehrungswürdig, egal ob es sich um den Hofdiener oder um den Präsidenten des Kaiserlichen Kronrats handelte. Übrigens sprachen ihn, anders als Ryszard Kapuściński in seinem Roman *König der Könige* schrieb, alle Bürger Äthiopiens, vom Bauern auf dem Feld bis hin zu seinen Söhnen, auf die gleiche Weise an: mit der einfachen Anrede »*Janhoy*« – »Majestät«. Meine Eltern gingen jede Woche einmal in den Palast, um mit dem Kaiserpaar zu Abend zu essen, und für meinen Großvater war stets, von 1941 bis zu seinem Tode, der Freitag nachmittag reserviert: Von 16 bis 18 Uhr traf ihn der Kaiser zum Vieraugengespräch hinter verschlossenen Türen.

Die Kinder des zweiten Sohnes von Haile Selassie, die ohne Vater aufwuchsen, wurden am Kaiserhof aufgezogen. Es waren fünf Söhne: Paul, Mikael, David, Tafari und Baede-Mariam, und da sie ungefähr in unserem Alter waren, wurden ich und meine Geschwister oft in den Palast gefahren, um mit ihnen zu spielen. Sie wurden von ihrem Großvater, dem Kaiser, sehr verwöhnt, jeder Wunsch wurde ihnen von den Augen abgelesen. Ich beneidete sie um ihre roten Go-Carts, die sie vom Kaiser geschenkt bekommen hatten. Oft fuhren wir damit regelrechte Rennen in den Gärten des Palastes, was die Palastwache schier zur Verzweiflung brachte.

Wenn der Kaiser in Addis Abeba war und keine besonderen Termine anstanden, stieg er für gewöhnlich um 16 Uhr in einen seiner Wagen und ließ sich durch die Hauptstadt fahren. Unangemeldet besuchte er dann irgendeine Fabrik, eine Krankenstation oder ein Waisenheim. Er liebte es, sich aufzumachen, um in den Ecken und Winkeln seines Kaiserreiches nach dem Rechten zu sehen. Manchmal durften wir Kinder ihn bei diesen Spontanbesuchen im Auto begleiten. Oft benutzte der Kaiser den Chrysler, den er von Präsident Roosevelt geschenkt bekommen hatte, eine Stretch-Limousine mit drei Sitzreihen, die mich unglaublich beeindruckte. Zwischen dem Chauffeur und den Fahrgästen war eine gläserne Trennwand angebracht, die mit Rosenholz eingefaßt war. An der Unterseite der Fassung fügten eingelegte Intarsien sich zu den drei Buchstaben H. I. M. – *His Imperial Majesty*. Wir durften in der mittleren Reihe Platz nehmen, vorne neben dem Chauffeur saß der Adjutant des Kaisers, und hinter uns Seine Majestät. Dem Kaiser bereitete es Freude – wie einst den Konsuln und dem Kaiser im alten Rom –, bei seinen Fahrten durch die Stadt Almosen an die Bettler zu verteilen. Es kam vor, daß er uns ein Bündel von Scheinen nach vorne reichte, und wir hielten sie aus dem nur einen Spalt breit geöffneten Fenster. Mehr mußte man nicht tun, denn sogleich wurden sie einem von den aus allen Richtungen entgegengestreckten Armen aus der Hand gerissen.

Einem Ereignis im Jahreslauf fieberten wir Kinder besonders entgegen: dem sogenannten Rot-Kreuz-Fest, das meist im Januar ebenfalls auf der »Wiese Seiner Majestät« abgehalten wurde. An diesem

Tag richteten alle in Äthiopien diplomatisch vertretenen Länder Zelte auf, in denen sie kulinarische Spezialitäten ihres Landes zubereiteten und zugunsten des Roten Kreuzes verkauften. Meinen Vettern und mir war es gestattet, den Kaiser bei seinem Rundgang durch die Zelte zu begleiten. Ich muß gestehen, daß uns damals mehr noch als die Ehre, dem Kaiser so nahe zu sein, eine ganz andere Sache elektrisierte. Überall, wo der Kaiser haltmachte, bekam er ein Geschenk überreicht, das er, hatte er das nächste Zelt erreicht, meist an uns weitergab. Und wenn es nicht gerade eine Flasche Wein oder Schnaps oder sonst etwas war, das für Kinder nicht geeignet schien, war es uns erlaubt, die Geschenke zu behalten. Ich riß mich besonders um die Präsente der Deutschen Botschaft. Auf diese Weise erstand ich auf einem Rot-Kreuz-Fest die Puppe eines Schwarzwaldmädchens in Tracht, und ein anderes Mal eine Kukkucksuhr. Wie es sich für eine original Schwarzwälder Kuckucksuhr gehörte, war sie mit handgeschnitzten Verzierungen geschmückt, und pünktlich zur vollen Stunde öffneten sich die Türchen über dem Zifferblatt: Der kleine Kuckuck erschien und verbeugte sich zu jedem Schlag mit flatternden Flügeln und aufgerissenem Schnabel. Ein Uhrmacher der berühmten Uhrmacherschule Furtwangen im Schwarzwald, die die Original-Uhren herstellt, hat mir später die ausgefeilte Mechanik demonstriert, die den unverwechselbaren Ruf hervorbringt. Es handelt sich um zwei kleine Pfeifen, über denen kleine Blasebälge liegen. Ein Rad des Schlagwerks hebt die Blasebälge, füllt sie mit Luft, und das Entweichen der Luft läßt den Kukkucksruf erschallen. Wie mir der Uhrmacher erklärte, hatte man eine Zeitlang auch mit den Rufen anderer Vögel experimentiert – mit denen von Wachteln und Hähnen zum Beispiel, aber die »Kikerikiuhr« konnte sich nicht recht durchsetzen. Meine Kuckucksuhr von der »Wiese Seiner Majestät« jedenfalls bekam einen Ehrenplatz im Privatsalon unseres Hauses. Für mich gab es damals kaum etwas Aufregenderes, als Stunde um Stunde den Kuckuck aus seinem Haus kommen zu sehen und zu hören, wie er seinen Ruf durch die Gänge der Villa erschallen ließ – eine Vorliebe, die offensichtlich nicht die ganze Familie teilte. Denn nach einigen Wochen war die Kuckucksuhr spurlos verschwunden und weder meine Eltern noch Ketemma konnten mir sagen, wohin.

Wenn ich heute an diese Rot-Kreuz-Feste zurückdenke, erscheint es mir nach wie vor eine recht sinnvolle Einrichtung, Botschafts- und Staatspräsente an jene weiterzureichen, die sich wirklich darüber freuen. Als Junge stieß ich im *Time Magazine* einmal auf eine Liste der Staatsgeschenke, die die amerikanische Delegation Haile Selassie 1930 anläßlich seiner Krönung überreichte. Darunter befanden sich ein elektrischer Kühlschrank, eine rote Schreibmaschine mit äthiopischem Wappen, ein Radioapparat und ein Phonograph, hundert Schallplatten mit »typischer amerikanischer Musik«, fünfhundert Rosensträucher, darunter mehrere Dutzend der gelb-rot blühenden Sorte »President Hoover«, eine Sammlung von Publikationen der *National Geographic Society* und mehrere Kinofilme, etwa der Klassiker *Ben Hur*. Ich war mir ziemlich sicher, daß die Schallplatten und der *Ben Hur*-Film in den Händen von uns Kindern besser aufgehoben gewesen wären als in den Kellern des kaiserlichen Palastes. Von Tante Vera, die über derlei Dinge bestens Bescheid wußte, erfuhr ich, daß die Krönungsgeschenke der deutschen Weimarer Republik aus einem signierten Portrait des Reichspräsidenten von Hindenburg und achthundert Flaschen Rheinwein bestanden. Dies könne man nur mit dem Wort »knickrig« kommentieren, meinte Tante Vera, wo die Deutschen doch darum gewußt hätten, daß Kaiser Haile Selassie dem Zeremoniell der Hollenzollern wie auch dem der Habsburger zuneigte. Ihrem Bruder, dem Kaiserlichen Staatsrat Hall, sei es dann gelungen, für die Krönungszeremonie Haile Selassies die vormalige Königlich-Kaiserliche Kutsche Wilhelms II. zu erwerben nebst einem Gespann der berühmten Habsburger Schimmel aus Wien. Zusammen mit den Pferden sei auch der letzte Kutscher an den Hof in Addis Abeba gekommen, der bis zum Fall der Monarchie im Dienste des Habsburger Kaisers Franz Joseph stand. Bei seinem ersten Staatsbesuch in Deutschland im Jahre 1954 sei dem Kaiser von der Stadt

Bonn dann als Geschenk ein vollständig eingerichtetes Klassenzimmer für dreißig Schüler »überreicht« worden. Ich fragte Tante Vera, wie denn das Klassenzimmer nach Äthiopien überführt worden sei und wo es jetzt stehe, aber darauf wußte sie auch keine Antwort.

Eines der wertvollsten Gastgeschenke des äthiopischen Hofes seit Meneliks Zeiten war das eines leibhaftigen Löwen. Menelik II. übersandte im Jahre 1905 Kaiser Franz Joseph für die kaiserliche Menagerie in Schönbrunn zwei Löwen, die eigens von einem aus Wien entsandten Wärter nach Österreich begleitet wurden. Ende der sechziger Jahre schenkte der »Löwe von Juda« dem Herzog von Bath zum Dank für die freundliche Aufnahme in den Jahren des Exils zwei Löwenbabys. Sie waren für den neueröffneten Wildpark des Herzogs bestimmt und wurden mit Ethiopian Airlines ausgeflogen. In Frankfurt am Main wurden sie von British Airways übernommen, um ihren Flug nach London anzutreten. Das Fehlen eines kundigen Begleiters der lebenden Geschenke erwies sich als folgenschwer. Man hatte beschlossen, die Löwen nicht im Gepäckraum mitfliegen zu lassen, sondern sie in einem Käfig zwischen der ersten Klasse und dem Cockpit zu verstauen. Kurz vor dem Anflug auf London war es ihnen irgendwie gelungen, aus dem Käfig zu entkommen. Als die Stewardeß aus der ersten Klasse einen hysterischen Schrei vernahm und einen der beiden Löwen den Gang herabpromenieren sah, lief sie sogleich zum Kapitän, der die Angelegenheit offensichtlich nicht sehr ernst nahm. Der Kapitän funkte zum Flughafentower: »*What shall I do? I have a lion in my cabin!*« – Dort, wo man den Funkspruch des Piloten wohl für eine Geschichte des Barons Münchhausen hielt, war man um eine Antwort nicht verlegen. In Anspielung auf den bekannten Werbespruch eines Ölkonzerns funkte man zurück: »*Don't worry, I have a tiger in my tank!*« Die Maschine soll schließlich trotz der freilaufenden Tiere sicher gelandet sein.

Im Jahr 1970 wurde ich selbst Zeuge davon, wie eine Löwengabe den Beschenkten in große Verlegenheit bringen kann. Mein Vater wollte, nachdem er mich in Tübingen besucht hatte, wo ich studierte, der Stadt für die überaus freundliche Aufnahme seines Sohnes ebenfalls zwei Löwenbabys zukommen lassen. Im Amt des Oberbürgermeisters und im Stadtrat zu Tübingen wurde daraufhin fieberhaft diskutiert, was man mit den beiden Löwen anstellen sollte. Einen Zoo gab es in Tübingen nicht, und für die Könige der Tiere ein eigenes Gehege zu schaffen, wie es sie in Äthiopien an jedem Fürstenhof gab, überstieg die finanziellen Kräfte der Stadt. Meine Kommilitonen boten an, die Tiere im Haus unseres Corps aufzunehmen – sie sahen sich schon mit den Kleinen an der Leine durch die Gassen von Tübingen promenieren –, aber der Vorsitzende des Korps legte sogleich Protest ein. Der Tübinger Oberbürgermeister wußte nicht, wie in aller Welt er dem Herzog aus dem äthiopischen Kaiserhaus begreiflich machen sollte, daß er das großzügige Geschenk nicht annehmen konnte. Und so wurde ich als Vermittler eingeschaltet, ich sollte es meinem Vater mit dem diplomatischen Feingefühl, das dem Sohn zu Gebote stand, erklären. Ich rief ihn in Addis Abeba an, und soweit ich es beurteilen kann, ist es nicht zu ernsthaften Verstimmungen zwischen der Stadt Tübingen und dem Hof von Addis Abeba gekommen.

Neben der Kuckucksuhr und den Löwenbabys ist mir ein außergewöhnliches Staatsgeschenk in Erinnerung geblieben, das seinen Platz in einer der Garagen auf dem Gelände der großväterlichen Residenz fand: ein großes altmodisches Reisemobil, das der schwedische Kronprinz dem Kaiser bei seinem Besuch 1934 überreicht hatte. Der Kaiser hatte es schließlich seinem Vetter überlassen, und auf wundersame Weise hatte es die italienische Besatzungszeit unbeschadet überstanden. Wenn man den Wagen von außen sah, hätte man es nicht für möglich gehalten, daß sich in seinem Innern mehrere kleine holzgetäfelte Räume, ein Salon mit einem kleinen Eßtisch, ein Badezimmer und sogar eine separate Toilette befanden. Und noch viel weniger, daß man mit ihm auch fahren konnte. Bisweilen wurde er, beladen mit allem, was man für einen Wochenendausflug brauchte, in Betrieb genommen. Knatternd und schaukelnd ging es dann, eskortiert von mehreren Automobilen, in denen die Dienerschaft fuhr, über die holprige Serpentinenstraße den Entoto hinab Richtung Süden. Ich saß an der Hand von Tante Louise im Salon und blickte über die langsam vorbeiziehenden Felder hinweg, bis wir die Ortschaft Debre Zeyt am Bishoftu-See erreichten. Manchmal begleiteten uns auch unsere vielen Vettern, und im Schatten der Akazienbäume verbrachten wir alle zusammen am Strand des Sees einen herrlichen Tag.

Anfang der sechziger Jahre, als die meisten meiner Vettern ins Internat nach Salem kamen, wurden die Nachmittage im Palast und die Begegnungen mit dem Kaiser seltener. Es ist viel, zumal von ausländischen Beobachtern und Gästen, über das Zeremoniell am Hofe Kaiser Haile Selassies geschrieben worden, über den Aufwand und den vermeintlichen Pomp seines Hofstaates. Es ist schwer, über eine Sache zu urteilen, die einem von Kind auf vertraut ist, wie dies bei mir der Fall war, und man für sich nicht den Blick des Ethnologen in Anspruch nehmen kann. Und dennoch: Das Zeremoniell sorgte dafür, daß die Begegnung mit dem Kaiser niemals etwas Gewöhnliches war, die Spannung blieb immer aufrechterhalten. Viele Besucher beklagten sich über die Länge des Zeremoniells bei Hofe, schier endlos schien sich die Zeit zu dehnen (und seitdem ich den pochenden Takt und den rastlosen Rhythmus kenne, der in der westlichen Welt angeschlagen wird, ist mir diese Klage keineswegs fremd). Aber die Verfügbarkeit über die Zeit war ein wesentlicher Bestandteil des Zeremoniells. Während alle Welt wartete, herrschte der Kaiser.

Wie streng das Zeremoniell am äthiopischen Hof war, habe ich als Junge einmal anläßlich der Akkreditierung des neuen sowjetischen Botschafters miterlebt. Das diplomatische Korps aus allen in Addis Abeba vertretenen Ländern war im prunkvollen Thronsaal versammelt, einige Minister und Würdenträger ebenso wie die Generalgouverneure aus den Provinzen. Der Kaiser stand vor seinem goldenen Thron, als der Palastminister und sein Stellvertreter mit dem Botschafter nach vorne traten. Die beiden kaiserlichen

Würdenträger hatten den Botschafter in seiner prachtvollen golddurchwirkten Uniform in die Mitte genommen und verneigten sich tief vor Seiner Majestät. Mir schien es, als hätten die vielen funkelnden Orden auf der Brust des Botschafters ihn wie ein bleierner Anker zu Boden ziehen müssen, doch ließ sich der Gesandte nur zu einem angedeuteten Kopfnicken herab. Dem Palastminister und seinem Stellvertreter war dies nicht entgangen, und als auf die kaiserliche Begrüßung eine neuerliche Verbeugung folgte, packten sie den Botschafter fest an den Händen und zogen ihn mit sich nach unten. Niemandem im Saal war dies entgangen, ebensowenig wie das verdutzte Gesicht des sowjetischen Gesandten. Aber er hatte seine Lektion gelernt: Bei der Verabschiedung verbeugte er sich vor dem Kaiser ganz ohne fremde Hilfe, wie es das Protokoll vorsah.

Als die streitbare italienische Journalistin Oriana Fallaci einmal den Kaiser interviewen wollte, gab ihr der Palastminister zu verstehen, daß sie unmöglich in Hosen vorgelassen werden könne. »Sagen Sie Seiner Majestät«, gab sie zurück, »daß ich entweder in Hosen oder nackt komme.« Sie sollte ihr Gespräch bekommen, aber sie mußte sich doch dazu herablassen, im langen Kleid zu erscheinen. Manch einer mag heute mit den Achseln zucken und derartiges als eine bloße Frage des Stils abtun. Aber gibt es nicht auch eine Würde des Amts, der man als Besucher einer hochrangigen Persönlichkeit seine Reverenz erweist? Als der Papst 1998 Fidel Castro in Kuba besuchte, verzichtete der *Máximo Líder* für ihn sogar auf seinen Kampfanzug, den er sonst zu jeder Gelegenheit trug. Für das weibliche Geschlecht gilt: Einem Kaiser und dem Papst macht eine Dame ihre Aufwartung nicht in Hosen. Seine Heiligkeit Benedikt XVI. sah generös über alle Fragen des Protokolls hinweg, als er die deutsche Bundeskanzlerin empfing, obwohl sie zu ihrem Antrittsbesuch im Vatikan in einem Hosenanzug erschien. Ob Frau Merkel es gewagt hätte, so über den roten Teppich des Bayreuther Festspielhauses zu schreiten? Bei einer Begegnung mit dem Papst jedenfalls tragen Katholikinnen ein langes weißes Kleid und Protestantinnen wie die Bundeskanzlerin ein schwarzes – als ein Zeichen der Demut.

Es gehört nicht viel dazu, sich über das Zeremoniell an Königs- und Kaiserhöfen lustig zu machen, und viele, die darüber schrieben, haben das getan. Mit den Beschreibungen des Hofzeremoniells des Sonnenkönigs rächte sich der Herzog von Saint-Simon einst dafür, daß er von Ludwig XIV. nicht befördert wurde. Und als Ryszard Kapuściński sein Buch über den Hof des *Negusa Negast* zu schreiben begann, hatte er in erster Linie die politischen Verhältnisse in seiner Heimat Polen im Blick. Ich weiß nicht, ob sich das, was Saint-Simon über die Zeremonie des königlichen Aufstehens und Zubettgehens und die Sitten in Versailles erzählt, tatsächlich zugetragen hat. Den Höflingen Ludwigs XIV. etwa soll es nicht erlaubt gewesen sein, an einer Tür anzuklopfen, angeblich mußten sie mit dem Nagel ihres kleinen Fingers am Holz kratzen. Erfahrene Höflinge hätten sich, schreibt Saint-Simon, zu diesem Zweck den Fingernagel besonders lang wachsen lassen. Aber daß es am Hofe Haile Selassies einen Diener gab, dessen einzige Aufgabe es war, mit einem Tuch aus Atlas die Hinterlassenschaften des kaiserlichen Schoßhündchens Lulu von den Schuhen der Würdenträger zu wischen, wie es Kapuściński behauptet, das trifft ganz gewiß nicht zu. Vielleicht hätte der polnische Autor besser daran getan, dem Titel seines Buches *König der Könige* die Unterzeile *Ein historischer Roman* hinzuzufügen.

Viele, die die Rituale und Zeremonien an den königlichen Höfen kritisierten, vergaßen dabei, daß die Kaiser, Könige und Fürsten in jenem System der Planeten, die um sie kreisten, selbst kreisende Himmelskörper waren. Das höfische Zeremoniell konnte unbarmherzig sein, wie ein Beispiel aus dem absolutistischen Spanien zeigt. Als die spanische Königin einmal vom Pferd steigen wollte, verfing sich ihr Fuß unglücklich im Steigbügel und sie wurde von dem weitertrabenden Tier mitgeschleift. Der Erste Stallmeister, der als einziger das Recht gehabt hätte, den königlichen Fuß zu berühren, war nicht zur Stelle, und keiner der anwesenden Höflinge wagte es, der Königin zu Hilfe zu kommen. Als sich schließlich ein Caballero erbarmte, die Verfolgung aufnahm und Ihre Majestät aus ihrer mißlichen Lage befreite, durfte er nicht mit Dankbarkeit rechnen, ganz im Gegenteil: Er wurde auf Lebenszeit aus dem Königreich Spanien verbannt.

Auch wer sich am Hof von Addis Abeba zum Hofzeremoniell einfand oder zu den kaiserlichen Empfängen und Banketten, war sich sehr wohl bewußt, daß er dabei nicht der Person Haile Selassies huldigte, sondern der Jahrtausende alten Tradition des äthiopischen Kaisertums, die der *Negusa Negast*, der König der Könige, verkörperte. Und wie auch immer man über Haile Selassie urteilen mag: Keiner verkörperte diese Würde herrschaftlicher als er. Niemals sah man das geringste Zeichen von Unmut oder Zorn auf seinem Gesicht, stets bewies er Haltung und niemals bot er ein Bild unkaiserlicher Formlosigkeit. Der Staatspräsident eines europäischen Landes dekretierte vor nicht allzu langer Zeit, er verbitte es sich, von der Seite photographiert zu werden. Haile Selassie brauchte keinen Sekretär, der dafür Sorge trug, daß Seine Majestät nicht in unvorteilhafter Weise, mit vollem Mund oder verzerrtem Gesicht aufgenommen wurde; es war unvorstellbar, daß etwas Derartiges je hätte eintreten können. Das einzige Mal, als dies doch geschah, war am 12. September 1974 – als Haile Selassie von den putschenden Militärs aus seinem Palast geführt und in einem VW Käfer abtransportiert wurde.

Den Inbegriff des versunkenen kaiserlichen Äthiopiens stellen für mich bis heute die sogenannten *Geber* dar, die riesigen Tafeln bei Hofe. Der Kaiser richtete mehrmals im Jahr *Geber* aus, zu denen alle geladen waren, die im Kaiserreich Rang, Namen und Einfluß hatten. Kindern war es damals nicht erlaubt, an diesen teilzunehmen, und so kenne ich diese wunderbaren traditionellen Speisungen bei Hofe nur vom Hörensagen. Wie oft hatte mir mein Großvater von jenem berühmten *Geber* erzählt, das zu Beginn des 20. Jahrhunderts zum Totengedenken für Menelik II. im großen

Aderash des Menelik-Palasts gegeben wurde. Vielleicht ist es in den Erzählungen mit der Zeit noch größer geworden, als es tatsächlich war, jedenfalls sollen über drei Tage hinweg insgesamt vierzigtausend Gäste bewirtet worden sein. Achthundert Ochsen und dreihundert Schafe und Ziegen ließen dafür ihr Leben, sechzigtausend *Injera* sollen verspeist worden und achtzigtausend Liter *Tej* und dreitausend Liter Schnaps geflossen sein. Mein Großvater hatte als junger Mann die Ehre, daran teilzunehmen. Der Festsaal des Palasts war mit kostbaren Teppichen ausgelegt, auf denen die Gäste saßen, und ein Meer von Fackeln tauchte den Saal in ein flackerndes Licht.

Nur einmal durfte ich selbst an einem *Geber* teilnehmen, es war im Jahr 1959 und ich war damals elf Jahre alt. Es fand zu Ehren meiner Eltern in Mekele statt, der Hauptstadt der Provinz Tigray, Gastgeber war Leul Ras Seyoum Mengesha, der Fürst der Provinz. Er war der Enkel des Kaisers Yohannes und kommandierte einst zusammen mit meinem Großvater die tigrinischen Truppen im Kampf gegen die italienischen Besatzer. Nach der Niederlage verbrachte er zwei Jahre in einem Gefängnis in Italien. Er war 1959 im stolzen Alter von dreiundsiebzig Jahren, und keiner hätte es damals für möglich gehalten, daß er keines natürlichen Todes sterben würde. Wenn ich an das kaiserliche Äthiopien, seinen Zauber und seine Riten zurückdenke, sehe ich jenes *Geber* am Hofe von Mekele vor mir. Meine Eltern und wir Kinder wurden von einer berittenen Eskorte zum Palast geleitet. Im Thronsaal des majestätischen Yohannes-Palastes empfingen uns der Fürst und die Fürstin, Atsede Asfaw, die eine Tante meines Vaters war. Ich fragte mich, wo denn die Gäste seien, außer uns und den Dienern des Fürsten sah ich niemand im Raum. Wir verbeugten uns tief, und ich ging, wie es damals üblich war, auf die Knie und küßte dem Fürstenpaar die Füße, bis mich die Fürstin mit einer angedeuteten Geste emporgeleitete und mich auf beide Wangen küßte.

Plötzlich erklang eine Fanfare, die Diener öffneten die hohen Saaltüren, und von allen vier Himmelsrichtungen ergoß sich ein Strom von Menschen in den Thronsaal. Der Zeremonienmeister des Fürsten, der Agafari, führte die Gäste an ihre Plätze für das Defilee, dies alles vollzog sich in einer würdigen Ruhe, als wäre der Palast in Watte gepackt. Meine Eltern nahmen neben den Fürsten Platz, und wir Kinder stellten uns hinter sie, während die Schar der Gäste vorbeidefilierte und sich vor den Herrschaften verneigte.

Nach der Begrüßung wurden wir Kinder auf unsere Zimmer geführt, wo meine Geschwister ihr Essen serviert bekamen. Nur ich als erstgeborener Sohn durfte meine Eltern zu dem darauffolgenden *Geber* begleiten. Die Gäste waren inzwischen vom Thronsaal in den Festsaal gewechselt, der bis zum Bersten gefüllt war, als ich im Gefolge meiner Eltern und des Fürstenpaars den Raum betrat. Es müssen wohl fast tausend Gäste gewesen sein, die dort in Reihen an langen Tischen saßen. An der Spitze des Raumes war ein Baldachin aufgebaut, unter dem ein runder Tisch hervorschaute, an dem meine Eltern und das Fürstenpaar Platz nahmen. Es waren noch drei weitere Plätze an diesem Tisch, und ich wollte mich schon dazusetzen, aber der Agafari, mit dem Bischof von Tigray, Abuna Yohannes, und zwei weiteren hohen Würdenträgern des Landes im Gefolge, hielt mich zurück. Die Herrschaften wurden an den Tisch plaziert, mich führte der Agafari zu einem Katzentisch, der direkt dahinter aufgebaut war. Nur ein einziger Stuhl stand an diesem Tisch, an dem mich der Zeremonienmeister Platz nehmen hieß. Ich blickte zu meiner Mutter, die mir sanft zunickte. Also hatte wohl alles seine Richtigkeit. Direkt unterhalb des Baldachins saßen an separaten Tischen die Würdenträger des Landes, plaziert nach ihrem jeweiligen Rang. Der Zeremonienmeister gab dem Bischof ein Zeichen, der sich daraufhin langsam erhob, und im Nu erstarb jedes Geräusch im Saal. Sämtliche Blicke waren auf den Bischof gerichtet. Der Bischof begrüßte das Fürstenpaar und dann meine Eltern und setzte zu einem ausführlichen Tischgebet an. Sowie er wieder Platz genommen hatte, betrat eine Armee von Köchinnen, gehüllt in die traditionelle Shamma und mit beiden Armen große Töpfe umfassend, den Saal, angeführt von dem *Azaj*, dem Küchenmeister des Fürsten. Hinter den Köchinnen marschierten Dutzende Metzger auf, die schwere Stücke rohen Fleisches auf ihren Rücken hereintrugen. Ich fragte mich, wie viele Ochsen wohl für diesen Abend geschlachtet worden waren. Die Metzger zogen das Fleisch auf lange Holzspieße, die vor den jeweiligen Tischen aufgestellt waren. Von den Spießen schnitten sich die Gäste mit langen Messern eigenhändig das rohe Fleisch ab. Das beste Stück war, so wollte es der alte Brauch, stets für den besten Freund reserviert, und bevor man selbst davon aß, führte man unter zahlreichen Verbeugungen ein Stück Fleisch an den Mund des anderen und fütterte sich gegenseitig. Eine Karawane von Dienern stand bereit mit Wasserkannen und Schüsseln und weißen Handtüchern, damit man sich vor und nach dem Essen die Hände waschen konnte, denn es wurde auch hier – wie in Äthiopien traditionell – mit den Fingern gegessen.

Manchen meiner europäischen Freunde schien, als sie zum ersten Mal davon hörten, das Essen mit der Hand wie ein seltsames Überbleibsel aus barbarischen Zeiten. Wenn ich sie dann in ein äthiopisches Restaurant ausführte, waren sie selbst überrascht, wieviel Geschick und Übung es erfordert, das *Injera* in der rechten Hand haltend (nur diese wird zum Essen verwendet) als Teller und als Besteck einzusetzen und damit ohne zu kleckern die Saucen aufzunehmen. Andere, die mit den Feinheiten der europäischen Kulturgeschichte vertraut waren, erzählten mir, daß auch in Europa das Eßbesteck eine vergleichsweise junge Erfindung sei. Ludwig XIV. beispielsweise, der selbstverständlich nur mit den Fingern aß, soll sich über die modisch-manierliche Art, in der Madame de Thianges, Schwester von Madame Montespan, zu essen pflegte, mit den Worten beklagt haben: »Sie benutzte stets ihre Gabel!« Und noch im 18. Jahrhundert fand sich in italienischen Tischregeln der Satz: »Hat uns die Natur nicht fünf Finger an jeder Hand geschenkt? Warum wollen wir sie mit jenen dummen Instrumenten beleidigen, die eher dazu geschaffen sind, Heu aufzuladen als das Essen?« Ich muß gestehen, daß sich auch in das äthiopische *Geber*, den Inbegriff der Tradition, im Lauf der Jahrhunderte europäische Bräuche eingeschlichen hatten. Denn während außerhalb des Bal-

dachins ausschließlich äthiopische Speisen und Getränke gereicht
wurden, bekamen wir auch europäische Gerichte und Weine serviert. Und während auch wir wie alle im Raum die äthiopischen
Speisen mit den Fingern aßen, nahmen wir die europäischen von
edlem Porzellan mit Messer und Gabel auf.

Sowie die Speisen hereingetragen waren, traten zwei Diener
heran und zogen die Vorhänge unseres Baldachins zu. Während des
ganzen *Geber* blieben – auch dies einer jahrhundertealten Tradition
gemäß – die Vorhänge geschlossen, so daß niemand der Gäste einen
Blick auf uns werfen konnte, und wir nicht auf diese. Nur die Ge-
räusche des Feierns, Essens und Trinkens drangen durch den Stoff
ins Innere. Vor den Augen der Fürstin und des Fürsten ließ sich der
Azaj von einem Diener ein wenig von jeder Speise auf den Teller
tun, nahm von jeder ein bißchen in seine Finger und kostete die
Speisen vor. Von den dargereichten Getränken ließ er sich einen
Schluck in die hohle Hand gießen und nippte daran. Erst danach
wurde uns aufgetragen, zuerst den Erwachsenen, dann auch mir an
meinem Extratisch. Während des ganzen Essens blieb ich mir selbst
überlassen, niemand der Erwachsenen wechselte mit mir auch nur
ein Wort. Aber ich spürte wohl die bohrenden Blicke, die penibel
registrierten, ob sich der elfjährige Junge an seinem Tisch der außer-
gewöhnlichen Ehre, die ihm zuteil wurde, als würdig erweisen würde – ob er stets kerzengerade saß und die Beine stillhielt, wie es sich
für seinen Stand gehörte; ob er darauf achtete, den ihm angebote-
nen Wein ebenso höflich zurückzuweisen wie das *Tella*, das äthiopische Gerstenbier, und den *Tej*, den traditionellen Honigwein; ob er
auch nach jedem Gang mit einem diskreten Zeichen die Diener zu
sich rief, um sich die Hände zu waschen und sie sich anschließend
abtrocknen zu lassen; ob er zum Besteck griff, wenn statt des äthiopischen *Injera* mit *Wot*, der scharfen Fleisch- und Gemüsesauce,
englisches Roastbeef serviert wurde, und ob er mit Messer und Gabel umgehen konnte, und was alles noch, von dem ich als kleiner
Junge keine Ahnung hatte. Und doch: Nicht einen Augenblick
während jenes *Geber* verspürte ich den Wunsch, meinen einsamen

Tisch dort oben zu verlassen, irgendwo inmitten der vielen Gäste unterzutauchen und zu feiern, wie alle anderen es taten. Denn ich wußte, daß ich mich vor meinen Eltern, vor dem Fürsten und der Fürstin von Tigray, vor dem Bischof und vor den Vätern und Großvätern Äthiopiens zu bewähren hatte.

Nach dem Essen fand die Kaffeezeremonie statt, die zu jedem festlichen Essen gehört – ein Ritual, das immer gleich abläuft, egal ob am Hof des Kaisers oder in der Rundhütte eines Bauern. Ein zauberhaftes Mädchen in weißer Shamma legte den Boden mit Gras aus, schürte ein Holzkohlefeuer und röstete darüber, auf einem kleinen Hocker sitzend, in einer glänzenden Pfanne die Bohnen. Wir sahen still und ehrfürchtig zu, wie sich die Kaffeebohnen langsam kohlschwarz färbten. Mit einem sanften Lächeln auf dem Gesicht schwenkte das Mädchen die Pfanne vor unseren Gesichtern, und rauchender Kaffeeduft stieg uns in die Nase. Dann stampfte sie die Bohnen mit ihrem Holzmörser klein und gab sie in einen Kessel. Sie goß Wasser darauf und stellte den Kessel aufs Feuer, bis die brodelnde Flüssigkeit den Deckel zu heben begann. Mit weit ausholender Geste goß sie den dampfenden Kaffee in die auf dem Tablett bereitstehenden Tassen. Bevor sie das Tablett herumreichte, warf sie noch einige Weihrauchkristalle ins Feuer, die knisternd ihren Duft verbreiteten. Die Kaffeezeremonie ist Teil der äthiopischen Seele, über ihr können mehrere Stunden vergehen. Selbst wenn ich mir heute in meiner Frankfurter Wohnung auf dem Herd eine Tasse Kaffee nach europäischer Art zubereite, rieche ich dabei den köstlichen Duft von Weihrauch und sehe das sanfte Lächeln eines äthiopischen Mädchens vor mir.

Erst als die Kaffeezeremonie beendet war, wurden die Gardinen unseres Baldachins wieder aufgezogen. Ich kann mich noch genau an diesen Augenblick erinnern. Es war, als wären einem plötzlich die Augenbinden abgenommen worden: All jene Stimmen, die um mich herumflirrten und die sich zu einer dumpfen Wolke von Geräuschen geballt hatten, aus der nur ab und an einzelne Laute hervordrangen, erhielten mit einemmal ihr Antlitz zurück. Wie benommen blickte ich in das Meer der Feiernden, auf erhobene Arme, blitzende Augen und lachende Münder, die sich allmählich zu Gesichtern zusammensetzten. Da gingen auch schon die Türen auf, und von links und von rechts traten die *Asmari*, die Sänger und Musikanten, in den Raum. Die einen trugen die *Masinko*, die einsaitige Violine in der Hand, in der anderen den Bogen aus Roßhaar; andere hielten die *Waschint*, die Hirtenflöte aus Bambus, vor sich; und die dritten hatten die *Kebero*, die große tellerförmige Trommel umgehängt. Mit den bloßen Händen begannen die Trommler ihre Keberos zu schlagen, sie gaben den Rhythmus vor. Die Flöten und Masinkos stimmten ein, und dann fingen die Asmari zu singen an. In der Tradition des äthiopischen Minnesangs gaben sie aus dem Stegreif Lobgesänge auf das Fürstenpaar und auf meine Eltern zum besten. Regungslos hörten diese den Gesängen eine Weile zu, dann erhoben sich auf ein Zeichen des Fürsten die herrschaftlichen Gäste, und ohne weitere Abschiedszeremonien verließen wir unseren Baldachin und die Festgesellschaft. Für uns war das *Geber* zu Ende, aber für die Gäste im Saal, so hieß es, begann es jetzt erst richtig, und man feierte ausgelassen bis in den frühen Morgen.

Auf dem Zimmer erzählte ich meinen Geschwistern aufgeregt, was ich erlebt hatte. Und ich dachte an meinen Großvater, der sicherlich auf seinen Enkel stolz gewesen wäre, wenn er dieses *Geber* noch miterlebt hätte.

Ras Kassa starb am 19. November 1957 im Alter von sechsundsiebzig Jahren. Er besuchte an jenem Tag das alte Kloster Mitak Amanuel in seiner Heimat Shoa. Es gab keine Straße, die zu dem Gotteshaus führte, man gelangte an die heilige Stätte nur auf dem Rücken eines Mulis. Er feierte dort die Messe und nahm die heilige Kommunion, was man in der äthiopisch-orthodoxen Kirche nur zu besonderen Anlässen tut. In dem Augenblick, als er das Kloster verlassen hatte und sich auf sein Muli setzen wollte, erlitt er einen Herzinfarkt. Er war auf der Stelle tot. Ein äthiopisches Sprichwort sagt: Wenn in Äthiopien ein alter Mann stirbt, stirbt eine ganze Bibliothek. Als mein Großvater starb, verlor das äthiopische Kaiserhaus eine seiner tragenden Säulen. Drei Tage herrschte Staatstrauer im ganzen Land. Von seiner feierlichen Beisetzung spricht man in Addis Abeba noch heute. Ras Kassa fand seine letzte Ruhe an der Seite seiner Frau in der Erlöserkirche Chagal bei Debre Libanos, die er einst selbst erbauen ließ; nicht weit von dem Platz, wo einst dem heiligen Tekle Haymanot im Gebet Flügel verliehen wurden.

Man spricht deutsch

Mit *schole*, von dem sich unser Wort für Schule ableitet, bezeichneten die freien Bürger des antiken Griechenland das »Innehalten bei der Arbeit«, jene Zeit also, in der man sich den »wichtigen Dingen« des Lebens zuwenden konnte, vor allem der Bildung. Schule bedeutet also ursprünglich »freie Zeit«, »Müßiggang«. Das muß uns heute um so sonderbarer erscheinen, je mehr sich die Erkenntnis durchsetzt, daß man gar nicht früh genug mit dem Lernen beginnen kann. Für mich jedenfalls begann die Erziehung, lange bevor ich zum ersten Mal eine Schule von innen sah, nämlich im Alter von zwei Jahren. Lesen und Schreiben lernten meine Geschwister und ich bereits im Elternhaus, wie es der damaligen äthiopischen Tradition entsprach. Geistliche Hauslehrer brachten uns Amharisch, die »Amtssprache« des Landes, und auch ein wenig Ge'ez bei, die ehrwürdige Sprache Altäthiopiens, deren Quellen bis ins erste Jahrhundert nach Christus zurückreichen. Unsere Erzieherinnen hatten ebenfalls die Aufgabe, uns Sprachen zu lehren. Mein finnisches Kindermädchen unterrichtete mich in Englisch und Tante Louise in Deutsch.

Äthiopien war damals aufs Englische ausgerichtet, mein Vater war in England zur Schule gegangen, und sämtliche meiner Geschwister wurden auf die Englische Schule geschickt. Es war also durchaus ungewöhnlich, daß man, was meine Erziehung anbetraf, auf die Idee kam, der Deutschen Schule den Vorzug zu geben. Was mag den Ausschlag gegeben haben? Ich habe es nie in Erfahrung gebracht. Vielleicht war es Tante Louise, unser österreichisches Kindermädchen, die immerhin die Brüder Grimm, Wilhelm Hauff und Wilhelm Busch in die Waagschale werfen konnte. Oder doch die protestantische Entschiedenheit von Tante Vera, aus deren Mund ich die ersten deutschen Laute vernommen hatte? Das schlagkräftigste Argument für mich damals war ohnehin die prächtige, bis obenhin mit Süßigkeiten gefüllte Schultüte, die mir Tante Louise nach guter deutscher Tradition mit auf den Weg gab. Und wie froh war ich, daß mich Tante Louise überdies noch in die Deutsche Schule begleitete, nicht nur am ersten Schultag. Sie gab ihre Stellung als Kindermädchen unserer Familie auf und machte sich daran, den Schulkindergarten aufzubauen.

Die Deutsche Schule öffnete im November 1955 ihre Pforten, und ich gehörte zu ihren ersten Schülern. Sie war in einem ehemaligen Hotel namens Nizza untergebracht, das für diese Zwecke notdürftig umgebaut wurde, prominent gelegen mitten in der Stadt, gleich neben der Marienkirche. Es dauerte nur wenige Wochen und Monate, bis sich die Schule einen hervorragenden Ruf erworben und eine kaum vorstellbare Popularität erlangt hatte. Nicht nur die in Äthiopien lebenden Deutschen und einige Äthiopier schickten ihre Kinder hierher, auch deutsche Diplomaten aus Ländern wie Kenia und Tansania, in denen es keine deutsche Schule gab. Dazu kamen die Kinder der in Addis Abeba ansässigen Gesandten und Geschäftsleute aus vielen Ländern Europas, aus den Niederlanden, Schweden und Jugoslawien. Ja, sogar der britische Botschafter vergaß seinen angestammten Patriotismus und sandte seine Tochter, die zauberhafte Georgiana, nicht etwa auf die Englische Schule, sondern zu uns in die *German School*.

Es gab wohl keinen Jungen der Schule, der damals nicht in Georgiana verliebt war und ihr schöne Augen machte. Später galt sie für kurze Zeit als Anwärterin auf den englischen Thron, als sie mit Prince Charles befreundet war (einige Zeit bevor dann Lady Di in dessen Leben trat). Wie froh war ich, als ich Georgiana später öfters in Cambridge sah, wo sie ihren Bruder Alexander auf dem College besuchte.

Unsere Lehrer nannten unsere Schule eine »UNO im kleinen«, und das ist keineswegs eine Übertreibung. Hier begegneten sich Kinder unterschiedlichster Herkunft, hier wurden unsere Augen für fremde Kulturen, Gebräuche und Sitten und unsere Ohren für fremde Sprachen geöffnet. Darüber hinaus pflegten wir einen intensiven Kontakt zu den anderen internationalen Schulen in Addis Abeba, zu der englischen, französischen und amerikanischen.

Nicht nur der Rektor, auch alle unsere Lehrer – mit Ausnahme derer für Religion und Amharisch – stammten aus Deutschland, und selbstverständlich war Deutsch unsere Unterrichtssprache. Wir lernten mit deutschen Lese-, Geschichts- und Mathematikbüchern und dem braunen Diercke-Atlas nach dem ausgefeilten Curriculum der Konferenz der deutschen Kultusminister. Die Deutsche Schule wurde von Anfang an von der Bundesrepublik Deutschland wesentlich gefördert, personell wie auch finanziell. Auf dem afrikanischen Kontinent war es die erste Neugründung überhaupt, die die noch junge Bundesrepublik veranlaßte. Nur in Ägypten, in Südafrika und Namibia gab es weitere deutsche Schulen, die auf eine noch ältere Geschichte zurückblicken konnten. Sie alle zusammen waren tragende Säulen der afrikanischen Kulturpolitik des neuen demokratischen Staates, der überall auf der Welt um Anerkennung warb. Und die deutsche Regierung wachte penibel darüber, daß die auf der Deutschen Schule abgehaltenen Prüfungen den Vorgaben der deutschen Kultusministerkonferenz entsprachen. Zu den alljährlichen Prüfungen der Mittleren Reife und des Abiturs wurde eigens ein deutscher Ministerialdirektor von Bonn nach Addis Abeba entsandt.

Das Hotel Nizza hatte bereits in den Tagen, als es noch Gäste beherbergte, bessere Zeiten gesehen. Durch die Wände war jedes Wort zu vernehmen, man muß sich, wenn man dort nächtigte, vorgekommen sein wie in einem einzigen großen Schlafsaal. Jetzt lernten wir, wenn das Fach Geschichte anstand, gleichzeitig auch ein bißchen Deutsch, Mathematik oder Englisch, was eben gerade in der Nachbarklasse auf dem Stundenplan stand. Unser Geschichtslehrer, Doktor Becker, war ziemlich leicht auf die Palme zu bringen. Einmal hatten wir ihn derart aus der Fassung gebracht, daß er von seinem Stuhl aufsprang und mit einem lauten »Zum Kuckuck noch mal!« die Faust gegen die Wand hämmerte. Es tat einen Schlag, und sein Arm war bis zum Ellenbogen in der Wand verschwunden. Die Schüler im Nachbarraum staunten nicht schlecht, als sie plötzlich eine Faust aus dem Nichts hervorschießen sahen. Schnell machte die Geschichte die Runde, und auch Tante Louise muß sie zu Ohren gekommen sein. Anders läßt sich ihr tatkräftiger Einsatz kaum erklären, mit dem sie für den Neubau der Schule warb.

Eine Delegation der Bundesbaudirektion aus dem fernen Bonn war zu Gast und wollte sich vor Ort von der Notwendigkeit eines neuen Gebäudes überzeugen. Das Wort von der angespannten Haushaltslage begleitete die Bundesrepublik seit ihrer Gründung, und so meinte der Leiter der Delegation beim Rundgang durch das Hotel Nizza: »Das sieht doch alles recht solide aus.« Der Rektor der Schule verzog keine Miene, aber Tante Louise ballte ihre Linke zur Faust, holte aus und bewies, daß sie noch kraftvoller zuschlagen konnte als Doktor Becker. Bis zur Schulter blieb ihr Arm in der Wand stecken. Mit diesem Faustschlag war der Neubau der Schule beschlossene Sache. Das Hotel wurde abgerissen, und an derselben Stelle entstand Ende der fünfziger Jahre eines der modernsten Schulgebäude auf dem afrikanischen Kontinent. Ein gewisses Eigeninteresse mag bei Tante Louises Einsatz eine Rolle gespielt haben: Ihr Mann, Franz Haunold, war der Bauherr der neuen Schule.

Unsere Schule sollte später auch hohen Besuch aus Deutschland erhalten: Bundespräsident Heinrich Lübke und seine Gattin erhielten einen würdigen Empfang. Ich hatte damals das Amt des Schulsprechers inne und durfte die hohen Gäste persönlich begrüßen. Heinrich Lübke eroberte im Nu die Herzen der Schüler, als er in seiner Ansprache gestand, daß er selbst zweimal sitzengeblieben war. Bis heute stimmt es mich traurig, daß die Deutschen ein derart verzerrtes Bild von ihrem ehemaligen Bundespräsidenten haben. Noch in den fünfziger und sechziger Jahren galt in vielen Teilen

Afrikas und der Welt: Wenn man sich einen typischen Deutschen vorstellte, dachten viele an einen blonden Hünen in Naziuniform, im Stechschritt und den rechten Arm ausgestreckt. Um so größer die Erleichterung, als man eine Erscheinung wie Heinrich Lübke vor sich sah: einen schmächtigen, grundsympathischen Mann mit schlohweißem Haar und gütigem Lächeln. Einen besseren Botschafter der Friedfertigkeit und Bescheidenheit hätte sich Deutschland nicht wünschen können. Wenn dieser Mann aus Enkhausen im Hochsauerland Deutschland repräsentierte, war von diesem Land gewiß nichts Schlimmes zu erwarten. Auch seine neun Jahre ältere Gattin Wilhelmine, die ihn überallhin begleitete, war äußerst beliebt. Sie war eine herzliche, offene Frau und sprach ebenso gut Englisch wie Französisch. Was Heinrich Lübke an Weltläufigkeit gefehlt haben mag, gab seine Gattin doppelt zurück. Der Korrespondent eines deutschen Nachrichtenmagazin, das schon damals beträchtlichen Einfluß besaß, schrieb einmal aufgebracht: »Irgendwer muß Frau Wilhelmine Lübke auch sagen, daß sie auf Staatsbesuchen ihren Mann nicht mit dem Ruf ›Heini, wir gehen zu Bett‹ ins Quartier beordern kann.« Aber wieso denn nicht? Sollten sich »Heini« und »Minken« verstellen und verschweigen, daß sie sich prächtig verstanden – nur weil sie auf Reisen waren und gerade ein Hamburger Journalist und der Kaiser von Äthiopien mit ihnen am Tisch saßen? Was heute eine Selbstverständlichkeit ist – eine selbstbewußte Frau an der Seite eines führenden Politikers –, gab damals, Anfang der sechziger Jahre, Anlaß zu Spott und Hohn.

Auch was seine Redekunst anbetrifft, sollte man Heinrich Lübke Gerechtigkeit widerfahren lassen. Er mag kein glanzvoller Rhetoriker gewesen sein, aber wenn man sich die Reden und Ansprachen unserer Politiker heute anhört, mit ihren Floskeln und ihrer kalten, in Rhetorikseminaren antrainierten Glätte, sehnt man sich die herzliche und direkte Art, mit der Heinrich Lübke sprach, förmlich zurück. Der Lübke zugeschriebene Ausspruch »Sehr verehrte Damen und Herren, liebe Neger!« ist übrigens frei erfunden.

Neben Deutsch – das ich bei meinem Eintritt in die Deutsche

Schule schon einigermaßen beherrschte – lernten wir Englisch, Französisch und Latein. Ist es wahr, daß jede Sprache ihre Sprechenden nach ihrem eigenen Charakter formt? Karl V. soll zehn Sprachen gesprochen haben. Eines Tages fragte ihn ein Höfling: »Majestät, Sie sprechen so viele Sprachen, können Sie uns sagen, welche Ihre Lieblingssprache ist?« Er entgegnete: »Das hängt ganz davon ab, mit wem ich rede. Latein spreche ich mit dem Herrgott, Deutsch mit meinen Soldaten, Spanisch mit meinen Granden, Französisch mit meinen Mätressen, Italienisch mit meinen Wissenschaftlern und Englisch mit meinen Pferden.« Daß Deutsch eine Sprache der Soldaten, eine Kommandosprache sei, wie es immer wieder kolportiert wird, habe ich nie empfunden. So etwas können nur diejenigen behaupten, die nie in ihrem Leben einen Vers von Heine gelesen haben. Wenn ich Amharisch spreche, denke ich an meinen ersten Amharisch-Lehrer, einen Priester. Wenn ich Deutsch spreche, denke ich an Goethe und Heine, die Brüder Grimm und Thomas Mann.

Gewiß, Deutsch ist keine einfache Sprache. Mark Twain war der Ansicht, daß ein begabter Mann Englisch in dreißig Stunden lernen könne, Französisch in dreißig Tagen und Deutsch in dreißig Jahren. Die Artikel, die Deklinationen und Konjugationen, die Parenthesen und zusammengesetzten Wörter, all das erschien ihm so verzwickt und undurchdringlich, daß er ein Pamphlet verfaßte: *The Awful German Language*. Und empört er sich nicht völlig zu Recht, daß im Deutschen zwar eine weiße Rübe ein Geschlecht hat, ein lächelndes Mädchen aber nicht? Aber vielleicht hätte er etwas mehr Ehrgeiz aufwenden sollen, hatte er doch auf seinem Bummel durch Europa eingestandenermaßen selbst nur dreißig Tage mit dem Studium der deutschen Sprache verbracht. Was hätte er wohl gesagt, wenn er Amharisch hätte lernen müssen – mit seinen zweihundertsiebenundsechzig Schriftzeichen und seiner weitverästelten Grammatik? Vielleicht fällt uns Äthiopiern das Sprachenlernen leichter als manch anderer Nation. Welches andere Land kann schon mit einer babylonischen Sprachenvielfalt von dreiundachtzig Sprachen mit über zweihundert Dialekten aufwarten? Ge'ez und Amharisch,

Tigrinya und Oromifa, Wello, Raya, Tulama, Ittu und Arsi; Borana, Orma, Garri, Gabra; Woloyta, Kefa, Mocha, Bako, Dime und Janjero – ich kenne kaum einen, der sie alle aufzuzählen wüßte. Nicht wenige Äthiopier sprechen neben Amharisch und Englisch, das sich gewissermaßen von selbst versteht, mehrere von ihnen: mein Großvater und mein Vater zum Beispiel Oromifa, die Sprache der Region, der sie beide viele Jahre vorstanden. Wie gerne hätte ich auch diese Sprache gelernt, aber leider brachten sie es mir nicht bei. Ich jedenfalls hatte, was Fremdsprachen anbetraf, keinerlei Mühe, meine Schwächen lagen in Mathematik und in Sport. In Mathematik kämpfte ich tapfer bis zum Abitur um die Note 5 – und was den Sport betrifft, lebe ich bis heute glücklich nach der Devise von Winston Churchill, der im hohen Alter von einundneunzig auf die Frage nach seinem Erfolgsrezept kurz und bündig antwortete: *»No sports!«*

Da alle unsere Lehrer aus Deutschland stammten, wurde uns der Reichtum und die Vielfalt der deutschen Kultur quasi am lebenden Beispiel vor Augen geführt. Wir erkannten bald, daß Deutsch eine Sprache ist, die nur von sehr wenigen Deutschen gesprochen wird. Sosehr sich unsere Lehrer auch bemühten, reines Hochdeutsch zu sprechen: ein Dialektanklang war bei den allermeisten von ihnen unverkennbar. Und wie zauberhaft war es, wenn man sie »reinen Dialekt« sprechen hörte: Bairisch und Fränkisch, Schwäbisch und Hessisch, Berlinisch und Kölsch. All diese wunderbaren Dialekte hörte ich nicht zum ersten Mal in Deutschland, sondern bereits Jahre zuvor in der Deutschen Schule von Addis Abeba. Und wir Schüler erfuhren, daß jede dieser Regionen mit einem unglaublichen kulturellen Reichtum aufwarten konnte. Wir übten Schuhplattler zu bayerischer Blasmusik – leider ohne die dazugehörigen Lederhosen –, und im Musikunterricht hörten wir einmal sogar den *Feierabendjodler* von Marianne und Margot Hellwig. Wem das exotisch vorkommen mag, dem sei gesagt: Die bayerische Volksmusik ist in der ganzen Welt populär. Die einzigen, die die Nase rümpfen, wenn sie das Wort Volksmusik hören, sind eine Handvoll deutscher

Intellektueller. Karl Moik hat die bayerische Volksmusik bis in die Vereinigten Arabischen Emirate, nach Südafrika und in die Volksrepublik China gebracht, und in allen Ländern jubelten ihm Zehntausende begeisterter Zuhörer zu. Zweifelsohne spricht diese Musik eine Sprache, die in der ganzen Welt verstanden wird.

Einer unserer Lehrer, Herr Hildner, war Rheinländer und eingefleischter Karnevalist. Also beschloß er, den deutschen Karneval an unserer Schule einzuführen. Und während sich in Köln und in Düsseldorf die Rosenmontagszüge durch die Straßen schoben, verkleideten wir uns in Addis Abeba als Seeräuber, Cowboys und Scheichs, sangen *Ich möch zo Foß noh Kölle jon* und grüßten aus der Ferne mit »Helau« und »Kölle Alaaf«. Alles in allem erschien uns der deutsche Karneval eher wie der seltsame Ritus eines abgeschiedenen Eingeborenenstammes, vergleichbar mit den Bräuchen der Mursi im Süden Äthiopiens, die sich den Körper tätowieren und weiß bemalen und deren Frauen sich die aufgeschnittene Lippe mit eingesetzten »Lippentellern« verschönern. Erst später in Deutschland wurde mir vollends klar, daß der deutsche Karneval tatsächlich eine äußerst ernste Angelegenheit darstellt. Wehe dem, der es wagt, am Rosenmontag in Köln mit »Helau« zu grüßen – wie überhaupt die verschiedenen deutschen Karnevalsrufe bereits eine Wissenschaft für sich sind: vom »Wo na – in d'Höll na!« in Alttann über »Narri-narri!« in Frankfurt, »Kalau!« in Kaiserslautern und »Tri tra Trichter« in Nürnberg bis zum »Wald – Hutzla!« in Schelklingen und »Hätse – dätse!« in Völkofen. Auch das lange Zeit streng karnevalresistente Berlin hat inzwischen einen eigenen Schlachtruf, nachdem der Umzug der Bundesregierung die Bonner Karnevalisten an die Ufer der Spree gespült hat (wenn der Ruf auch etwas kraftlos ausgefallen sein mag: »Hei-Jo!« – eine Zusammensetzung aus den Worten »Heiterkeit« und »Jokus«).

Ich kann mir nicht helfen, aber ein Brauch, der es gutheißt, zivilisiert gekleidete Herren mit Hilfe einer Schere ihrer Krawatte zu berauben, erscheint mir zutiefst barbarisch.

Der Musikausbildung kam an der Deutschen Schule eine besonders große Rolle zu. Ich war Mitglied des Schulchors, und mit Vorliebe wandten wir uns dem deutschen Volks- und Kunstlied zu. Zu unserem Repertoire gehörten *Hoch auf dem gelben Wagen, Alle Vöglein sind schon da* und natürlich Franz Schuberts Vertonungen von Wilhelm Müllers *Am Brunnen vor dem Tore* und *Das Wandern ist des Müllers Lust.* Die europäische klassische Musik ist gewiß nicht ganz einfach für das äthiopische Ohr. Aber unseren Lehrern gelang es, sie uns nahezubringen, wir lernten Noten und hörten die wichtigsten Werke der europäischen Musikgeschichte von Bach und Mozart bis hin zu Bartók und Rachmaninow.

Ich gehörte zu den ersten Äthiopiern, die an der Deutschen Schule das Abitur ablegten. Wir waren insgesamt nur fünf Abiturienten, und geprüft wurden wir in einem Dutzend Fächern, wozu natürlich auch das Fach Musik gehörte. Ich war an jenem Tag der letzte in der Reihe der Prüflinge. Die Kultusministerkonferenz der deutschen Länder hatte einen Ministerialdirektor als Inspektor entsandt, einen kleinen glatzköpfigen untersetzten Mann mit einer dicken, halbgefaßten Hornbrille. Wäre er nicht jeden Morgen frischrasiert und adrett gekleidet in Anzug und Schlips erschienen, man hätte ihn für ein Mitglied der Panzerknackerbande halten können. Selbstverständlich war er auch bei meinen Prüfungen zugegen und flößte mir mit seinem strengen Blick gehörigen Respekt ein. Mein Musiklehrer, Herr Hämmerle aus Bad Tölz, war ein enthusiastischer Musikliebhaber, und nachdem er mich kreuz und quer durch die Musikgeschichte gefragt hatte, sagte er zu mir: »Sie haben doch im Schulchor gesungen . . .« Mir schwante nichts Gutes und ich deutete ein Nicken an. »Und haben eine ausgebildete Tenorstimme . . .« Ich nickte wieder. »Wir haben doch vor einigen Monaten die *Entführung aus dem Serail* durchgenommen . . .« Ich nickte zum dritten Mal. »Dann tragen Sie uns doch mal die Arie des Pedrillo vor.«

Er setzte sich ans Klavier und gab mit der Hand das Zeichen zum Einsatz. Immerhin verlangte er nicht von mir, zu jodeln. Also nahm ich mich zusammen und fing zu singen an: »*In Mohrenland gefan-*

*gen war / Ein Mädel hübsch und fein; / Sah rot und weiß, war schwarz
von Haar, / Seufzt Tag und Nacht und weinte gar, / Wollt' gern erlöset
sein. / Da kam aus fernem Land daher, / Ein junger Rittersmann; /
Den jammerte das Mädchen sehr; / Ha rief er, wag ich Kopf und Ehr, /
Wenn ich sie retten kann . . .«*

Der Ministerialdirektor preßte die Lippen zusammen und
rutschte unruhig auf seinem Stuhl hin und her, während ich aus
vollem Halse meine Arie schmetterte und gleichzeitig mit einem
imaginären Schwert in der Hand fuchtelte. Ihm schien die Situation sichtlich unangenehm. Vielleicht standen derartige Darbietungen nicht im Einklang mit den Buchstaben der Prüfungsordnung,
vielleicht schien ihm auch das Thema der Arie unangebracht, wo
doch die junge deutsche Republik nicht müde wurde, allüberall
ihre Friedfertigkeit zu bekunden. Doch Herr Hämmerle hatte noch
nicht genug. Kaum war der letzte Ton verklungen, wollte er alles
über die Entstehung der Oper und des Librettos wissen, und als er
mich anwies, die Noten des Finales – *»Erst geköpft, dann gehangen,
dann gespießt auf heiße Stangen . . .«* – an die Tafel zu schreiben,
streckte der Ministerialdirektor die Hand aus und knurrte: »Danke,
es ist genug!« Muß ich erwähnen, daß ich von allen zwölf Prü-
fungsfächern in Musik am besten abschnitt?

Im Deutschunterricht standen die Klassiker der deutschen Literatur an vorderster Stelle. Mein Deutschlehrer Doktor Galda war
ein großer Bewunderer Goethes, wir lasen nicht nur den *Werther*,
die *Wahlverwandtschaften* und *Wilhelm Meister* und die meisten der
Goetheschen Dramen, wir führten in der Laienspielgruppe auch
den *Urfaust* auf. Mir war dabei die Rolle des Mephisto zugedacht.
Wir lasen Klopstock und Lessing, Schiller, Eichendorff und Brentano, Heine und Keller, Thomas Mann und Günter Grass und die
Lyrik vom Barock über die Romantik bis hin zum Expressionismus.
Und selbstverständlich haben wir Gedichte auswendig gelernt! Erst
wenn man ein Gedicht aus dem Gedächtnis vorsagen kann, kennt
man es wirklich. Wie bedauerlich, daß das Auswendiglernen in
Deutschland so aus der Mode gekommen ist, mir sind bestimmt

Dutzende Gedichte von damals in Erinnerung geblieben. Das schönste deutsche Gedicht, das mich seit meiner Schulzeit begleitet, ist jedoch von Andreas Gryphius: »Du siehst, wohin du siehst, nur Eitelkeit auf Erden . . .«

Als ich 1968 nach Deutschland kam, wurde mir von vielen Seiten gesagt, daß die deutschen Klassiker an deutschen Schulen inzwischen verpönt seien. Ich wollte es nicht glauben und stattete einem renommierten Gymnasium im Frankfurter Westend einen Besuch ab. Der Rektor hatte nichts dagegen, daß ich von der letzten Reihe aus dem Deutschunterricht der Oberstufe folgte. Und was soll ich sagen? Ich fand die schlimmsten Befürchtungen bestätigt. Das einzige, was die dortigen Deutsch-Schüler in den Jahren vor dem Abitur zu lesen bekamen, waren die drei Bs: Brecht, Bamm und Böll. (Falls Ihnen der Name Peter Bamm nichts mehr sagt: Ich kann Ihnen versichern, daß Sie kein schlechtes Gewissen zu haben brauchen.) Leider hat sich an dieser Misere in den letzten fünfundzwanzig Jahren nur wenig geändert, im Gegenteil. Wenn heute noch Klassiker gelesen werden, dann oft nicht im Original, sondern in sogenannten Bearbeitungen. Die komplizierte Sprache des 18. Jahrhunderts sei nicht mehr »schülergerecht«, klären uns deutsche Kultusbürokraten auf, und darüber hinaus entspräche sie nicht den aktuellen Regeln der Rechtschreibung. Abgesehen davon, daß diese Bearbeitungen oft kaum mehr etwas mit dem Original zu tun haben (vergleichbar den Klassikerinszenierungen sogenannter moderner Regisseure auf den Bühnen von Kiel bis München – wahrscheinlich greifen auch sie gar nicht mehr zum Original, sondern gleich zur Bearbeitung): Mir ist bis heute schleierhaft geblieben, warum sich nicht von Eltern, Lehrern, Schülern und Geistesmenschen ein Proteststurm erhebt gegen diesen kultur-, geschichts- und respektlosen Umgang mit dem Schatz der deutschen Literatur im eigenen Land.

In den Vereinigten Staaten ist man übrigens schon einen Schritt weiter. Dort hat inzwischen die Schule der *Political Correctness* ihr strenges Auge auf die Literatur geworfen. An einigen amerikanischen Schulen wurde Mark Twains *Huckleberry Finn* vom Lehrplan gestrichen, weil irgend jemand darin das Wort *negroe* entdeckte. Es hat auch sein Gutes, daß deutsche Kultusbeamten nicht mehr lesen!, ist man da versucht, einzuwenden. Wie viele höchst gefährliche Unkorrektheiten ließen sich nicht allein in den Werken Goethes entdecken. Ein Liebeskranker, der zur Pistole greift, im *Werther*, ein Ehebruch in Gedanken und ein sich zu Tode hungerndes Mädchen in den *Wahlverwandtschaften*, ein verführtes Fräulein, das seine Mutter mit einem Narkotikum außer Gefecht setzt, im *Faust*. Von Goethes *Götz von Berlichingen* und dessen zupackenden Worten, mit denen er vom Fenster seiner Burg aus den Anführer der kaiserlichen Truppen begrüßt, gar nicht zu reden. Wenn das die Funktionäre der Deutschen Gewerkschaft für Erziehung und Wissenschaft wüßten! Vielleicht hängt das schlechte Abschneiden der deutschen Schüler in der sogenannten Pisa-Studie ja auch damit zusammen, daß man glaubt, ihnen nichts mehr zumuten zu dürfen – und ihnen folglich auch nichts mehr zutraut.

Bis vor kurzem wähnte ich mich in dem Glauben, in Deutschland werde es nie so weit kommen wie in den Vereinigten Staaten, aber weit gefehlt. Auf der Frankfurter Buchmesse des Jahres 2006 hat die Evangelische Kirche in Hessen und Nassau ihre neue »Bibel in gerechter Sprache« vorgestellt. Fünf Jahre lang haben zweiundfünfzig Bibelwissenschaftler – pardon: zweiundfünfzig Bibelwissenschaftlerinnen und Bibelwissenschaftler – fieberhaft daran gearbeitet, die Heilige Schrift von allen frauenfeindlichen Spuren zu befreien: Aus »Gott der Herr« wurde »Gott die Lebendige«, Jesus spricht nunmehr zu seinen »Jüngerinnen und Jüngern«. Leider gibt es auch kein »Vaterunser« und kein »Reich Gottes« mehr – die protestantischen Gläubigen in Deutschland beten, so die Evangelische Kirche will, fortan täglich ihr »Vater-Mutter-unser«: »Du, Gott, bist uns Vater und Mutter im Himmel, dein Name werde geheiligt, deine gerechte Welt komme . . .«

Es mag manchen überraschen, der in den fünfziger Jahren in Deutschland zur Schule ging: In unserem Geschichtsunterricht ging die deutsche Geschichte nicht mit dem deutschen Kaiserreich zu Ende wie an vielen deutschen Schulen zu dieser Zeit. Auch der Nationalsozialismus war Thema des Unterrichts, und das nicht zu knapp. Unser Lehrer Walter Buder brachte uns die dunkelste Epoche der deutschen Geschichte mit großer Sensibilität nahe, ohne die Greueltaten der Nationalsozialisten unter den Teppich zu kehren. Man darf nicht vergessen, daß nicht wenige Äthiopier – sei es aus Unkenntnis, sei es aus falsch verstandenem Patriotismus – damals Hitler durchaus verehrten. Hitler sei der einzige gewesen, hieß es, der Äthiopien Waffen geliefert habe, als alle anderen europäischen Nationen es im Stich gelassen hätten, und das entsprach durchaus den historischen Tatsachen. 1935 war Staatsrat David Hall nach Berlin gereist, wo er von Hitler höchstpersönlich einen Kredit von drei Millionen Reichsmark erhielt. Mit Koffern voller Geld – die Summe wurde bar in Hundertreichsmarkscheinen ausbezahlt – verließ der Staatsrat das Reichsaußenministerium in der Wilhelmstraße, um sich mit Waffen einzudecken. Zehntausend Gewehre der Firma Mauser, von denen die Herkunftsangaben abgeschlagen waren, gelangten so auf einem englischen Schiff nach Berbera und von dort aus nach Äthiopien. Daß Hitler Äthiopien nicht deshalb mit Waffen belieferte, weil er die Äthiopier so sehr liebte, sondern weil er seine eigenen Machtinteressen verfolgte und Mussolini als seinen Konkurrenten sah, schien damals nicht jedem einsichtig. Nach dem Unterricht schwärmten wir aus, um unsere Landsleute über das Wesen Hitlers, die nationalsozialistische Ideologie und die Verbrechen des Judenmordes aufzuklären. Ohne daß es mir damals bewußt gewesen wäre, leitete mich schon als Schüler die Überzeugung: Der Holocaust betrifft nicht allein die Deutschen, sondern die Menschheit als ganze. Nicht die Tatsache, daß Deutsche, sondern daß Angehörige der Spezies Mensch zu so etwas in der Lage waren, ist die eigentliche Tragödie. Man wird sie nie »aufarbeiten« und rational erklären können, sosehr man sich auch darum bemüht. Angesichts eines derartigen Verbrechens der Menschheit kann man nur eines tun: schamvoll das Haupt senken und der Opfer gedenken – und dafür sorgen, daß sich so etwas nie wieder ereignet. Daß sich Deutschland nicht auf die Jahre zwischen 1933 und 1945 beschränken läßt, daß es bereits eine deutsche Kultur gab, lange bevor überhaupt ein deutscher Nationalstaat existierte: diese Erkenntnis wurde mir von Tante Vera und Tante Louise sozusagen in die Wiege gelegt.

Waren wir damals andere Schüler als die Schüler von heute? Ich erinnere mich an die Klassenfeiern, bei denen wir mit Vorliebe deutsche Schnulzen hörten. Man wartete nur darauf, bis der Vertrauenslehrer den Klassenraum verließ, dann wurde in Windeseile die Musik gewechselt und das Licht ausgeschaltet. Und egal, mit welchem Mädchen man sich gerade auf der Tanzfläche befand: Wir legten die Arme umeinander, umschlangen uns fest und wiegten uns zum Rhythmus der Schnulze. Ein gewisser Automatismus war diesem Verhalten nicht abzusprechen, aber ich habe mir von jungen Menschen sagen lassen, daß es sich heute nicht viel anders verhält – wenn auch die dazu erklingenden Weisen andere sein mögen.

Wir freuten uns besonders auf die Klassenfahrten, die regelmäßig stattfanden. Wir reisten zu den Stätten der »historischen Route« – zu den Kirchen und Schlössern von Gondar, den Felsenkirchen von Lalibela und den Stelen von Aksum – und waren überrascht, daß sich unsere deutschen Lehrer in der äthiopischen Geschichte viel besser auskannten als wir. Eine Fahrt führte uns in den Süden Äthiopiens, zum Awassa-See. Seitdem ich den Awassa-See gesehen habe, habe ich keinen Tropfen Gin mehr angerührt. Hinter dem Rücken unserer Vertrauenslehrer ging es in unseren Zelten mitunter hoch her, und ich ließ mich auf eine fatale Mutprobe ein. Ein Mitschüler brachte eine Flasche Whiskey und eine Flasche Gin herbei und sagte: »Auf ex! Du den Gin, ich den Whiskey!« Hätte ich mich doch nur für den Whiskey entschieden.

Aber alles in allem müssen wir – verglichen mit heute – recht umgängliche Schüler gewesen sein. Das Verhältnis von uns Schülern zu unseren Lehrern war von Respekt und von Achtung geprägt.

Ein Schlag mit dem Lineal auf die Finger war keineswegs verpönt, ich glaube, es hat keinem von uns geschadet. Als mein Vater für kurze Zeit Generalgouverneur von Gondar war und sich mit meiner Mutter dort niederließ, wurde ich für einige Monate im Internat der Schule untergebracht. Die Internatsleiterin Frau Bronski, eine korpulente und resolute Person, griff gerne zum Teppichklopfer, um ihre Schüler zu bändigen. Mein Vater sagte einmal zu ihr: »Wenn er etwas anstellt, geben Sie ihm die doppelte Strafe. Er glaubt nämlich, daß er nicht bestraft würde, weil er mein Sohn ist.« Dies hat die Internatsleiterin wohl dazu animiert, mit besonderer Kraft zuzuschlagen. Mit ihrer Nachfolgerin, Fräulein Stromeyer, änderte sich das über Nacht, von nun an war jede Form der körperlichen Züchtigung strengstens verboten. Für uns Kinder war es der Himmel auf Erden.

Wir Knaben und Mädchen auf der Deutschen Schule sogen die deutsche Kultur mit Haut und Haaren ein und mit Mund und Nase. In der Kantine der Deutschen Schule wurde – natürlich – deutsch gekocht: Es gab Schnitzel, Schweinebraten mit Klößen und Bulette mit Kartoffelsalat. Und jedes Jahr aufs neue fieberten wir der Weihnachtszeit entgegen, wenn es ans Plätzchenbacken ging. Gemeinsam wurden Zimtsterne und Pfefferkuchen gebacken, und Tante Louise wartete mit ihren legendären Vanillekipferln auf. Die Deutsche Schule hatte eine enge Verbindung zum Deutschen Kulturinstitut in Addis Abeba, wo regelmäßige Filmvorführungen, Lesungen und Vorträge stattfanden. Hier sah ich *Baron Münchhausen* mit Hans Albers, einen der ersten Farbfilme, die in Deutschland noch während des Krieges gedreht wurden, später dann *Die Brücke* von Bernhard Wicki und eine Aufzeichnung der großen *Faust*-Inszenierung mit Gustav Gründgens als Mephisto. Aber auch die weniger anspruchsvollen deutschen Schlager-Komödien der fünfziger und sechziger Jahre mit Peter Alexander, Conny Froboess und Peter Kraus verirrten sich ins Deutsche Kulturinstitut von Addis Abeba.

Für manchen äthiopischen Schüler war dieser Spagat der Kulturen nicht ganz einfach: Wenn er abends zu seiner Familie zurückkehrte, fand er sich in einem ganz anderen kulturellen Umfeld wieder. Wie sollte man ihm begreiflich machen, daß ihm die Dramen Goethes, deutsche Volkslieder und die Paragraphen des deutschen Grundgesetzes für seinen weiteren Lebensweg in Äthiopien von Nutzen sein konnten? Ich will mich davon gar nicht ausnehmen. Auf dem Pausenhof erschien uns manche Errungenschaft der deutschen Kultur begehrenswerter, die nicht auf dem Lehrplan stand. Brachte einer meiner Mitschüler eine Ausgabe der deutschen Jugendzeitschrift *Bravo* mit, mußte er aufpassen, daß sie ihm nicht im nächsten Augenblick aus der Hand gerissen wurde. Die Kaubonbons der Marke *Maoam* waren als Tauschwährung im Pausenhof nicht nur dem äthiopischen Birr, sondern auch dem US-Dollar an Härte weit überlegen.

Wenn ich es von heute aus betrachte, bin ich erstaunt, wie gut doch die Deutsche Begegnungsschule in Addis Abeba funktionierte. Manche meiner Mitschüler, die es zu ihrer Schulzeit kaum für möglich gehalten hätten, daß sie in Deutschland studieren würden, traf ich später an den Universitäten von Tübingen und Frankfurt am Main wieder. Da wir das Abitur nach deutschem Lehrplan ablegten, wurden unsere Prüfungen von deutschen Universitäten umstandslos anerkannt. Man kann Konrad Adenauer gar nicht genug dankbar sein dafür, daß er sich so für die Deutschen Schulen im Ausland einsetzte. Die Bande, die durch eine Auslandsschule zwischen zwei Nationen geknüpft werden, sind fester, als viele es sich vorstellen mögen. Die ehemaligen Schüler der Deutschen Schule von Addis Abeba umfaßt bis heute ein besonders inniges Verhältnis. Einmal im Jahr kommen diejenigen, die heute in Deutschland leben, zum Klassentreffen zusammen; man verbringt gemeinsam ein Wochenende, unternimmt Ausflüge und erinnert sich an alte Zeiten. Fast alle Ecken und Winkel von Deutschland hat die Familie der ehemaligen Schüler von Addis Abeba im Laufe der letzten Jahrzehnte erkundet. Aber auch zu vielen anderen Deutschen, die damals in Äthiopien lebten, habe ich bis heute enge Verbindungen. Da ist zum Beispiel die Familie Hildebrandt, Inhaber der Lion's Pharmacy, der ältesten Apotheke von Addis Abeba. Kurt Hildebrandt war einst im Vorstand des Schulvereins, er setzte sich bei meinem Vater persönlich dafür ein, daß ich an der Deutschen Schule blieb, als diskutiert wurde, ob ich nicht vielleicht zusammen mit meinen Vettern, den Enkeln des Kaisers, auf das Internat nach Salem wechseln sollte. Er war nicht nur ein hervorragender Apotheker, sondern auch ein leidenschaftlicher Botaniker, dem die Entdeckung mancher einheimischen Orchideenart zu verdanken ist. Jedesmal, wenn ich ihn in der Apotheke besuchte, präsentierte er mir stolz die neuesten Schätze seiner umfangreichen Pflanzensammlung. Heute führt sein Sohn Karl, ein guter Freund von mir, die Apotheke. Wenn ich in Addis Abeba bin, führt mich einer meiner ersten Wege dorthin, wo ich seit meiner Kindheit mit Kopfschmerztabletten und Grippemitteln versorgt wurde.

Vor einiger Zeit wurde in Deutschland diskutiert, ob man sich die auswärtige Kulturpolitik noch leisten könne. Das Wort von der »angespannten Haushaltslage«, das einstmals schon Tante Louise in Schrecken versetzte, machte erneut die Runde. Zur Disposition gestellt wurden sowohl die deutschen Auslandsschulen wie auch die Goethe-Institute in Europa. Es mutet grotesk an: Während inzwischen immer mehr Länder die zentrale Bedeutung von Sprach- und Kulturförderung begreifen, glaubt Deutschland, eines der reichsten Länder der Welt, dafür kein Geld mehr zu haben. China hat in den vergangenen zwei Jahren fünfundfünfzig »Konfuzius-Institute« gegründet, in Asien ebenso wie in Nord- und Lateinamerika, in Europa, Afrika und Ozeanien. In Europa sind es vor allem Frankreich und Spanien, die ihre Institute zielstrebig ausbauen und so für ihr Land und ihre Sprache werben. Man darf gewiß sein: Wo immer sich Deutschland zurückzieht, werden die anderen einspringen. Dann lernen die jungen Menschen in Helsinki, Kopenhagen und Rom eben Spanisch und Französisch statt Deutsch. Wer wird den deutschen Politikern begreiflich machen, daß die Vermittlung der Sprache das A und O einer erfolgreichen auswärtigen Kulturpolitik darstellt? Wer Deutsch lernt, wird sich früher oder später auch für die deutsche Kultur interessieren – und kann man sich großartigere Botschafter Deutschlands vorstellen als die Heroen der deutschen Kultur und der Wissenschaft: als Beethoven und Heine, Goethe und Schiller, Hegel und Kant, Alexander von Humboldt und Albert Einstein? Auch unter ökonomischen Gesichtspunkten sind die Sparpläne höchst kurzsichtig. Wer vermag zu bilanzieren, in welchem Maße die deutsche Wirtschaft von all jenen Ingenieuren und Geschäftsführern profitiert, die einst eine deutsche Auslandsschule besuchten und heute mit deutschen Firmen gute Geschäftsbeziehungen pflegen? Wer vermag genau zu fassen, an welchem Punkt die emotionale kulturelle Bindung in eine ökonomische umschlägt? Wenn ich höre, daß auch deutsche Bibliotheken auf der Streichliste der Goethe-Institute stehen, geht mir, der ich nur mit größten Anstrengungen die Bibliothek meines Vaters vor der Zerstörung retten konnte, ein Stich durchs Herz.

Ich beendete im Frühjahr 1968 meine Zeit auf der Deutschen Schule als frischgebackener Abiturient. Auf der Abiturfeier in der Aula der Schule war ich es, der die Abiturientenrede hielt. Weil wir beweisen wollten, was wir gelernt hatten, haben wir sie gemeinsam auf lateinisch verfaßt – gespickt mit spitzen Bemerkungen, die sich in dieser Sprache viel vornehmer anhörten als auf deutsch. Daran, daß auch unser Musiklehrer Herr Hämmerle und unsere Mathematiklehrerin Frau Schöfer an den richtigen Stellen lachten, erkannte ich, daß unsere Rede nicht nur von unserem Lateinlehrer verstanden wurde. Nur der Ministerialdirektor aus Bonn verzog auch bei dieser Gelegenheit keine Miene, und für eine Sekunde schoß mir der ketzerische Gedanke durch den Kopf, daß er des Lateinischen vielleicht gar nicht mächtig sei.

Drei Tage nach der Feier in der Schule gab mein Vater dann zu Ehren des Abiturienten einen Empfang in unserem Haus auf dem Entoto. Unter den Gästen fanden sich nicht nur der Schuldirektor, das Kollegium und meine Mitschüler ein, auch der deutsche Botschafter, Dr. Kurt Müller, gab sich die Ehre. Er überreichte mir als Geschenk einen dicken Bildband mit zauberhaften Ansichten der Sehenswürdigkeiten Deutschlands vom oberbayerischen Schloß Neuschwanstein bis zum Holstentor in Lübeck. Tante Louise und Onkel Haunold zeigten sich an jenem Abend ganz besonders gerührt darüber, daß ich als einer der ersten äthiopischen Schüler den Gipfel des deutschen Abiturs erklommen hatte. So sehr freute sich Onkel Haunold, daß er immer wieder aufs neue das Glas erhob, um mit meinem Vater auf mich anzustoßen, und gar nicht mehr aufhören wollte, ihn zu umarmen. Das spektakulärste Abiturgeschenk an diesem Abend erhielt ich von einem meiner Vettern, Dejazmatch Berhane-Maskal Desta, der bereits im Alter meines Vaters und für mich wie ein Onkel war. Ich staunte nicht schlecht, als er mir eine Handvoll Goldklümpchen überreichte und meinte, ich solle mir eine schöne Frackgarnitur anfertigen lassen. Das tat ich dann auch. Es entstand daraus ein Set zauberhafter Manschetten-, Westen- und Kragenknöpfe.

Das weitere Schicksal der Deutschen Schule von Addis Abeba ist beispielhaft für die Geschichte ganz Äthiopiens. Anfang der siebziger Jahre besuchten über sechshundert Kinder die Schule, zwei Drittel davon waren Äthiopier, rund ein Viertel Deutsche und der Rest kam aus über zwanzig anderen Nationen. In den Jahren der Revolution ging die Zahl der Schüler drastisch zurück. Im Sommer 1977 nahm sich Diktator Mengistu Maos Kulturrevolution zum Vorbild und beschloß eine landesweite Kampagne, *Zemecha*: Fortschritt durch Zusammenarbeit. Alle Schüler der Hauptstadt wurden mitsamt ihren Lehrern aufs Land geschickt, um – wie es hieß – »die ländliche Entwicklung« zu fördern. Statt zu lernen, sollten sie lieber Brunnen graben und Bäume pflanzen, Toiletten und Mustergemüsegärten errichten. Am 30. Dezember 1977 stürmten Uniformierte das Schulgelände. Die Schule wurde von der äthiopischen Regierung beschlagnahmt, alle äthiopischen Schüler mit sofortiger Wirkung entlassen. Der Tiefpunkt der Deutschen Schule war auch der Tiefpunkt der deutsch-äthiopischen Beziehungen: Der deutsche

Botschafter und der deutsche Militärattaché wurden des Landes verwiesen. Den deutschen Schülern gewährte die Deutsche Botschaft Asyl, sie richtete auf ihrem Gelände behelfsmäßige Schulräume ein. Dieses notdürftige Provisorium währte bis Ende der neunziger Jahre, als endlich ein neues Schulgebäude eingeweiht werden konnte. Bundespräsident Roman Herzog war nach Äthiopien gereist, um den ersten Spatenstich vorzunehmen. Doch nach wie vor ist es äthiopischen Schülern verboten, die Deutsche Schule zu besuchen, wie ihnen auch der Besuch aller anderen *Community schools* untersagt ist. In den Wirren der Revolution, kurz vor der Enteignung der Deutschen Schule, hat ein äthiopischer Schüler der zehnten Klasse auf amharisch an die Tafel geschrieben: »Die weiße Kreide wird von der schwarzen Tafel verschwinden.« Die äthiopische Regierung folgt bis heute diesem Grundsatz, wenn sie internationale Schulen für überflüssigen Luxus hält. Sie glaubt, auf die Heranbildung einer Elite verzichten zu können – ein Irrtum, von dem sich inzwischen in Deutschland selbst die ehemals eifrigsten Verfechter des sozialdemokratischen Bildungsideals verabschiedet haben.

Im Dezember 2005 reiste ich in meine Heimat, die Deutsche Schule in Addis Abeba wollte ihr fünfzigjähriges Bestehen feiern. Die Vorfreude war groß, ich sollte den Festvortrag halten. Doch am Morgen jenes Tages wurden die Feierlichkeiten plötzlich abgesagt. Soldaten liefen vom Parlament in Richtung Deutsche Schule, Gewehre im Anschlag. Menschen türmten Straßensperren aus Autoreifen und Steinbrocken auf. Steine flogen, Schüsse krachten. Menschen schrien und weinten, Mütter brachen zusammen beim Anblick ihrer erschossenen Kinder. Die Soldaten hatten die jugendlichen Steinewerfer durch gezielte Kopfschüsse niedergestreckt. Man hörte die Sirenen der Ambulanzen.

Noch ein halbes Jahr zuvor hatte eine frohe Stimmung in Addis Abeba geherrscht. Die im Mai abgehaltenen Wahlen wurden von Beobachtern als fair und offen beschrieben. Die ruhige Entschlossenheit, mit der die Äthiopier in langen Schlangen vor den Wahllokalen ausharrten, widerlegte die Unkenrufe, die Äthiopier seien nicht reif für die Demokratie. Als die Wahlergebnisse der Hauptstadt Addis Abeba bekannt wurden, schienen auch diese ein Ausweis einer sich entwickelnden Demokratie: Die Opposition hatte sämtliche Sitze für den Stadtrat errungen. Auch aus anderen Städten wurde ein Zulauf zur Opposition gemeldet, ein Machtwechsel zeichnete sich ab. Aber das offizielle Wahlergebnis verkündete einen Wahlsieg der Regierungspartei Ethiopian People's Revolutionary Democratic Front (EPRDF) unter Ministerpräsident Meles Zenawi, die seit dem Sturz Mengistus im Jahre 1991 über das Land herrscht. Es kam zu Demonstrationen. Führende Oppositionspolitiker wurden verhaftet, darunter der gewählte Bürgermeister von Addis Abeba.

Im Flugzeug zurück nach Hause, das Manuskript der ungehaltenen Jubiläumsrede steckte noch in der Innentasche meiner Anzugjacke, las ich in der Zeitung die offizielle Bilanz der Unruhen jenes Tages, der zufällig mit dem Geburtstag der Deutschen Schule zusammenfiel. Den Zeitungen zufolge starben an diesem Tag fünfundsechzig Menschen. Wie viele es wirklich waren, weiß niemand.

Risse im Fundament

Das Kind ist unsterblich, denn es weiß vom Tode nichts«, schreibt Hölderlin im *Hyperion*. Den meisten wird es schwerfallen, zu sagen, wann genau in ihrem Leben die Kindheit zu Ende ging. Bei mir ist dies anders. Ende des Jahres 1960 wurden meine Geschwister und ich jäh aus unserer Kinderidylle gerissen.

Es begann an einem Mittwoch, dem 14. Dezember 1960. Morgens um halb sechs – zwei Stunden früher, als wir es gewohnt waren – weckte uns Ketemma, der Leibdiener meines Vaters. »Zieht euch schnell an«, rief er, »wir fahren in den Palast des Kronprinzen.« Meine Mutter war damals gerade in England, wo sie sich medizinisch behandeln ließ, und mein Vater hatte anscheinend schon vor uns mitten in der Nacht die Residenz verlassen. Ich spürte, daß irgend etwas passiert sein mußte. Kaum waren meine Geschwister und ich angezogen, wurden wir auch schon ins Auto gesetzt. Auf dem Weg den Entoto hinab sah ich über Addis Abeba die Sonne aufgehen. Vor den Toren des Kronprinzenpalastes hatten sich im Morgengrauen eine Menge Soldaten versammelt. Wir wurden vorbeigewinkt, und am Eingang nahm uns die Kronprinzessin, Medferiash-Work, entgegen und umarmte jeden von uns. Auch in der Empfangshalle patrouillierten Soldaten mit Gewehr in der Hand, und zu unserer Überraschung wurden wir nicht wie sonst üblich in den Salon, sondern in den Keller des Palastes geführt.

In einem der Kellerräume war ein notdürftiges Lager mit ausgebreiteten Teppichen und Matratzen eingerichtet. Nur durch ein winziges Fenster drang Tageslicht in den Raum. Von der Decke hing eine flackernde Lampe herab, auf einigen Couchtischen brannten Kerzen. Es waren schon die Kinder des Kronprinzen, mein Cousin Zera-Yacob und meine Cousinen »Mary« Sihin und Sefrash sowie weitere Kinder aus der Verwandtschaft im Raum, sie begrüßten uns lautstark. Der älteste unter uns war mein Vetter Mesfen Biru, er zählte bereits neunzehn Jahre. Ihn nahm die Kronprinzessin beiseite und sagte zu ihm, er solle auf uns aufpassen. Aus irgendeinem Zimmer im Palast hatte sich Mesfen einen alten Säbel besorgt, den er, mit einer Schnur umgeschnallt, voller Stolz an der Seite trug. »Die Leibgarde hält den Kronprinzen gefangen!« flüsterte er mir zu, und dann erhob er die Stimme zu voller Lautstärke: »Alle Mann bereit zum Angriff! Ihr steht unter meinem Kommando!« Dabei fuchtelte er mit dem Säbel herum. Überall wurde erregt getuschelt, Gerüchte gingen von Mund zu Mund. Mein Vater, der das Geschehen auf der Seite der kaisertreuen Truppen maßgeblich mitbestimmte, schilderte mir später, was in jenen drei Dezembertagen des Jahres 1960 vor sich ging, die ich mit meinen Geschwistern im Keller des Kronprinzenpalastes verbrachte – als die Kaiserliche Leibgarde gegen Haile Selassie putschte. Haile Selassie war schon seit mehreren Tagen auf einer längeren Auslandsreise und hielt sich gerade in Brasilien auf, wo er zusammen mit dem Staatspräsidenten Juscelino Kubitschek und desssen Gattin Donna Sarah die neue Hauptstadt Brasília besichtigte, die erst ein paar Monate zuvor eingeweiht worden war. Die Staatsgeschäfte hatte der Kaiser während seiner Abwesenheit in die Hände des Geheimdienstchefs und stellvertretenden Innenministers, Workneh Gebeyehu, und des Kommandeurs der Kaiserlichen Leibgarde, Mengistu Neway, gelegt – in die Hände jener Männer, die nur auf ihre Gelegenheit gewartet hatten, sich gegen den Kaiser zu erheben. Sie hatten Oberst Anwar as-Sadats Buch *Rebellion auf dem Nil* und die ägyptische Revolution studiert. Ohne jegliches Blutvergießen war sieben Jahre zuvor König Faruk in Ägypten abgesetzt und ins Exil getrieben worden, und dieses Szenario galt als Vorbild für den Versuch, Haile Selassie, »den Löwen von Juda«, vom äthiopischen

Thron zu stürzen. Die Kaiserliche Leibgarde, die fünftausend Mann umfassende Elitetruppe des Hofes, war ihrem Kommandeur Mengistu Neway treu ergeben und stand Gewehr bei Fuß.

Der Plan war nicht ohne Geschick eingefädelt. Frühmorgens um drei an jenem Mittwoch war mein Vater aus dem Bett geklingelt worden, am Apparat war die Kronprinzessin. Ihr Mann, Kronprinz Asfa-Wossen, sei am vergangenen Abend in der Villa der Kaiserin zum Essen gewesen und bis jetzt nicht zurückgekommen. Die Kaiserin habe ihr am Telefon mitgeteilt, daß gegen 21.30 Uhr der Kommandeur der Leibgarde erschienen sei und den Kronprinzen um eine Unterredung gebeten habe. Abba Hanna, der greise Beichtvater des Kaisers, der Haile Selassie seit seiner Kindheit zur Seite stand, sei hinzugerufen worden, ebenso der Innenminister, der Verteidigungsminister und der Handelsminister. Dann hätten alle zusammen das Haus verlassen, um sich zum Hauptquartier der Leibgarde aufzumachen, und seitdem habe man nichts mehr von ihnen gehört. Mein Vater zögerte keine Sekunde und fuhr auf der Stelle zum Kronprinzenpalast. Dort hatte die Kronprinzessin bereits ihre Vertrauten um sich geschart, die versprengten Nachrichten hatten sich zur schrecklichen Gewißheit verdichtet: Der Kronprinz, der kaiserliche Beichtvater und die Minister befanden sich in der Hand des Kommandeurs der Kaiserlichen Leibgarde und wurden in deren Hauptquartier, nur einen Steinwurf vom Kronprinzenpalast entfernt, als Geiseln festgehalten. Damit nicht genug. Viele weitere Minister, Generäle und Würdenträger waren unter dem Vorwand, die Kaiserin liege im Sterben, in das Hauptquartier der Leibgarde gelockt und verhaftet worden. Sämtliche Telefonleitungen waren inzwischen gekappt, das Rundfunkhaus ebenso wie die Staatsbank und das Finanzministerium besetzt. Die Putschisten waren dabei, auf den Straßen und Plätzen Addis Abebas bewaffnete Wagen zu postieren und die Schulen der Stadt und die Universität zu umstellen. Es handelte sich um nicht weniger als einen Staatsstreich.

In jenen zweiundsiebzig Stunden, während deren ich mit meinen

Geschwistern im Keller des Kronprinzenpalastes ausharrte, sollte mein Vater zusammen mit dem Stabschef der Armee, Generalmajor Merid Mengesha, das Vorgehen der pro-kaiserlichen Truppen koordinieren, die festen Willens waren, sich den Putschisten entgegenzustellen. Einige von denen, die jene Tage miterlebt hatten, haben mir erzählt, daß mein Vater eine beeindruckende Gefaßtheit und Entschlossenheit an den Tag legte. Das Wichtigste, sagte mein Vater der Kronprinzessin, sei es, so schnell wie möglich den Kaiser im fernen Brasília über die bedrohliche Lage in Kenntnis zu setzen, und dafür wolle er sorgen. Noch vor Morgengrauen gelang es ihm, mit einem Tarnwagen auf das Gelände der Britischen Botschaft vorzudringen und mit dem Botschafter, Sir Denis Wright, zu einem Vieraugengespräch zusammenzutreffen. Der informierte über Funk das britische Außenministerium in London, das die Nachricht nach Brasília weitergab. Und noch aus einer anderen Quelle erreichte den Kaiser die Nachricht vom Umsturz in seiner Heimat. Prinz Sahle Selassie, einer der Söhne des Kaisers und leidenschaftlicher Amateurfunker, schlug über sein Funkgerät Alarm; sein Hilferuf wurde in Middlesex, England, aufgefangen und an die Äthiopische Botschaft in London weitergereicht. Als Haile Selassie erfahren hatte, was in Addis Abeba vorging, zögerte er keinen Augenblick. Er brach seinen Staatsbesuch in Brasilien auf der Stelle ab und ließ seine Maschine für den Rückflug vorbereiten. Haile Selassie war entschlossen, um seine Krone zu kämpfen.

Von all dem hatten wir Kinder im Kronprinzenpalast nur eine ungefähre Ahnung. Das Radio, das sich in unserem Kellerraum befand, blieb stumm – bis zur Mittagszeit, als Radio Addis Abeba ankündigte, den Sendebetrieb wiederaufzunehmen. Mit angehaltenem Atem hörten wir plötzlich die Stimme des Kronprinzen. Die Kronprinzessin erbleichte, als sie ihren Gatten Prinz Asfa-Wossen verkünden hörte, daß er sich an die Spitze der neuen Regierung gestellt habe: »Ich will dreitausend Jahre der Ungerechtigkeit in Äthiopien beenden«, erklärte der Kronprinz. »Die neuerrichtete Regierung hat die Unterstützung meiner Person, die Unterstützung der Streitkräfte, der Polizei, der gebildeten Jugend, ja des ganzen Volkes. Die Handvoll selbstsüchtiger Personen, die nur für ihre Interessen und um ihre persönliche Macht kämpfen, die dem Fortschritt im Wege stehen und die wie ein Krebsgeschwür die Entwicklung des Landes behindern, sind ausgewechselt worden.« Die Kronprinzessin versuchte, vor uns Kindern Haltung zu bewahren, aber es war nicht zu übersehen, daß ihre Hand zitterte. Nicht nur sie, alle im Raum waren davon überzeugt, daß der Kronprinz gewaltsam zur Verlesung der Proklamation gezwungen worden sein mußte. Den ganzen Tag über wurde die Ansprache des Kronprinzen wiederholt, unterbrochen von Militärmusik, gespielt von der Musikkapelle der putschenden Kaiserlichen Leibgarde. Am Nachmittag hörten wir Flugzeuge über der Stadt kreisen, und wir fragten uns, ob es vielleicht die Maschinen seien, die den Kaiser in die Hauptstadt zurückbrachten. Ansonsten blieb es ruhig, und so war es auch die Nacht über, die wir, mit Kissen und Decken versehen, auf unserem Matratzenlager verbrachten – außer daß Mesfen sich inzwischen eine Pistole besorgt hatte, die er uns Kindern stolz präsentierte. Jetzt, meinte er, könne uns nichts mehr passieren.

Am nächsten Morgen brachte uns ein Diener das Frühstück. Meine Schwester Tsige und ich hatten einen der Couchtische zum Fenster gerückt. Wenn ich mich daraufstellte und auf Zehenspitzen ging, konnte ich die im Garten patrouillierenden Soldaten sehen. Immer wieder kam die Kronprinzessin ins Zimmer, setzte sich zu uns und redete uns Mut zu: »Bald ist es vorbei!« sagte sie und streichelte dabei meinen Schwestern und meinen jüngeren Cousinen übers Haar. Wir Jungen spielten Karten und taten so, als würde uns die ganze Angelegenheit nicht weiter berühren. Keiner von uns wollte zugeben, daß er genausoviel Angst hatte wie alle anderen.

Am Vormittag sendete Radio Addis Abeba eine weitere Proklamation des Kronprinzen: »Wir haben darauf hingewiesen, daß der neuen Regierung des Volkes alle erdenkliche Unterstützung zukommen sollte, aber wir haben erfahren, daß Generalmajor Merid Mengesha und Generalmajor Kebede Gebre die Ideen der neuen Regierung des Volkes nicht unterstützen wollen. Wir haben sie in unseren Palast einbestellt, aber sie verweigerten sich unserem Gehorsam. Aufgrund dieses gesetzlosen Verhaltens sind sie ab sofort all ihrer Ämter und Ränge enthoben.« Die älteren unter uns ahnten wohl, was diese Worte bedeuteten: daß ein militärischer Kampf in den Straßen der Hauptstadt bevorstand, aber niemand sprach diese Befürchtung aus. Kurze Zeit später, um 14.30 Uhr, hörten wir im Radio die Eilnachricht: Alle Einwohner von Addis Abeba wurden aufgefordert, sich auf der Stelle von den Straßen und öffentlichen Plätzen der Stadt zurückzuziehen und sich in ihre Häuser zu begeben. Es dauerte keine zehn Minuten, und aus der Ferne waren die ersten Schüsse und Granaten zu hören. Die Schlacht um Addis Abeba hatte begonnen.

Wie bereits erwähnt, lag der Kronprinzenpalast nicht weit vom Hauptquartier der Kaiserlichen Leibgarde entfernt, wo die Rebellen ihre Kommandozentrale hatten. Was wir nicht ahnten, war, daß sich in unserer unmittelbaren Nähe noch ein weiterer Schauplatz der nun folgenden Gefechte befand: der Genete-Leul-Palast direkt gegenüber dem Hauptquartier der Leibgarde. Der Palast des »Paradieses der Prinzen«, wie sich der Name übersetzen läßt, diente dem Kaiser und seiner Familie seit langem als Residenz, und dorthin hatten die Rebellen ihre Geiseln inzwischen verbracht. Sie wurden im sogenannten Grünen Salon im Nordflügel festgehalten, in jenem mit grünen Teppichen und Tapeten ausgelegten Zimmer, in dem die Kaiserin nach dem Frühstück ihre Gäste zu empfangen pflegte. Mein Vater hatte inzwischen die Generäle der Armee im Hauptquartier der Ersten Division, im Süden der Stadt, um sich geschart. Es hatte sich herausgestellt, daß bei weitem nicht alle Streitkräfte den Putsch unterstützten, manch einer der Generäle verhielt sich zögerlich und abwartend, andere zeigten sich entschlossen, die Revolte niederzuschlagen. Das Oberhaupt der äthiopisch-orthodoxen Kirche, Patriarch Abuna Basileos, hatte sich unmißverständlich auf die Seite der Kaisertreuen gestellt und öffentlich verkündet, daß alle, die sich den Rebellen anschlössen, exkommuniziert würden.

Und während noch um das Schicksal der Geiseln verhandelt wurde, griffen die Putschisten das Hauptquartier der Armee im Süden der Stadt an.

Die ganze Nacht über und am Vormittag darauf hörten wir in der Ferne das Geschützfeuer, an Schlaf war gar nicht zu denken. Am Freitagnachmittag tobte die Schlacht plötzlich in unmittelbarer Nähe. Die Armee hatte beschlossen, das Hauptquartier der Leibgarde zu bombardieren und den Genete-Leul-Palast zu stürmen. Jedesmal, wenn eine Granate niederging, tat es einen lauten Schlag, die Deckenlampe zitterte, und der Boden bebte unter den Matratzen. Wir hörten das Dröhnen vorbeifahrender Panzer, das Geschützfeuer der Flugabwehr, das Zerbersten von Mauerwerk und das Pfeifen von Kugeln. Ein Diener hatte das Fenster mit einem Tuch verhängt. Nun klang es so, als ob sich die Schlacht im Nachbarzimmer abspielte.

Um uns abzulenken, begannen wir im Keller ein seltsames Spiel. Reihum stellten wir uns die Frage nach den *famous last words* – nach den Worten, mit denen wir vom Leben Abschied nehmen wollten. Wir Jungen wollten als echte Helden sterben, und fast jedem von uns lagen die letzten Worte auf der Zunge, mit denen einst Kaiser Theodorus sich auf den Zinnen seiner Festung Maqdala vom Leben verabschiedete – im Angesicht der heranstürmenden feindlichen Truppen. Mesfen war der erste, der sie ausrief: »Flieht alle! Ich entbinde euch von eurer Verantwortung. Was mich angeht, so werde ich niemals in die Hände des Feindes fallen!« Wie wild fuchtelte er dabei mit seiner Pistole herum. Also mußten wir Jungen uns etwas anderes ausdenken. Einer rief: »Es lebe der Kaiser!«, ein anderer: »Nieder mit der Revolution!« Die Mädchen, die ebenfalls mitspielen durften, wurden von uns belächelt ob ihrer Gefühlsduselei. »Ich möchte noch einmal mein Lieblingspferd streicheln«, rief eine Cousine von mir, und meine Schwester Tsige: »Ich möchte noch einmal meine Mutter sehen!« Ein solcher Gedanke, davon waren wir überzeugt, würde einem tapferen Helden auf dem Schlachtfeld als allerletztes in den Sinn kommen. Ich weiß noch, daß ich in jener Stunde mit meinem Bücherwissen zu glänzen versuchte und Charles Dickens zitierte, jene berühmten Worte, mit denen der Held des Romans *A Tale of Two Cities* beim Gang auf das Schafott der Welt Lebewohl sagt: »*It is a far, far better thing that I do, than I have ever done. It is a far, far better rest that I go, than I have ever known.*« Aber damit kam ich bei meinen Vettern nicht viel besser an als meine Schwestern und Cousinen, denn keiner im Raum außer mir hatte das Buch gelesen. Von der Ferne aus betrachtet, mag unser Verhalten damals befremdlich erscheinen, aber es läßt sich leicht erklären: Es war nichts anderes als der unbeholfene Versuch von uns Kindern, unsere Todesangst zu überspielen.

Der Angriff auf den Genete-Leul-Palast dauerte vielleicht eine halbe Stunde, dann trat plötzlich Stille ein. Wenig später ging die Tür auf, und die Kronprinzessin führte den Kronprinzen zu uns ins Zimmer, der offensichtlich unversehrt war. Mary und die kleine Sefrash sprangen von ihren Decken und liefen ihrem Vater jauchzend in die ausgestreckten Arme. Eine Kohorte von Autos stand vor dem Palast bereit, um uns zur Villa der Prinzessin Tenagne-Work zu bringen, wo mein Vater auf uns wartete. Als ich ins Auto stieg, lag der Geruch von Schießpulver in der Luft. Wir fuhren an den Toren des Genete-Leul-Palastes vorbei, vor dem Panzer aufgefahren waren. Die wuchtigen Eisentore waren aus den Angeln gehoben und zu einer verschlungenen Skulptur verformt. Die Mauern waren mit Einschußlöchern übersät, die Fensterscheiben zu Bruch gegangen. Rauchschwaden zogen durch die Luft, und ich sah Barrikaden aus Steinen aufgerichtet. In den Straßen lagen Schrapnells, Glassplitter und Schutt – und plötzlich tauchte neben unserem Auto ein Körper auf. Es war der erste Tote, den ich in meinem Leben gesehen habe.

Mein Vater wartete schon draußen vor der Villa der Prinzessin und lief auf uns zu, als er unser Auto herannahen sah. Zuerst umarmte er die kleine Mimi, hob sie in die Luft und drückte sie fest an sich, dann umarmte er uns einen nach dem anderen, ich war als ältester zum Schluß an der Reihe. In den drei Tagen im Keller hatten wir ihn nicht einmal zu Gesicht bekommen, und jetzt schien es uns, als hätten wir ihn nach Jahren wiedergesehen. Er hatte nur wenig Zeit für uns, da er sich noch am selben Abend nach Eritrea aufmachte, um dem Kaiser Bericht zu erstatten. Haile Selassie war inzwischen auf dem Flughafen von Asmara gelandet und wartete darauf, nach Addis Abeba zurückzukehren.

Niemand wollte mir damals etwas über die Geschehnisse dieses Tages erzählen, und so erfuhr ich erst sehr viel später, was genau sich in den Nachmittagsstunden des 16. Dezember 1960 im Genete-Leul-Palast abgespielt hatte. Drei Männer waren es, die den Putsch anführten – der Geheimdienstchef Workneh, der Kommandeur der Leibgarde, Mengistu Neway, und dessen acht Jahre jüngerer Bruder Girmame Neway, ein ehemaliger Mitarbeiter des Innenministeriums, der vom Kaiser als Gouverneur in die Provinz Harrar verbannt worden war. Alle drei hatten sich mit einem Trupp Leibgardisten im Palast verschanzt. Der Botschafter der Vereinigten Staaten war als Vermittler in den Palast gekommen und hatte sich bis zur letzten Minute um eine friedliche Beendigung des Geiseldramas bemüht. Als die Panzer der Armee die Palasttore durchbrachen und vor dem Portiko des Palastes zum Stehen kamen, erkannten die Rebellen, daß ihre Lage aussichtslos war. Die Luke eines der Panzer öffnete sich, und Hauptmann Dereje Haile Mariam, ein Schwiegersohn des Kaisers, sprang herab und rief: »Im Namen des Kaisers: Ergebt euch!« Mengistu Neway erschien auf dem Balkon, und noch bevor er das Wort an den Hauptmann richten konnte, sprang Girmame Neway hinter ihm hervor, zog die Pistole und erschoß den Hauptmann, der seinen Karabiner in die Luft haltend auf die Palasttore zulief. Daraufhin begann die Armee, den Palast zu stürmen. Dem amerikanischen Botschafter, der sich noch immer im Gebäude befand, gelang es, sich durch einen Sprung aus dem Fenster zu retten. Währenddessen stürmten die Brüder Mengistu und Girmame mit Maschinenpistolen in den Grünen Salon und eröffneten das Feuer. Nicht alle der Geiseln starben im Kugelhagel. Als die Rebellen wenig später aus dem Salon ein Wimmern hörten, kehrten sie zurück und schossen noch einmal auf jene, die sich noch bewegten.

Einige der Geiseln hatten sich totgestellt und überlebten so das Massaker. Sie beschrieben später den Ablauf der Geschehnisse im kaiserlichen Palast. Der alte Beichtvater des Kaisers soll erst beim zweiten Mal tödlich getroffen worden sein. Sechzehn der führenden Politiker des Landes verloren ihr Leben, darunter der Vorsitzende des Ministerrates, der Innenminister, der Handelsminister und der Fürst von Tigray, an dessen Hof ich noch ein Jahr zuvor an dem großen *Geber* hatte teilnehmen dürfen. Zu den Überlebenden des Massakers gehörten der Kronprinz Asfa-Wossen und Ras Imru, ein Vetter des Kaisers, da sie unabhängig von den anderen im Obergeschoß des Palastes untergebracht waren.

Die Anführer der Rebellen waren durch die Garagenanlagen aus dem Palast geflohen, und so schickte der Kronprinz einen Diener mit einem weißen Tuch vor die Tore, um den Truppen der Armee zu signalisieren, daß er in Sicherheit war. Nach drei Tagen war der Putsch niedergeschlagen. Zweitausend Menschen hatten in den zurückliegenden vierundzwanzig Stunden in der Schlacht um Addis Abeba ihr Leben verloren.

Am nächsten Tag, es war der Samstag, machte sich eine lange Wagenkolonne auf zum Flughafen, um den von Asmara in die Hauptstadt heimkehrenden Kaiser zu empfangen. Voneweg fuhr der Wagen des Patriarchen, ihm folgten die Kaiserin und das Kronprinzenpaar, und irgendwo in der Mitte der Kolonne befand sich unser Wagen, den der Chauffeur meines Vaters steuerte.

Eine Menschenmenge säumte den Platz und sah, wie die viermotorige DC-6 des Kaisers auf der Landebahn aufsetzte. Die Gangway wurde herangefahren und der rote Teppich ausgerollt, und alle warteten gespannt auf den Auftritt des Kaisers. Als erstes erschien sein Adjutant, Brigadegeneral Debebe Haile-Mariam, und sowie die Hutspitze des Kaisers zu sehen war, erhob sich ein lautes Jubeln und Kreischen. Direkt hinter dem Kaiser sah ich meinen Vater die Maschine verlassen, ich winkte ihm aus dem Pulk zu, doch er schien mich nicht zu bemerken.

Kaum hatte der Kaiser seinen Fuß auf äthiopischen Boden gesetzt, trat der Kronprinz nach vorn und warf sich vor ihm im Angesicht der Menge auf dem Rollfeld zu Boden. Ich stand zu weit entfernt, um zu verstehen, was der Kaiser zu ihm sagte, ich wunderte mich nur, daß Seine Majestät ihm nicht die Hand reichte, wie es üblich war, um ihm aufzuhelfen. Irgend jemand hat geschrieben, daß der Kronprinz an jenem Tag einen großen Stein auf dem Rücken trug, als er sich dem Kaiser näherte – die traditionelle Sühnegeste, wie sie einst Kaiser Menelik II. vor Ras Abate vollzog –, aber ich kann bezeugen, daß dies nicht der Fall war. Später erfuhr ich allerdings, was der Kaiser seinem Sohn zurief, als dieser vor ihm im Staub lag – und zwar so laut, daß jeder in unmittelbarer Nähe es verstehen konnte: »Wir wären sehr stolz auf dich, wenn wir zu deiner Beerdigung gekommen wären. Steh auf!« Ich habe meinen Vater mehrmals danach gefragt, welche Rolle der Kronprinz in jenen Tagen des Putsches spielte. Wurde er wirklich mit vorgehaltener Pistole zur Verlesung der Proklamationen der Putschisten gezwungen, wie es in der offiziellen Erklärung zu lesen war? Niemandem bei Hofe konnte es verborgen bleiben, daß das Verhältnis zwischen Haile Selassie und seinem designierten Thronfolger empfindlich gestört war. Daß der Kronprinz als einer der wenigen Gefangenen den Putsch überlebt hatte, daß er nicht zusammen mit den anderen Geiseln im Grünen Salon des Palastes festgehalten worden war, das erregte das Mißtrauen des Kaisers gegen seinen Sohn. Mein Vater jedenfalls verbat sich derartige Spekulationen und wies mich jedesmal scharf zurecht, wenn ich auf die Angelegenheit zu sprechen kam. Wenn er etwas Genaueres darüber wußte, behielt er es zeit seines Lebens für sich.

Fünfzehn Jahre später traf ich in London den Mann, der den Kronprinzen zum Verlesen der Erklärung der Putschisten gezwungen haben soll: Hauptmann Asrat Deferessu, der einstige Sprecher der Kaiserlichen Leibgarde, der inzwischen in England im Exil lebte. Er war nach dem Putsch verhaftet und wenig später begnadigt worden. Ich befragte ihn nach der Rolle des Kronprinzen in jenen Tagen des Putsches. »Glaubst du«, antwortete er mir, »dein Vater hätte sich für meine Entlassung eingesetzt, wenn er nicht davon überzeugt gewesen wäre, daß auf den Kronprinzen keinerlei Zwang ausgeübt worden ist?« Zu diesem Zeitpunkt hatte der Kronprinz bereits selbst sein Schweigen gebrochen. In einem Gespräch, das er Ende September 1974 – kurz nach der Verhaftung von Haile Selassie in Addis Abeba – in Genf der Hamburger Illustrierten *Stern* gab, erklärte er seinem Interviewer: »Wie Sie wissen, war ich am Staatsstreich 1960 beteiligt; und zwar freiwillig und nicht, wie behauptet wurde, gezwungen.«

An jenem Tag, an dem Haile Selassie nach Addis Abeba zurückkehrte, schrieben Flugzeuge der Luftwaffe mit Kondensstreifen den Namen des Kaisers in den Himmel. Und es wurde der erste der flüchtigen Rebellenführer gefaßt. Eine Militärpatrouille überraschte Oberstleutnant Workneh unter einer Brücke an der Straße, die hinauf zum Entoto führt. Er hatte bereits mehrere Soldaten niedergestreckt, bevor das letzte Magazin seines Gewehres leergeschossen war. Dann griff er zu seiner Pistole und richtete sie gegen sich mit den Worten: »Kaiser Theodorus hat mir gezeigt, wie man es macht . . .« Die Leiche des Oberstleutnants wurde vor der St.-Georgs-Kathedrale aufgehängt. Man hatte sie von Schmutz und Blut gesäubert und ihr eine frische Uniform angezogen, von der die Rangabzeichen gelöst waren. Ich habe sie selbst dort hängen gesehen, wie eine Puppe an einem Seil, die sich im Wind wiegt. Es stand eine große schweigende Menge um den Galgen.

Mengistu Neway und seinem Bruder wiederum war es gelungen, in den Süden des Landes zu flüchten, wo sie eine Woche später von einem Polizeitrupp gestellt wurden. Girmame Neway schoß seinen Bruder nieder und dann sich selbst: er starb auf der Stelle, aber Mengistu Neway war nur verwundet. Die Kugel hatte dessen rechte Wange getroffen und den rechten Augapfel bloßgelegt. Mengistu

Neway wurde zusammen mit anderen Putschisten öffentlich gehängt, nachdem sie in einem ordentlichen Gerichtsverfahren nach den damals gültigen Gesetzen wegen Hochverrats zum Tode verurteilt worden waren. Vielleicht hätte der Kaiser sie sogar zu einer lebenslänglichen Haftstrafe begnadigt, aber die Familien derjenigen, die in jenen Tagen ihr Leben verloren hatten, hätten dies wohl nicht hingenommen.

Äußerlich änderte sich zunächst nicht viel nach dem gescheiterten Putschversuch vom Dezember 1960. Die Kaiserin, die eine tiefgläubige Christin war, weigerte sich, in den mit Blut besudelten Palast zurückzukehren. So zog die kaiserliche Familie in den Jubiläumspalast, der 1955 zum fünfundzwanzigsten Thronjubiläum des Kaisers erbaut worden war. Der Genete-Leul-Palast wurde der Universität vermacht, die ihn bis heute für Konferenzen und Zeremonien nutzt, und aus einem Flügel des Palastes ist ein Museum geworden. Äthiopien bekam einen neuen Ministerpräsidenten, Aklilu Habte-Wold, und mein Vater stieg vom Vizepräsidenten des Senats zu dessen Präsidenten auf. Die Revolution hatte an die Tür von Äthiopien geklopft, aber das äthiopische Kaiserhaus hatte sich mit Mut und Entschlossenheit behauptet. Die Putschisten hatten in der Bevölkerung kaum Rückhalt gefunden, die Autorität des Kaisers war unangefochten wie zuvor. Am Tag vor der Erstürmung des Genete-Leul-Palastes hatte sich Mengistu Neway in einen der Wagen des Kaisers gesetzt und sich, begleitet von der kaiserlichen Standarte, durch die Stadt fahren lassen. Er soll überrascht gewesen sein, als er am Straßenrand die Trauben von jubelnden Menschen sah, die dachten, der Kaiser sei zurückgekehrt, die winkten und riefen: »Lang lebe der Kaiser!«

Und doch war der Putsch in vielerlei Hinsicht ein Einschnitt für die Geschichte des Landes und für mich persönlich. Das Fundament, auf dem der Kaiserthron stand, hatte Risse bekommen. Der Kaiser betrachtete seine Umgebung mit größerem Mißtrauen als jemals zuvor. Und ich hatte in diesen Stunden mit einemmal jenes Urvertrauen verloren, mit dem wohl jedes Kind der Welt gegenübertritt – das Gefühl, daß um einen herum alles zum besten bestellt ist und daß einem selbst und seinen Liebsten niemals im Leben etwas zustoßen kann. Es ist eine bittere Pointe der Geschichte, daß der führende General des Putsches denselben Namen trug wie jener Mann, der sich mit dem Sturz und der Ermordung von Haile Selassie vierzehn Jahre später als blutiger Diktator von Äthiopien zur Herrschaft aufschwingen sollte: Mengistu Haile Mariam.

Im Jahre 1964 erhielt mein Vater vom Kaiser einen neuen Auftrag: Er wurde zum Vizekönig von Eritrea ernannt, und dies brachte für unsere Familie erhebliche Veränderungen mit sich. Meine Eltern zogen mit meinen jüngsten Geschwistern nach Asmara, der Hauptstadt von Eritrea, und auch Tante Vera, der das milde Klima dort wesentlich besser bekam als das von Addis Abeba, schloß sich ihnen an. Meine Schwestern Tsige und Rebecca und mein Bruder Mulugeta genossen derweil ihre Schulausbildung in England und Wales, während ich weiterhin die Deutsche Schule in Addis Abeba besuchte. Groß war die Freude, wenn wir in den Schulferien alle gemeinsam in Asmara zusammenkamen. Als Vizekönig von Eritrea repräsentierte mein Vater in der Provinz den *Negusa Negast*, und dementsprechend würdevoll war auch das Zeremoniell am Hof von Asmara. Ras Asserate Kassa residierte im alten Gouverneurspalast von Asmara, der einst im 19. Jahrhundert für den ersten italienischen Statthalter von römischen Architekten im neoklassizistischen Stil gebaut worden war. An einem Steilhang gelegen, erhob sich das beigefarbene Gebäude mit seinen streng symmetrisch gesetzten Pilastern, Architraven und Giebeldreiecken aus dem Meer der umstehenden Palmen. Als ich die majestätische Eingangshalle mit ihren griechisch-korinthischen Säulen und zierlichen Stuckornamenten zum ersten Mal sah, war es mir, als hätte man mich in die Filmkulisse von *Quo Vadis* versetzt. Der Palast besaß eine große Empfangshalle, einen imposanten Thronsaal und zwei große Suiten, die nur benutzt wurden, wenn der Kaiser zu Besuch war. (Übrigens hat der Palast die Wirren der letzten vierzig Jahre nahezu unbeschädigt

129

überstanden und beherbergt heute das Eritreische Nationalmuseum.) Meine Familie hatte ihre private Residenz in einem separaten Gebäude auf dem Palastgelände, umgeben von zahlreichen weiteren Gästehäusern. Alles, was die eritreische Fauna zu bieten hatte, war in unmittelbarer Nähe in einem Zoo versammelt, darunter Geparden, Löwen und Antilopen. Aus den riesigen Volieren, in denen Exemplare aller in Eritrea beheimateten Vogelarten ihren Platz fanden, drang bereits in der Dämmerung ein vielstimmiges Konzert durch die Fenster meines Schlafzimmers. Und direkt neben dem Zoo befand sich ein großes Gestüt mit einer eigenen Pferdezucht; hier wurden reinrassige Araber mit Lipizzanern und Hannoveranern gekreuzt. Aus ihr gingen bemerkenswerte Tiere hervor, die die Schnelligkeit der Araber, die Statur und die Kraft der Hannoveraner und die Grazie der Lipizzaner auf sich vereinten.

Der Umgang mit Pferden war mir seit der Kindheit vertraut. Mein erstes Pferd hatte ich im Alter von elf von unserem Statthalter in der Provinz Salale geschenkt bekommen, wo unsere Familie Ländereien und ein Gestüt besaß. Es war ein prächtiger Araber, dem unser Zeremonienmeister den Namen *Merkeb*, »Schiff«, gab. Ich erinnere mich noch an meine ersten Reitstunden auf der Wiese Seiner Majestät in Addis Abeba. Dort pflegte die Kaiserliche Leibgarde zu exerzieren, und Oberst Kosroff, ein korpulenter Armene mit buschigen Augenbrauen, hatte sich bereit erklärt, mich in die Kunst des Reitens einzuweisen. Ich brachte es immerhin so weit, daß ich an einigen Springturnieren des kaiserlichen Reitclubs teilnahm, die auf der Wiese Seiner Majestät regelmäßig veranstaltet wurden. Doch welche Erfüllung und Befriedigung sich aus dem täglichen Umgang mit Pferden ergeben kann, das habe ich erst als Fünfzehnjähriger in Asmara erfahren. Für mich gab es damals nichts Schöneres, als frühmorgens um halb sieben mein Pferd zu satteln und an der Seite meines Vaters auszureiten. Die Stadt schlief noch, wenn wir die Schritte unserer Pferde vom Palastgarten hinab in die Stadt lenkten. Die von Palmen gesäumte Avenue Haile Selassie I., die vormals den Namen Viale Mussolini trug, war noch menschenleer, der

Morgennebel zog dünne Schwaden. Wir redeten kein Wort bei unseren frühmorgendlichen Ausritten, doch selten fühlte ich mich meinem Vater so nahe wie in diesen Augenblicken. In späteren Jahren las ich Marion Gräfin Dönhoffs Erinnerungen an ihre Kindheit in Ostpreußen, in denen sie ihre Urlaube auf Trakehnen schildert, dem berühmten Gestüt, das 1732 von Friedrich Wilhelm I. gegründet worden war und schon zu dessen Zeiten über tausend Pferde beherbergte, und ich fand darin den Satz: »Pferden hatte schon immer meine Liebe gegolten, aber in Trakehnen lernte ich sie als ein dem Menschen ebenbürtiges Geschöpf kennen.« Ein solcher, fast schon blasphemisch zu nennender Gedanke wäre mir wahrscheinlich nie in den Sinn gekommen, aber ich verstehe sehr gut, was Gräfin Dönhoff damit meinte. Als im Januar 1945 die sowjetischen Truppen nach Ostpreußen vorstießen und ihr elterliches Gut Friedrichstein bis auf die Grundmauern abgebrannt war, war es ihr treuer Fuchs Alarich, auf dessen Rücken sich die Gräfin rettete; sieben Wochen dauerte die abenteuerliche Flucht.

Es gibt in äthiopischen Adelskreisen einen alten und schönen Brauch: Neben dem Taufnamen bekommt man hier auch einen »Pferdenamen« verliehen. Jeder Äthiopier kannte Haile Selassies Pferdenamen *Abba Tekel* – der »Vater von *Tekel*«, das heißt: »der Vater dessen, der alles zusammenbringt«. Der Pferdename, heißt es, spiegle den Charakter dessen, der ihn trägt. Der Pferdename meines Vaters lautete *Abba Jylak* – »der Vater dessen, der alle übertrumpft«, und der meines Großvaters *Abba Keskes*, »der Vater dessen, der alles initiiert«. Mein Pferdename wiederum leitete sich vom Namen meines ersten Pferdes ab: *Abba Merkeb* – »der Vater des Schiffes« oder »der Vater dessen, der über alles gleitet«.

Wenn wir Kinder uns über die Karte des Horns von Afrika beugten und darin Eritrea ausmachten, sahen wir vor uns den Kopf eines Elefanten. Die tiefen Ebenen von Gash Barka bildeten das Ohr, das nördliche Hochland um die Stadt Keren formte das Gesicht, und die tausend Kilometer lange Küste am Roten Meer den langen Rüssel, der sich über die Hafenstadt Assab bis zur Grenze von Dschibuti erstreckte. Die Hauptstadt Asmara lag ungefähr dort, wo sich aus der dicken Elefantenhaut der elfenbeinerne Stoßzahn schiebt. Als ich Asmara zum ersten Mal sah, war ich erstaunt, wie sehr es sich von Addis Abeba unterschied. Die italienische Kolonialmacht, die Eritrea von 1890 bis 1941 in Besitz hatte, hatte unverkennbar ihre Spuren hinterlassen und Asmara in eine süditalienische Stadt mit mediterranem Flair verwandelt. Überall auf den von Palmen gesäumten Straßen gab es Cafés, wo die Menschen unter Sonnenschirmen saßen und ihren Cappuccino tranken. Im Gewirr der Stimmen ließ sich ohne Mühe Italienisches aufschnappen, ein fragendes *Allora?*, ein aufforderndes *Andiamo!* oder ein lässig gedehntes *Ciao!*. An jeder zweiten Straßenecke sah man das Schild eines italienischen Restaurants, roch man den Duft von Pizza und Pasta in allen erdenklichen Variationen. Die prachtvollen Avantgardebauten, die fast alle zwischen 1935 und 1940 errichtet wurden, als die italienische Bevölkerung einen rasanten Zuwachs verzeichnete, verliehen der Stadt einen märchenhaften Zauber. Die Filmpaläste mit ihren monumentalen Fassaden, die neoklassizistischen Stadtvillen, die *Novecento*-Bars und futuristischen Geschäftshäuser mit ihren gerundeten Art-decó-Fronten: sie alle sind bis heute nahezu unverändert erhalten geblieben und haben Asmara den Beinamen *The Frozen City* beschert. Nie wäre es einem in der von Hügeln zerklüfteten äthiopischen Hauptstadt Addis Abeba in den Sinn gekommen, spazierenzugehen, Asmara dagegen lud geradezu zum Flanieren ein. Die italienische *passeggiata* ist den Asmarern in Fleisch und Blut übergegangen.

Neben italienischen war Asmara aber auch von amerikanischen Einflüssen geprägt. Seit dem Jahr 1953, als die USA und Äthiopien ein Abkommen über eine fünfundzwanzig Jahre dauernde militärische Zusammenarbeit unterzeichnet hatten, befand sich in Asmara eine eigene US-Militärbasis, genannt *Kagnew Station*. Es handelte sich um eine Stadt in der Stadt, auf einer Anhöhe gelegen – *The Hill* genannt –, die in ihren Hochzeiten rund fünftausend amerikanische Soldaten mit ihren Angehörigen beherbergte, mit allem, was eine amerikanische Kleinstadt auszeichnet. Es gab dort eine eigene Schule, einen amerikanischen Supermarkt, einen Friseurladen nebst Schönheitssalon, einen Autoverleih, einen Fernsehreparaturservice und eine Wäscherei, eine Bibliothek, den Stars and Stripes Bookshop und das Roosevelt Theatre, in dem amerikanische Filme gezeigt wurden und am Wochenende Live-Konzerte stattfanden. Und kaum eine Sportart war ausgefallen genug, daß sie dort nicht hätte ausgeübt werden können. Es gab eine Sporthalle und eine Bowling-Bahn, einen fünfundzwanzig Meter langen Swimmingpool und den Prince Makonnen Golf Club, einen Motorfliegerclub und den Rod and Gun Club.

Auch wenn alles an Kagnew Station durch und durch amerikanisch war, für den Namen des US-Stützpunkts stand ein berühmtes äthiopisches Pferd Pate: der Rappe *Kagnew*, auf dem Ras Makonnen, der Vater von Haile Selassie, einst seinen Truppenzug in die legendäre Schlacht von Adua geführt hatte. Das amharische Wort *Kagnew* läßt sich übersetzen mit »Wachsamkeit« oder »Ordnung ins Chaos bringen«.

Die Familie des Vizekönigs hatte Zutritt zu allen Einrichtungen von Kagnew Station, und wir Kinder machten reichlich Gebrauch von diesem Privileg, sofern es uns gelang, ein paar harte Dollar aufzutreiben – mit dem äthiopischen Birr kam man hier nicht weit. Eine magnetische Anziehungskraft auf mich und meine Geschwister übte der PX-Supermarkt aus, den ich regelmäßig nach amerikanischen Schallplatten durchstöberte, danach schloß sich meist ein Essen in einem der Restaurants an. Einige von ihnen waren nur für Sergeanten, Unteroffiziere und Offiziere zugelassen, doch uns waren stets die einfachsten Snack-Bars die liebsten. Dort ging es am lebhaftesten zu, und es wurde nicht mit feinen Stoffservietten und von feinem weißen Porzellan diniert, dafür waren die Teller und Becher bunt und aus Pappe. Was gab es Größeres als einen doppelten Hamburger mit dick geschnittenen, vor Fett glänzenden Pommes frites und dazu einen großen Becher Coca-Cola!

Ich liebte den amerikanischen Swing, den man in den dortigen Clubs und im Radio von Kagnew Station zu hören bekam: Zu meinen damaligen Favoriten zählten Doris Day, Frank Sinatra, Dean Martin, Paul Anka, Bing Crosby und Fred Astaire. Und Kagnew Station hatte nicht nur eine Radiostation – *American Forces Radio Station AFRS Asmara* –, sondern dazu auch noch einen eigenen Fernsehsender! In Äthiopien war das Fernsehen Anfang der sechziger Jahre gerade erst eingeführt worden. Das Programm war auf wenige Stunden täglich beschränkt, und meist gab es Darbietungen traditioneller äthiopischer Musik und schmalzige Liebesmelodrame zu sehen. Mein persönlicher Höhepunkt des äthiopischen Fernsehens damals war die Ausstrahlung einer Theateraufführung meiner Schule, eine Einstudierung von Ashley Dukes' *The Dumb Wife of Cheapside*. Wir nahmen damit an einem Wettbewerb der verschiedenen Schulen Addis Abebas teil, und ich erhielt eine Auszeichnung als beste Nebenrolle. Als die Aufführung schließlich im Äthiopischen Fernsehen gezeigt wurde, hatte ich die ganze Familie mitsamt der zahlreichen Dienerschaft vor dem Fernsehgerät versammelt, und jedesmal brandete im Salon der Residenz Applaus auf, wenn man mich am Rande des Bildschirms erscheinen sah.

Kanu TV dagegen war eine echte Entdeckung. Es sendete vierundzwanzig Stunden täglich, und es brachte mit Vorliebe amerikanische Serien. Einer meiner Favoriten war *Combat!* von Robert Altman mit Vick Morrow als Sergeant Saunders, eine TV-Serie über das Ende des Zweiten Weltkriegs. Es begann mit dem D-Day, als »The Sarge« mit seinen Truppen an der Küste der Normandie landete, und anschließend konnte man von Folge zu Folge den unaufhaltsamen Vormarsch der US-Truppen durch Europa bis nach Aachen und Köln verfolgen. Die Deutschen darin hatten wenig gemein mit Herrn Hämmerle und Frau Schöfer und all den anderen tapferen Lehrkräften, die ich von der Deutschen Schule kannte. Es waren allesamt finster dreinblickende Gestalten, die nur das Allerschlimmste im Schilde führten. Bis heute scheint es ein ungeschriebenes Gesetz zu sein, daß Deutsche in amerikanischen und englischen Kriegsfilmen und Krimis auf diese typische Rolle festgelegt sind. Zugegeben, man hat sich im Laufe der Jahre daran gewöhnt: Fehlte James Bond sein finsterer Gegenspieler mit deutschem Akzent, wie ihn Curd Jürgens und Gert Froebe so unnachahmlich verkörperten, würde man diesen wahrscheinlich ebensosehr vermissen wie das obligatorische Bond-Girl. Unvergeßlich geblieben ist mir der Sprecher der Nachrichtensendung *Kanu News*. Er saß hinter einem mächtigen Halbrund aus dunklem Furnierholz, das ihm bis zur Brust reichte, und über seinem Kopf zeichnete sich wie ein Heiligenschein der Umriß einer Weltkugel ab, von deren Zentrum Asmara gebogene Linien ausgingen zu den Stützpunkten der US-Streitkräfte in aller Welt.

Asmara besaß eine Anzahl wunderschöner Kinopaläste – das Cinema Roma, das Cinema Impero und das Odeon – mit prächtig eingerichteten Sälen, die jeweils bis zu zweitausend Besucher faßten. Wir hatten im Palast die Gelegenheit, in dem dort eingerichteten Kinosaal die neuesten Filme zu sehen, ein paar Tage bevor sie dann in den Kinos der Stadt gezeigt wurden. Ein italienischer Filmvorführer richtete die Filme ein. Wir Kinder genossen diese Aufführungen, nicht zuletzt deswegen, weil wir hier in Asmara nicht von unseren Onkeln und Tanten gestört wurden, wie es in Addis Abeba oft der Fall war. Dort fanden im Palast des Kronprinzen regelmäßige Filmvorführungen statt, und man plazierte uns meist zwischen den älteren Verwandten der kaiserlichen Familie, die entweder des Englischen kaum mächtig waren oder einfach nicht mehr so gut hörten. Es war schier unmöglich, sich auf den Film zu konzentrieren, kaum passierte irgend etwas Spannendes auf der Leinwand, kam auch schon die Frage von nebenan: »Was hat er gesagt? Was macht sie jetzt?« Und während wir unseren Onkeln und Tanten den Film dolmetschten, verpaßten wir die entscheidenden Stellen. Hier in Asmara gab es nur Tante Vera, die sich gelegentlich zu uns gesellte, aber ihr Englisch war tadellos, so daß sie keinen Übersetzer nötig hatte.

Ich hatte oft die Gelegenheit, meinen Vater bei offiziellen Reisen durch Eritrea zu begleiten. In die entlegensten Distrikte und Dörfer kam der Vizekönig zu Besuch, um mit den Eritreern ins Gespräch zu kommen – in die Tieflandgebiete an der Grenze zum Sudan, nach Omhager und Tesenay, wo die überwiegend muslimische Bevölkerung Eritreas lebt, und ins Hochland von Keren. Wenn der Vizekönig mit seinem Troß in Sichtweite kam, war meist die gesamte Bevölkerung auf den Beinen. Drei Security-Wagen führten die Eskorte an, und drei Wagen schlossen sie ab. Und selbstverständlich reiste auch hier ein stattlicher Haushalt mit, Diener in Livree, Kellner und Köche. Im Nu war eine kleine Zeltstadt errichtet, wo mein Vater hofhalten und den Distriktgouverneur des Ortes oder den Dorfältesten empfangen konnte. Mein Vater nahm sich stets viel Zeit, die Gesuche der Bevölkerung anzuhören. Es gab niemand, der mit seinem Anliegen nicht zu ihm vorgelassen worden wäre. Das größte Zelt diente als Salon, das nächstgrößere als Speisezimmer, und um die beiden herum gruppierten sich die zahlreichen Schlafzelte. Man aß an gedeckten Tischen, schlief in bequemen Zeltbetten, und auch an Elektrizität fehlte es dem Vizekönig von Eritrea auf Reisen nicht. Ein Generator stand immer zur Verfügung – es sei denn, man bevorzugte aus atmosphärischen Gründen Petroleumlampen. Auf diesen Expeditionen an der Seite meines Vaters durch die Provinz lernte ich Eritrea kennen und lieben.

Von heute aus betrachtet, waren die Tage in Asmara vielleicht die glücklichsten meines Lebens. Zu den zahlreichen Festen, Empfängen und Staatsbesuchen erstrahlte Asmara im Glanz des Kaiserhauses. Es war die Zeit, in der ich meinen Führerschein machte und mein erstes Auto bekam. Ich hatte einen italienischen Fahrlehrer, ein kleiner untersetzter Neapolitaner, der sein Geschäft schon seit der Kolonialzeit ausübte. »Piano! Piano!« erschallte es vom Beifahrersitz, wenn ich wieder einmal zu schnell um die Kurve bog. Es gab damals nicht sehr viele Autos auf den Straßen der eritreischen Hauptstadt. Man fuhr recht gemächlich, und dementsprechend verlief auch meine Fahrprüfung. Mein Vater war ein regelrechter Autonarr, und ich brannte darauf, endlich einmal selbst am Steuer seiner Karossen sitzen zu dürfen. In Addis Abeba erregte sein Jaguar Aufsehen – es war eines der ersten Modelle, das die Fabrik verließ –, mit dem er selbst gerne umherfuhr. Zum zwanzigsten Geburtstag bekam ich von ihm einen Thunderbird geschenkt, Baujahr 1966, grün und mit schwarzem Dach. Die Sitze waren aus weißem Leder, und das Armaturenbrett sah wie das Cockpit eines Flugzeugs aus, es wimmelte nur so von Schaltern und Anzeigen. Zum Aussteigen schob man das Steuer nach rechts, bevor man die Wagentür öffnete. Ich weiß nicht, wie oft ich damit bei meiner Jungfernfahrt die Avenue Haile Selassie I. hinauf- und hinuntergerast bin. In Deutschland bin ich dann übrigens nie mehr Auto gefahren. Ich kann mir schwer vorstellen, daß irgend jemandem das Autofahren in den europäischen Metropolen Freude bereitet. Man schubst, drängelt und hupt, und jeder will der erste sein. Und wenn man es geschafft hat, heil durch den Dschungel der Großstadt an seinen Bestimmungsort zu gelangen, bringt einen die Suche nach einem Parkplatz schier zur Verzweiflung. Wahrscheinlich brächte ich mich, wenn ich mich heute in Frankfurt ans Steuer eines Autos setzte, in Lebensgefahr – und sicherlich auch all jene, die mir auf der Straße begegneten. Nach einer Lesung aus meinem Buch *Manieren* wurde ich einmal gefragt, warum es darin kein Kapitel gebe, das dem höflichen Umgang im Straßenverkehr gewidmet sei. Ich bin mir sicher, man könnte darüber ein dickes Buch schreiben. Aber einem Autofahrer in Berlin, Brüssel, Rom oder Madrid Manieren beibringen zu wollen, erscheint mir ungefähr so aussichtsreich, wie einen Metzgermeister von den Vorzügen des Vegetarismus zu überzeugen.

In der Regenzeit verbrachten wir die Ferien meist in der Nähe von Massawa am Roten Meer. Nur in dieser Jahreszeit war die Hitze in dieser Region erträglich. Dort hatte mein Vater in Gurgusum eine kleine Villa errichten lassen, nur ein paar Meter vom Strand entfernt. In Massawa, der alten Hauptstadt Eritreas, war auch die äthiopische Marine stationiert. Deren ganzer Stolz war der Kreuzer *His Majesty's Ship Ethiopia*. HMSE war dem Kaiser 1952 vom jugoslawischen Staatschef, Marschall Tito, geschenkt worden, in dem Jahr, als Äthiopien durch die Föderation mit Eritrea einen Zugang zum Meer erhielt. Wenn ein Staatsbesuch anstand, konnte er auch als Ausflugs- und Badeschiff genutzt werden, etwa zu den Korallenriffen der Dhalak-Inseln. Als mein Vater einmal auf Reisen war, begleiteten mein Freund Basha und ich die Besatzung auf einer zweitägigen Patrouillenfahrt. Wir aßen in der Offiziersmesse und diskutierten mit den Offizieren. Ich war neugierig auf das Leben auf See und löcherte die Männer der kaiserlichen Marine mit Fragen. Sie schienen ein wenig befangen, vielleicht hielten sie mich für einen Spion meines Vaters. Offensichtlich waren sie es nicht gewohnt, mit einem Mitglied der Familie des Vizekönigs offen zu reden, noch dazu mit einem Knaben, der noch nicht einmal volljährig war. Trotzdem fanden sich einige, die mit ihrer nicht allzu positiven Einschätzung des Kaiserreiches nicht hinter dem Berg hielten.

Jedes Jahr im Oktober kam der Kaiser zu Besuch nach Massawa, um in der Marineakademie den graduierten Offizieren die Patente zu überreichen. Er residierte bei dieser Gelegenheit im kaiserlichen Palast von Massawa. Der Palast im maurischen Stil stammte noch aus dem ottomanischen Reich, Ende des 19. Jahrhunderts war er Sitz des türkischen Bey, der damals über Massawa herrschte. Stolz erhob sich das Gebäude über dem Korallenriff von Taulud, einer der beiden vorgelagerten Inseln, die den Hafen und die Altstadt von Massawa beherbergen. Leider ist der Palast in den erbitterten Kämpfen zwischen der eritreischen Befreiungsbewegung und den äthiopischen Truppen Mengistus im Februar 1990 schwer beschädigt worden, und bis heute wurde er nicht wiederaufgebaut.

Eine der Feiern in der Marineakademie durfte ich miterleben. Es war eine laue Nacht in Massawa, die Zeremonie fand im Freien statt. Unzählige Fackeln erleuchteten die Dunkelheit. Der Kaiser, der zugleich Oberbefehlshaber des Heeres, der Luftwaffe und der Marine war, war in seiner weißen Admiralsuniform erschienen. Die frischgebackenen Offiziere defilierten in ihren blauen und weißen

Uniformen vorbei, und anschließend erhielten sie aus der Hand Seiner Majestät ihren Offizierssäbel. Mein Vater, der wie der Kaiser stets tadellos gekleidet war, trug bei einem dieser Anlässe ein beiges Dinnerjackett aus England. Als wir am nächsten Morgen zusammen beim Frühstück saßen, trat der Adjutant des Kaisers, Generalleutnant Assefa Demissie, in den Raum und überraschte uns mit den Worten: »Majestät lassen fragen, wo Sie Ihr Dinnerjackett haben anfertigen lassen.« Offensichtlich hatte der Kaiser auch in fortgeschrittenem Alter – sein achtzigster Geburtstag war nicht mehr weit – sein Interesse für Modefragen nicht verloren.

Nur ein einziges Mal wurde ich Zeuge davon, daß der Kaiser die feierliche Würde Seiner Majestät hinter sich ließ, und auch diese Begegnung fand in Eritrea statt. Der Kaiser war nach Asmara gereist und residierte im Palast des Vizekönigs. Eines Nachmittags besuchte uns Haile Selassie zusammen mit seinem Vetter Ras Imru im Privathaus meines Vaters, und er wurde dabei auf den Billardsalon aufmerksam. Offensichtlich verspürte der Kaiser Lust, Billard zu spielen. Der Kaiser klopfte Ras Imru, der um einiges jünger war als sein Vetter, aber um einiges älter aussah, auf die Schulter und rief: »Komm, alter Mann! Kannst du dich noch daran erinnern, wie wir damals, als wir noch jung waren, im Hause von Lij Iyasu gespielt haben? Zeig mal, ob du noch fit bist!« Ras Imru lachte, der Kaiser zog seine Anzugjacke aus und reichte sie meinem Vater. »Komm, Asserate, du auch!« forderte Ras Imru meinen Vater auf. Die Jacke Seiner Majestät wurde an mich weitergereicht, und dann eröffnete der Kaiser das Spiel. Bereits nach wenigen Zügen war offensichtlich, daß Haile Selassie seinem Vetter und seinem Großneffen, die zusammen gegen ihn antraten, deutlich überlegen war, obwohl es keinen gab, der jemals den Kaiser in Addis Abeba mit einem Billardqueue in der Hand gesehen hätte. Es war das erste und einzige Mal, daß der Kaiser hemdsärmlig vor mir stand. Der Ernst seines Amtes war von ihm gefallen, in diesem Augenblick war er ein einfacher Mensch, der spielte. Es dauerte vielleicht eine halbe Stunde, und ich rührte mich nicht von der Stelle. Die Anzugjacke des Kaisers in der ausgestreckten Hand, schaute ich gebannt zu, wie der Kaiser Kugel um Kugel versenkte. Als auch die letzte, die schwarze Acht, in einer der Taschen des Billardtisches verschwunden war, legte er das Queue beiseite, und ich reichte ihm seine Anzugjacke. Er schlüpfte hinein, und im Nu hatte er sich wieder in den Kaiser verwandelt.

Seitdem Eritrea eine Provinz von Äthiopien war, gehörte zu den offiziellen Staatsbesuchen auch eine Reise nach Asmara und an die Küste des Roten Meers. Ich erinnere mich besonders an zwei königliche Besuche, die ich selbst miterlebte: an den Besuch der Königin Elisabeth II. von England und an den des Schahs von Persien.

Für königliche Besucher galt die höchste Stufe des Protokolls, so auch für Queen Elisabeth, die im Januar 1965 Äthiopien bereiste. Der Kaiser persönlich empfing seinen hohen Gast am Flughafen von Addis Abeba in Begleitung einer militärischen Kompanie, die sich aus allen Teilen der Streitkräfte zusammensetzte. Er trug zu dieser Gelegenheit die offizielle Uniform eines äthiopischen Feldmarschalls, die überaus britisch anmutete – bis auf die Kopfbedeckung: ein äthiopischer Zweispitz, mit einer goldenen Löwenmähne besetzt. »Den Menschen kleiden nur traditionelle Trachten oder Uniformen«, sagt Gómez Dávila. Der Kaiser wußte Tracht und Uniform zu einem noch wirkungsvolleren Eindruck zu kombinieren, zu einer bezaubernden Mischung aus Orient und Okzident. Sämtliche Minister und die führenden Generäle waren anwesend, die einen im Cut und Zylinder, die anderen in Gala-Uniform. Für die beiden Majestäten stand die goldene Kutsche bereit, die zum fünfundzwanzigsten Thronjubiläum des Kaisers gebaut worden war. Vor die Kutsche waren athletische weiße Lippizaner gespannt, und eskortiert von einer Brigade der Kaiserlichen Leibgarde in rot-grüner Uniform und Federhelmen ging es in die Stadt. Überall auf dem Weg säumten links und rechts Menschen die Straße. Die Schüler der Hauptstadt hatten schulfrei bekommen, wie auch alle Behörden und öffentlichen Einrichtungen an diesem Tag geschlossen blieben.

Ganz Addis Abeba war auf den Beinen, um den hohen Gast zu empfangen. Am Abend gab es ein prachtvolles Festessen zu Ehren der Queen im Menelik-Palast, an dem über tausend Gäste teilnahmen. Soviel ich weiß, war es das letzte Mal, daß im Menelik-Palast ein derartiges Diner stattfand, danach fanden die Essen für Staatsgäste in beschaulicherem Rahmen im Jubiläumspalast statt.

Am nächsten Tag begann das Besuchsprogramm, der Kaiser und die Queen flogen die »Historische Route« ab, mit den Nilfällen, den Felsenkirchen von Lalibela, den Stelen von Axum und den Palästen von Gondar. Danach flogen die Majestäten nach Eritrea, wo sie mein Vater mit allen diplomatischen Ehren am Yohannes-IV.-Flughafen von Asmara empfing. Nie werde ich es vergessen, wie ich, die britische Fahne wedelnd, am Rollfeld stand, als die Queen und der Kaiser die Gangway herabstiegen. Diesmal ging es nicht mit der goldenen Kutsche, sondern mit Staatskarossen in die Stadt, eskortiert von Polizisten auf Motorrädern. Schon Tage vorher war die Dienerschaft im Palast in Aufruhr, der Butler in schneeweißem Frack und die Zimmermädchen sorgten dafür, daß auch das letzte Staubkorn von den Möbeln, den Läufern und Teppichen verschwand. Nichts wurde dem Zufall überlassen bei jenem Besuch, und an was war nicht alles zu denken! Beim Empfang im Thronsaal etwa galt es, die strenge Sitzordnung zu berücksichtigen. Die Stühle des Kronprinzen und des Prinzgemahls hatten in gemessenem Abstand zu den Thronen Ihrer Majestäten zu stehen und hatten entsprechend niedriger zu sein. Ich war beeindruckt davon, wie diszipliniert der Herzog von Edinburgh sich in seine Rolle fügte. Stets schritt er, wie es das Protokoll verlangt, zwei Schritte hinter der Königin. Er sprach nicht mit ihr, ja nicht einmal einen Blick sah man die beiden sich zuwerfen, nicht bei den Empfängen und auch nicht bei der Besichtigungsfahrt durch Asmara, die am Tag nach der Ankunft auf dem Programm stand. Stets hielt sich Prinz Philip im Hintergrund, und nie ließ er sich zu etwas herab, was die Aufmerksamkeit von der Königin auf ihn hätte lenken können. Zu dem Gala-Diner, das am Abend im Palast von Asmara stattfand, waren nur fünfzig erlesene Gäste zugelassen, und ich bedauerte es sehr, daß ich nicht dabei sein durfte, sondern nur zu dem anschließenden Empfang im großen Aderash. Die Queen trug ein apfelgrünes Seidenkleid, dessen Saum und Dekolleté mit grünen Steinen bestickt waren, dazu ein Diadem und ein Kollier aus funkelnden Diamanten. Zwölf Jahre später sollte ich die Queen dann persönlich kennenlernen: Ich war zu den Feierlichkeiten des fünfundzwanzigsten Thronjubiläums in den Buckingham-Palast geladen und gehörte zu den Auserwählten, die ihr im Royal Tea Tent die Aufwartung machen durften.

Drei Jahre später, im Mai 1968, besuchte das Kaiserpaar von Persien Äthiopien. Auch der Schah-in-Schah Mohammed Resa und die Schahbanu Farah Diba wurden vom Kaiser von Addis Abeba nach Asmara geführt. Meine Brüder und ich verliebten uns alle in Farah Diba. Wir rissen uns förmlich darum, uns so oft und so lange wie möglich in ihrer Nähe aufzuhalten. Einmal gelang es mir sogar, einige Worte mit ihr zu wechseln. Ich hatte im Garten ein Photo geknipst: die Schahbanu in einem hellblauen Seidenkostüm mit Plisseerock, und auf ihrem Kopf ein eleganter Strohhut. Über ihr Gesicht zog sich ein feines Lächeln, leider wurden ihre bezaubernden Augen von einer großen Sonnenbrille verdeckt. Ich besitze das Bild nicht mehr, da ich es ihr voller Stolz überreichte, aber es hatte sich unauslöschlich in mein Gehirn eingebrannt. Auch den Schah sollte ich übrigens später persönlich kennenlernen, als er mich in Teheran zur Audienz empfing – ein paar Monate, bevor er gestürzt wurde.

In jenen Jahren, in dem mein Vater Vizekönig von Eritrea war, kam ich in das Alter, in dem ich mich für politische Fragen zu interessieren begann. Ich führte mit ihm lange Gespräche über die politische Gegenwart und Zukunft unseres Landes, und er nahm mir gegenüber kein Blatt vor den Mund. Ich staunte, als er mir erzählte, daß er selbst nach den Dezemberereignissen 1960 beim Kaiser in Ungnade gefallen war. Nach dem vereitelten Putsch gab es in Äthiopien viele, die sich Sorgen über die Zukunft des Landes machten, und dazu gehörte auch mein Vater. Er sah die Palastrevolte als ein deutliches Warnsignal und machte sich für politische Reformen stark. Nur ein umfassender Prozeß der Demokratisierung, davon war er überzeugt, konnte dem Kaiserreich seine Zukunft sichern. Und viele derer, die in den Dezembertagen des Jahres 1960 auf seiten der Kaisertreuen das Kommando geführt und die Krone gegen die Putschisten verteidigt hatten, dachten ebenso.

Anfang 1961 trafen fünf dieser Männer am Ufer des Lagano-Sees zusammen, um über mögliche Reformen zu diskutieren. Neben meinem Vater waren dies: der damalige Verteidigungsminister, General Merid Mengesha; General Abiye Abebe, der damalige kaiserliche Vertreter in Eritrea und Schwiegersohn Haile Selassies; der Minister für soziale Angelegenheiten, Oberst Tamrat Yigezu; und schließlich der Vater meines Freundes Basha, Dejazmatch Germatchew Tekle-Hawriat, der Informationsminister und ein bekannter Schriftsteller des Landes war. Sie waren sich schnell einig, und gemeinsam verfaßten sie ein *Aide-mémoire* an den Kaiser. Es enthielt drei Hauptforderungen. Die erste lautete, daß der Ministerpräsident in Zukunft direkt vom Parlament gewählt werden solle, statt wie bisher vom Kaiser ernannt. Formell war Äthiopien zwar eine konstitutionelle Monarchie. Es gab ein Parlament mit zwei Kammern: dem Senat, dessen Mitglieder vom Kaiser ernannt wurden, und dem Repräsentantenhaus, dessen Mitglieder – seit dem Jahre 1955, als Äthiopien eine neue Verfassung erhielt – vom Volk gewählt wurden. De facto jedoch waren beide Kammern ohne Einfluß, der Volksmund sprach von den »zwei Garagen«. Die »untere Garage« war das Parlament mit den beiden Kammern Repräsentantenhaus und Senat, die »obere Garage« der Kaiserliche Kronrat. In Wahrheit war das äthiopische Kaiserreich eine absolutistische Monarchie, alle Macht ging vom Kaiser aus. Die zweite Forderung bestand in einer umfassenden Landreform. Die allermeisten Bauern waren nur Pächter auf dem Grund und Boden, der im Besitz des Kaisers und seiner Familie, des Adels und der Kirche war. Auf den Pächtern lasteten hohe Abgaben, und es gab wenig Anreize, mehr anzubauen, als für den eigenen Unterhalt nötig war. Dieses Pachtsystem, forderten die Reformer, müsse aufgehoben und die Bauern in die Lage versetzt werden, ihr eigenes Land zu bestellen. Schließlich sollten die Provinzen – dies war die dritte Forderung – weitgehende Autonomie erhalten.

Die Verfasser des *Aide-mémoire* baten Haile Selassie um eine Audienz, und mein Vater trug es dem Kaiser vor. Dieser zeigte sich wenig geneigt, auf die Vorschläge einzugehen, ganz im Gegenteil. Es weckte das Mißtrauen des *Negusa Negast*, einflußreiche Personen in seiner unmittelbaren Nähe zu wissen, die sich zu derartigen Plänen verschworen. Wer weiß, eine Gruppe von Menschen, die in der Lage war, einen Putsch niederzuschlagen, wäre vielleicht auch in der Lage, einen Putsch durchzuführen. So kam es, daß die fünf »Stolypinisten« – wie man sie in Anspielung auf Pjotr Stolypin, den reformerisch gesinnten Ministerpräsidenten des Zaren, später nannte – aus dem inneren Zirkel der Macht verbannt wurden. General Abiye wurde neuer Präsident des Senats, der »unteren Garage«. Dejazmatch Germatchew schickte der Kaiser in die entfernte Region Illubabor. Oberst Tamrat wurde als Generalgouverneur nach Gondar entsandt. Verteidigungsminister Merid behielt zwar sein Amt, verstarb aber wenig später unter nie ganz geklärten Umständen. Asserate Kassa wiederum wurde als Vizekönig nach Eritrea entsandt.

Erst durch die Gespräche mit meinem Vater wurde mir allmählich bewußt, wie heikel die Aufgabe war, die er zu erfüllen hatte. Die wechselvolle Geschichte der Beziehungen zwischen Eritrea und Äthiopien legte dem Amt eine schwere Bürde auf. Im Jahre 1941, nach dem Sieg der vereinten Truppen des äthiopischen Kaiserreichs und Großbritanniens über die italienischen Besatzungstruppen, war Mussolinis Traum vom »Africa Orientale Italiana«, vom großen italienischen Reich in Ostafrika, zu Ende geträumt. Italien wurde nicht nur aus Äthiopien vertrieben, es verlor auch seine Kolonien Eritrea und Italienisch-Somaliland. Letzteres erhielt Italien 1950 von der UNO noch einmal treuhänderisch zur Verwaltung, bevor es

1960 zusammen mit Britisch-Somaliland als Republik Somalia in die Unabhängigkeit entlassen wurde. Eritrea wiederum kam zunächst elf Jahre unter britische Verwaltung, bis es 1952 per Beschluß der Vereinten Nationen unter eine Föderation mit Äthiopien gestellt wurde. Die Föderation stellte das äthiopische Kaiserreich vor eine schwierige Aufgabe. Zweifelsohne war das Hochland von Eritrea wirtschaftlich, kulturell und ethnisch ein Teil des alten äthiopischen Kaiserreiches. Insbesondere stand es der äthiopischen Provinz Tigray nahe, deren Einwohner die gleiche Sprache – Tigrinya – sprechen. Die italienische Kolonialherrschaft freilich hatte Eritrea ihren Stempel aufgedrückt. Es war ein künstliches Verwaltungsgebilde, das die Kolonialmacht geschmiedet und jahrzehntelang mit harter Hand kontrolliert hatte. So durften eritreische Kinder nur vier Jahre die Schule besuchen, und es wurde eine strikte Politik der Rassentrennung durchgeführt. Dennoch – oder vielleicht gerade deshalb – war unter den Eritreern ein Gefühl der Zusammengehörigkeit entstanden.

Im November 1962 beschloß das eritreische Parlament, sich selbst aufzulösen, eine Entscheidung, die nicht ohne Druck der äthiopischen Zentralregierung zustande kam. Die Föderation wurde aufgekündigt und Eritrea dem äthiopischen Kaiserreich als vierzehnte Provinz angegliedert. Rückblickend betrachtet, erwies sich dies als ein großer Fehler, denn es war zugleich die Geburtsstunde einer Guerillabewegung gegen die äthiopische Herrschaft. Es begann 1961 mit vereinzelten Übergriffen auf Polizeistationen, dann schwoll die Gewalt in den Jahren darauf mit Sabotageakten, Attentaten und Flugzeugentführungen kontinuierlich an. Gegen die islamisch ausgerichtete Eritreische Befreiungsfront (ELF), die aus Eritrea einen arabisch-islamischen Staat machen wollte, gründete sich Mitte der sechziger Jahre die Eritreische Volksbefreiungsfront (EPLF), die aus dem christlichen Hochland Zulauf erhielt. Schließlich bekämpften die Unabhängigkeitsbewegungen nicht nur die äthiopische Herrschaft, sondern vor allem sich gegenseitig, und die Gewalt eskalierte zu einem offenen Bürgerkrieg.

Ich sprach einmal mit einem gebildeten eritreischen Rechtsanwalt und ehemaligen Politiker, der sich im Jahre 1962 der totalen Eingliederung Eritreas in das äthiopische Kaiserreich widersetzt hatte. Sein Name ist Dejazmatch Abreha Tessemma, und er sagte zu mir: »Wenn du glaubst, daß wir antiäthiopisch wären, hast du nichts verstanden. Als Äthiopien unter italienischer Besatzung stand und das Zeigen nationaler Symbole streng verboten war, wehte die grün-gelb-rote äthiopische Flagge nur in Eritrea. Wir argumentierten, daß sie schließlich nicht nur ein politisches, sondern auch ein religiöses Symbol sei. Der italienische Vizekönig gab klein bei, machte aber zur Auflage, daß die Flagge mit einem Kreuz versehen werden müsse, was dann auch geschah. Aber nach dem Zweiten Weltkrieg haben uns die Engländer ein ›Gift‹ eingeträufelt, und der Name dieses Gifts lautete: Demokratie. Es entstanden politische Parteien, Gewerkschaften und eine freie Presse. Mit Beginn der Föderation von Eritrea und Äthiopien wurden all diese Errungenschaften nach und nach abgebaut – und viele von uns fürchteten, sie ganz zu verlieren, wenn wir uns mit dem äthiopischen Kaiserreich zusammenschlossen.«

In der Tat: Die Föderation mit Eritrea hätte die Gelegenheit geboten, die demokratischen Privilegien Eritreas auf die anderen Provinzen auszudehnen, doch dazu war Haile Selassie nicht bereit. Zwar enthielt die neue Verfassung, die er im Jahre 1955 seinem Land »geschenkt« hatte, auch ein Kapitel »Rechte und Pflichten des Volkes«, in dem Meinungsfreiheit, Versammlungsfreiheit, die Freiheit der Presse und das Postgeheimnis festgeschrieben waren. Aber all das gab es nur auf dem Papier.

Mein Vater gehörte, als er die Aufgabe übertragen bekam, Eritrea zu verwalten, zu den maßgeblichen Vertretern der äthiopischen Führungsschicht, die ein hartes militärisches Auftreten in Eritrea ablehnten und sich für die wirtschaftliche Entwicklung der Provinz einsetzten – ganz im Gegensatz zum äthiopischen Ministerpräsidenten, Aklilu Habte-Wold, der als politischer Gegner meines Vaters alle Versuche einer Stärkung der eritreischen Eigenständigkeit durchkreuzte. Die Politik, die mein Vater in jenen Jahren verfolgte, ist später mit dem Namen *benign neglect* bezeichnet worden. Sie setzte darauf, die wirtschaftliche Entwicklung Eritreas zu stärken und die Guerillas auf internationaler Ebene zu isolieren. Denn zweifelsohne erhielt die islamische Guerillabewegung auch militärische Unterstützung von Ägypten und anderen arabischen Ländern.

Als mein Vater die ersten Kommandotruppen Eritreas ernannte, legte er großen Wert darauf, daß in ihnen ausschließlich Eritreer dienten. Eritreer, so die Überlegung meines Vaters, würden gegen ihre eigenen Brüder keine maßlosen Übergriffe dulden. Unermüdlich warb er bei seinen vielen Reisen in der Provinz um das Vertrauen der Eritreer in die Zentralregierung, und hartnäckig trieb er die wirtschaftliche Entwicklung Eritreas voran. Mit ganzer Kraft widmete er sich der Vorbereitung der eritreischen Expo, die 1967 in Asmara stattfand und zu einem Schaufenster des wirtschaftlichen Aufbruchs der Provinz werden sollte. Sie wurde von Königin Juliana der Niederlande anläßlich ihres Staatsbesuchs in Äthiopien eröffnet.

Kurz nachdem mein Vater sein Amt angetreten hatte, ging ich auf ihn zu und bat ihn, er möge auch mir eine Aufgabe in Eritrea übertragen. Ich war damals sechzehn und hatte noch zwei Jahre bis zum Abitur an der Deutschen Schule in Addis Abeba vor mir, doch wollte ich meinen Vater unterstützen und selbst Verantwortung übernehmen. Der Kronprinz war damals Präsident des Äthiopischen Roten Kreuzes, und er hatte meinen Vater gefragt, ob dieser das Amt des Rot-Kreuz-Präsidenten in Eritrea übernehmen könne. Das schien meinem Vater schlecht mit dem Amt des Vizekönigs vereinbar, so machte er den Vorschlag, es mir zu übertragen. Ich freute mich sehr, als der Kronprinz seine Zustimmung gab, und bezog mein Büro in einem der Regierungsgebäude in Asmara. Es standen mir eine Reihe von hauptamtlichen Mitarbeitern zur Verfügung, die den Geschäftsbetrieb aufrechterhielten, während ich in Addis Abeba die Schule besuchte. Am Nachmittag, wenn ich von unserer Residenz auf dem Entoto aus mit dem Vizepräsidenten, dem Schriftsteller Mammo Wudineh, in Asmara telefonierte, verwandelte sich der Salon der Villa Debre Tabor in die Zentrale des Eritreischen Roten Kreuzes. Ich sehnte die Schulferien herbei, während deren ich mich meiner neuen Aufgabe mit ganzer Kraft widmen konnte. Zusammen mit meinen Mitstreitern gelang es uns, Erste-Hilfe-Kurse in allen Schulen Asmaras anzubieten. Wir organisierten Erste-Hilfe-Schulungen in den Truppenverbänden der in Eritrea stationierten Armee und Ausbildungskurse für junge Mädchen, die so auf ihren Einsatz als Hilfsschwestern in Kliniken vorbereit wurden. Es war mir ein besonderes Anliegen als Präsident, höchstpersönlich jedem Absolventen seine Urkunde zu überreichen. Es begann mir Freude zu bereiten, mich in der Öffentlichkeit zu bewegen und für eine gute Sache zu werben, Grußworte zu halten, Dankadressen zu sprechen und Spendensammlungen zu initiieren.

Das Masqal-Fest war in Eritrea stets ein besonderes Ereignis, der 27. September galt als der höchste Feiertag des Jahres. An diesem Tag fand im Rathaus von Asmara stets der Rot-Kreuz-Ball statt, dessen Gastgeber 1968 nun ich war. Die wichtigsten Unternehmer und Kaufleute vor Ort steuerten Geschenke bei, die auf einer großen Tombola verlost wurden. Das Vorbereitungskomitee setzte sich aus den Damen der führenden Gesellschaft Eritreas zusammen, darunter waren die Gattinnen der Generalkonsule, die Frauen italienischer Unternehmer und amerikanischer Offiziere. Die größte Stütze, die ich dabei hatte, war die Frau des italienischen Generalkonsuls, die einer alten sizilianischen Adelsfamilie entstammte. Die Baronessa Scammacca del Murgo war von Eritrea bezaubert, und nicht nur das: Sie genoß es sichtlich, mit mir zusammen den Rot-Kreuz-Ball zu eröffnen und sich mit mir von einem Ende des Rathaussaals zum anderen im Kreis zu drehen, während uns die anderen Damen des Komitees vom Rand aus zuschauten. Es erwies sich als Segen, daß Doktor Becker, mein Rektor an der Deutschen Schule in Addis Abeba, uns Schülern höchstpersönlich am Abend

Tanzstunden gegeben hatte. Denn selbstverständlich war es die Pflicht des Präsidenten des Roten Kreuzes, sämtlichen Damen des Komitees im Laufe des Abends die Aufwartung zu machen und – streng nach der Reihenfolge des Protokolls – eine nach der andern zum Tanz aufzufordern. Eine Dame gab es jedoch, die stets Vorrang genoß vor allen anderen: meine Mutter, schließlich war sie die Frau des Vizekönigs. Die Tombola war ein großer Erfolg, und es gelang uns, mit den Erlösen die erste Blutbank für Eritrea einzurichten.

Als ich mich zum Studium nach Deutschland aufmachte, legte ich das Präsidentenamt nieder. Ich wurde mit einem großen Fest in Asmara verabschiedet. Der Kronprinz schrieb meinem Vater, daß er jetzt das Amt seines Sohnes übernehmen möge, und die Baronessa Scammacca del Murgo schrieb mir, sie sei traurig darüber, daß sie den nächsten Wohltätigkeitsball nicht mehr an meiner Seite würde eröffnen können.

Mein Vater betrachtete meine ehrenamtliche Tätigkeit nicht ohne Stolz, und er freute sich über das herzliche Verhältnis zwischen mir und der Familie des italienischen Generalkonsuls. Es war keine Selbstverständlichkeit, denn noch immer lagen die Schatten des äthiopisch-italienischen Krieges über dem Land. Als mein Vater seinen Posten angetreten hatte, fürchteten viele italienische Geschäftsleute in Asmara, daß er ein unbarmherziges Regiment führen und dem Gefühl der Rache freien Lauf lassen werde, schließlich hatte er alle seine Brüder im Krieg gegen Italien verloren. Doch schon in seiner ersten Rede, die er kurz nach seinem Amtsantritt im Palast von Asmara hielt, machte er deutlich, daß es nichts gab, was ihm ferner lag. »Wir Äthiopier haben der Welt gezeigt, was es heißt, sich zu versöhnen«, sagte er den versammelten Ehrengästen, »und in diesem Sinne werde ich mein Amt gestalten.« Es gab wohl kaum eine Zeit, in der die italienische Gemeinde in Eritrea so florierte wie in der Regierungszeit meines Vaters. Italienische Unternehmen investierten in Eritrea wie selten zuvor und trugen wesentlich dazu bei, daß die Wirtschaft in Eritrea einen Aufschwung nahm.

Während eines unserer vielen Gespräche, die wir oft abends im Garten des Palastes führten, fragte ich meinen Vater danach, wie meine Onkel im Krieg starben, und er erzählte mir, was er darüber wußte. Wond-Wossen Kassa, der älteste Sohn meines Großvaters, kämpfte in der Provinz Lasta gegen die Italiener. Er wurde in der Nähe von Lalibela umzingelt und auf dem Schlachtfeld getötet. Abera und Asfa-Wossen Kassa – nach letzterem wurde ich genannt – waren die ersten Führer des äthiopischen Widerstandes gegen die Besatzer. Sie unternahmen den ersten Vorstoß auf die Hauptstadt Addis Abeba im Sommer 1936, kurz nachdem der Kaiser das Land verlassen hatte. In der Provinz Salale wurden sie zusammen mit ihren Truppen von italienischen Kontingenten umzingelt. Die beiden Parteien traten in Verhandlungen. Der Kommandeur der italienischen Truppen sicherte den Truppen freies Geleit zu, wenn sich die beiden Brüder ergäben. Er selbst wollte persönlich für deren Sicherheit einstehen. Meine beiden Onkel ergaben sich und wurden noch am selben Tag erschossen. Danach schnitt man ihnen die Köpfe ab und präsentierte diese auf den Straßen der Stadt Fiche. Vor einigen Jahren traf ich den italienischen Journalisten und Schriftsteller Indro Montanelli im Hause meines Freundes Luigi Lazzaroni in Mailand. Montanelli, konservatives Urgestein des italienischen Journalismus und langjähriger Kolumnist des *Corriere della Sera*, hatte zeit seines Lebens die italienische Besatzung Äthiopiens verteidigt. Er wußte, daß ich ein Mitglied der äthiopischen Kaiserfamilie war, aber über mein genaues Verwandtschaftsverhältnis wußte er nicht Bescheid. Es war nicht zu verhindern, daß wir auf die Kolonialzeit zu sprechen kamen. »Ich will Ihnen gleich sagen«, eröffnete er das Gespräch, »daß wir Italiener uns für nichts zu schämen brauchen, was wir in Äthiopien gemacht haben – mit Ausnahme einer einzigen Sache...« Nun gab es allerlei in der leidvollen Geschichte der italienischen Besatzung, weswegen sich die Italiener mit Fug und Recht schämen durften, aber ich wollte ihn nicht unterbrechen und fragte nur: »Was denn?« Und er entgegnete: »Der Tod der beiden Söhne von Ras Kassa im Jahre 1936. Wir Italiener haben ihnen unser Ehrenwort gegeben und wir haben es gebrochen. Dafür schäme ich mich.« Er war sichtlich gerührt, als ich ihm sagte, daß es sich um meine beiden Onkel handelte.

Im Laufe der sechs Jahre, die mein Vater Vizekönig von Eritrea war, entwickelte sich zwischen uns eine Verbindung, die für äthiopische Familienverhältnisse recht ungewöhnlich war; am Ende war es ein Verhältnis, das eher dem zwischen einem älteren und einem jüngeren Bruder glich als dem zwischen Vater und Sohn. Der vergleichsweise geringe Altersunterschied zwischen uns mag dazu beigetragen haben und vielleicht auch der Umstand, daß er seine eigenen Brüder so früh verloren hatte.

Aus Angst vor möglichen Anschlägen oder Entführungen durch die eritreische Guerilla wurde uns Kindern eingeschärft, uns stets in Begleitung von Wächtern in Asmara zu bewegen. Wenn ich mit meinem Vater ausritt, hatten wir zwei Polizisten als Geleitschutz dabei. Im Rückblick betrachtet war dies eine Maßnahme, die eher das eigene Gewissen beruhigte, als daß sie geeignet war, uns tatsächlich vor Anschlägen zu schützen. Wenn man unserer Familie etwas hätte zuleide tun wollen, hätte es dazu unzählige Gelegenheiten gegeben. Anfang der neunziger Jahre traf ich in Brüssel einen Vertreter der Eritreischen Volksbefreiungsfront, aus der wenig später die Regierungs- und Staatspartei Eritreas hervorgehen sollte. Er kam auf mich zu mit den Worten: »Kennst du mich noch?« Ich überlegte kurz, dann schüttelte ich den Kopf. »Im Sommer 1969 war ich bis drei Uhr morgens im Palast von Asmara und habe mit euch getanzt, und um sechs Uhr morgens habe ich im Busch bei der Befreiungsfront meinen Dienst angetreten.«

Wie ernst mein Vater seine Aufgabe nahm, als Vizekönig allen Bevölkerungsgruppen Eritreas gleichermaßen Gerechtigkeit widerfahren zu lassen, bekam ich einmal am eigenen Leib zu spüren. Es betraf die Familie des Mädchens, das meine erste Liebe war. Tsehainesh Haregot, genannt Tessy, war die Tochter des Oberbürgermeisters von Asmara. Wir lernten uns 1965 auf einer Party bei einem italienischen Freund kennen. Es war das, was man Liebe auf den ersten Blick nennt. Wir tanzten zu den Klängen von Connie Francis' *Everybody's Somebody's Fool* (in Deutschland wurde es in der deutschen Version bekannt: *Die Liebe ist ein seltsames Spiel*). Wir müssen den anderen Gästen an diesem Abend ziemlich auf die Nerven gegangen sein. Immer wieder baten wir den Mann hinter dem Plattenspieler, das Lied noch einmal zu spielen, und jedesmal schmiegten sich unsere Körper ein wenig enger aneinander.

Sie ging wie ich in Addis Abeba zur Schule. Da sie in einem sehr strengen Internat war, war es nicht einfach, sich abends zu sehen. Um so mehr sehnten wir die Ferien herbei, die wir zusammen in Asmara verbrachten. Stundenlang hörten wir gemeinsam Musik, ich führte sie in den Offiziersclub von Kagnew Station aus, oder wir unternahmen Ausflüge in die Umgebung von Asmara. Bei solchen Gelegenheiten steckten wir den Bodyguards ein paar Geldscheine zu, damit sie ein Auge zudrückten und darauf verzichteten, mit uns im selben Wagen zu fahren, wie es ihnen eigentlich aufgetragen war. Sie war eine bildhübsche Frau voller Anmut und Würde, von meinen englischen Freunden bekam sie später den Spitznamen »Gazelle«. Und auch wenn es damals nicht mehr unbedingt dem Geist der Zeit entsprach: Tessy war eine Frau mit festen Prinzipien, und dazu gehörte auch die Verpflichtung zur Treue. Sie liebte ihr Land Eritrea, aber ihr Vater, Dejazmatch Haregot Abay, hatte ihr auch die Liebe zu Äthiopien nahegebracht. Er gehörte zu den Menschen, die stets für die Vereinigung von Eritrea und Äthiopien gekämpft hatten. Anfang der fünfziger Jahre hatte er eine führende Rolle in der Gruppe »Ein Äthiopien« gespielt, die bei dem UNO-Referendum den Ausschlag gab, daß sich die beiden Länder zusammenschlossen.

Es war eine phantastische Zeit. Wir schwebten auf der Wolke der großen Liebe, und alles deutete darauf hin, daß unsere Verbindung in den Hafen der Ehe münden würde. Als ich mich im Herbst 1968 zum Studieren nach Deutschland aufmachte, schworen wir uns, uns zweimal die Woche zu schreiben. Bei unserem letzten Treffen vor meiner Abreise schenkte sie mir eine Kette mit einer goldenen

Figur des heiligen Christophorus, und ich versprach, daß ich sie in der Ferne stets bei mir tragen würde. Doch schon kurz darauf sollte unsere Liebe auf eine harte Probe gestellt werden. Im November 1968 wurde ihr jüngerer Bruder Fessehaye aufgegriffen, als er gerade Munition und Geld an die Eritreische Befreiungsfront übergeben wollte. Er stand wohl schon seit längerem unter Verdacht und wurde von äthiopischen Sicherheitsbeamten observiert. Die Nachricht löste einen Skandal aus. Ausgerechnet ein Sohn des Oberbürgermeisters von Asmara war der Unterstützung der eritreischen Guerilla-Bewegung überführt worden! Mein Vater schrieb mir nach Deutschland einen Brief, dessen Inhalt mir bis heute unvergessen ist: »Ich schreibe dir, damit du weißt, daß ich in die Lage kommen könnte, dein persönliches Glück zu beeinflussen. Aber wenn es darum geht, persönliche Interessen gegen die Interessen Äthiopiens abzuwägen, zögere ich keinen Augenblick zu sagen, daß die Interessen des Landes unbedingten Vorrang haben. Es mag sein, daß mein Handeln deine Verbindung zu deiner Freundin zerstören wird. Aber wenn Tsehainesh dich wirklich liebt, wird sie verstehen, daß ich nicht anders handeln kann.« Ich verstand seine Haltung, und Tessy ebenfalls. Sie bat mich nicht, meinen Einfluß geltend zu machen und auf meinen Vater einzuwirken. Vielleicht ahnte sie auch, daß dies ein vergebliches Unterfangen sein würde. Es gab Gesetze, und die galten für alle, unabhängig davon, welcher Klasse, welcher Ethnie und welcher Familie der Betreffende angehört.

Tessys Bruder wurde in Asmara vor Gericht gestellt, und es drohte ihm eine langjährige Haftstrafe. Offensichtlich hatte aber der Kaiser in Addis Abeba von dem anstehenden Prozeß erfahren. Ich weiß nicht genau, was ihn dazu bewegt haben mag – vermeintliche Rücksicht auf den Oberbürgermeister oder auf Prinzessin Tenagne-Work, deren eine Tochter den älteren Bruder Fessehayes geheiratet hat, wer weiß? –, jedenfalls verfügte Haile Selassie kurzerhand, daß das Gerichtsverfahren nach Addis Abeba zu überstellen sei. Der Angeklagte wurde in die äthiopische Hauptstadt gebracht, und dort nahm der Prozeß seinen Lauf. Doch an ebenjenem Tag, an dem das Urteil fallen sollte, machte der Kaiser von einem weiteren Privileg Gebrauch. Er erklärte den Fall zu einem »schwebenden Verfahren« und entschied, daß das Urteil auf unbestimmte Zeit vertagt werde – ein Recht, das dem Kaiser als Obersten Gerichtsherren zu Gebote stand. Auf diese Weise kam Tessys Bruder auf freien Fuß, ohne daß der Kaiser selbst im Verfahren Partei bezogen und über Schuld oder Unschuld entschieden hätte. Und dennoch erregte der Fall weiterhin die Gemüter. Viele Eritreer waren für ähnliche Vergehen hart bestraft worden und man hatte kein Verständnis dafür, daß jemand mit Samthandschuhen angefaßt werden sollte, nur weil er in Verbindung mit der kaiserlichen Familie stand. Am Tage des Falls des äthiopischen Kaiserhauses war das Verfahren noch immer in der Schwebe und ist es bis heute geblieben. Mit einer Wiederaufnahme ist freilich nicht mehr zu rechnen. Im Jahr 2005 ist Fessehaye Haregot verstorben.

Kurze Zeit, nachdem ich mein Studium in Deutschland angetreten hatte, ging Tessy zum Studieren nach Boston in die Vereinigten Staaten. Zwischen Tübingen und Boston gingen leidenschaftliche Briefe hin und her, und wir fieberten der Ferienzeit in Asmara entgegen. Im Sommer 1970 verbrachten wir noch einmal einen wunderbaren Urlaub in Asmara und an der Küste des Roten Meers. Wenig später, im November, beging die kaiserliche Regierung in Addis Abeba in Zusammenhang mit Eritrea ihren zweiten verhängnisvollen Fehler. Ein Trupp Guerillakämpfer hatte in der Stadt dem Konvoi des Kommandeurs der Zweiten Division, Generalmajor Teshome Ergetu, aufgelauert und das Feuer eröffnet. Der Generalmajor starb im Kugelhagel, und kurze Zeit später beschloß die kaiserliche Regierung in Addis Abeba, über Eritrea den Ausnahmezustand zu verhängen. Mein Vater, der sich als Vizekönig all die Jahre für eine Verständigungspolitik eingesetzt und ein militärisches Eingreifen abgelehnt hatte, zögerte keinen Augenblick. Auf der Stelle veranlaßte er die Räumung des Gouverneurspalastes und die Auflösung seines Haushalts. Er ließ meine Geschwister Mimi und Wond-Wossen von der Schule abholen, versammelte seine

Mitarbeiter und die Dienerschaft mitsamt Tante Vera im Salon des Palastes und erklärte, daß dies sein letzter Tag in Asmara sei. Kurz darauf bestieg mein Vater mit meiner Mutter, meinen beiden Geschwistern und Tante Vera die Maschine nach Addis Abeba.

Dort angelangt, reichte er beim Kaiser seinen Rücktritt ein. Der Ministerpräsident sträubte sich dagegen: Das Amharische kenne das Wort »Rücktritt« nicht. Der Kaiser konnte meinen Vater nicht davon überzeugen, als Militärgouverneur nach Asmara zurückzugehen, und man fand eine diplomatische Umschreibung für den Rückzug meines Vaters. Einige Tage danach ernannte Haile Selassie den Chef der Kaiserlichen Leibgarde, Generalleutnant Debebe Haile-Mariam, zum Gouverneur von Eritrea. Dieser stellte die Provinz unter Kriegsrecht, und wenige Tage später begann eine Großoffensive der äthiopischen Armee gegen die Guerillabewegung.

Der Eritreakonflikt eskalierte. Er sollte sich zu einem quälenden blutigen Bürgerkrieg entwickeln, an dessen vorläufigem Ende 1993 die Unabhängigkeit Eritreas stand. Äthiopien verlor seine Häfen und seinen Zugang zum Meer und wurde zum Binnenstaat. Bis heute schwelt – für Außenstehende schwer nachvollziehbar – der Konflikt zwischen den beiden Nachbarn Äthiopien und Eritrea und entlädt sich bisweilen in gewaltsamen Gefechten, wie in den Jahren 1998 bis 2000, als die beiden Länder einen erbitterten Grenzkrieg gegeneinander führten.

Mein Vater war in jenem November 1970, nachdem er seinen Rücktritt eingereicht hatte, von Addis Abeba direkt nach London weitergereist. Es war das erste Mal in seinem Leben, daß er ohne ein offizielles Amt war.

Gaudeamus igitur

Meine Eltern machten uns Kindern keinerlei Vorgaben, was die Berufswahl anbelangte. Wir alle sollten einen Beruf ergreifen, der unseren Neigungen so weit wie nur möglich entsprach, und das galt nicht nur für mich und meine Brüder, sondern auch für meine Schwestern. Mein Großvater hatte einst am Ende einer unserer Zusammenkünfte in seinem Arbeitszimmer ausgerufen: »Aus ihm wird mal ein Diplomat!« Ich fragte ihn: »Was ist ein Diplomat?«, und nachdem ich eine ungefähre Vorstellung davon hatte (so ungefähr, wie sie ein siebenjähriger Junge eben haben kann), stand mein Berufswunsch fest. In späteren Jahren schenkte mir einer meiner Onkel zu Weihnachten Harold Nicolsons Buch *Diplomatie*, das ich aufmerksam studierte. Harold Nicolson, Ehemann der Schriftstellerin Vita Sackville-West, war ein *homme de lettres*, der leichtfüßig zwischen den Feldern Literatur und Politik hin und her sprang, wie es in Deutschland nur ein Harry Graf Kessler vermochte. Fast zwanzig Jahre lang stand er im Auswärtigen Dienst der britischen Regierung – Madrid, Istanbul, Teheran und Berlin zählten zu den Stationen seiner diplomatischen Laufbahn –, auch war er Teil der britischen Delegation bei den Friedensverhandlungen von Versailles. Einem solchermaßen ausgewiesenen Experten durfte wohl zu vertrauen sein.

Sieben Haupttugenden gibt es Nicolson zufolge, die ein idealer Diplomat besitzen sollte: Wahrheitsliebe, Genauigkeit, Ruhe, Gelassenheit, Geduld, Bescheidenheit und Loyalität. Doch damit nicht genug. Ein Diplomat sollte auch die verschiedensten fachlichen Anforderungen erfüllen, wie sie etwa der Verfasser eines frühen Handbuchs der Diplomatie aus dem 16. Jahrhundert, Ottaviano Maggi, beschrieb. Ein Gesandter müsse ein geschulter Theologe und wohlunterrichtet in der Philosophie des Aristoteles und des Plato sein; er müsse schwierige logische Probleme im Handumdrehen lösen können; er müsse bewandert sein in Mathematik, Physik, Architektur, Musik und in zivilem und kanonischem Recht; er solle fließend Lateinisch sprechen und schreiben und auch des Griechischen, Spanischen, Französischen, Deutschen und Türkischen mächtig sein. Er benötige Kenntnisse als Historiker und Geograph und müsse in der Militärwissenschaft geschult sein; und vor allem müsse er von ausgezeichneter Herkunft und von angenehmem Äußeren sein. Nahm diese Liste gar kein Ende?, fragte ich mich mit zunehmendem Unbehagen. Mitnichten! Das Beste hatte sich Nicolson, auch darin ein Autor von Rang, für den Schluß seines Buches aufgehoben, wo er sich direkt an mich zu wenden schien: »Aber, mag der Leser einwerfen, Sie haben Intelligenz, Wissen, Urteilskraft, Klugheit, Gastfreundschaft, Charme, Fleiß, Mut und Takt vergessen! – Ich habe diese Eigenschaften nicht vergessen. Ich habe sie als selbstverständlich vorausgesetzt.«

Das alles schien mir eher wie die Stellenbeschreibung für einen Gott als die für ein menschliches Wesen. Wer mochte in der Lage sein, all diese beängstigend hoch gelegten Hürden zu überspringen? Und welche dieser Qualifikationen ließe sich wohl auf einer Universität erwerben? Sollte man da nicht lieber der pragmatischeren Sicht der Prinzessin von Zerbst, der Mutter der Kaiserin Katharina von Rußland, den Vorzug geben, die an Friedrich den Großen schrieb, er möge zum Gesandten in Petersburg einfach einen schönen jungen Mann von frischer Gesichtsfarbe wählen? Für einen Gesandten an einem deutschen Hof, fügte sie noch hinzu, sei es freilich unerläßlich, daß er große Mengen von Bier vertrage.

Ich besprach mich mit meinem Vater, und wir entwarfen gemeinsam den Plan eines *Studium generale*. Mein Hauptfach sollte Jura sein und meine Nebenfächer Volkswirtschaft und Politik, aber wo immer sich die Gelegenheit bot, über den Tellerrand des Fachgebiets hinauszublicken, sollte ich dies tun und mich dem studentischen Leben zuwenden, um mich derart auf die vielfältigen Aufgaben im diplomatischen Dienst vorzubereiten. Wahrscheinlich hätte mein Vater, der so sehr von seiner Ausbildung in England geprägt war, es am liebsten gesehen, wenn ich meine Studienzeit in Oxford oder Cambridge begonnen hätte, aber für mich kam gar nichts anderes als eine Universität in Deutschland in Frage. So viele Jahre hinweg hatte ich mich unter der Glasglocke der Deutschen Schule in Addis Abeba mit der deutschen Sprache und Kultur beschäftigt, nun wollte ich endlich deutsche Luft atmen, und zwar in vollen Zügen.

Dazu ließ sich ins Feld führen, daß ich mit meinem deutschen Abitur bereits die – wie es so schön hieß – deutsche Hochschulreife erlangt hatte. Lästige Aufnahmeprüfungen, mit denen sich ausländische Studenten für gewöhnlich herumzuschlagen haben, blieben mir mithin erspart.

Mein Vater beschloß, den deutschen Botschafter in Addis Abeba, Dr. Kurt Müller, zu Rate zu ziehen: Er solle für mich eine gute Universität und ein gutes College in Deutschland auswählen. Die Frage der Universität ließ sich wohl lösen, aber an einer deutschen Hochschule ein Äquivalent für ein englisches College zu finden, das bereitete dem Botschafter einiges Kopfzerbrechen. Schließlich besann er sich darauf, daß einer seiner Vorgänger, Dr. Paulus von Stolzmann, Mitglied eines Studentencorps war. Er rief ihn an und erkundigte sich, ob er sich vorstellen könne, daß so etwas für mich in Frage käme. Von Stolzmann, dessen Söhne mit mir in Addis Abeba zur Deutschen Schule gegangen waren, überlegte nicht lange und empfahl ihm das Corps Suevia in Tübingen, wo er »Alter Herr« war. Für Tübingen sprach darüber hinaus, daß es eine der ältesten Universitäten Deutschlands war und die juristische Fakultät als eine der besten in ganz Europa galt. Ich hatte ebensowenig Ahnung davon, was ein Deutsches Studentencorps war, wie mein Vater. Allerdings wurde mir etwas mulmig, als ich sah, wie meine deutschen Lehrer, einer nach dem anderen, die Nase rümpften: Prunktönnchen, Mensurzipfel und Paradeschläger – solche Dinge waren im Jahre 1968 auch bei deutschen Lehrern im fernen Addis Abeba nicht gerade *en vogue*. Ich hoffte nur, mein deutsches Studentendasein würde nicht so sein, wie ich es von einem Gemälde Carl Spitzwegs kannte: Der arme Poet in seiner Dachmansarde, die Schlafmütze auf dem Kopf, auf einer Matratze liegend, und unter der undichten Decke ein aufgespannter Regenschirm, in dem sich das Wasser sammelte. Ich wischte alle Bedenken weg und hielt mich lieber an den Wahlspruch Eberhards im Barte, der einst im Jahre 1477 die Universität zu Tübingen errichtete und ihr damit das Motto gab: »*Attempto!*« – »Ich wag's!«

So begann ich also im Oktober 1968 an der Universität Tübingen zu studieren. Ich landete auf dem Frankfurter Flughafen, und von dort sollte es mit dem Zug nach Tübingen weitergehen. Es war nicht das erste Mal, daß ich deutschen Boden betrat, bereits drei Jahre zuvor hatte ich auf meiner ersten Europareise eine kleine Stippvisite in Frankfurt am Main eingelegt. Ich war mit meiner Mutter nach London unterwegs, das von Ethiopian Airlines nicht direkt angeflogen wurde. Wir hatten ein paar Stunden Zeit, bevor die Maschine nach London ging. Also setzten wir uns in ein Taxi, und ich hielt aus dem Fenster Ausschau nach dem Postkarten-Deutschland, das ich aus meinen Fibeln und den alten deutschen Spielfilmen kannte. Für mich setzte sich Deutschland damals zusammen aus mittelalterlichen Fachwerkhäusern in beschaulichen Dörfern, aus denen rote Kirchturmspitzen in den strahlend blauen Himmel ragten. Aus dem Fenster eines der Häuschen streckte sich mir der Kopf eines Mannes mit graumeliertem Haar entgegen, ein deutscher Dichter und Denker. Zwischen den Weilern erhoben sich dunkle Wälder und sattgrüne Wiesen, über die Hirten mit ihrer Schafherde zogen. In der Ferne glänzten schneebedeckte Berge im Sonnenschein, die sich im Wasser silberner Seen spiegelten. Die Gegend um den Frankfurter Hauptbahnhof entsprach nicht ganz dieser Vorstellung. Ich fragte den Taxifahrer, wo hier die Fachwerkhäuser seien, und er fuhr uns nach Sachsenhausen. In einer der typischen Äppelwoi-Kneipen konnte ich mich von meinem ersten Schreck etwas erholen.

Tübingen glich dann schon eher meinem romantischen Bild von Deutschland. Noch heute geht mir das Herz auf, wenn ich an einem strahlenden Sommertag auf der Neckarbrücke stehe und die Fassade der Fachwerkhäuser vor mir sehe, die sich in den verschiedensten Winkeln vor und zurück neigen, und dazwischen, von Weiden halb verdeckt, der Hölderlinturm, vor dem die Stocherkähne vor Anker liegen und sich im Wasser spiegeln. Und über all dem schaut die Turmspitze der Stiftskirche hervor. Dort in unmittelbarer Nähe, direkt am Neckar, lag auch das alte Verbindungshaus des Corps Suevia, das »Alte Schwabenhaus«. Bis 1934 war es das Domizil des Corps, später beherbergte es lange Zeit die Volkshochschule. Nach dem Krieg wurde dann auf dem Österberg, hoch oben über der Stadt, das neue Corpshaus erbaut, das für die nächsten beiden Jahre meine neue Heimat werden sollte. Von der Terrasse aus und dem großen Garten, der das Haus umgab, lag einem Tübingen zu Füßen.

Meine Corps-Brüder übertreiben maßlos, wenn sie behaupten, ich sei mit vierzig Koffern angereist. Gewiß, es waren wohl einige Schrankkoffer unter meinem Gepäck und ein Hutkoffer für meinen Zylinder – irgendwo muß die Garderobe eines Herrn ja schließlich verstaut werden. Das allermeiste war vorausgeschickt und behelfsmäßig in Räumen und Fluren zwischengelagert, als ich am Österberg ankam und, in einen langen viktorianischen Mantel mit Samtaufsatz gehüllt und mit einem Homburger auf dem Kopf, vor dem Gartentor des Verbindungshauses stand. Noch bevor ich auf die Klingel drücken konnte, schallte mir schon ein fröhliches »Griaß Good. Wia hoissad Se glei?« entgegen. Vor mir stand eine mächtige Person, um deren Leib sich eine große karierte Schürze spannte: Frau Bauer, die Haushälterin des Corps. Ein breites Lächeln zog sich über ihr pausbäckiges Gesicht. Ich verbeugte mich und sagte meinen Namen, sie wischte sich die Hände an der Schürze ab und

160

drückte mir so fest die Hand, daß ich für einen Augenblick den Mund zusammenkniff. Am Anfang hatte ich wohl etwas Mühe, ihr breites Schwäbisch zu verstehen, aber es bestand kein Zweifel, daß sie mich vom ersten Augenblick an ins Herz geschlossen hatte. Wann immer Unbill drohte, Frau Bauer bot mir Schutz und Schirm, und dazu gab es rasch Gelegenheit. Ich war, was das deutsche Corpswesen anbetraf, noch gänzlich unbedarft, und schon am Abend meines ersten Tages im Corps sollte meine feierliche Renoncierung als »Fuchs«, wie man im ersten Semester genannt wird, stattfinden. Die anwesenden Füchse, Burschen und Chargierten versammelten sich in der Kneipe im Keller des Verbindungshauses, und verbunden mit allerlei Ansprachen, Gesängen und reichlich Bier verliehen sie mir Mütze und Fuchsenband des Corps.

Am nächsten Morgen erwachte ich mit einem kräftigen Kater, und Frau Bauer bebte vor Zorn über meine Kommilitonen, die meine Unerfahrenheit mit dem deutschen Gerstensaft schamlos ausgenutzt hatten. So verpaßte ich meinen ersten Corps-Ausflug zum »Boxbeutelschnefter« nach Würzburg und gab mich statt dessen im Bette liegend der Hausmedizin von Frau Bauer hin – hausgebranntem Magenbitter, der angeblich nicht nur jeden Kater in Windeseile vertrieb, sondern von ihr für jede nur vorstellbare Unpäßlichkeit von Magenverstimmung über Halsschmerzen bis Schüttelfrost als Arznei der Wahl gepriesen wurde. »Zviel isch bittr«, erklärte sie mit mütterlich strengem Blick, während sie mir einen Eßlöffel voll entgegenstreckte, »ond wenns Honig wär!« Ich öffnete den Mund und schluckte brav die Medizin und erinnerte mich des klugen Hinweises der Prinzessin von Zerbst, was Diplomaten an deutschen Häusern anbetraf. Fortan stand meine Teilnahme an der studentischen Kneipe unter dem Motto »Drinking for Ethiopia«.

Die Studenten des Corps waren im ersten Geschoß des Hauses untergebracht, in kleinen, überaus einfachen Zimmern, wie sie etwa einer Jugendherberge entsprachen. Insgesamt waren wir sieben

Füchse und Burschen im Corps, ich teilte das Zimmer mit Thomas Knoke, mit dem ich bis heute befreundet bin. 1972 begleitete er mich auf eine Reise nach Äthiopien, und ich hatte Gelegenheit, ihm meine Heimat zu zeigen. Heute lebt er als Richter in Celle.

Das Corps Suevia Tübingen war damals – wie alle Corps – nicht nur eine farbentragende, sondern auch eine pflichtschlagende Verbindung, allen Mitgliedern war die Mensur auferlegt. Als Mitglied der äthiopischen Kaiserfamilie war es freilich undenkbar für mich, mich am Fechten zu beteiligen. Man überlegte fieberhaft, wie diese heikle Frage wohl zu lösen sei, und schließlich fand man eine Bestimmung in den Statuten des Kösener Senioren-Convents-Verbandes, des Dachverbandes, zu dem unser Corps gehörte, die besagte, daß Mitglieder von regierenden Häusern nicht zu fechten brauchten. Als Kennzeichen des einzigen nichtschlagenden Mitglieds des Corps trug ich statt des sonst üblichen Bandes eine Schleife. Und so sieht man mich noch heute in der Ahnengalerie im Keller des Verbindungshauses, die reihum alle Corpsbrüder von 1831, dem Gründungsjahr des Schwabencorps, bis heute zeigt, zuerst in Scherenschnitten und Zeichnungen, später dann in Photographien. Egal, ob man sich hier zur regelmäßigen Kneipe traf oder meine Corpsbrüder ihre Fechtübungen durchführten (die Kneipe wurde allmorgendlich flugs zum Paukboden umfunktioniert): Stets sah man die Blicke sämtlicher Corpsbrüder auf sich gerichtet.

Unser Tag als Corpsstudenten war in ein festes Korsett eingebunden. Um halb sieben wurden wir geweckt, egal, wie lang der vorhergehende Abend gedauert haben mochte. Noch vor dem Frühstück hielten meine Corpsbrüder ihre Paukstunde ab, derweil ich meinen täglichen Dauerlauf rund um den Österberg absolvierte (das Wort »joggen« existierte damals noch nicht). Nach dem gemeinsamen Frühstück ging es zur Universität, zum Mittagessen fand man sich wieder im Corps-Haus ein. Bevor Frau Bauer das Essen auftrug, nahmen die Aktiven mit ihren Hörnern auf der Terrasse Aufstellung und bliesen zur Mahlzeit. Am Nachmittag lernten wir oder besuchten Seminare, und abends aß man wieder gemeinsam im Verbindungshaus. Danach schloß sich oft eine Corps-Versammlung an. Freitag nachmittag fanden meist Mensuren statt, und nicht selten standen Wochenendbesuche bei Corps an anderen Universitäten auf dem Programm, oder Corps von außerhalb waren bei uns zu Gast. Die Rechte und Pflichten regelte der Corpscomment, und für die Kneipe gab es einen Biercomment – Verstöße dagegen wurden in der Regel auch geahndet. Eine der gebräuchlichen Strafen bestand darin, daß man morgens früh in die Stadt hinunterzugehen und sodann im Laufschritt den Österberg zu erklimmen hatte. Kontrollen gab es nicht, dennoch hat jeder von uns die ihm auferlegte Strafe stets geflissentlich befolgt. Es war Ehrensache, sich daran zu halten.

In den ersten drei Semestern – im Status des Aktiven – gab es für einen Corps-Studenten mithin kaum etwas jenseits des Corps. Erst danach, wenn man vom Aktiven zum Inaktiven wechselte, wurde das feste Band der Gemeinschaft etwas gelockert. Ich weiß, daß nicht wenige Studenten von heute mit Unverständnis auf das Corps- und Verbindungswesen mit all seinen Reglements und Verpflichtungen blicken; und doch gibt es heute mehr Corps-Studenten als noch zu meiner Zeit. Das Corps-Leben gibt dem Studentenleben Form und Halt – ein Obdach gegen die Kälte der Massenuniversität. Die Mitgliedschaft in einem Corps gilt nicht nur für die Dauer des Studiums, sondern für ein ganzes Leben. Die »Alten Herren«, wie die Korporierten nach Abschluß des Studiums genannt werden, tragen Verantwortung für die nachkommenden Mitglieder und setzen sich für deren Zukunft ein, ein Aspekt, der in Zeiten, da es nicht mehr selbstverständlich ist, daß man als Universitätsabsolvent auch eine Anstellung findet, zunehmend geschätzt wird.

Dennoch hielten und halten viele Achtundsechziger die Studentenverbindungen allgemein und die Corps im besonderen für den Hort der Reaktion. Die Sozialdemokratische Partei Deutschlands ging auf einem ihrer letzten Parteitage sogar so weit, die

Prüfung eines »Unvereinbarkeitsbeschlusses« zu verabschieden. Wer Mitglied einer Deutschen Burschenschaft oder eines studentischen Corps sei, hieß es dort, könne nicht gleichzeitig Mitglied der SPD sein. Was wohl der Mitbegründer der Sozialdemokratischen Arbeiterpartei Deutschlands und spätere Chefredakteur des *Vorwärts*, Wilhelm Liebknecht, zu diesem Beschluß sagen würde? Immerhin war er sowohl Mitglied des Corps Hasso-Nassovia Marburg als auch des Corps Rhenania Gießen. Oder Georg Ferdinand Duckwitz, der Retter der dänischen Juden im Zweiten Weltkrieg und spätere Staatssekretär unter Willy Brandt, der dem Corps Rhenania Freiburg angehörte? Wilhelm Blos, der erste Staatspräsident Württembergs, war nicht nur ein großer Sozialdemokrat, sondern ebenfalls Mitglied des Corps Rhenania Freiburg. Peter Graf York von Wartenburg, einer der wichtigsten Widerständler gegen den Nationalsozialismus, war Mitglied des Corps Borussia Bonn. Dort hatte sich auch Karl Marx, mit dem sich die heutige Sozialdemokratie bekanntlich nicht mehr gemein machen will, 1835 der Landsmannschaft der Trevaner angeschlossen, aus dem das Corps Palatia hervorging – und bis in seine letzten Tage hingen über Marx' Schreibtisch Band, Mütze und Schläger, die Insignien seiner Verbindung. Nicht ohne Stolz füge ich hinzu, daß das Corps Suevia Tübingen, dem ich angehöre, nicht nur Wilhelm II., den letzten König Württembergs, zu seinen Mitgliedern zählte, sondern auch Ulrich von Hassel, den einstigen deutschen Botschafter in Belgrad und Rom, der der Widerstandsgruppe des 20. Juli angehörte und nach dem gescheiterten Attentat auf Hitler hingerichtet wurde. Gerade die Corps-Studenten waren sich ihrer hohen gesellschaftlichen Verantwortung immer bewußt. Als Mark Twain auf seiner Europareise im Sommer 1878 nach Heidelberg kam, traf er auch mit den dortigen Corps-Studenten zusammen: »Sie waren adrett und modisch gekleidet, ihre Manieren waren ganz ausgezeichnet, und sie führten ein leichtes, sorgloses und angenehmes Leben. Wenn ein Dutzend von ihnen beisammen saßen und eine Dame oder ein Herr vorbeiging, die oder den einer von ihnen kannte und grüßte, standen alle auf und nahmen ihre Mützen ab.«

Im Gegensatz zu den Burschenschaften verfolgen die studentischen Corps keinerlei politische Ziele oder Gesinnungen. Als oberste Prinzipien sind in den Konstitutionen aller Corps politische und weltanschauliche Neutralität und das Toleranzprinzip festgeschrieben. Die Aufnahme in einem Corps ist vollkommen unabhängig von Nationalität, Religion oder politischer Einstellung. Dementsprechend finden sich in ihren Reihen viele Mitglieder ohne deutschen Paß, wie ich es damals war, und im Gegensatz zu den christlichen Studentenverbindungen auch Moslems, Juden und Atheisten. Das Corps Suevia Tübingen gehörte übrigens zu jenen Corps, die im Dritten Reich bis zuletzt dem Antisemitismus widerstanden. Als die NSDAP 1934 den Ausschluß der sogenannten »Judenstämmigen und jüdisch Versippten« aus den Verbindungen forderte, verweigerte dies das Corps Suevia zusammen mit vier weiteren Corps in Deutschland. Dem schändlichen Kotau zog man die Selbstauflösung vor.

Vielleicht hätte der Parteitag der Sozialdemokraten ihren Mitgliedern auch verbieten sollen, Wörter und Wendungen wie »auf Anhieb«, »pauken« und »eine Abfuhr erteilen« zu verwenden. All diese Begriffe stammen aus der Sprache des studentischen Fechtens. Der »Anhieb« ist der erste Hieb nach dem »Los«-Signal des Sekundanten, »gepaukt« wurde Tag für Tag in der »Paukstunde«, wo man sich fechtend auf die Mensur vorbereitete, und wer einem eine »Abfuhr« erteilt, hat seinem Gegenpaukanten eine so große Wunde zugefügt, daß der Paukarzt die Partie beendet und der Getroffene von den Vertretern seiner Verbindung »abgeführt« wird. Wenn ich in meiner Studentenzeit in Diskussionen um die politische Gesinnung der Corps verwickelt wurde, überreichte ich meinen kritischen Kommilitonen für gewöhnlich Heinrich Heines *Deutschland. Ein Wintermärchen* und wies sie auf die schöne Stelle hin, in der Heine seiner Göttinger Corpsbrüder gedenkt: »Wie standen sie prächtig auf der Mensur / Mit ihren Löwenherzen! / Es fielen so grade, so ehrlich gemeint, / Die Quarten und die Terzen. / Sie fechten gut, sie trinken gut, / Und wenn sie die Hand dir reichen / Zum Freundschaftsbündnis, dann weinen sie: / Sind sentimentale Eichen.«

Ich habe schon erwähnt, daß ich vom Fechten befreit war; das hieß freilich nicht, daß ich bei den Mensuren nur ein passiver Zuschauer gewesen wäre, im Gegenteil. Ich hatte mich freiwillig für das Amt des »Schleppfuchses« gemeldet. Der Schleppfuchs verwahrt vor und nach der Mensur die scharfe Klinge, und während der Mensur kniet er an der Seite des Sekundanten neben dem fechtenden Paukanten. Wenn das Kommando »Hoch . . . bitte . . . los!« ertönt, geht er in Deckung, und wenn das Signal »Halt!« gerufen wird, springt der Schleppfuchs aus seiner Position nach oben und erfüllt seine Aufgabe: in den Pausen zwischen den einzelnen Gängen den Fechtarm des Paukanten zu stützen und gegebenenfalls zu massieren. Da man als Schleppfuchs der scharfen Klinge also gefährlich nahe kam, schützte man sich durch Paukhelm und Halskrause. Der Name leitet sich übrigens davon ab, daß die Mensuren in den Zeiten, als sie streng verboten waren, meist außerhalb der Stadt an geheimen Orten abgehalten wurden. Der Schleppfuchs war beauftragt, die Mensurausrüstung des Paukanten zum Paukplatz zu »schleppen«, was in aller Regel mit erheblicher körperlicher Anstrengung verbunden war.

Über die Notwendigkeit des Fechtens wurden 1968 und danach viele Diskussionen geführt. War die Pflichtmensur tatsächlich ein notwendiges Mittel zur Persönlichkeitsbildung, zur Einübung von Tapferkeit und zum Überwinden der Furcht? Ihre Verteidiger beriefen sich auf die Geschichte. Wie sonst nur dem Adel war den Studenten einst das Tragen von Waffen gestattet worden, Ausweis eines gesellschaftlichen Privilegs, das mit einem strengen Ehrenkodex verbunden war. Ich kann sagen, daß mir die Vor- und die Nachteile des Fechtens aus erster Hand zuteil wurden, und es gab ein einschneidendes Erlebnis, das mich schließlich dazu brachte, mich dafür einzusetzen, das Fechten abzuschaffen. Wir waren mit dem

Corps zu einem Bestimmtag des Kösener Dachverbandes nach Würzburg gereist. Am Abend fochten die Corpsburschen zweier österreichischer Corps. Die österreichischen Corps galten als harte Fechter, sie gehören zu den Schwarzbündern, die im Gegensatz zu den »grünen« Corps, denen auch das Schwabencorps angehörte, »tief« fochten – mit dem ganzen Einsatz des Körpers. Ich wohnte den Mensuren bei und erlebte, wie einer der Kombattanten »abgeführt« wurde, nachdem er einen nicht übersehbaren Schmiß erhalten hatte. Das Blut tropfte ihm aus der Wange, und er wurde zum Paukarzt geleitet. Im Fechtcomment ist festgehalten, daß Mensurwunden ohne Narkose genäht werden müssen. Ich war neugierig auf das Procedere und begleitete den blutenden Studenten. Der Paukarzt sah ihm kurz ins Gesicht und sagte: »Strecken Sie mal Ihre Zunge heraus.« Mir war nicht ganz klar, was er damit meinte, aber ich sollte es schnell erfahren. Der Arzt wollte sehen, ob die Verletzung durch die Backe hindurchging. Und tatsächlich, zwischen der blutenden Wunde schob sich seitlich die Zungenspitze hervor. Der Arzt wollte sich gerade daranmachen, die Backe zu nähen, da zog der Paukant ein kleines Kästchen aus seiner Hosentasche. Darin fand sich ein Büschel langer Haare, die von seiner Verlobten stammten. Dann bat er den Paukarzt, ein Haar in die Wunde hineinzunähen – der Schmiß sollte in seiner ganzen Pracht auf seiner Backe sichtbar bleiben als lebenslanges Andenken an seine Paukerzeit. Ich kannte derartiges bislang nur aus Erzählungen aus vergangenen Jahrhunderten, jedenfalls war von diesem Augenblick an meine Entscheidung in der Fechtfrage gefallen. Ich will es nicht gänzlich verdammen, es mag Corps geben, die ein solches verbindendes Element nötig haben. Bei dem Corps Suevia war dies keineswegs mehr so, und so war es richtig, es aufzugeben. Auf einem eigens anberaumten feierlichen Corps-Konvent im Jahre 1971 wurde die sogenannte Fechtfrage mit Leidenschaft diskutiert. Vielleicht gab bei der Abstimmung das Verhalten der »Alten Herren« den Ausschlag. Fast alle erklärten sich bereit, dem Corps weiter anzugehören, unabhängig davon, wie man in der Fechtfrage entschied. So wurde der Beschluß, das Fechten aufzugeben, mit großer Mehrheit gefaßt. Und da wir uns im Dachverband der Corps, im Kösener Senioren-Convents-Verband, mit unserem Antrag auf fakultatives Fechten nicht durchsetzen konnten, trat das Corps Suevia schließlich aus dem Verband aus. Das Corps hatte seine Einheit bewahrt, andere Corps sind an der Fechtfrage zerbrochen. Im Corps Suevia wird bis heute der Zusammenhalt gelebt. Im Sommer findet das alljährliche Stiftungsfest statt, zu dem die meisten der »Alten Herren« nach Tübingen kommen; in der Zeit vor Weihnachten die traditionelle Weihnachtskneipe; die Antritts- und Abschlußkneipen am Anfang und am Ende des Semesters; aber auch unabhängig von diesen festen Anlässen kommt man zu Vortragsabenden zusammen. Ich freute mich sehr, als ich meinen Corpsbrüdern vor einiger Zeit mein Buch *Manieren* vorstellen durfte. Was Heinrich Heine einst über seine Corpsbrüder sagte, gilt erst recht für die meinen: Auch sie sind sentimentale Eichen.

Für viele Tübinger war ich damals wahrscheinlich der erste Dunkelhäutige, den sie zu Gesicht bekamen. Die Tübinger sind vielleicht nicht gerade als weltoffen zu bezeichnen, aber sie sind ein fröhlicher und gastfreundlicher Menschenschlag mit einer Prise lateinischer Leichtigkeit. Ich habe niemals irgendeine Form der Diskriminierung erfahren, und auch von den wenigen meiner dunkelhäutigen Kommilitonen habe ich nie etwas Derartiges gehört. Wenn ich Tübingen mit einem Wort charakterisieren sollte, fällt mir das schöne – und in keine andere Sprache übersetzbare – Wort »Gemütlichkeit« ein. Der Rhythmus der Stadt ist angenehm langsam. Gemütlich spaziert man die schmalen Gassen vom Neckar zum Schloß hinauf, Eile ist hier wie dort ein fremder Begriff. Auch das Geistesleben, das sich von der Neuen Aula aus in die Stadt ergießt, strahlt hier eine ganz eigentümliche Beschaulichkeit aus. Direkt zum Neckar hin, vom Fluß nur durch einige Büsche und Haselnußsträucher geschieden, steht noch das Haus, in dem das hochbetagte Ehepaar Bloch lebte, und wo Ernst Bloch, fast blind

und »krumm wie ein Fidelbogen«, Pfeife rauchend und in Pantoffeln seine Doktoranden zum Rigorosum empfing. Hans Küng und
Joseph Ratzinger, der auf dessen Anregung nach Tübingen auf den
Lehrstuhl für Katholische Dogmatik kam, konnten hier in den
sechziger Jahren noch in trauter Eintracht Theologie lehren, bevor
die politischen Zeitläufte sie auseinanderrissen. (Wie sehr bedaure
ich es heute, daß ich weder den einen noch den anderen an der Universität gehört habe.) An der Neckarbrücke, wo ich so gerne ver-
weilte, stand einst auch Hermann Hesse abends nach einem langen
Arbeitstag in der Heckenhauerschen Buchhandlung, in der er als
Lehrling Bücher verpackte, sortierte und archivierte, blickte ins
Wasser hinab und dichtete: »Abends muß ich auf der Brücke stehen / Nieder in den dunkeln Strom zu sehen / Wie er strömt und
zieht und mit Gebrause / Sehnlich weiterstrebt – wohin? Nach
Hause?« In Tübingen hatte Siegfried Unseld, als er noch nicht der
stets umtriebige Verleger des Suhrkamp-Verlags war, die Muse, in
den sogenannten Philosophischen Ferien gemeinsam mit Professor
Weischedel und dessen Doktoranden sich zehn Tage lang von morgens neun bis abends um sechs – nur unterbrochen von einem gemeinsamen Mittagessen –, Heideggers *Holzwegen* zu widmen. Auch
die Werke des Schwäbischen Dichterkreises in ihrer stillen Größe –
Mörikes *Maler Nolten*, Hauffs Märchen, die ich bereits als Kind vor
dem Einschlafen von Tante Louise vorgelesen bekommen hatte,
Gustav Schwabs Sammlung der *Sagen des Altertums*, und Uhlands
Balladen: all diese Hervorbringungen schienen mir nur in Tübingen und in keiner anderen Stadt möglich. Selbst der Gedanke an
den kranken Hölderlin in seinem Turm, in dem dieser einst fünf-
unddreißig Jahre lang bis zu seinem Tod von seinem Vermieter, dem
Schreinermeister Zimmer, rührend umsorgt worden war, erweckte
in mir ein Gefühl von Geborgenheit.

Der Sturm von Achtundsechzig zog dann auch über die Universität von Tübingen hinweg und wirbelte sie kräftig durcheinander.
Aber er konnte die Alma mater nicht in ihren Grundfesten erschüt-
tern, wie das in Berlin oder Frankfurt am Main der Fall war. Tätli-

che Angriffe und Prügeleien gab es damals nicht, hier wurden keine Barrikaden errichtet und keine Autos in Brand gesetzt, und nur selten einmal flog ein Stein. Auch die Studentenunruhen zeigten sich hier von ihrer schwäbischen, gemäßigten Seite. Wenn die Aktivisten des SDS einen Hörsaal besetzten oder gar eine Vorlesung stürmten (man nannte das amerikanisch *Go-in*, auch wenn man stramm anti-imperialistisch gesinnt war), um statt der »Einführung ins deutsche Rechtswesen« die »autoritäre Struktur der Universität« auf die Tagesordnung zu setzen, konnte man gewiß sein, daß kurz darauf die Polizei zur Stelle war; die Studenten in Tübingen hatten sich ihren Respekt vor der Ordnungsmacht weitgehend bewahrt.

Über die Achtundsechziger ist in den letzten Jahren in Deutschland viel diskutiert worden. Es mag kaum überraschend sein, wenn ich erwähne, daß ich den Verlust der Umgangsformen, der mit dem zur Schau getragenen antibürgerlichen Comment einherging und der bis heute fortwirkt, mit einer leisen Wehmut betrachte. Von allen Zwängen wollte man sich befreien, und demonstrierte doch bloß zwanghaft jedem bei jeder Gelegenheit seine Zwanglosigkeit. Und während die Achtundsechziger im langen Marsch durch die Institutionen nach und nach, mehr oder weniger diskret, sich ihrer Ideale entledigten, behielten sie ihre schlechten Manieren bei.

Mehr noch als mit meiner Hautfarbe fiel ich durch meine Kleidung im Hörsaal auf. Ein Student im Anzug, mit Einstecktuch und Krawatte, das war schon damals in Deutschland keineswegs mehr selbstverständlich. Die Achtundsechziger haben uns alle geprägt, diejenigen, die auf den Demonstrationen gegen den Vietnam-Krieg mit Parka, Turnschuhen und Palästinensertuch in erster Reihe mitmarschierten, und jene, die den Aufzug im Mantel und mit Regenschirm vom Straßenrand aus kopfschüttelnd beobachteten. Nicht, daß sich irgend jemand aus meinem Tübinger Freundeskreis für die Theorien der marxistischen Gruppierungen begeistert hätte. Allein sich in dem unüberschaubaren Mikrokosmos unzähliger Splittergruppen und Fraktionen zurechtzufinden, die sich gegenseitig mindestens ebenso hart bekämpften wie sie gemeinsam Kurt Georg

170

Kiesinger, die Große Koalition und den Ring Christlich Demokratischer Studenten bekämpften, schien uns ein aussichtsloses Unterfangen. Gleichwohl waren wir ständig gezwungen, unseren Standpunkt zu formulieren und zu verteidigen. In Tübingen lernte ich, was politische Gegnerschaft bedeutet: Tagsüber redete man sich die Köpfe heiß und führte heftige Debatten, abends in der Kneipe saß man beim Bier zusammen und prostete sich zu. Dies überraschte mich um so mehr, als ich diese Art des fairen Umgangs mit dem politischen Gegner aus meiner afrikanischen Heimat so nicht kannte. In den meisten afrikanischen Sprachen gibt es gar kein Wort für »Gegner«, sondern nur ein Wort für »Feind«.

Der Rektor der Tübinger Universität in jenen turbulenten Jahren war Ludwig Raiser, er hatte einen Lehrstuhl für Kirchenrecht und war darüber hinaus Präsident der Deutschen Forschungsgemeinschaft und Vorsitzender des Wissenschaftsrates. Er besaß eine außergewöhnliche Persönlichkeit, es gab keine Situation, in der er sich nicht als Herr der Lage erwies. Als er einmal mit Professor Eschenburg in seinem Arbeitszimmer zusammensaß, flog die Tür auf, ein paar Handvoll Studenten stürmten ins Zimmer und erklärten das Rektorat für »besetzt«. Aber Raiser würdigte die Eindringlinge keines Blickes, er studierte weiter seine Akten und unterhielt sich mit Eschenburg, als ob nichts geschehen sei. Nach einer Weile hob er den Kopf und sagte: »Meine Herren, ist jetzt nicht Mittagszeit? Wollen wir nicht besser Schluß machen?« Die Studenten dachten nicht daran, und so verließ er zusammen mit Eschenburg sein Zimmer. Als er vom Mittagstisch zurückkam, waren auch die revoltierenden Studenten wieder abgezogen, ohne daß sie im Arbeitsraum des Direktors irgend etwas angerührt hätten.

Neben Professor Raiser waren es besonders zwei Professoren, die mich in meiner Tübinger Studienzeit auf ganz besondere Weise prägten: der Strafrechtler Horst Schröder, Mitverfasser des »Schönke/Schröder«, des führenden Kommentars zum Strafgesetzbuch, und der bereits erwähnte Theodor Eschenburg. Eschenburg lehrte in Tübingen Politische Wissenschaft. In den zwanziger Jahren hatte er einst selbst hier Nationalökonomie studiert, bevor er nach Berlin ging und Zutritt zum engsten Kreis des Außenministers Stresemann erhielt. Das Dritte Reich überstand er in der inneren Emigration als Geschäftsführer diverser Industrieverbände. Nach dem Krieg wurde er zunächst Flüchtlingskommissar und dann stellvertretender Innenminister des neuen Landes Württemberg-Hohenzollern, das unter französischer Besatzung stand und seinen Regierungssitz in Tübingen hatte – bis es dann in dem Bundesland Baden-Württemberg aufging, zu dessen maßgeblichen Architekten Theodor Eschenburg gehörte. Eschenburg war also ein Mann der Praxis, als er 1952 auf den neugeschaffenen Lehrstuhl der Politischen Wissenschaft nach Tübingen berufen wurde, und ist es stets geblieben: Die führenden Politiker der Bundesrepublik holten sich bei ihm Rat. Nach dem Rücktritt Brandts berief ihn Helmut Schmidt 1974 zum Leiter der Untersuchungskommission zur Aufklärung der Guillaume-Affäre. Jahrzehntelang war er der strahlende Leuchtturm der deutschen Politikwissenschaft, der als regelmäßiger Autor der *ZEIT* ein breites Publikum erreichte. Trotz zahlreicher Avancen anderer Universitäten blieb er der Stadt am Neckar bis zu seiner Pensionierung im Jahre 1973 treu. In seiner Zeit als Rektor der Universität von 1961 bis 1963 berief Eschenburg – gegen den erheblichen Widerstand von Professorenkollegen und Vertretern der Landesregierung – Walter Jens und Ernst Bloch nach Tübingen. Bei uns Studenten war er aufgrund seines Wissens, seines Humors und seiner unvergleichlichen schlagfertigen Art hochgeschätzt. Gerne erzählte er die Geschichte, wie Helmut Kohl, der einmal ein Seminar bei ihm belegt hatte, ihn später, während seiner Zeit als Ministerpräsident von Rheinland-Pfalz, darauf ansprach: »Kennen Sie mich noch von Ihrem Seminar über Parteienfinanzierung von vor zwanzig Jahren?« – »Und ob«, erwiderte Eschenburg, »Sie haben leider, wie sich gezeigt hat, nichts daraus gelernt.« Demokratie müsse gelehrt und gelernt werden, war sein Grundsatz, und so setzte er sich mit aller Kraft dafür ein, daß Politik Unterrichtsfach in den Schulen wurde. Jeden Donnerstagnachmittag, wenn Eschenburg seine Vorlesung hielt, war das Audimax bis auf den letzten Platz gefüllt, und es waren nicht nur Studenten aus den verschiedensten Fachbereichen versammelt, auch zahlreiche Tübinger Bürger gehörten zu seinen regelmäßigen Hörern.

Ich besuchte mehrere seiner Seminare, und da er sich sehr für Äthiopien interessierte, lud er mich einmal zu einem Gespräch in sein Arbeitszimmer ein. Ich schilderte ihm die politische Lage in meinem Heimatland. Seit 1955, als der Kaiser dem Land seine zweite, überarbeitete Verfassung schenkte, sei Äthiopien formell eine konstitutionelle Monarchie, aber die Verfassung sei ohne praktischen Einfluß: Haile Selassie regiere uneingeschränkt als absoluter Herrscher wie in den Jahren zuvor. Eschenburg zog eine Parallele zu Deutschland. Äthiopien, erklärte er mir, befinde sich in einer ähnlichen Situation wie das deutsche Kaiserreich zu Ende des 19. Jahrhunderts. Dann begannen wir über die verpaßten Möglichkeiten in der deutschen Geschichte zu sprechen. Was wäre passiert, wenn Friedrich III. im Dreikaiserjahr 1888 nicht bereits nach neunundneunzig Tagen im Amt verstorben wäre? Wäre es ihm, dem liberal gesinnten Kaiser, vielleicht möglich gewesen, in Deutschland eine Staatsform nach englischem Vorbild zu errichten? Was wäre gewesen, wenn Kaiser Wilhelm II. im Jahre 1908 nach seinem fatalen Interview mit dem *Daily Telegraph*, das vor Entgleisungen nur so strotzte, tatsächlich zurückgetreten wäre, wie er es kurzzeitig erwogen hatte? Wäre ohne Wilhelm II. die außenpolitische Isolierung und mithin der Erste Weltkrieg zu verhindern gewesen? Und wäre vielleicht Gustav Stresemann, hätte er nicht 1928 ein so jähes Ende gefunden, der Mann gewesen, der im fatalen Winter der Jahreswende 1932/33 Hitlers Griff nach dem Kanzleramt hätte Einhalt gebieten können? Eschenburg war überzeugt, daß diese »Was-wäregewesen-wenn«-Fragen höchst nützlich für uns Studenten seien, um die Geschichte in ihren Augenblicken der entscheidenden Weichenstellungen und in ihrem Zusammenspiel von Personen und Institutionen begreifen zu können. Er führte auch jenes vertrackte ju-

173

ristische Gedankenspiel an, das ihm Ende der zwanziger Jahre von seinem Lehrer in Berlin, dem Staatsrechtler Heinrich Triepel, zur Lösung aufgegeben worden war. »Stellen Sie sich vor, der Reichspräsident, der Reichskanzler sowie sämtliche Mitglieder der Reichsregierung, die Präsidenten des Reichtags, des Bundesrats sowie des Reichsgerichts fahren in einem Sonderzug zur Einweihung eines Reichskriegerdenkmals nach Thüringen. Durch ein Zugunglück kommen alle ums Leben. Wer ernennt die neue Regierung?«

Dieses Privatissimum bei Professor Eschenburg sollte der Auftakt für mehrere Vieraugengespräche sein, die wir in seinem Arbeitszimmer führten. Viele Stunden saß er mit mir zusammen, mich durch seine dicke Hornbrille wohlwollend musternd, ein Bein über das andere geschlagen und in der Hand die obligatorische Pfeife, und unterhielt sich mit mir über das politische System der Bundesrepublik und die Geschichte der Deutschen. Eschenburg hing – vor dem Hintergrund des Untergangs der Weimarer Republik, den er als unmittelbarer Zeuge miterlebt hatte – der Vorstellung einer starken Demokratie an. Aus diesem Grund befürwortete er das Mehrheitswahlrecht und eine starke Stellung des Kanzlers, der wirklich in der Lage sein müsse, die Richtlinien der Politik zu bestimmen, und lehnte Volksentscheide strikt ab. In einem Demokratieverständnis, das den Staat am liebsten Tag für Tag zur Disposition stellen würde, sah er eine Gefahr für die Demokratie. Mehrheitsbeschlüsse müßten auch für die unterlegene Minderheit bindend sein, dies hielt er für das Sanctissimum der Demokratie. Von daher erklärt sich auch die Verachtung, die er für die Achtundsechziger-Bewegung hegte. Die »Ideologiebrunst« der Studenten des SDS, die alle Dinge, »vom Thron bis zum Nachttopf«, wie Eschenburg es ausdrückte, in einem schlüssigen System einordnen wollten und sich gedankenlos über den Willen der Mehrheit hinwegsetzten, war ihm zuwider. Niemand hat mir die wechselvolle Geschichte Deutschlands und das jahrhundertelange Streben der Deutschen nach Demokratie so eindrucksvoll nahegebracht wie Professor Eschenburg. Und niemand wie er, daß Demokratie ein zerbrechliches Gut ist, ein Schatz, mit dem man behutsam umzugehen hat. Oder, um es mit Talleyrand zu sagen, den er gerne zitierte: »Der Zustand der Demokratie muß dauernd überwacht werden. Er ist weder gut noch böse, sondern ständiger Korrektur bedürftig, weil ihm tödliche Gefahr droht.« Für mich waren die Privatissimi bei Eschenburg, dem »Lehrer der Republik«, ein unvergeßlicher Geschichts- und Politikunterricht unter vier Augen.

Mit meinem zweiten großen Lehrer, dem Staatsrechtler Horst Schröder, verbindet mich eine besondere Episode. Das Tübinger Studentenleben ist überschaubar, und es gab viele Gelegenheiten, bei denen sich Professoren und Studenten nahekommen konnten. Eine schöne Tradition ist die Tübinger Besenwirtschaft. Zwischen November und März wird der neue Wein in saisonal eingerichteten Kneipen ausgeschenkt, die dadurch gekennzeichnet werden, daß man einen Reisigbesen vor die Tür hängt. Unter anderem Namen gibt es sie auch in anderen Teilen Deutschlands und Österreichs, an Mosel und Saar wird sie Straußenwirtschaft genannt, im Fränkischen Häckerwirtschaft und in Wien Heuriger. In den Besenwirtschaften ging es immer hoch her, und einmal saß ich dort zufällig mit Professor Schröder an einem Tisch. Beide sprachen wir dem jungen Wein zu, mehr als uns guttat. Irgendwann waren wir so angeheitert, daß mir der Professor das Du anbot. Und fatalerweise nahm ich es an. Nun war es damals ein Ding der Unmöglichkeit, daß sich ein Professor und ein Student – womöglich noch im Beisein von weiteren Studenten und Professoren – duzten, und am nächsten Morgen zerbrach ich mir den Kopf darüber, wie ich ihm wohl aus dieser peinlichen Situation wieder heraushelfen konnte – wenn er sich denn überhaupt noch daran erinnerte. Ich beschloß, mich zu Beginn der nächsten Seminarsitzung zu melden, ihn höflich zu siezen und so das Mißverständnis aus der Welt zu schaffen. Kaum hatte das Seminar angefangen, als ich schon den Arm in die Höhe riß. Aber Professor Schröder ließ mich nicht zu Wort kommen, er tat einfach so, als würde er mich nicht zur Kenntnis nehmen. Ich meldete mich beharrlich auf jede Frage, die er an das Auditorium richtete, doch nie wurde ich aufgerufen. Meine Kommilitonen fingen schon an zu tuscheln. Irgendwann beschloß Professor Schröder zu kapitulieren. Er seufzte tief und bedeutete mir mit einer wegwerfenden Handbewegung, daß ich sprechen sollte. Ich weiß nicht, was er erwartete –, ein schulterklopfendes »Du, Horst . . .« vielleicht. Ich jedenfalls öffnete den Mund und begann mit den Worten: »Eure Spektabilität, Sie haben . . .« Was ich dann sagte, weiß ich nicht mehr – es muß großer Unsinn gewesen sein, denn ich hatte keine Ahnung, was er gerade gefragt hatte. Aber ich spürte, wie sich die Gesichtszüge des Professors entspannten, und mit sichtbarer Rührung und eifrigem Nicken entgegnete er: »Wie recht Sie bloß haben, Herr Kollege . . . wie recht . . .« Meine Kommilitonen sahen uns beide an, als kämen wir von einem anderen Planeten.

Es war am Anfang nicht ganz einfach für mich, mit der Freiheit, die man als deutscher Student hat, umzugehen. Das Corps hat mir dabei sehr geholfen und mich davor bewahrt, mich bloß als eine Matrikelnummer unter vielen zu fühlen. Ich hörte Jura, Volkswirtschaft und Politische Wissenschaft und entwickelte, angeregt durch Professor Eschenburg, ein lebhaftes Interesse für Geschichte. Ich genoß den Luxus, mich in Deutschland ohne Chauffeur und Bodyguard zu bewegen – und ich entdeckte meine Liebe zur deutschen Küche. Zwar hatte ich schon in Äthiopien Bekanntschaft mit vielen deutschen Gerichten gemacht, doch war es nicht einfach gewesen, frische Zutaten zu bekommen. So oft es ging, war ich nach Gefersa gepilgert, einem Ausflugsort südwestlich von Addis Abeba unweit des großen Wasserreservoirs. Dort hatte eine patente Österreicherin, Frau Eisner, eine Gastwirtschaft mit eigener Schweinezucht und Schlachtung. Wenn Frau Eisner zur Schlachtplatte rief, versammelte sich regelmäßig die deutschsprachige Gemeinde von Addis Abeba. Als Frau Eisner in den späten sechziger Jahren verstorben war, mußten die Gattinnen der Mitarbeiter der Deutschen Botschaft eigens von Addis Abeba nach Nairobi fliegen, um sich in den dortigen deutschen Metzgereien und Bäckereien zu versorgen, die in ganz Afrika bekannt waren. Hier in Deutschland gab es nun alles in Hülle und Fülle, die Vielfalt der Würste in den Tübinger Metzgereien erschlug einen fast, es war wie im Schlaraffenland. Frau Bauer verwöhnte uns mit den schwäbischen Spezialitäten, von Kässpätzle über Gaisburger Marsch und Saure Nieren bis hin zu den berühmten Maultaschen, die mit den verschiedensten Füllungen in unterschiedlichsten Variationen auf den Tisch kamen: als Einlage in einer kräftigen Rinderbrühe, mit gerösteten Zwiebeln geschmälzt oder mit reichlich Butter in Streifen angebraten. Frau Bauer nannte sie mit ihrem traditionellen Kosenamen »Herrgottsbscheißerle« und erzählte mir, daß sie einst erfunden worden seien, um das Fleischverbot in der Fastenzeit zu umgehen. Der Herrgott im Himmel könne das im Teig eingewickelte Fleisch nicht sehen. Mir schmecken sie am besten in Brühe mit dem typischen schwäbischen Kartoffelsalat, wie ihn Frau Bauer so meisterhaft zuzubereiten verstand.

Manchmal sah ich ihr in der Küche des Verbindungshauses beim Kochen zu, aber es war nicht einfach, sie alleine anzutreffen. Fast immer saß Bruno, der Gärtner des französischen Konsuls bei ihr, des Oberbefehlshabers der in Tübingen stationierten französischen Truppen – die Villa des Konsuls lag gleich nebenan. Vor sich eine Flasche Pernod, erzählte Bruno, der aus dem Elsaß kam, nicht enden wollende Geschichten von seiner Zeit bei der französischen Fremdenlegion und seinen Einsätzen in Afrika und Indochina, die Frau Bauer, während sie unbeirrt Nudelteig walkte und Fleisch klopfte, gelegentlich mit den Worten kommentierte: »Ha no, dees isch hald so!« Mir erschienen die profanen Beschreibungen von Gewehrfeuersalven und Schützengräben inmitten der heiligen Küche wie ein Sakrileg. Nachdem Bruno einmal gerade die Küche verlassen hatte, zog mich Frau Bauer ins Vertrauen und erklärte mir: »Der hodd koin Schaffgoischd!« Wenn mich Frau Bauer fragte, was mein deutsches Lieblingsgericht sei, fiel mir nie eine Antwort ein, und noch heute komme ich bei dieser Frage in Verlegenheit, zu groß ist der Reichtum der deutschen Küche mit ihren regionalen Spezialitäten. Vielleicht ist es tatsächlich Bulette mit Kartoffelsalat, zwei überaus einfache Gerichte, so könnte man meinen, die aber, wenn sie raffiniert und mit besten Zutaten zubereitet werden, geradewegs auf den kulinarischen Gipfel führen. Dem weisen Spruch Frau Bauers »Bei de Reiche lernt ma 's spara, bei de Arme 's kocha« schloß ich mich gerne an.

Aber nicht nur die Küche Frau Bauers, ganz Tübingen hatte reichhaltige kulinarische Schätze zu bieten. Gerne und oft besuchten wir das »Café Völter«, wir sprachen von »völtern gehen«. Dort gab es die beste Linzer Torte der Welt, die von den schönsten Bedienungen der Welt an den Tisch gebracht wurde. Wenn man etwas Geld hatte, ging man in die »Forelle«, wo man »Roschdbrooda mit Schbäzle« aß. Dort lernte ich die Institution des Weinhebers kennen: eine Vorrichtung, in der eine ganze Flasche Wein in einen gläsernen Trichter geleert wird, aus dem dann der Wein direkt in die Gläser fließt. Man konnte sich sicher sein: Stand ein Weinheber auf dem Tisch, liefen mit dem Wein auch die Gespräche wie am Schnürchen.

Samstags ging man zum Frühschoppen ins »Weinhaus Schmidt«, eine Tübinger Institution mitten in der Altstadt, die es heute noch gibt. Hier mischten sich »d'Herre Studende«, wie sie von den Tübingern genannt wurden, mit der eingesessenen Stadtbevölkerung, und gemeinsam »schlotzte« man (wie das Weintrinken hier genannt wird) sein Viertele. Vor kurzem war ich nach fünfundzwanzig Jahren zum ersten Mal wieder im »Weinhaus Schmidt«, das inzwischen der Sohn der Familie, der in meinem Alter ist, übernommen hatte. Und wie erfreut war ich, als ich von Fritz, wie einst von seiner Mutter, mit Namen und Handschlag begrüßt wurde.

Neben der deutschen Gastlichkeit erschloß sich mir in Tübingen noch eine andere deutsche Tugend, die ich schon aus so vielen deutschen Gedichten kannte: das Wandern, unter uns Corpsbrüdern »Schneftern« genannt. Fast jeden Sonntag, wenn wir nicht gerade auf Corpsbesuch in einer anderen Stadt waren, griffen wir zum

»Schnefterpint«, so hieß bei uns der Stock, schnallten den Rucksack um und gingen los. Am liebsten schnefterten wir zum Schloß Hohenentringen, hoch über dem Ammertal, zur dortigen Schloßgaststätte. Hier gab es den besten »Moscht«, eine überaus erfrischende Variante des Weines. Nachdem ich das erste Mal von Tübingen durch Föhren-, Laub- und Tannenwälder, über Hügel und Bergrücken zur Wurmlinger Kapelle hinaufgewandert bin, die einst Ludwig Uhland in rührenden Versen besang, habe ich auch Seumes Lebensmaxime verstanden, die er sich auf seinem großen Spaziergang von Grimma nach Syrakus erwanderte: »Wo alles zuviel fährt, geht alles sehr schlecht, man sehe sich nur um! Sowie man im Wagen sitzt, hat man sich sogleich einige Grade von der ursprünglichen Humanität entfernt. Ich halte den Gang für das Ehrenvollste und Selbständigste in dem Manne und bin der Meinung, daß alles besser gehen würde, wenn man mehr ginge.«

Manch einer von meinen schwäbischen Kommilitonen versuchte mir auch, das Schwäbeln beizubringen, aber ich gab es schnell wieder auf. Sich einen fremden Dialekt aneignen zu wollen, kommt einer Anmaßung gleich, und ein hoffnungsloses Unterfangen ist es obendrein. Ein »Reigschmeggder« wird immer als »Reigschmeggder« zu erkennen sein, egal ob er aus Addis Abeba oder aus Hamburg kommt, bestenfalls wird er es zu einer anämischen Variante von Honoratiorenschwäbisch bringen. Wie jeder Dialekt spaltet sich auch das Schwäbische in zahllose regionale Varianten auf, die schon von Dorf zu Dorf wechseln können. Das Wörtchen »nicht« beispielsweise kann – je nach Region – als »nedd«, »nedda«, »nitt«, »edd«, »edda«, »idd« oder »idda« wiedergegeben werden. Feine Ohren erkennen in Tübingen sogleich, ob man es mit einem Protestanten oder mit einem Katholiken zu tun hat. Hört man etwa »d'r Lährer« (statt »Lehrer«) oder »Sähle« (statt »Seele«), erklingt darin das protestantisch offene »e«, das bis auf die sächsisch-thüringischen Prediger der Reformation zurückgeht. Der Studentenspruch: »Die schönste Frau sieht anders aus, wenn sie anfängt, zu schwäbeln«, scheint mir in höchstem Maße ungerecht – es muß ihn einer erfunden haben, der einmal abgeblitzt ist und gleich das ganze schwäbische schöne Geschlecht in Sippenhaft nahm. Jeder Dialekt in Deutschland besitzt seinen unverwechselbaren Charme und ich bin froh, daß man sich heute nicht mehr schämt, Dialekt zu sprechen – wenn auch bevorzugt zum Akzent herabgemildert. Wer Dialekt spricht, strahlt Natürlichkeit und Wärme aus, dem reinen Hochdeutschen ist seit je eine gewisse Künstlichkeit eigen, die den Nachrichtensprechern der *Tagesschau* wohl anstehen mag. »Wir können alles. Außer Hochdeutsch.« Mit diesem Werbespruch hat Baden-Württemberg zu Recht voller Stolz darauf hingewiesen, daß hier der Dialekt noch intakt geblieben ist, und hat sich damit in ganz Deutschland viel Sympathie erworben. Wer Dialekt spricht, kann sich nicht verstellen; in Tübingen gilt dies ganz besonders. Hier paart sich Offenheit mit Bescheidenheit. Wie rührend ist es doch zu hören, wenn die Kassiererin im Supermarkt ein demütiges »Ich bin so frei!« voranschickt, bevor sie das bereitgelegte Wechselgeld ergreift und einem ein fröhliches »Adele« zuruft. Manches Mal ertappe ich mich übrigens noch heute dabei, wie mir der Ausdruck »Heiligsblechle!« herausrutscht.

Meine Aufzählung schwäbischer Besonderheiten wäre nicht komplett, wenn ich nicht auch auf eine Merkwürdigkeit einginge, die ich in Tübingen kennenlernte: die sogenannte Kehrwoche. Gehsteige, Hausflure und Treppenaufgänge haben hier stets blitzeblank zu sein, und wehe, ein Hausbewohner kommt seinen turnusmäßigen Pflichten nicht nach! Wer wie ich diesem allgegenwärtigen Putzen und Schrubben eine Weile zugesehen hat, wird schnell merken, daß es gar nicht so sehr um das Saubermachen geht. Es handelt sich vielmehr um ein feierliches Ritual, bei dem »Bäsa«, »Kehrwisch«, »Schrubbr« und »Oimr« öffentlich präsentiert werden und unter Zuhilfenahme der verschiedensten Reinigungsmittel und Unmengen von Wasser zum oft Stunden dauernden Einsatz kommen – und das erst dann beendet ist, wenn die Mülltonnen selbst, von innen und außen sorgfältig gereinigt, strahlen und blitzen. Eine schwäbische Volkshochschule annoncierte einmal einen auf den

1. April terminierten »Kehrwoche-Kompaktkurs für Nichtschwaben«, in dem Zugereiste neben den unabdingbaren »historisch-soziologischen Grundlagen« in praktischen Übungen die Halte-, Schwung- und Schrubbtechniken der verschiedensten Instrumentarien erlernen sollten. Die Volkshochschule ging davon aus, daß diese Anzeige unschwer als Aprilscherz erkennbar sein müsse, zumal die Teilnehmergebühr mit 135 Mark für schwäbische Verhältnisse recht stattlich war. Doch weit gefehlt. Binnen kürzester Zeit gingen mehr als hundert Anmeldungen ein, darunter die von drei benachbarten Gemeindeverwaltungen, die ihren straßenkehrenden Mitarbeitern den letzten Schliff verpassen wollten.

Ich habe schon bemerkt, daß sich das Leben von uns Corpsstudenten hauptsächlich zwischen Verbindungshaus und Universität abspielte. Als aktiver Corps-Student stand man quasi auf Abruf bereit – wenn es einem »Senior« einfiel, eine Sitzung einzuberaumen, gab es kein Entrinnen. So war es nicht gerade leicht, sich zu verabreden; im Verbindungshaus wurde Damenbesuch ohnehin nicht gestattet. Für die Studentinnen, die gerade die Freiheit ihres Lebens entdeckten und die Fahne der Emanzipation hochhielten, war man als Corps-Student folglich nicht gerade attraktiv, was mich nicht weiter beunruhigte. Mindestens einmal die Woche bekam ich einen Brief von Tessy aus Boston oder Asmara, den ich meist noch am selben Abend beantwortete. Wir schworen uns gegenseitig Treue, und beide waren wir fest davon überzeugt, daß unsere Verbindung die Verbindung fürs Leben sei.

Auf dem Campus mochten die Studentinnen unübersehbar sein, doch die Juristische Fakultät erwies sich für sie als schwer einnehmbare Bastion. Ich erinnere mich an eine bezaubernde junge Dame, Svantje von Alten, in den juristischen Vorlesungen und Seminaren war sie oft die einzige Studentin weit und breit. Als ich sie einmal damit aufzog, sie studiere ja nur, um sich im Seminar den Mann ihres Lebens auszusuchen, blickte sie mich entrüstet an und entgegnete: »Das glaubst auch nur du. Ich werde die erste deutsche

Bundespräsidentin.« Noch hat sie es nicht so weit gebracht, aber es ist eine sehr erfolgreiche Rechtsanwältin aus ihr geworden.

Und dann war da noch eine weitere Kommilitonin, deren Name ich begreiflicherweise vergessen habe. Ihr verdanke ich meinen ersten Kulturschock in Tübingen. Schon in der ersten Seminarsitzung war sie mir aufgefallen, sie war eine ausgesprochen attraktive Frau. Immer wieder sah ich sie dann in den verschiedensten Veranstaltungen, fast schien es so, als hätte sie dieselben Kurse belegt wie ich. Ich war davon überzeugt, daß es einer solchen Dame an Verehrern nicht mangelte, aber niemals sah ich sie in männlicher Begleitung. Eines Nachmittags beschloß ich, all meinen Mut zusammenzunehmen, und sprach sie an. Wir plauderten ein wenig, und ich fragte sie, ob ich sie an diesem Abend zum Essen einladen dürfe. Sie nickte und gab mir ihre Adresse, wir verabredeten uns für 20 Uhr. Ich ging ins Corpshaus, duschte und zog meinen besten Anzug an. Dann bestellte ich für viertel vor neun einen Tisch in einem der besten Restaurants Tübingens, im »Museum« – nicht um sie zu beeindrucken, sondern weil ich mir sicher war, daß wir dort von keinem meiner Kommilitonen gestört würden. Pünktlich um acht stand ich vor ihrer Tür und klingelte. Zuerst war ich ein bißchen überrascht, daß sie genauso gekleidet war, wie ich sie am Nachmittag verlassen hatte. Andere Länder, andere Sitten, dachte ich mir: In Deutschland zieht man sich eben nicht um, wenn man abends zum Essen geht. Sie bat mich in ihre Küche, wo sich das Geschirr der letzten Woche stapelte. Ich setzte mich an den Küchentisch, während sie nach zwei benutzten Weingläsern griff, sie kurz unters Wasser hielt, mit geübten Handgriffen eine Flasche Wein entkorkte und uns eingoß. Er war nicht gerade einfach, anzustoßen, die Gläser waren bis zum Rand gefüllt. Im Nu hatte sie ihr Glas geleert, und wir kamen ins Gespräch. Nach einer Weile begann ich unruhig zu werden. Irgendwann merkte sie es und sprach mich an: »Du lieber Himmel, warum bist du denn so nervös?« Ich erwiderte stolz: »Ich habe für viertel vor neun einen Tisch im ›Museum‹ bestellt, und ich fürchte, wenn wir nicht bald aufbrechen, wird ihn uns der Kellner nicht freihalten.«

Sie schaute mich entgeistert an: »Sag mal, willst du mich verarschen?« Ich war perplex: »Nichts liegt mir ferner . . . Ruf doch an, wenn du mir nicht glaubst . . .« – »Das habe ich nicht gemeint«, gab sie zurück. – »Was meinst du denn?« fragte ich verwirrt. »Glaubst du, ich weiß nicht, daß du schon die ganze Zeit auf mich scharf bist . . .« Ich muß wohl etwas verlegen gewesen sein, doch sie ließ sich nicht beirren: ». . . Also . . . du bist da, ich bin da . . . was willst du mehr?« Ich muß sie entgeistert angesehen haben – es war das erste Mal, daß ich, gerade mal ein paar Wochen in Deutschland, derartiges zu Gehör bekam. Ich war noch in der altmodischen Vorstellung erzogen worden, daß man einer Dame den Hof zu machen hatte, bevor man zu Intimitäten überging. Also stand ich auf und sagte leise: »Wenn du wüßtest, was du eben kaputtgemacht hast.« Dann ging ich, rief einen Kommilitonen an und verbrachte mit ihm einen angenehmen Abend im Restaurant Museum.

Nur wenige Monate nach diesem »Kulturschock« folgte ein zweiter, den ich als viel schwerwiegender empfand. Zusammen mit vier deutschen Kommilitonen unternahm ich einen Ausflug ins Elsaß. In einer Straßburger Studentenkneipe schlossen wir Gesellschaft, es ging recht fröhlich zu, bis uns die Frage gestellt wurde, woher wir kämen. Ich entgegnete: »Aus Äthiopien«, und meine deutschen Kommilitonen riefen unisono: »Aus Österreich!« Im ersten Augenblick dachte ich, es handle sich um einen Scherz, und als wir die Kneipe verlassen hatten, sprach ich sie darauf an. »Glaubst du denn, wir sagen, daß wir aus Deutschland kommen, wenn wir in Frankreich sind!« lautete ihre freimütige Antwort. Sie fürchteten sich vor Pöbeleien – und davor, für die einstigen Verbrechen des Nationalsozialismus in Sippenhaft genommen zu werden. In meinem Herzen tat es einen Stich. Für einen Äthiopier gibt es kaum eine schlimmere Vorstellung, als sein Vaterland zu verleugnen. Ich habe diese Geschichte später vielen Deutschen erzählt, und die unterschiedlichsten Reaktionen erfahren. Einige Ältere erzählten mir Geschichten, wie sie selbst in den Jahren nach 1945 als Kind jenseits der

183

Grenze verprügelt wurden. Die meisten zuckten nur die Schultern und erklärten: »Ist es nicht egal, woher wir kommen? Wir wollen keine Deutschen sein, wir wollen Europäer sein.« Was für eine trügerische Fehleinschätzung. Ein Problem löst man nicht, indem man es als nicht existent bezeichnet. Man kann die Frage der deutschen Identität nicht einfach an die anderen europäischen Länder delegieren. Soll das Europäische Parlament entscheiden, was die deutsche Identität ausmacht? Um ein guter Europäer zu sein, muß man seine Wurzeln kennen. Und die Wurzeln eines deutschen Europäers liegen nun mal in Deutschland. Nur ein Europa der Vaterländer wird ein funktionierendes Europa sein. Und nur ein Deutschland, das mit sich im reinen ist, kann die ihm gebührende Rolle spielen im Konzert der Völker und seiner internationalen Verantwortung gerecht werden.

Heute gibt es kaum ein Land auf der Welt, in dem die Deutschen nicht respektiert werden. Das Siegel »Made in Germany«, Ende des 19. Jahrhunderts vom britischen Handelsministerium eingeführt, um den einheimischen Verbraucher vor billigen deutschen Nachahmungen englischer Qualitätsprodukte zu warnen, verkehrte sich in Windeseile ins Gegenteil: In der ganzen Welt wird die Qualität deutscher Produkte geschätzt. Aber die Deutschen – das wußte schon Madame de Staël – wollen nicht nur respektiert werden, sie wollen geliebt werden: am liebsten von der ganzen Welt. Und ist das nicht ein legitimes Bedürfnis nach all den Jahrzehnten der Schmach und der Abweisung? In den Wochen der Fußballweltmeisterschaft im Sommer 2006 haben sich die Deutschen als äußerst liebenswerte Gastgeber präsentiert, und viele ausländische Besucher und Beobachter rieben sich die Augen, weil dies so gar nicht zu den Vorurteilen paßte, die man von den Deutschen hatte. Laßt uns also die Deutschen liebevoll in den Arm nehmen – ich mache gern den Anfang!

Vielleicht war die Fußballweltmeisterschaft das endgültige Signal, daß Deutschland den Status des Paria verloren hatte, für mich viel entscheidender aber war der Tag, an dem Kardinal Ratzinger zum Papst gewählt wurde. Auch wenn sich mancher in Deutschland am Anfang gar nicht recht darüber freuen wollte. Als Johannes Paul II. Papst wurde, feierte ganz Polen ein Freudenfest. Als am Nachmittag des 19. April 2005 über der Sixtinischen Kapelle in Rom weißer Rauch aufstieg und sich wenig später ein lächelnder Kardinal Ratzinger auf der Benediktionsloggia des Petersdoms zeigte und einer begeisterten Menge auf dem Petersplatz zuwinkte, erklang fast überall in Deutschland das berühmte deutsche »Ja . . . aber!« Gewiß, zum ersten Mal seit fast fünfhundert Jahren saß wieder ein Deutscher auf dem Stuhl Petri, aber war das nicht ein verbiesterter Reaktionär, der nun für das Seelenheil einer Milliarde katholischer Schäfchen auf der ganzen Welt Verantwortung trug? Erst als Papst Benedikt wenige Monate später die Bundesrepublik besuchte und den Weltjugendtag in Köln feierte, legte sich der Chor der Bedenkenträger. Das war ja gar kein störrischer und verbissener Prinzipienreiter, sondern ein demütiger, menschenfreundlicher Hirte Gottes, der mit seiner Güte die ganze Welt für sich und seine Kirche einnahm. Selbst von Hans Küng ist gar kein scharfes Wort mehr zu vernehmen, seitdem er von Papst Benedikt zur Privataudienz geladen wurde. Für mich ging die »Nachkriegszeit« Deutschlands spätestens an jenem 19. April 2005 zu Ende, als ein Deutscher zum Papst gewählt wurde.

Vielleicht ist dies die Crux der Bewegung von Achtundsechzig in Deutschland. Sie hat ihr Verdienst darin, daß sie nach Jahrzehnten des Schweigens und des Verdrängens die Zeit des Nationalsozialismus zum öffentlichen Thema machte und dafür sorgte, daß sich die Bundesrepublik mit ihrer jüngsten Geschichte zu befassen begann. Doch sie trat mit einem moralischen Rigorismus an, der die Welt in zwei Lager aufteilte – hier die Guten, dort die Bösen, hier die Opfer, dort die Täter –, eine Welt, die keine Zwischentöne mehr zuließ. Doch Zwischentöne sind unabdingbar, wenn man aus der Geschichte lernen will. Deutschland hatte versagt, und alles, was deutsch war, war untrennbar mit dem Nationalsozialismus verbunden – eine kollektive Schuld, die auf ewig untilgbar sein sollte.

Einen Zustand der »Normalität« durfte es nie mehr geben, die »Nachkriegszeit« durfte nie mehr zu Ende gehen. Die Generation der Eltern hatte dem Nationalsozialismus nicht widerstanden, und nun traten die Söhne und Töchter an, um diesen Widerstand nachzuholen. Aber wollten sie nicht sehen, daß sie selbst Teil dieser Nation waren? Wollten sie nicht sehen, daß sich die deutsche Diktatur inzwischen in eine nahezu lupenreine Demokratie verwandelt hatte; der zudem seit Herbst 1969 mit Willy Brandt ein Bundeskanzler vorstand, der wie kein zweiter für das anständige Deutschland stand, hatte er doch im Exil gegen die deutsche Diktatur gekämpft. Im Kampf gegen ein Deutschland, das es längst nicht mehr gab, bedienten sie sich zunehmend der Mittel jenes Gegners, den sie zu bekämpfen vorgaben. Was mit einer Ohrfeige für Kurt Georg Kiesinger, den Kanzler der Großen Koalition, und einem vermeintlichen »Puddingattentat« auf den amerikanischen Botschafter in Berlin begann, endete im Terror der Roten Armee Fraktion.

In meiner Tübinger Zeit habe ich zwei Frauen kennengelernt, die beide auf ihre Weise zu Ikonen der Achtundsechziger-Bewegung wurden – und dessen, was darauf folgen sollte. Die eine Begegnung fand in München statt, die andere in Tübingen, und von beiden soll hier noch die Rede sein.

Wenn man sich am Wochenende amüsieren wollte, nahm man den Eilzug nach München. (Nichts liegt mir ferner, als die Stuttgarter beleidigen zu wollen, aber während meiner zweijährigen Studentenzeit ist keiner von uns am Wochenende auf die Idee gekommen, ins nahe gelegene Stuttgart zu fahren.) Zumeist ging es dann nach Schwabing, und besonders gerne besuchte ich die Kneipe »Bei Gisela« in der Occamstraße, wo sich damals alles traf, was Rang und Namen hatte. Der Höhepunkt jedes Abends war der Augenblick, wenn Gisela auf die Bühne trat und mit ihrer dunkelrauchigen Stimme ihren berühmten Schlager *Aber der Nowak läßt mich nicht verkommen* sang. Einer meiner Freunde, mit dem ich oft »Bei Gisela« war, führte mich dann eines Abends in die berühmtberüchtigte Wohngemeinschaft von Uschi Obermaier und Rainer Langhans in der Giselastraße ein, die sogenannte High-Fisch-Kommune. Ich war gespannt auf Uschi Obermaier, die ich bis dahin nur von den Titelblättern der Journale kannte. Schon im Hausflur herrschte ein reger Betrieb, Leute gingen aus und ein, fast wie in einem Selbstbedienungsladen – mit dem Unterschied, daß nur hereingelassen wurde, wer etwas zu trinken dabeihatte. Ich hatte eine Flasche guten Bordeaux mitgebracht, aber mein Begleiter meinte, daß es ruhig eine etwas billigere Sorte hätte sein können, man würde das Bouquet hier wohl kaum zu schätzen wissen. In den Fluren hingen Schwaden von Zigarettenrauch vermischt mit dem von Marihuana. Die Wände waren mit Samt ausgekleidet, die Böden mit Lammfellimitaten und Matratzen ausgelegt, auf denen vereinzelte Menschen herumlagen, »Haschleichen«, wie mein Begleiter sie bezeichnete. Hier und da blinkten Lichterketten, wie ich sie von Weihnachtsbäumen kannte, und aus einem der Räume drangen Gitarrenklänge. Mein Freund führte mich in das Hauptzimmer, in dem Uschi Obermaier und Rainer Langhans inmitten eines Bergs von Kissen und Decken lagen und hofhielten. Ich brachte kaum ein Wort heraus, so geblendet war ich von der Schönheit der Uschi Obermaier. Sie trug ein weißes T-Shirt und darüber eine indische Stoffjacke mit Blumenstickereien und Fransen, um ihren Hals funkelte eine pfaueneigroße falsche Brosche. Am liebsten hätte ich sie ununterbrochen angestarrt, aber mein Begleiter sorgte dafür, daß wir uns diskret verabschiedeten, bevor wir den Zorn von Rainer Langhans erregen konnten – er war für seine Eifersucht berüchtigt. Später hörte ich, daß in der Berliner Kommune 1 im Gang ein Schild mit der Aufschrift gehangen haben soll: »Erst blechen, dann sprechen«. Die zahlreich vorbeidefilierenden Journalisten und Photographen hatten einen nicht unerheblichen Geldbetrag zu entrichten, bevor sie die Kommunarden interviewen und ablichten durften, mit Perlenkettchen behängt, mit freiem Oberkörper oder im Maoanzug, je nachdem. Uschi Obermaier noch einmal in die Augen zu sehen: Das wäre sicherlich einen

Obolus wert gewesen. Aber ich beschloß, mit ihrer Erscheinung auf Zelluloid vorliebzunehmen, und ging ins Kino und sah mir den Film *Rote Sonne* an. Sie tritt darin als Bewohnerin einer feministischen Kommune auf, in der das strenge Ritual gepflegt wird, männliche Gäste der Wohngemeinschaft nach spätestens fünf Tagen ins Jenseits zu befördern.

Die zweite Begegnung war die mit Gudrun Ensslin. Sie wollte an der Tübinger Universität über die revolutionäre Situation in Frankreich berichten, die sich zu diesem Zeitpunkt allerdings bereits merklich abgekühlt hatte. Gudrun Ensslin hatte von 1960 bis 1964 selbst in Tübingen Germanistik, Anglistik und Pädagogik studiert, bevor sie an die Freie Universität nach Berlin ging. In Tübingen war es auch, wo sie Bernward Vesper kennenlernte, mit dem sie einen kleinen bibliophilen Verlag gründete. Zusammen edierten sie die Schriften des Vaters des Verlegers, Will Vesper, die so gar nicht zu dem passen wollen, wofür Gudrun Ensslin ein paar Jahre später stand. Will Vesper hatte einst den Führer, die deutsche Scholle und den Krieg gepriesen und das nationalsozialistische Blatt *Die neue Literatur* herausgegeben. 1967 kam in Berlin Gudrun Ensslins und Bernward Vespers gemeinsamer Sohn Felix zur Welt, und ein paar Wochen darauf lernte Ensslin Andreas Baader kennen.

Unter den Linken hatte Gudrun Ensslin 1969 bereits einen sagenhaften Ruf, da sie gerade eben aus dem Gefängnis gekommen war. Zusammen mit Andreas Baader, Thorwald Proll und Horst Söhnlein hatte sie in zwei Frankfurter Kaufhäusern Feuer gelegt. Im Kaufhaus Schneider an der Zeil sahen Verkäufer kurz vor Ladenschluß Baader und Ensslin die Rolltreppen hinauffahren. Lachend und händchenhaltend, ein ausgelassenes Liebespaar, probierten sie die Liegen in der Campingabteilung aus, bevor sie im ersten und dritten Stock ihre Brandsätze deponierten. Am späten Abend fingen die Flure Feuer. Wachmänner und Putzfrauen, die in den Häusern Dienst taten, wurden von den Flammen eingeschlossen. Nur der rechtzeitig einsetzenden Sprinkleranlage ist es zu verdanken, daß das Personal mit knapper Not entkam, der Sachschaden ging in die Hunderttausende. Schon in der Nacht darauf wurden die Beteiligten gefaßt und die Anwälte Otto Schily und Horst Mahler eingeschaltet. Für den Prozeß am Frankfurter Landgericht hatte sich Gudrun Ensslin bei Bernward Vesper eigens eine rote Lacklederjacke bestellt, in der sie während der Verhandlung auftrat. Das Urteil wurde von manchem der Kommentatoren als zu hart empfunden: eine dreijährige Haftstrafe für jeden der vier Brandstifter, die allerdings bis zur Entscheidung über den Revisionsantrag ausgesetzt wurde.

Zu den studentischen Usancen jener Zeit gehörte, daß man sich auf prominenten Veranstaltungen der Gegenseite Gehör verschaffte. Einige meiner Kommilitonen hatten sich an jenem Tag des Auftritts von Gudrun Ensslin schon am Nachmittag auf den Weg gemacht, um die vorderen Reihen zu besetzen. Sie hatten sich mit faulen Eiern und Tomaten bewaffnet und warteten, daß sich der Saal füllte. Pünktlich um acht trat Gudrun Ensslin ans Pult. Sie trug enge Jeans, und unter ihrem Wollpullover zeichneten sich deutlich die Konturen ab. Noch bevor sie ihren ersten Satz zu Ende gesprochen hatte, begann ein lautstarker Tumult, die ersten Tomaten flogen Richtung Podium. Ich weiß nicht, wer der erste war, aber von irgendwoher erklang der Ruf: »Ausziehen!« Auch die ersten Reihen stimmten mit ein, und rasch schwollen die Rufe zu einem Chor an – wenn mich nicht alles täuscht, war auch der ein oder andere aus dem SDS dabei. Gudrun Ensslin blickte starr ins Auditorium, dann hob sie plötzlich den Arm und fing zu sprechen an. Ihre Stimme war klar und sanft schwäbelnd: »Ihr Armen! Mehr könnt ihr also nicht in einer Frau sehen. Ich will euch nicht enttäuschen . . .« Sie zog den Pulli über den Kopf, und der Chor verstummte. In diesem Augenblick hätte man eine Ameise vorbeikrabbeln hören. »Genug?« fragte sie und preßte die Lippen aufeinander. Wir saßen da und starrten mit offenen Mündern nach vorne. Dann zog sich Gudrun Ensslin wieder an und hielt ihr Referat, und niemand wagte es, sie in irgendeiner Form zu stören. Meine Kommilitonen und ich waren beschämt, wortlos gingen wir schließlich nach Hause.

Als der Bundesgerichtshof später die Revision verwarf, setzten Andreas Baader und Gudrun Ensslin sich für eine Weile ins Ausland ab. Unter den Decknamen »Hans« und »Grete« fanden sie schließlich Unterschlupf bei der Journalistin Ulrike Meinhof in Berlin – wo sich die Rote Armee Fraktion konstituierte. Als ich Jahre später – im heißen Herbst des Jahres 1977 nach der Erstürmung der entführten Lufthansa-Maschine in Mogadischu – im Radio hörte, daß sich Gudrun Ensslin in Stammheim erhängt hatte, sah ich sie wieder vor mir: das schmale Gesicht, die dunklen Augenringe, das sphinxhafte Lächeln und die Entschlossenheit in ihrem Blick. Wie weit war sie schon damals, Ende der sechziger Jahre, für ihre Überzeugungen gegangen. Und wie menschlich war sie mir in ihrer das gegnerische Publikum entwaffnenden Reaktion erschienen.

Ich habe vieles über sie gelesen und war überrascht, als ich darauf stieß, daß sie in der Nacht nach dem Kaufhausbrand in der Frankfurter Beethovenstraße Unterschlupf gefunden hatte, wo sie auch von der Polizei gestellt wurde, nur ein paar Häuser von der Wohnung entfernt, in der ich in den siebziger Jahren in Frankfurt lebte. Aber wie es kam, daß die schwäbische Pfarrerstochter, die an die Macht des Wortes und den Zauber der Literatur glaubte und in Tübingen Germanistik studierte, die Mutter eines kleinen Sohns, zur gefürchteten Terroristin werden konnte, das habe ich aus keinem Buch und keinem Artikel erfahren.

My Salad Days

Es war der Wunsch meines Vaters, daß ich mein Studium nach meinen beiden Jahren in Tübingen mit einem Aufenthalt in England krönen sollte, an einer der beiden berühmten Elite-Universitäten Oxford und Cambridge. Er mußte mich dazu nicht lange überreden. *Oxbridge*, wie man im englischen Volksmund sagt, schien mir aus der Lektüre von Evelyn Waughs *Wiedersehen mit Brideshead* bereits bestens vertraut, und nichts auf der Welt schien mir erstrebenswerter, als an einer dieser beiden Universitäten zu studieren. Ich erinnerte mich an die lange Liste der Verhaltensregeln, die in Waughs Roman ein erfahrener Vetter dem Protagonisten James Ryder für die Studentenzeit mit auf den Weg gibt: »Du mußt entweder *summa cum laude* bestehen, oder gerade so durchrutschen. Alles dazwischen hat keinen Sinn.« – »Du gehst immer zu den besten Vorlesungen – ganz gleich, ob sie in deiner Fakultät sind, oder nicht.« – »Du ziehst dich an wie in einem Landhaus. Trag nie eine Tweedjacke und Flanellhosen, sondern immer einen Anzug.« – »Geh zu einem Londoner Schneider – da bekommst du den besseren Schnitt und längeren Kredit!« – »Du wirst feststellen, daß du dein zweites Jahr zur Hälfte damit verbringen wirst, dich von den unerwünschten Freundschaften zu befreien, die du im ersten geschlossen hast.« – »Keine Parterre-Wohnung nach vorne hinaus! Leute fangen an zu kommen. Sie lassen ihre Talare da und holen sie, bevor sie ins Refektorium gehen. Du gewöhnst es dir an, ihnen einen Sherry vorzusetzen. Ehe du weißt, was geschehen ist, hast du einen freien Ausschank für alle Unerwünschten im College eröffnet.«

Die Wahl meines Vaters fiel schließlich auf Cambridge, und in der Broschüre, die er mir gab, las ich die Geschichten all jener berühmten Männer, die hier über die Jahrhunderte hinweg am Ufer der Cam studiert, geforscht und gelehrt hatten. Es begann mir schier der Kopf zu schwirren vor so viel Tradition. Hier war es, wo sich John Milton die erste Inspiration für sein großes Epos *Paradise Lost* holte, als er seine Tage auf Christ's College zubrachte. Hier legte Isaac Newton den Grundstein der modernen Physik, als er 1687 der Welt seine *Principia Mathematica* vorstellte. Hier warf Lord Byron im Jahre 1805 seine ersten Verse aufs Papier – und führte auf dem Rasen an einer Kette seinen Bären spazieren, den er sich aus Protest als Haustier zugelegt hatte, weil seine Dogge vom Gelände der Universität verbannt worden war (von Bären als Haustieren war in den Statuten nicht die Rede). Hier erhielt ein junger Student namens Charles Darwin im Jahre 1831 die Empfehlung seines Botanikprofessors John Stewart Henslow, an einer Forschungsexpedition der MS Beagle nach Südamerika teilzunehmen, auf der er Grünfinkenschnäbel und anderes Material für seine Evolutionstheorie sammeln sollte. Hier verfaßte Thomas Babington Macaulay, Fellow des Trinity College, in den vierziger und fünfziger Jahren des 19. Jahrhunderts seine monumentale, Band um Band füllende *History of England*. Hier trafen 1899 Lytton Strachey, Leonard Woolf und Thoby Stephen als Under-Graduates aufeinander, die Keimzelle der legendären Bloomsbury-Group. Hier kam im Herbst 1911 ein junger Student namens Ludwig Wittgenstein aus Wien an, um bei Bertrand Russell Vorlesungen zu hören und sich mit ihm hitzige Gefechte über die Grundlagen der Logik zu liefern. Hier entdeckten Francis Crick und James Watson 1953 die vertrackte Doppelhelixstruktur der DNA und begründeten damit die Genetik, während nebenan Sylvia Plath aus Newnham College düstere Briefe an ihre Mutter sandte.

Und hier sollte schließlich im Herbst 1970 ein junger Student aus Äthiopien eintreffen, um sich der Geschichtswissenschaft hinzugeben und sich auf eine glanzvolle Laufbahn als Diplomat vorzubereiten.

1 Die äthiopische Delegation mit Ras Kassa Hailu, Großvater von AWA (2. v. r.), bei der Krönung des englischen Königs Georg V. in London, 1911.

3 Großvater Ras Kassa Hailu, bei der Krönung von Ras Tafari zum Kaiser 1930.

2 Kaiser Haile Selassie von Äthiopien bei seiner Krönung, 1930.

4 links AWAs Mutter. Prinzessin Zuriash-Work, mit dem Orden der Königin von Saba, um 1966.

5 rechts AWAs Vater Asserate Kassa bei seiner Ernennung zum Ras, 5. Mai 1966.

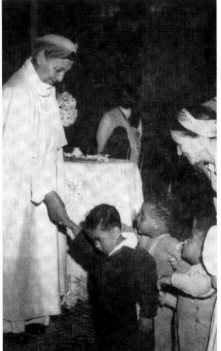

6 Kaiserin Menen Tedla Berhane-Maskal, mit AWA und dem russischen Kindermädchen »Mamuschka Madame«, Weihnachten 1952.

7 oben Die Geschwister Asfa-Wossen, Tsige, Rebecca, Mulugeta (v. l. n. r.), um 1952.

8 unten Auf dem Schulhof der Deutschen Schule Addis Abeba. AWA (2. v. l.), Ende der 50er Jahre.

9   Die Familie auf der Terrasse des Gouverneurspalastes von Asmara. Die Eltern mit Turuwork, Kassa, Tsige, Asfa-Wossen, Mulugeta, Rebecca, Wond-Wossen (v. l. n. r.), 1967.

10   AWA und sein Bruder Mulugeta mit dem späteren Präsidenten von Kenia, Jomo Kenyatta, bei ihrem Kenia-Besuch 1963.

11   In der väterlichen Bibliothek, Anfang der 60er Jahre.

12   Der Gouverneurspalast von Asmara, Regierungssitz des Vizekönigs von Eritrea.

13   AWA mit Vater im Garten des Gouverneurspalastes von Asmara, 1965.

14   Vor dem VIP-Raum des Flughafens von Athen (AWA ganz rechts) mit den Eltern und den Brüdern Mulugeta (links hinten) und Kassa (links vorne), 1966.

15   Rot-Kreuz-Fest in Addis Abeba. Mit dem Kaiser und dem holländischen Botschafter im holländischen Pavillon, 1963.

16 oben   Besuch des Bundespräsidenten Heinrich Lübke und seiner Frau Wilhelmine in der Deutschen Schule Addis Abeba. AWA (2. v. l.) und Tante Louise (3. v. r.), 1964.

17 unten   Besuch des Kaisers in der Deutschen Schule Addis Abeba. AWA begrüßt Seine Kaiserliche Majestät. Botschafter Dr. Müller (2. v. r.) und der Vorstand der Deutschen Schule, Pastor Fick (l.), 1966.

18 Rot-Kreuz-Ball in Asmara. Der Präsident des Roten Kreuzes von Eritrea AWA begrüßt seine Eltern, 1967.

19 Der Vater im Thronsaal des Palasts von Asmara in der äthiopischen Landestracht. AWA (r.), 1967.

20 Abiturfeier der Deutschen Schule Addis Abeba. Mathematiklehrerin Frau Schöfer, daneben AWA und die weiteren Abiturienten des Jahrgangs, 1968.

21 Rede bei der Abiturfeier, 1968.

22   Besuch des äthiopischen Kronprinzen bei der Daimler Benz AG, Stuttgart. Kronprinz Asfa-Wossen (2. v. r.), AWA (3. v. r.) 1969.

23   Verleihung der Urkunden an Rot-Kreuz-Schülerinnen in Asmara, Sommer 1968.

24 Mit Freundin Tsehainesh Haregot auf dem Balkon des Gouverneurspalastes von Asmara, Sommer 1968.

25   Als Corpsstudent in Tübingen, im Couleur des Corps Suevia, Dezember 1968.

26 oben rechts   Als Undergraduate des Magdalene-College, Cambridge 1970.

27 unten rechts   Mit Schleife und Mütze des Corps Suevia, 1969.

28 rechts   Mit Miss Georgiana Russell, Tochter des ehemaligen britischen Botschafters in Addis Abeba, Cambridge, 1972.

29   Mit Martin Mosebach in Rajastan (Indien), 1985.

30   Auf dem Weg zur Hochzeit der Herzogin Mira von Mecklenburg mit Madeleine Remy, 1978.

31   Requiem für den ermordeten Vater im Frankfurter Dom. AWA mit Frau Lilly von Schnitzler und Amata Mettenheimer, 7. Dezember 1974.

32 oben   Der Pressechef der Düsseldorfer Messegesellschaft in seinem Büro, 1980.

33 unten   Bei einem Bergwerksbesuch mit Kumpeln in der Zeche Victoria in Lünen (Westfalen), 1983.

34   Mit König Juan Carlos I. von Spanien im Zarzuela-Palast in Madrid, 1987.

35   Mit Abgeordneten des englischen Parlaments im Unterhaus in London. Mr. L. Fitz Gibbon, Rt. Hon. J. Amery, AWA, Earl of Bessborough (v. l. n. r.), 1988.

36   In der Frankfurter Paulskirche vor dem Wandgemälde von Johannes Grützke, 2003.

Die Universität von Cambridge besteht aus einzelnen Colleges, und bis heute sind sie es, inzwischen einunddreißig an der Zahl, die das Gesicht von Cambridge prägen. Allen voran das ehrwürdige King's College, von König Heinrich VI. im Jahre 1441 gegründet. Heinrich VI. war es auch, der den Grundstein für King's College Chapel legte, die barocke Kapelle, die über dem Gelände der Universität thront. Nachts erstrahlt sie majestätisch im Glanz der Scheinwerfer, Wahrzeichen der Universität wie der Stadt Cambridge.

Um Cambridge zu begreifen, muß man wissen, daß die einzelnen Colleges unabhängige Institutionen sind, getrennt von der Universität selbst, mit einer beträchtlichen Selbständigkeit. Sie finanzieren sich selbst und entscheiden eigenständig, welche Studenten sie aufnehmen, und natürlich ernennen sie auch ihre eigenen Dozenten. Wer hier studiert, studiert also nicht einfach in Cambridge, er studiert in King's, in Trinity, in Christ's, Peterhouse oder Fitzwilliam. Ein Freund meines Vaters, der mit ihm zusammen in Bath auf der Schule war, Reverend Gwynne-Thomas, war mit dem Master von Magdelene College, Sir Walter Hamilton, bekannt. Sir Hamilton war das, was man einen Akademiker der alten Schule nennt, hochgewachsen und korpulent, mit schütterem Haar und einer Halbbrille auf der Nase. Vormals war er Tutor in Eton, er verkörperte geradezu die geschmeidige Gleichmut, die Eton so auszeichnet. Und wie es sich für einen englischen Gentleman von Rang gehörte, besaß er auch eine ordentliche Portion Verschrobenheit. Am liebsten las er Gruselgeschichten, und wie er seine hübsche junge Frau erobert hatte, darüber erzählte man sich im College eine bemerkenswerte Geschichte. Auf dem Friedhof soll er um ihre Hand angehalten haben mit den Worten: »Wie gefiele es Ihnen, wenn eines Tages Ihr Name hier neben meinem auf dem Grabstein stünde?« Sie verstand, daß es sich um einen Heiratsantrag handelte, und sagte auf der Stelle ja.

Jeder *Cantab*-Undergraduate erzählt seine eigene Geschichte, wie es ausgerechnet ihm gelungen war, das strenge Auswahlverfahren erfolgreich zu absolvieren. Es gibt böse Zungen, die behaupten, ich sei aufgenommen worden, weil ich einige Rosenarten im Garten des Masters von Magdalene College mit Namen kannte.

In der Tat wurde ich zu einem Mittagessen bei Sir Walter Hamilton in der *Master's Lodge* geladen, an dem auch einige Fellows des College teilnahmen. Nach dem Lunch führte mich Sir Hamilton zu einem Vieraugengespräch durch seinen herrschaftlichen Garten, in dem die prachtvollsten Rosen gediehen. Er plauderte mit mir über Gott, über Äthiopien, das Reiten und die hohe Kunst des Rosenzüchtens. In keiner Sekunde ging es dabei um etwas, das auch nur im entferntesten mit dem Studium zu tun hatte – es war, wie ich erst später erkannte, die englische, die höchste Form des Bewerbungsgesprächs. Als wir auf die Terrasse zurückkehrten, streckte er mir die Hand entgegen und sagte: »Ich gratuliere Ihnen, Sie sind aufgenommen.«

Das Bildungsideal von Cambridge und Oxford bestand darin, Studenten zum unabhängigen Denken zu erziehen, sie im wahrsten Sinne des Wortes zu bilden. Der damalige Gouverneur der Bank von England hatte in Oxford keineswegs Ökonomie studiert, sondern Archäologie und Anthropologie. Wie man aus dem James-Bond-Streifen *You Only Live Twice* erfährt, erwarb der Erste Geheimagent Ihrer Majestät in Cambridge einen Abschluß im Fach Orientalistik und lernte dort obendrein fließend Japanisch. Die Studienzeit verstand sich als Zeit der Menschenbildung, für den Beruf spezialisieren konnte man sich später immer noch, egal, ob als Banker oder als Agent. Natürlich mußte man auch damals bestimmte Voraussetzungen erfüllen, um aufgenommen zu werden – Latein und Griechisch etwa waren unabdingbar –, aber ein Zeugnis war ein Stück Papier, mehr nicht. Daran mag sich im Lauf der Jahre auch in Oxford und Cambridge einiges geändert haben, doch diese englische Methode erscheint mir auch heute noch höchst vorbildhaft.

Das College der heiligen Maria Magdalena befindet sich im Nordwesten von Cambridge, malerisch direkt an der Cam gelegen. Lange Zeit war es das einzige College, dessen Gebäude direkt an den Fluß grenzten, es gehört zu den ältesten der Universität. Die ehrwürdigen Mauern von Magdalene College dienten einst Benediktinermönchen als Herberge, die von ihren Klöstern in den Fenns nach Cambridge kamen, um an der Universität kanonisches Recht zu studieren. Und keineswegs nur mir schien es so, als ob die alten Backsteingemäuer noch immer von den Tugenden des heiligen Benedikt – von Gehorsam, Schweigsamkeit, Beständigkeit und Demut – erfüllt seien.

Man wohnte komfortabel in Magdalene College, für jeden Studenten stand eine Zwei-Zimmer-Suite zur Verfügung: ein geräumiger Salon mit einem Arbeitstisch und ein separates Schlafzimmer. Ich war der einzige Student im ganzen College mit einem privaten Telefonanschluß – nicht weil ich mich für etwas Besonderes hielt, die Universitätsleitung hatte darauf gepocht. Es war die Zeit, als mein Vater noch Vizekönig von Eritrea war, und die Eritreische Befreiungsfront, hieß es, pflege Beziehungen zur Palästinensischen Befreiungsfront und diese wiederum zu arabischen terroristischen Gruppen in England und der IRA, so daß die Gefahr eines Anschlags oder einer Entführung nicht auszuschließen sei. Gott sei Dank gab es nie einen Anlaß, die für derartige Vorfälle eigens bereitgestellte Geheimnummer zu wählen.

Auf jeder Etage gab es zwei Bäder, die diesen Namen durchaus verdienten. Die Zimmer selbst waren kahl und feucht, und trotzdem fühlte ich mich wie Evelyn Waugh, vielleicht weil meine Wohnung im Sommer ebenfalls vom Duft der Levkojen erfüllt war, die unter dem Fenster blühten – ganz so, wie es Waugh einst beschrieben hatte. Man konnte sich, wann immer man wollte, Essen aufs Zimmer bestellen, doch es ging längst nicht mehr so luxuriös zu wie noch vor dem Zweiten Weltkrieg, als für jeweils drei Studenten rund um die Uhr ein Diener zur Verfügung stand, der einem Spiegeleier mit Speck briet, wenn man morgens um vier nach Hause kam. Aufwärter und Diener im eigentlichen Sinne gab es auf den Colleges ebenfalls nicht mehr, aber es gab die *Bedders*, die Damen, die fürs tägliche Bettenmachen und Putzen zuständig waren. Man tat gut daran, sich mit ihnen zu arrangieren, schließlich besaßen sie das Recht und die Möglichkeit, einen frühmorgens aus dem Bett zu vertreiben. Wenn es klopfte, man einen müden Laut von sich gab und anschließend in schönstem Cockney die Frage hörte: »*Would you like to have a lie-in today, Sir?*«, konnte man beruhigt sein, das hieß: man durfte ausschlafen. Mir jedenfalls gefiel diese Form des *Lie-in* wesentlich besser als die *Sit-ins* und *Go-ins*, die in Frankfurt, Tübingen und anderswo zur selben Zeit als Ausdrucksformen studentischen Protests erprobt wurden.

Mittelpunkt von Magdalene College ist *The Hall*, das älteste Gebäude des College, das einst den Benediktinern als Refektorium diente. Nun durften in dem getäfelten barocken Saal, der mit mächtigen Ölbildern behangen ist, allabendlich die Studenten speisen, im Schein flackernder Kerzen wohlgemerkt, elektrisches Licht gibt es hier bis heute nicht. Wenn man seinen Tutor besuchte, zu offiziellen Anlässen, zur Messe und zum täglichen Abendessen in *The Hall*, trug man stets schwarzen Talar, *Gown* genannt, mit dazugehörigem Hut, dem *Mortarboard*, und den Studenten von Cambridge lag es fern, die traditionelle Robe mit Muffigkeit in Verbindung zu bringen. Das spärliche Licht in *The Hall* ließ darüber hinwegsehen, daß das Essen nicht anders als scheußlich zu nennen war, aber die Weine, die dazu gereicht wurden, waren exzellent. Nach dem Abendessen konnte man in einer der beiden Bars des Colleges weitertrinken, es gab eine für Graduierte und eine für die Undergraduates. Aber viel lieber ging man ins Pub, und an denen herrschte wahrlich kein Mangel: In Cambridge, sagt man, gibt es für jeden Sonntag eine Kirche und für jeden Werktag einen Pub. Ich bevorzugte *The Pickerel*, direkt an der Magdalene Street gelegen.

Ich studierte Geschichte in Cambridge, und ich muß gestehen: Wenn man einmal die akademischen Freiheiten einer deutschen Universität kennengelernt hat, fällt einem die Umstellung auf die Art von Schulbetrieb, wie sie an englischen Universitäten vorherrscht, nicht unbedingt leicht. Morgens ging man zur Vorlesung, und nachmittags lernte man im College mit seinen Tutoren, die einem für die verschiedenen Fächer und Kurse zur Verfügung standen, die sogenannten *directors of studies*. Zweifelsohne ist das Lernen in diesen kleinen Gruppen von durchschnittlich sechs Personen effektiv, aber es fehlte der Freiraum, eigenen Interessen und Fragestellungen nachzugehen.

Dafür wurde man auf anderem Gebiet mehr als genug entschädigt. In Cambridge gab es nichts, was man nicht tun konnte, für ein jegliches Hobby, und sei es auch noch so ausgefallen, stand ein eigener Club zur Verfügung. Ich war Mitglied der Cambridge Union Society, des altehrwürdigen Debattierclubs. Man kam sich ein bißchen wie im britischen Unterhaus vor, jedenfalls wurden die Debatten hier genauso leidenschaftlich und ernsthaft geführt. Und in gewisser Weise waren sie auch ein Spiegel der Nation, wie jene berühmte Debatte im Oxforder Debattierclub am Vorabend des Zweiten Weltkriegs zeigt: »Dieses Haus glaubt nicht, daß man für Vaterland und König in den Krieg ziehen sollte«, lautete das provokante Thema. In jenen Tagen, als in Großbritannien Chamberlains fatale Politik des Appeasement die Geschicke des Landes und Europas bestimmte, stimmte nach einer heftigen Debatte auch die Mehrheit des Oxforder Debattierclubs dieser Auffassung zu. In der Cambridge Union herrschte damals ein ganz ähnlicher Geist, und dies mag verdeutlichen, wie wenig die britische Nation damals auf Hitlers Aggression vorbereitet war. Manch einer interpretierte es daher als nicht unverdiente Strafe, als im Zweiten Weltkrieg ausgerechnet das Gebäude der Cambridge Union durch einen deutschen Luftangriff getroffen wurde, während Stadt und Universität ansonsten unversehrt blieben.

Jeden Donnerstag lud und lädt die Cambridge Union zur Redeschlacht in den berühmten Debattensaal. Wenn hier die Fahne der freien Rede hochgehalten wird, können sich die Akteure nationaler Aufmerksamkeit gewiß sein. Die Debatten sind streng reglementiert. Rede und Gegenrede gehen Hand in Hand und werden von den Zuhörern lautstark kommentiert, und am Ende der

Diskussion geben die Zuhörer ihr Votum ab, indem sie den Saal durch eine der drei Türen verlassen: durch die Ja-Tür, die Nein-Tür oder die für die Unentschiedenen. Kurz darauf wird dann das Ergebnis in der Bar der Cambridge Union offiziell verkündet. Die Themen werden vom Präsidenten der Union festgelegt, die Debatte »Dieses Haus hat kein Vertrauen in die Regierung Ihrer Majestät« steht traditionell einmal im Jahr auf der Tagesordnung – offensichtlich ein Thema von immerwährender Aktualität. Oft lädt man prominente Gäste zu den Sitzungen, ich selbst erlebte als Student in der Cambridge Union Harold Pinter (der den Nobelpreis für Literatur spät, aber völlig zu Recht erhielt), Lady Antonia Fraser (die Jahre später einen Skandal verursachte, als die strenggläubige Katholikin ihren Gemahl um eben jenes Harold Pinter willen verließ) und Winston Spencer Churchill (dem Enkel des großen britischen Premiers). Hier erwarben die späteren Abgeordneten ihr rhetorisches Rüstzeug für ihre geschliffenen Debatten im Unterhaus, wo Anfragen mit Worten beginnen wie: »*Will the Leader of the House ask his Right Honourable Friend the Secretary of State for Trade and Industry to come to the House as a matter of urgency to make a statement* . . .«, oder: »*As my learned Friend falsely suggests* . . .« Noch heute ist es geradezu ein ästhetischer Genuß, einer britischen Parlamentsdebatte zu lauschen, ganz unabhängig davon, um welches Thema es geht. Dies kann man von den Debatten, die für gewöhnlich im Bundestag zu Berlin geführt werden, leider nicht behaupten.

Wir alle rissen uns förmlich darum, in der Debatte mit einem großen Gast die Gegenrede zu führen. Ganz besonders umkämpft war das Präsidentenamt der Union, galt es doch als ideales Sprungbrett für eine Karriere in der britischen Politik oder Diplomatie. In meinen Cambridger Tagen gab es viel Wirbel um die Kandidatur von Arianna Stassinopoulos, die dann Jahre später in den Vereinigten Staaten an der Seite ihres Gatten Michael Huffington, des kurzzeitigen Kongreßabgeordneten der Republikanischen Partei in Washington, als Journalistin, Politikerin und Callas-Biographin zu nicht unbeträchtlichem Ruhm gelangen sollte. Damals präsentierte sich Miss Stassinopoulos in ihren Kandidatenreden als stramm marxistisch, obwohl – oder vielleicht gerade weil – sie aus einer griechischen Millionärsfamilie stammte. Das Manuskript für ihren späteren Bestseller *The Female Woman* lag schon halbfertig in ihrer Schublade, und am Horizont sahen wir Debatten dräuen zu Themen wie: »Dieses Haus ist der Meinung, daß die Queen bei ihrer nächsten Thronrede die Einführung der Diktatur des Proletariats in Großbritannien verkünden sollte.« Ich wurde zu einem Wortführer der Gegenpartei, nachdem ich am Flughafen von Athen in einer griechischen Zeitung blätternd ihr Konterfei erblickt hatte: übers ganze Gesicht strahlend, schüttelte sie dem griechischen Kultusminister des Obristen-Regimes, das sich gerade an die Macht geputscht hatte, die Hand. Immer wieder kam sie damals in Cambridge auf mich zu und bezirzte mich mit den Worten: »Wir Ausländer müssen doch zusammenhalten.« Ich aber blieb standhaft: »Meine Liebe, wir mögen beide hier unsere Füße auf fremden Boden setzen. Aber das, fürchte ich, wird bis auf weiteres unsere einzige Gemeinsamkeit bleiben.« Auch heute noch kann man schnell den Überblick verlieren, welcher politischen Seite sie sich im Augenblick zuneigt. Im Jahre 2003 überraschte sie die amerikanische Öffentlichkeit, als sie als unabhängige Kandidatin für das Gouverneursamt von Kalifornien gegen Arnold Schwarzenegger in den Ring trat. Sie zog ihre Bewerbung dann kurz vor den Wahlen zurück, als sich eine desaströse Niederlage in Umfragen abzuzeichnen begann. Inzwischen steht sie der virtuellen Zeitung *The Huffington Post* vor, die es nicht auf Papier, sondern nur im Internet gibt, und bei einer US-Hörfunkstation hat sie eine wöchentliche Radio-Show mit dem wunderbaren Titel *Left, Right & Center*. Wahrscheinlich muß man Präsidentin der Cambridge Union gewesen sein, um auf so zauberhafte Weise alle verschiedenen politischen Richtungen auf sich vereinigen zu können.

Fast alle meine Weinkenntnisse verdanke ich meiner Mitgliedschaft in der Cambridge Wine-and-Food-Society, die regelmäßig kulinarische Abende abhielt. Die namhaftesten Weinhändler Londons kamen hierher und hielten Weinproben ab, auf denen sie den Clubmitgliedern ihre besten Weine vorstellten und sich neue zahlungskräftige Kunden heranzogen. Wenn man damals von Wein sprach, meinte man in der Regel französische Rotweine. Weißweine wurden in England hin und wieder geduldet, aber auch die hatten selbstverständlich aus Frankreich zu sein. Als ich bei einem Dinner einmal den Vorschlag machte, deutschen Weißwein zu probieren, den ich in meiner Studienzeit in Tübingen schätzengelernt hatte, erntete ich ungläubiges Kopfschütteln. Dabei waren deutsche Weine noch einige Jahrzehnte zuvor auf der Insel äußerst populär. Nimmt man die Weinkataloge von Sotheby's aus dem Jahre 1890 zur Hand, wird man feststellen, daß damals eine Flasche des besten Rheingauer Rieslings dreimal soviel kostete wie ein Chateau Laffite Rothschild. Oscar Wilde etwa war geradezu versessen auf deutschen Riesling, im *Picture of Dorian Gray* fragt Dorian seinen Gast Basil: »*Have another brandy-and-soda? I always take hock-and-seltzer . . .*« *Hock* stand für Hochheim im Rheingau und seine vorzüglichen Weine. Seitdem werden in England alle deutschen Rheinweine *hock* genannt. Aber nicht einmal Oscar Wilde konnte mir bei den Cambridger Wein-Snobs helfen.

Mehr Erfolg mit meinen Bemühungen, die deutsche Kultur nach Cambridge zu exportieren, sollte ich in der Magdalene Theatre Association haben. Mein Vorschlag, eine englische Version von Goethes *Urfaust* zu inszenieren, fand allgemeine Zustimmung. Hier gingen die englische – der Fauststoff und Christopher Marlowes Faustbearbeitung – und die deutsche literarische Tradition Hand in Hand, und ich führte Co-Regie bei der Einstudierung.

Natürlich bemühte ich mich auch um die Aufnahme in die wichtigsten studentischen Clubs. Hier wurde man zum Gentleman erzogen und spielerisch auf das gesellschaftliche Leben innerhalb und außerhalb der großen Londoner Clubs vorbereitet. Nicht wenige der akademischen Clubs waren eine getreue Kopie derer von London – nur, daß sie in Cambridge eben für Studenten waren. Der bedeutendste von allen war der *Pitt Club*, benannt nach dem berühmten britischen Premierminister des 18. Jahrhunderts, und entsprechend hoch waren die Zugangsbeschränkungen. Meine Abkunft half hier nicht viel. Es bedurfte einer beharrlichen Diplomatie und der Unterstützung mehrerer Mittelsmänner, bis mir nach einigen Monaten die Aufnahme gelang, in meinem zweiten Jahr in Cambridge war ich dann Mitglied des Vorstands. Der Club war in einem wunderschönen georgianischen Haus untergebracht, mit einem Dining Room, einer Bar und einem prachtvollen Salon, in dem man Zeitung las und Zigarre rauchte. Daneben war ich Mitglied in *The Athenaeum Club* und des Dining Club *The True Blue*. Hier versammelten sich, zumindest dem Namen nach, die »wahren Aristokraten«. Und ungeachtet des Umstands, daß sich in Großbritannien auch ein Mann namens Smith durchaus zur Aristokratie zählen kann, wenn er eine Großmutter vorweisen kann, die mit einem englischen Lord verheiratet war, stand er keineswegs nur Adligen offen. »Aristokrat sein heißt, nicht zu glauben, daß alles vom Willen abhängt«, meint Gómez Dávila, und das traf für uns Mitglieder des True Blue Club ganz gewiß zu.

Als Ruderer auf der Cam, auf dem Rugby-Feld und auf dem Tennisplatz suchte man mich vergebens. Cricket, das in Cambridge sehr populär war, kann ich bis zum heutigen Tage nichts abgewinnen, geschweige denn, daß ich seine Regeln verstünde. Für das Angeln, das Mr. Armstrong in Fontanes *Irrungen Wirrungen* als einzige ernsthafte Beschäftigung eines schottischen Gentleman gelten ließ – nicht zuletzt deshalb, weil es einem einen glatten, egalen Teint verschaffe –, fehlten mir Geduld und Gelassenheit. Ich hielt mich weiter an mein bewährtes Motto *»No sports!«.* Das einzige, wofür ich mich in sportlicher Hinsicht begeisterte, waren Pferderennen, und so wohnte ich gerne dem traditionellen Royal Ascot bei, aber wie die meisten Besucher dort interessierte ich mich weniger für die Pferde als für das Drumherum. Das Royal Ascot findet jährlich im Juni unter der Schirmherrschaft der britischen Königin statt, die traditionell in der offenen Pferdekutsche vorfährt. Zur

»Royal Enclosure«, der Königstribüne, wird man als Herr nur im Cut und Zylinder eingelassen, für die Damen ist ein Hut obligatorisch, und man benötigt das Protegé einer Person, die bereits mindestens viermal teilgenommen hat. Es ist ein gesellschaftliches Ereignis von Rang, in Royal Ascot im Zylinder und Cut auf dem Rasen zu picknicken, Champagner und Pimm's – das traditionelle britische Getränk aus Gin, Chinin und Kräutern – fließen dabei in Strömen.

Statt Sport zu treiben, las ich lieber: Oscar Wilde, die Stücke von Noël Coward, die Verse von John Betjeman und die Erzählungen von Somerset Maugham. Die goldenen Zwanziger und Dreißiger, die Zeit zwischen den beiden Weltkriegen, hatten es mir angetan, und eine Zeitlang war ich sogar Mitglied der *Thirties Society*, eines Clubs, der sich der kulturellen Pflege dieser Dekade verschrieb.

Jedem Studenten in Cambridge ist ein Tutor an die Seite gestellt, ein persönlicher Vertrauensmann unter den Dozenten, der den Aufenthalt an der Universität begleitet und in allen nur erdenklichen Fragen als Ansprechpartner zur Verfügung steht. Mein Tutor hieß Dr. Colin Kolbert, er war Fellow des College (und ist es bis heute, die Fellowship gilt ein Leben lang) und versah nach seiner Zeit in Cambridge eine Weile ein Richteramt. Bis heute sind wir einander verbunden, und wenn es mich – was gelegentlich vorkommt – an die Cam verschlägt, empfängt er mich zu einem Glas Sherry. Von ihm habe ich gelernt, daß unter gewissen Umständen ein Sherry auch am frühen Vormittag angebracht sein kann.

Abends um zehn schloß das College seine Pforten. Wenn man sich nach 22 Uhr außerhalb des College aufhielt, mußte man bei seinem Tutor vorher um Erlaubnis fragen. Hatte man es versäumt, offiziellen Dispens einzuholen, blieb einem nur der Weg über die Mauer des College, vorbei an den Augen des Portiers, der in seiner *Porter's Lodge* wie ein Zerberus den Zugang bewachte. Tagsüber nehmen die Portiers die Post entgegen und weisen Konferenzgästen und Touristen den Weg, nachts wachen sie über den Frieden des ehrwürdigen College. Zu meiner Zeit rekrutierten sich die Portiers vor allem aus vom aktiven Dienst ausgeschiedenen Unteroffizieren, heute soll die Auswahl nicht mehr ganz so streng sein. Für manchen Studenten in angetrunkenem Zustand endete die nächtliche Kletterpartie über die Collegemauer mit üblen Blessuren, ich aber hatte eine gewisse Übung darin und erreichte immer wohlbehalten mein Zuhause. Eines Abends, es muß wohl schon nach 22 Uhr gewesen sein, hielt ich mich nach einem gemeinsamen Dinner mit einem Freund in dem Zimmer einer Studentin in Girton auf. Girton war damals ein reines Damen-College, eine viktorianische Festung aus rotem Backstein, die streng auf ihren Ruf achtete. Irgend jemand muß uns verraten haben, und wir wurden auf den Gängen von einigen Bediensteten der Universität in Talar und Melone überrascht. Sie waren unter den Studenten mindestens ebenso gefürchtet wie die Portiers, im allgemeinen wurden sie Bulldoggen genannt. Uns blieb nichts anderes übrig die Wege beherzter Sprung aus dem Fenster und die Flucht über den Rasen. Doch die Bulldoggen hatten Erfahrung beim Verfolgen von Ausreißern, und gegen die kleinen Mini-Cooper, in denen sie über die Wege flitzten, hatten wir nicht den Hauch einer Chance. Wir wurden gestellt, und die erste Frage, die an mich gerichtet wurde, lautete: »*Sir, are you in statu pupillari?*« Vornehmer ließ sich kaum fragen, ob man Student war, und ich antwortete höflich: »*Yes, I am.*« – »*Pray tell me the name of your tutor?*« lautete die nächste höfliche Frage, und ich gab pflichtschuldigst Auskunft. »*Will you be kind enough to call on him tomorrow morning at ten o'clock?*« entgegnete er, und damit war das Verhör auch schon beendet. Ich war gerade erst einige Wochen auf dem College und sah mich schon in hohem Bogen von der Universität fliegen. Am nächsten Morgen klopfte ich bangen Herzens pünktlich um zehn an die Tür meines Tutors. Colin Kolbert begrüßte mich herzlich und bot mir ein Glas Sherry an. Ein kleiner Abschiedsdrink auf meine glorreiche kurze Karriere in Cambridge, warum nicht? Ich nickte. »Dry oder medium?« – »Trocken.« Er schenkte mir ein und fing an zu plaudern. Nach einer Weile sagte er wie nebenbei: »Oh, du hast gestern abend vergessen, dir eine Erlaubnis einzuholen. Es tut mir außerordentlich leid, ich muß dir eine Strafe von vier Schilling und sechs Pence auferlegen.« Ich sah ihn ungläubig an: »Ist das alles?« – »Wenn es nicht noch etwas gibt, was dir auf der Seele liegt . . .« Niemals in meinem Leben habe ich eine Strafe so schnell und so bereitwillig bezahlt wie die für meinen unerlaubten nächtlichen Abstecher ins Damencollege von Girton.

Persönlichkeiten von Rang fand man in Cambridge nicht nur in den Universitätsgebäuden und Colleges, unter den Fellows und den Studenten, sondern überall in der Stadt. Von den Portiers habe ich schon gesprochen, aber auch die Inhaber der Gastwirtschaften und Pubs waren Originale. Vor den Toren von Cambridge gab es ein Pub, *The Tickell Arms* genannt, das vor allem in den Sommermonaten sehr populär war. Hier gab es zu günstigen Preisen anständiges Pub-Food zu essen, und allsonntäglich pilgerten wir hinaus nach Whittlesford, um beim exzentrischen Wirt, der sich »Kim *de la taste* Tickell« nannte, zu Mittag zu essen. Der Inhaber des Pubs war wegen seiner scharfen Zunge von vielen gefürchtet, aber ich habe ihn immer als freundlichen und gutherzigen Mann kennengelernt. Irgendwann machte das Gerücht die Runde, er sei wegen Rassismus von einem Studenten angezeigt worden. Als er vor dem Race Relations Board befragt wurde, entgegnete er entrüstet: »Ich habe schon mit der Prinzessin Elisabeth von Toro getanzt, und schwärzer als sie geht es nicht.« Nun war es zweifelsohne eine ganz außergewöhnliche Ehre, mit der bildhübschen Prinzessin zu tanzen, der Tochter des Königs Kumarasi Kukiidi III. von Toro. Sie hatte ein paar Jahre vor mir in Cambridge Jura studiert, doch noch zu meiner Zeit sprach man überall von ihrer glamourösen Erscheinung, die sie anno 1962, in pinkfarbene Seide von Guy Laroche gehüllt, auf der *May Ball* des King's College machte. Im Anschluß an ihr Studium ließ sie sich als Anwältin in Kampala nieder, sie war die erste praktizierende Juristin nicht nur in Uganda, sondern in Ost- und Zentralafrika überhaupt. Nach dem Staatsstreich Obotes arbeitete sie dann als internationales

Top-Model, bevor sie eine politische Karriere einschlug. Einige Jahre lang war sie Außenministerin von Uganda, und heute vertritt sie ihr Land als Botschafterin in Berlin. Ich kenne sie gut, unsere Familien stehen miteinander in Verbindung, seitdem mein Vater im Jahr 1962 als offizieller Gesandter des äthiopischen Kaisers bei den Unabhängigkeitsfeierlichkeiten Ugandas zu Gast war. Aber genügte Mr. Tickells Hinweis auf diese Bekanntschaft, ihn von jeglichem Verdacht freizusprechen? Wir kamen ins Gespräch, und er sagte mir: »Egal, ob schwarz oder weiß – was ich verachte, ist ein bestimmter Charakter, und zwar der des angeberischen Proletariers.« Ich war beruhigt, um Mr. Tickell mußte ich mir keine Sorgen machen. Er selbst stammte ja – wie jeder wahre britische Snob – aus *upper lower class*-Verhältnissen, und das gab ihm die Lizenz, sich aristokratischer zu gebärden als jeder Aristokrat – *sine nobilitas*.

Einmal im Semester fuhr man ins *Maison de France*, ein vorzügliches französisches Restaurant, eine gute halbe Stunde von Cambridge entfernt. Der Besitzer des Hauses war ungemein stolz auf seine Küche. Einmal erzählte er mir, wie er höchstpersönlich das Steak Diane erfunden hatte, irgendwann in den zwanziger Jahren, als er einfacher Kellner in Paris war. Der Koch war nicht erschienen und das Restaurant bis auf den letzten Platz ausgebucht, die Besitzerin des Lokals war verzweifelt. »Ich erinnerte mich an meine Zeit im Orient«, hob er mit vor Stolz geschwellter Brust an, »und mir fiel das weise Wort ein: Wenn der Berg nicht zum Propheten kommt, muß der Prophet zum Berge gehen. Wenn es keinen Koch gibt, bringen wir die Küche zum Gast. Ich legte ein Stück Fleisch auf den Teller, ein bißchen Butter dazu, nahm mein Flambiergerät – und flambierte das Fleisch vor den Augen der Gäste. Einen Schuß Worcestershire-Sauce darüber – *voilà!* Und wissen Sie, was: Ich dachte an meine Mutter Diana, und so taufte ich meine Kreation auf den Namen Steak Diane.« Ich war mächtig beeindruckt, bis ich zu Hause in einem Lexikon las, daß das Steak Diane bereits im 19. Jahrhundert allgemein bekannt war.

Wenn ich mich an meine Zeit in Cambridge zurückerinnere, denke ich an die Erdbeeren im Royal Garden Hotel, dem ersten Haus am Platze. Hier kamen verbunden mit einem Gala-Essen jedes Jahr im April die ersten Erdbeeren der Saison auf den Tisch. Bis heute ist mir der unvergleichliche Geschmack dieser Früchte in Erinnerung geblieben. Mit dem Leben verhält es sich wie mit den Erdbeeren: Je weiter es fortschreitet, desto süßer wird die Erinnerung.

Und ich denke an den Prinzen William von Gloucester. Ich hatte ihn schon in Äthiopien, als er für die britische Regierung in Nigeria im diplomatischen Dienst stand, kennengelernt, bei einem Empfang des britischen Botschafters Sir John Russell. Prinz William interessierte sich sehr für Afrika, und wir führten lange Gespräche über die politische Zukunft des Kontinents. Nie zuvor hatte ich einen so humorvollen, aufgeschlossenen und intelligenten Europäer erlebt, dem das Schicksal von Afrika derart am Herzen lag. Er hatte ebenfalls in Cambridge studiert – einige Jahre, bevor ich dorthin kam – und war wie ich Mitglied von Magdalene College. Als ich dann nach Cambridge kam, wurde er für mich eine Art großer Bruder. Er führte mich in das College-Leben ein, zeigte mir, wohin man in Cambridge zum Essen gehen konnte, empfahl mir den einen Professor und riet mir vom anderen ab. In Cambridge hatte Prinz William auch seine Leidenschaft fürs Fliegen entdeckt, als er dem Flying Club beigetreten war; nicht selten kam er zur Universität nicht mit dem Auto, sondern mit einer seiner kleinen Privatmaschinen, die er eigenhändig steuerte. Sein Vater, Henry von Gloucester, war der jüngste Sohn des englischen Königs Georg V., und es hieß, daß beide in jungen Jahren dem König wie aus dem Gesicht geschnitten waren. Der Herzog von Gloucester war einst der offizielle Gesandte des britischen Königs bei der Krönung von Haile Selassie im Jahre 1930. Als ich ihn in England kennenlernte, war er bereits im hohen Alter von siebzig Jahren und, von einem Schlaganfall gezeichnet, an den Rollstuhl gefesselt. Der Familiensitz der Herzöge von Gloucester, Barnwell Manor, lag keine Stunde von Cambridge entfernt, ich war oft das Wochenende über dort zu

Gast. Hier lernte ich auch die Mutter des Prinzen, die Herzogin Alice von Gloucester kennen, die sich später tatkräftig für die Freilassung meiner Familie einsetzen sollte. Unablässig wirkte sie auf die Königin ein, öffnete Tür und Tor, wo immer sie einen Hoffnungsschimmer sah. Sie war es auch, die als Vertreterin der britischen Königin der Trauerfeier in St. Margaret's für meinen ermordeten Vater und die neunundfünfzig weiteren Opfer des blutigen Massakers vom November 1974 beiwohnen sollte.

Wenn ich auf Barnwell Manor zu Besuch war, saßen wir nachmittags oft beim Tee im Salon zusammen, und der Herzog erzählte von seiner Zeit in Äthiopien. Nach dem Schlaganfall fiel ihm das Sprechen schwer, um so gebannter lauschte ich seinen Worten. Einmal fing er ganz unvermittelt an, über seinen Vater zu sprechen, König Georg V.: »Wissen Sie eigentlich«, fragte er mich, »was das schönste Erlebnis war, das ich mit meinem Vater hatte?« Ich war überrascht über das von ihm angeschlagene Thema und entgegnete: »Nein, Sir.« Und er fing an zu erzählen. »Ich war damals ein kleiner Kadett in Portsmouth. Eines Tages kam mein Vater zu Besuch, um die Royal Navy zu inspizieren. Er gab auf seiner Jacht ein festliches Abendessen zu Ehren der Offiziere, an dem ich als jüngster Sohn am Ende der Tafel teilnehmen durfte. Plötzlich wurde mir übel, ich wurde seekrank. Nun war es völlig unmöglich, im Beisein des Königs die Tafel zu verlassen. Doch mein Vater sah mich von weitem und sagte: ›*Henry, wouldn't you like to go upstairs and have a look at the stars for a while?*‹« Er erzählte diese Episode ohne das geringste Zeichen seelischer Rührung, doch ich war erschüttert über seine Worte. Dies war die höchste Form der Zärtlichkeit, zu der Georg V. gegenüber seinen Kindern fähig war, so viktorianisch streng ging es in der britischen Königsfamilie zu. Nachdem ich dies gehört hatte, wunderte es mich nicht mehr, warum ein Mann, der so beliebt war wie Eduard VIII., alles auf eine Karte setzte und für das, was er am meisten entbehrte und sich ersehnte, die Liebe und Zuwendung einer anderen Person, nach nur zehn Monaten auf dem Thron die Krone zurückgab.

Prinzessin Alice hatte ihren Gatten oft nach Äthiopien begleitet, und ich fragte sie einmal, ob sie dort auch Evelyn Waugh getroffen hatte. Tatsächlich hatten sie sich kennengelernt: »*But not too much*«, fügte Prinzessin Alice hinzu, »*I'm afraid we were not good enough for him.*« Treffender hätte man Evelyn Waugh, der so versessen auf prominente Gesellschaft war wie kaum ein zweiter, wohl nicht charakterisieren können. Später ließ sich Waugh dazu herab, die italienische Besetzung Äthiopiens als »Zivilisationsmission« zu bezeichnen und ausgiebig von den Errungenschaften des faschistischen Regimes Mussolinis zu schwärmen. Das freilich, muß ich einräumen, ändert nichts an der Tatsache, daß er ein hervorragender Schriftsteller war. Über die Krönung von Haile Selassie, der er zusammen mit dem britischen Journalisten Bill Deedes in Addis Abeba beiwohnte, schrieb er das Buch *Remote People*. Die italienische Invasion in Äthiopien erlebte er als Korrespondent der *Daily Mail*. Bill Deedes, der spätere Herausgeber des *Daily Telegraph* und enger Vertrauter der Thatchers, stand dann Pate für den Protagonisten seines besten Romans, *Scoop*. Darin heißt er William Boot, als Kolumnist für eine britische Zeitung auf die Beschaulichkeit des englischen Landlebens spezialisiert, den es aus Versehen als Kriegskorrespondent nach Ishmaelia – unschwer als Äthiopien zu erkennen – verschlägt, wo die Welt den Ausbruch eines bewaffneten Konflikts erwartet. Niemals zuvor ist das Karussell der rund um den Globus reisenden Krisenreporter auf der Suche nach einem Knüller besser beschrieben worden. Ich sollte Bill Deedes dann im November 2000 in Addis Abeba persönlich kennenlernen, bei der feierlichen Beisetzung der sterblichen Überreste Haile Selassies in der Kathedrale der Heiligen Dreifaltigkeit. Ich schilderte ihm, was mir Prinzessin Alice über Evelyn Waugh gesagt hatte; zu meiner Überraschung fand ich das Zitat dann in seinem Bericht über die Beisetzung des Kaisers im *Sunday Telegraph* wieder.

In späteren Jahren lernte ich dann Evelyn Waughs Sohn Auberon kennen, der selbst mehrere Romane geschrieben und sich zu einem der erfolgreichsten und scharfzüngigsten Publizisten Englands entwickelt hatte. Ich war neugierig darauf zu erfahren, wie Auberon Waugh seinen Vater erlebt hatte, und er gab mir bereitwillig Auskunft über seine Kindheit auf dem väterlichen Gut Piers Court in Gloucestershire. Evelyn Waugh widmete seinen Kindern eine genau bemessene Zeitspanne der Aufmerksamkeit von zehn Minuten pro Tag. Seine Kinder betrachtete er als Teil jenes Kreuzes, das jedem Christ zu tragen auferlegt ist. Vor seinem inneren Auge sah er sie als spätere Erwachsene vor sich mit all jenen Makeln, die sie schon in ihren Anlagen zeigten, zu voller Blüte ausgereift: voller Leichtfertigkeit, schwächlich, empfindlich und humorlos. Besonders eine väterliche Szene aus den Tagen nach dem Ende des Zweiten Weltkriegs hatte sich in Auberons Gedächtnis eingebrannt. Als eine Art Anerkennung für die jahrelangen Entbehrungen des britischen Volkes während des Krieges hatte die britische Regierung jedem Kind des Landes eine Banane versprochen, ein phantastischer Luxusgegenstand in jener Zeit der Not und des Hungers. Tagelang waren die Bananen das bestimmende Thema der damals drei Kinder auf Piers Court und wie sie wohl schmecken würden – keines von ihnen hatte jemals im Leben eine gekostet. Man verständigte sich darauf, daß die kostbaren Früchte am Sonntag, garniert mit Sahne, als Nachtisch zum Mittagessen serviert werden sollten. Doch als Mrs. Waugh endlich voller Stolz die ihr für die drei Kinder zugeteilten drei Bananen nach Hause brachte, ließ sie sich Evelyn Waugh auf einem silbernen Tablett anrichten, und vor den staunenden Augen seiner Kinder und seiner Frau bestrich er sie dick mit Sahne, bestreute sie reichlich mit Zucker und verspeiste sie eine nach der anderen.

Mehrmals lud mich Prinz William während meiner Zeit in Cambridge zu einer Spritztour mit seiner Piper Cherokee Arrow ein, aber aus irgendwelchen Gründen kam immer etwas dazwischen. Niemand ahnte, daß ihm seine Leidenschaft für das Fliegen nur wenig später auf tragische Weise zum Verhängnis werden sollte. Prinz William starb im August 1972, im Alter von nur dreißig Jahren, wenige Wochen bevor ich Cambridge verlassen sollte, als er mit seiner Maschine an einem Flugrennen bei Wolverhampton teilnahm. Mehr als 30 000 Zuschauer sahen zu, wie sein Flugzeug unmittelbar nach dem Start in Querlage ging, gegen einen Baum prallte, in Brand geriet und zu Boden stürzte. Zusammen mit seinem Copilot war er in dem brennenden Wrack eingesperrt, und die lodernden Flammen verhinderten, daß die zahlreich bereitstehenden Helfer und Feuerwehrleute sie daraus befreien konnten. Sie starben beide auf qualvolle Weise. Die Nachricht von seinem Tod war ein großer Schock für seine Familie ebenso wie für mich. Die Trauerfeier für ihn fand in der Londoner Kapelle der Royal Air Force am Strand, St. Clement Danes Church, statt, vor der seit 1992 das Bronzestandbild des »Bombers« Arthur Harris steht. Auch ich nahm daran teil, bevor ich dann wenige Tage darauf Cambridge den Rücken kehrte. So schmerzhaft der Verlust war: die gemeinsame Trauer hatte auch etwas Verbindendes. Sie brachte mir seine Mutter, Prinzessin Alice von Gloucester, näher, auf die die Freundschaft überging. Bis heute bewahre ich das Andenken an Prinz William. Eine gerahmte Photographie, versehen mit seiner Signatur in dicker blauer Tinte, steht auf einem Ehrenplatz in meinem Salon, direkt neben den Portraits von Queen Elisabeth und Prinz Philip.

Ich freute mich auf die Tage, wenn Tessy nach Cambridge zu Besuch kam. Sie war inzwischen von Boston nach Sussex gewechselt und studierte dort Politische Wissenschaften. So oft es nur ging, verbrachten wir die Zeit miteinander. Ich besuchte sie oft in Brighton, wir flanierten die Laines entlang, legten uns anschließend an den Strand und sahen den sich am Ufer brechenden Wellen zu.

Besonders gerne führte ich Tessy nach London aus, wo wir stets am Piccadilly im Ritz abstiegen. Ich war dort kein Unbekannter. Seitdem mein Vater im Jahre 1954 zum ersten Mal dort nächtigte, als er der Krönung von Königin Elisabeth II. beiwohnte, war das Londoner Ritz ihm zu seinem zweiten Zuhause geworden. Wann immer mein Vater in London war, logierte er dort. Fast jeden Sommer, während der großen Regenzeit in Äthiopien, verbrachten meine Eltern ein paar Wochen in England. Sie besuchten meine Geschwister, die dort zur Schule gingen, und absolvierten ihre Arztbesuche. Oft führten meinen Vater auch politische Geschäfte in die britische Hauptstadt. Nicht selten standen dann auch offizielle Termine auf dem Programm – in der Äthiopischen Botschaft, im Außenministerium oder im House of Lords und im House of Commons –, und manchmal durfte ich ihn dabei begleiten.

Es ging damals im Ritz noch recht familiär zu. Man kam sich gar nicht wie in einem Hotel vor, die Atmosphäre glich der eines englischen Landhauses. Im Eingangsbereich soll einst eine spezielle Glocke installiert gewesen sein, mit welcher der Portier an der Tür die Ankunft einer königlichen Hoheit anzeigte. Läutete sie, schritt der Hoteldirektor zum Eingang und begrüßte persönlich die hohen Gäste. Ich weiß nicht, ob es sie in den sechziger Jahren immer noch gab, jedenfalls wurde auch uns die Ehre zuteil, stets vom Direktor des Hauses persönlich empfangen zu werden. Wenn die ganze Familie nach London reiste, stand für jeden von uns Kindern ein eigenes Zimmer zur Verfügung, die Suite, die meine Eltern bevorzugten, war mit Louis-seize-Möbeln eingerichtet. Die Badewannen waren so groß, daß man Angst hatte, darin zu ertrinken. Das Herz und der Motor des Ritz war damals Victor, der Chefportier des Hotels. Wenn man noch Karten benötigte für die seit Monaten ausverkaufte Opernpremiere, oder wenn man auf die Schnelle einen Sportwagen brauchte – das alles organisierte Victor in Windeseile. Er selbst, ein bekennender Autonarr, fuhr damals bereits einen Aston Martin. Victor leistete mir unschätzbare Dienste. Wenn ich mit Tessy in London war, sorgte er dafür, daß wir eines der schönsten Zimmer bekamen. Aber das beste war: Bei Victor konnte man anschreiben lassen. Ohne mit der Wimper zu zucken, machte er sich eine Notiz und setzte den Betrag beim nächsten Besuch meiner Eltern mit auf die Rechnung. Es war ein festes Ritual, daß Tessy und ich unseren Tee im Palm Court nahmen, dem opulenten, im Stil von Louis-seize eingerichteten Teeraum. Zum High

Tea konnte man aus einer riesigen Auswahl an Kuchen und Torten wählen, Sandwiches und natürlich Scones mit Clotted Cream und Marmelade, reizend arrangiert auf mehrstöckigen Silbertabletts. Ein ebenso festes Ritual war es, daß wir den Abend mit einem Drink in der Rivoli-Bar des Ritz abschlossen. Hier wurde übrigens eigens für mich ein Drink kreiert: der *Asfadisiac* – Wodka und Holundersirup, aufgefüllt mit Champagner. Wenn Sie Glück haben und einen hilfsbereiten Barmann antreffen, der bereit ist, in den alten Cocktailbüchern nachzuschlagen, können Sie ihn dort noch bekommen.

Der Lieblingsraum meines Vaters im Ritz war die Marie-Antoinette-Suite, ein luxuriöser Salon im Stil von Versailles, der als Frühstücksraum diente und abends für private Gala-Essen zur Verfügung stand. Hier bewirtete mein Vater gelegentlich seine Gäste, und hier lernte ich im Lauf der Jahre viele seiner Freunde kennen: die Schriftstellerin Antonia Fraser und ihren ersten Mann Sir Hugh Fraser, Abgeordneter des Unterhauses; Hugh Astor aus der großen Verlegerdynastie, der einer der engsten Freunde meines Vaters war; Malcolm Lyell, den Generaldirektor der legendären Büchsenmacher Holland and Holland; Colonel Billy MacLane und Sir John Bagge, beide Kriegskameraden meines Vaters, die mit ihm 1941 Seite an Seite gegen die italienischen Besatzungstruppen gekämpft hatten; Lord Bernard Braine, den großen Parlamentarier und langjährigen Präsidenten der Anglo-Äthiopischen Gesellschaft; Lord Buxton, den damaligen Chef des Fernsehsenders ITV. Viele von ihnen erzählten mir später, daß sie jedesmal, wenn sie im Ritz speisten, sich mit Freude und Wehmut an die Abende erinnerten, die sie dort mit meinem Vater verbrachten. Als das Ritz noch Trafalgar House gehörte, soll es sogar eine Initiative von ihnen gegeben haben, eine der Suiten nach meinem Vater zu taufen. Damals war es durchaus nichts Ungewöhnliches, im Hotel zu leben, und ich dachte mir: Wenn man sich schon zu einem Leben im Hotel entschloß, dann bitte im Ritz oder im Meurice in Paris, wo Salvador Dalí bis zuletzt residierte. Viele Jahre hatte der Ölmagnat Gulbenkian im Ritz eine ständige Suite, ich selbst habe einige verschrobene englische Originale kennengelernt, die im Ritz wohnten. Leider ist das Ritz in den neunziger Jahren renoviert worden, dabei wurden auch die wundervollen alten Bäder herausgerissen und für wenig Geld verhökert. Es ist jammerschade: Die zauberhafte Patina, die das Ritz ausstrahlte, war verschwunden, das Ritz hatte seinen Charakter verloren. Übrigens war es damals – vor der Renovierung – nicht unbedingt eine Frage des Geldbeutels, im Ritz zu logieren. Für fünf Pfund war noch in den sechziger Jahren ein Zimmer zu haben – eines der ehemaligen Dienstbotenzimmer. Sie hatten kein Bad, aber was spielte das schon für eine Rolle. Ritz ist Ritz!

In London habe ich erlebt, was englische Contenance heißt, und dies galt keineswegs nur für das Ritz. Einmal begleitete ich meinen Vater vom Ritz aus in die Savile Row zu Henry Poole, zu dessen berühmter Kundschaft im 19. Jahrhundert schon der französische Kaiser Napoleon III. gehörte. Der Schneider verschwand mit meinem Vater in den Nebenraum des Geschäfts, um ihm die Maße abzunehmen, und ich wartete im Verkaufsraum. Plötzlich hörte ich einen spitzen Schrei, und schon stand der junge Mann kreidebleich mitten im Raum. Das Maßband zitterte in seiner Hand, und er rief: »*He's got a bloody gun!*« Der anwesende Geschäftsführer hob eine Augenbraue und sagte: »*So what about it?*« und schickte ihn zurück. Für ihn war es kein Geheimnis, daß mein Vater aus Sicherheitsgründen ständig eine Waffe mit sich führen mußte.

In London erweist sich auch ein Schneider in jeder Situation als vollendeter englischer Gentleman, und erst recht ein Oberkellner. Anfang der siebziger Jahre befreundete ich mich mit dem Frankfurter Korrespondenten der *Financial Times*, Guy Hawtin, der später zum Geistlichen wurde und heute einer der bedeutendsten Protopresbyter der Anglikanischen Kirche in den Vereinigten Staaten ist. Einmal trafen wir uns in London in der Fleet Street, wo wie die meisten englischen Zeitungen damals auch das Mutterhaus der *Financial Times* seinen Sitz hatte. Es war um die Mittagszeit, und wir saßen in der Taverne El Vino, wo wir auf einen gemeinsamen

Freund trafen, den Iren John McCaughey, der bei der *Financial Times* als Schlußredakteur arbeitete. Wir bestellten *Smoked Salmon Sandwiches*, für die El Vino besonders bekannt war, und dazu Champagner. Die Zeit verging wie im Flug, und im Nu war es Nachmittag. Wie die meisten Restaurants schloß auch El Vino pünktlich um drei, und wir wechselten in den nebenan gelegenen Club *The Whig & Pen*, in dem McCaughey Mitglied war. Einer der größten Vorzüge englischer Clubs besteht darin, daß es dort keine Schließzeiten und keine Sperrstunde gibt, weil sie als private Einrichtungen gelten, und dies kam uns nun zugute. Hier im Club stiegen wir auf Portwein um, bis wir wieder Hunger verspürten. Es war gegen sechs, und ein paar Häuser weiter lag das Savoy Hotel. Pünktlich um 6 Uhr 30 öffnete dort das Savoy Grill, und das schien uns allen dreien der perfekte Ort für ein zeitiges Dinner. Der Maître d'Hôtel wies uns in dem riesigen, noch gänzlich verwaisten Speisesaal einen Tisch zu, und zugegebenermaßen nicht mehr ganz nüchtern gaben wir unsere Bestellung auf. Das einzige, was McCaughey – ein Ire durch und durch – zu sich nahm, war Fleisch und Kartoffeln, dies dafür in allen Variationen. McCaughey entschied sich für ein kräftiges Steak Tartar zum Abendbrot. Ein junger Kellner bereitete es auf einem Servierwagen vor unseren Augen zu. Wie es sich für ein zünftiges Steak Tartar gehört, schlug er ein Ei auf und gab das Eigelb zum Fleisch. McCaughey öffnete den Mund und setzte an, ihm zuzurufen: »Verdammt noch mal! Wie oft habe ich dir schon gesagt, daß ich rohe Eier verabscheue!« Aber kein Wort kam heraus. Wie ein Fisch auf dem Trockenen nach Luft schnappt, riß er immer wieder den Mund auf, aber es wollte ihm nicht gelingen, auch nur einen einzigen Ton hervorzubringen. Plötzlich rutschte McCaughey vom Stuhl, ging auf alle viere und verschwand unter dem Tisch. Wir hörten einen lauten Schrei, McCaughey hatte den armen Kellner ins Bein gebissen! Dem Maître d'Hôtel, dem der kleine Tumult nicht verborgen geblieben war, trat zu uns an den Tisch: »*What is the matter?*« rief er dem Jungen zu, äußerlich ungerührt. »*I'm afraid, Mr McCaughey has just bitten me in my leg!*« beklagte sich der Piccolo, sichtlich empört, bei seinem Vorgesetzten. McCaughey, noch immer auf allen vieren, blickte uns über die Tischkante mit unschuldigen Dackelaugen an. Der Oberkellner hob nur kaum merklich sein Kinn und sagte: »*If Mr McCaughey had to bite you in your leg, I'm sure he had a very good reason for it!*« Daß ein Gast aus der Rolle fällt, heißt nicht, daß ein Kellner dies ebenfalls tun dürfte. Am nächsten Morgen rief mich McCaughey an, ihm schien die ganze Angelegenheit ungeheuer peinlich. Ich tröstete ihn mit dem Wort eines Dichters, den ich in Deutschland zu lesen begonnen hatte, Heimito von Doderer: »Exzesse sind das Schlimmste nicht. Sie machen deutlich. Unsere schleichenden Übel aber nebeln allmählich ein.«

In jenen Jahren in Cambridge lebte ich in einem Zwischenreich dreier verschiedener Welten – der Welt Äthiopiens, Deutschlands und der von England. Oft dachte ich an Deutschland zurück, das mir in so kurzer Zeit so nahegerückt war. Es schmerzte mich zu sehen, mit welchen Vorurteilen viele englische Studenten den Deutschen gegenübertraten. Ich hielt dagegen, so gut es ging. In Äthiopien nannte mich mancher meiner deutschen Freunde *The Black Englishman*. Hier in England hatte ich mir bei Reresby Sitwell, einem Freund aus der berühmten Sitwell-Familie, den Spitznamen *My Favourite Kraut* erworben, so sehr hatte ich mich bereits mit Deutschland und den Deutschen identifiziert.

In Deutschland bestimmten die revoltierenden Studenten das Bild der Straße, in Cambridge stellte sich die Lage anders dar. Die Studentenrevolte war hier wie ein fernes Donnergrollen, das man mit einer hochgezogenen Augenbraue und einem trockenen Sherry in der Hand auf der Terrasse seines College aus weiter Ferne vernahm.

Eines der am heftigsten diskutierten politischen Themen war hier die Mitgliedschaft in der Studentengewerkschaft; über diese Frage konnten sich in Cambridge die Studenten die Köpfe heiß reden. Auch die Frage der Koedukation kam immer wieder aufs

Tapet. Die meisten Colleges waren immer noch nur für Männer zugelassen, und es war unstreitig, daß eine Regelung gefunden werden mußte, die es mehr Frauen ermöglichte, in Cambridge zu studieren. Doch darüber, ob Studentinnen und Studenten an gemeinsamen oder doch lieber an getrennten Colleges studieren sollten, wurde mit Leidenschaft debattiert. Ich war übrigens damals kein Anhänger der Koedukation, und dazu stehe ich noch heute. Dadurch, daß die traditionellen Colleges jeweils ein paar Hundert Studentinnen aufnahmen, ließ sich das eklatante Mißverhältnis zwischen Männern und Frauen auf der Universität nicht aus der Welt schaffen, zumal nun auch die Frauen-Colleges gezwungen wurden, Männer aufzunehmen. Viel besser wäre es gewesen, man hätte mehrere neue Colleges eingerichtet, die dann dem weiblichen Geschlecht exklusiv zur Verfügung standen. So hätte man auf recht einfache Weise dafür sorgen können, daß die Zahl weiblicher Studenten tatsächlich in kurzer Zeit zunehmen konnte. Wenn in Magdalene College die Debatte der Koedukation aufflammte, und sie tat das auch hier mit bemerkenswerter Regelmäßigkeit und zunehmender Schärfe, genügte ein Satz unseres Masters Walter Hamilton, um den Angriff auf die Tradition niederzuschlagen: »*Over my dead body!*« – Nur über meine Leiche. Lange Zeit galt die Autorität Sir Walter Hamiltons unangefochten. So sollte Magdalene College das letzte von allen Colleges in Cambridge sein, das im Jahr 1988 seine Tore für weibliche Studenten öffnete.

Die Frage der weiblichen Emanzipation wurde hier nicht mit jener Vehemenz geführt, wie ich sie von Deutschland gewohnt war, von wenigen Ausnahmen abgesehen. In meinen ersten Wochen in Cambridge, im Sommer 1970, sah ich manche Studentin mit einem Exemplar von Germaine Greers Buch *The Female Eunuch* unter dem Arm, das in Großbritannien gerade für beträchtliches Aufsehen sorgte. Germaine Greer hatte bis 1968 selbst in Cambridge studiert, und eine Kommilitonin erzählte mir mit einer Mischung aus Bewunderung und Verachtung davon, wie Greer bei einem offiziellen Dinner in Newnham College Aufsehen erregt hatte. Noch bevor nach dem feierlichen Essen einer der Fellows das Wort ergreifen konnte, war sie aufgesprungen und hatte zu einem leidenschaftlichen Plädoyer gegen die Unterdrückung der Frau angesetzt. Egal, wie gut ausgebildet die Studentinnen von heute seien, für die Frauen gebe es keine Befreiung, solange sie gezwungen würden, ihre Brüste in diese BHs aus den Sechzigern zu zwängen, die, ohne Rücksicht auf die weibliche Anatomie, wie Vesuve in Miniaturform konstruiert seien, zwei zusammengespannte aufgerichtete Eistüten: ein weithin sichtbares Zeichen patriarchalischer Unterdrückung. Nicht nur die Fellows, auch die Studentinnen des Frauen-College Newnham lauschten staunend der im breitesten australischen Akzent vorgetragenen Rede. Als ich dann der Dame von Newnham College von meiner Begegnung mit Gudrun Ensslin in Tübingen berichtete, blickte sie *mich* mit großen Augen an.

Der ferne Vietnamkrieg warf hin und wieder ein schwaches Echo, was aber keineswegs dazu führen konnte, daß man Transparente malte und Parolen skandierend auf die Straße ging. Was mich allerdings überraschte, war die Tatsache, daß im April 1972 das von Rainer Barzel gegen Brandt angestrengte konstruktive Mißtrauensvotum überall die Gemüter bewegte, nicht nur in Cambridge, sondern in ganz Großbritannien. Willy Brandt wurde auf der Insel verehrt wie kein zweiter Deutscher, und am 28. April 1972 waren die Schlagzeilen der britischen Presse nahezu einhellig: *»Thank God! Brandt Stays in Power!«*

Wenn man in Cambridge von einem Kommilitonen sagte, er sei ein *leftie*, war das eine fast schon liebevolle Bezeichnung, die die Feststellung einschloß, daß er dafür eigentlich gar nichts konnte. Und wenn sich ein Student in Cambridge oder Oxford als Marxist bezeichnete, konnte man sicher sein, daß er deshalb nicht seine Vorliebe für Champagner und Kaviar verlor. Egal, wie links man sich gab: Auf den Smoking zu offiziellen Anlässen zu verzichten, auf diese Idee wäre keiner gekommen. Allenfalls zu einer roten Fliege oder zu weißen Turnschuhen zum Smoking ließ man sich hinreißen, aber dies zeugte schon von beträchtlicher Extravaganz. Wenn man in Cambridge abends zum Essen eingeladen war, war es überhaupt keine Frage, daß man im Smoking erschien, wie es – wenigstens bis zum Zweiten Weltkrieg – für eine Familie der englischen Mittelschicht selbstverständlich war, daß man sich zum Abendessen umkleidete und die Herren zum Dinner Smoking anlegten. Nur am Sonntag schien man das in England nicht für nötig zu halten: Die Deutschen geben sich nur am Sonntag fein, die Engländer nur an Feiertagen leger. Später habe ich England als mein Sonntagsland, Deutschland als mein Werktagsland bezeichnet.

In Cambridge habe ich erfahren, daß die Frage der Manieren keine Frage von Regeln und Gesetzen ist, sondern eine Frage der Haltung. Es war nirgendwo festgeschrieben, wie man sich zu verhalten hatte, aber uns allen war klar: Die gemeinsame Wahrung der äußeren Form erleichtert das Zusammenleben ungemein, und es war kein Schaden, wenn man bei besonderen Anlässen auch äußerlich zeigte, daß Manieren etwas Besonderes waren. Nach Cambridge kamen auch viele Studenten aus der Arbeiterschicht, die mit einem Stipendium ausgestattet waren. Es wurden keine Unterschiede gemacht zwischen denen, deren Studium die Eltern finanzierten, und denen, die öffentlich gefördert wurden. Gemeinsam sah man sich als eine Elite – ob zu Recht, sei dahingestellt –, gemeinsam hob man die Augenbraue, wenn die Sprache auf Oxford kam, »*the other place*«, und gemeinsam sah man auf die Studenten an den »gewöhnlichen«, den *Red-Brick*-Universitäten herab.

Vielleicht hat diese eigentümliche, nahezu gleichgültige Haltung gegenüber den Wirren von Achtundsechzig in Oxford und Cambridge auch etwas mit einem besonderen Verständnis von Politik zu tun. In England wird – bis zum heutigen Tage – Politik nicht wirklich ernst genommen. Niemand interessiert sich besonders dafür, welcher politischen Partei der andere zuneigt. Im Grunde hält man Politik für etwas nicht ganz Seriöses, Politik ist etwas, das man nebenbei betreibt. Wenn die Politik zur Hauptbeschäftigung wird, muß die Welt aus den Fugen geraten sein – für solche Fälle hielt man sich einen Winston Churchill. Wenn allerdings der Tagesrhythmus der Engländer aus dem Gleichgewicht zu geraten droht, ist es mit der Ruhe schlagartig vorbei. Als im September 2004 sich das britische Unterhaus anmaßte, die Fuchsjagd verbieten zu wollen, gingen in London eine Million Menschen auf die Straße, und diese Zahl allein zeigt, daß es sich dabei keineswegs um eine Frage etwaiger Klassenzugehörigkeit handelt. Ob zu Fuß oder zu Pferd, die Fuchsjagd in England ist ein Sport, der von arm und reich, von jung und alt gleichermaßen betrieben wird. Dies gilt ebenso für das Cricket, Klassenschranken spielten hier zu keiner Zeit eine Rolle. »Wenn der französische Adel dazu imstande gewesen wäre, mit seinen Bauern Cricket zu spielen«, schrieb G. M. Trevelyan in seiner *English Social History*, »wären seine Paläste niemals in Flammen aufgegangen.« Die Frage, ob der Marylebone Cricket Club, der für die Aufstellung der *Laws of Cricket* zuständig ist, es etwa gewagt haben könnte, an die heiligen Regeln des Cricket-Spiels Hand anzulegen, ist in England bis heute eine Angelegenheit von höchster nationaler Bedeutung.

Wenn ich in Cambridge ganz für mich sein wollte, zog es mich zu einem heimlichen Lieblingsort, der sich direkt auf dem College-Gelände befindet, *Pepys Building*. Es beherbergt die Bibliothek eines der berühmtesten Absolventen von Magdalene College. Samuel Pepys, der im Jahr 1651 nach Cambridge kam und drei Jahre später mit einem Bachelor of Arts abschloß, sollte es bis zum Staatssekretär im britischen Marineamt, zum Präsidenten der Royal Society und Abgeordneten des englischen Unterhauses bringen. Er war ein Mann von vielfältigsten Interessen, liebte die Malerei und das Theater, begeisterte sich für Astronomie, Mathematik und Medizin und wohnte gerne öffentlichen Sektionen bei. Mit Isaac Newton stand er im Briefwechsel und erörterte mit ihm das sogenannte Newton-Pepys-Problem, das um die Frage kreist: Was ist wahrscheinlicher – mit sechs Würfeln eine sechs zu würfeln oder zwei Sechsen mit zwölf Würfeln? (Ich weiß nicht, ob es je gelöst worden ist.) Aber berühmt geworden ist er nicht dadurch, sondern durch sein großartiges Tagebuch, das er in den Jahren 1660 bis 1669 führte – es zählt zu den großen Schätzen der Weltliteratur (die schmalen deutschen Auswahlausgaben geben nur ein unzureichendes Bild von seinem Reichtum). Samuel Pepys war ein leidenschaftlicher Büchersammler. Seine prachtvolle Bibliothek, die genau 3000 Bände umfaßt (diese Zahl hatte er sich selbst als Grenze gesetzt), vermachte er testamentarisch seinem früheren College. So gelangte sie Anfang des 18. Jahrhunderts in das auf den Namen des Stifters getaufte Pepys Building, wo sie bis heute den ersten Stock einnimmt, von Pepys selbst nach einem bestechenden Ordnungsprinzip katalogisiert. Die Bücher sind nach Größe geordnet und numeriert von No. 1 bis No. 3000, vom winzigsten Kleinoktavband bis zum riesigen Folianten. Sie werden dort in jenen zwölf großen verglasten Buchschränken aus Eiche aufbewahrt, die Pepys persönlich von den Schreinern der Londoner Werft hatte anfertigen lassen, und auch Pepys' Bibliothekstisch hatte seinen Weg von London nach Cambridge gefunden. Getreu den Statuten des Vermächtnisses darf kein Band der Bibliothek entfernt und keiner hinzugefügt werden. Irgendwo zwischen all seinen Folianten hatte Pepys sein geheimes Tagebuch versteckt: fünf dicke, in Kalbsleder gebundene Kladden. Erst mehr als hundert Jahre später wurde es entdeckt und, da es in Kurzschrift verfaßt war, mühsam entziffert. Ich konnte mir kaum etwas Schöneres vorstellen, als an einem verregneten Tag in Pepys' Bibliothek einzukehren und dort, über Pepys' Pult gebeugt, den Nachmittag zu verbringen, in die Schätze dieser einzigartigen Bibliothek versenkt. Meist war ich ganz alleine dort, es herrschte eine ehrfürchtige Ruhe – fast schien es so, als wäre die Zeit hier zum Stillstand gekommen. Über dem Portikus auf der Frontseite des *Pepys Building* findet sich ein Fries mit der Inschrift »Bibliotheca Pepysiana 1724« – dem Datum der Ankunft der Bibliothek –, darüber sind Pepys' Arme gemalt und sein Motto, aus Ciceros *De res publica*: »*Mens cujusque is est quisque*« – »Der Geist eines jeden, das ist der Mensch, nicht die Gestalt, die mit den Fingern gezeigt werden kann«.

Nach den Wochen der Examina begann in Cambridge die Zeit des Feierns. Jeder Student, der auf sich hielt, gab eine Cocktail-Party für seine Freunde, und am Ende der Feierlichkeiten stand die sogenannte *May Week* – die Woche, in der die Colleges ihre traditionellen Bälle, die *May Balls* veranstalteten, die übrigens nicht im Mai, sondern in der zweiten Juniwoche abgehalten werden (nichts Ungewöhnliches in einem Land, wo selbst die Geburtstagsfeierlichkeiten der Queen traditionell vom regnerischen April in den heiteren Juni verlegt werden). Der Magdalene Ball gehörte zu den prachtvollsten von allen, er fand nur alle zwei Jahre statt. Die Studenten rissen sich um die Karten, die bereits im tiefsten Winter verkauft wurden, wenn der Frühling und die Examina noch in weiter Ferne lagen.

Zu den *May Balls* der Colleges wurde man ohne Frack gar nicht hereingelassen. Man brauchte sich seinen Frack und seinen Zylinder auch keineswegs zu kaufen, man konnte ihn sich für wenig Geld ausleihen. Eine ganze Branche lebte vom Frack-Verleih, und das nicht schlecht angesichts der zahlreichen Anlässe, zu denen der Frack obligatorisch war. Bevor man sich zum Ball einfand, aß man zu Abend, in der Regel bei einem Kommilitonen, der ein Essen gab. Dann machte man sich gemeinsam auf den Weg und verbrachte tanzend und trinkend die Nacht bis zum Morgengrauen. Frühmorgens um vier gab es traditionell ein kleines Frühstück, und anschließend spazierte man zum Ufer der Cam und bestieg einen der Stocherkähne. Man ließ sich in den Kähnen zum nächstliegenden Städtchen stochern, wo man wieder anlegte und in einem der idyllischen Lokale im Grünen, begleitet vom frühmorgendlichen Zwitschern der Vögel, sein Frühstück zu sich nahm. So stilvoll ging dann der *May Ball* zu Ende.

In jenen letzten Tagen in Cambridge im Sommer 1972 überkam mich eine melancholische Stimmung. Ich besuchte mit einer wunderschönen Kommilitonin, deren Zeit auf dem College sich ebenfalls dem Ende zuneigte, das Theater von Cambridge, wo gerade ein Musical über das Studentenleben aufgeführt wurde: *Salad Days*. Der Titel ist einem berühmten Zitat aus Shakespeares *Antonius und*

Cleopatra entlehnt, in dem sich Cleopatra ihrer Tändelei mit Julius Cäsar erinnert: »*My salad days, when I was green in judgement, cold in blood, to say as I said then!*« Die Handlung – soweit ich mich daran erinnere – ist so, wie man sie von einem Musical erwarten darf. Die Protagonisten sind zwei junge Cambridge-Absolventen, die sich über ihre Zukunft Gedanken machen, und ein verzaubertes Piano, das, wenn es gespielt wird, in jedem den unbezwingbaren Wunsch hervorruft, wild zu tanzen, nicht einmal der verknöchertste Philister vermag ihm zu widerstehen. Kein Wunder, daß dieses seltsame Instrument die höchsten Autoritäten im »Ministerium für Freude und Fröhlichkeit« auf den Plan ruft, das dem Treiben Einhalt zu gebieten versucht . . .

Es gab also viel zu lachen im Theater, doch je komischer es auf der Bühne zuging, je absurder die Volten der Handlung und je ausgelassener die Musik, desto trauriger wurde ich, und meiner Begleiterin ging es ebenso. Ich dachte an Tessy, die einige Wochen vor mir nach Asmara zurückgekehrt war, und ich dachte an meine Eltern und meine Geschwister, die mich bereits sehnsüchtig in Addis Abeba erwarteten. Für mich sollte die Zeit des Studierens allerdings noch nicht zu Ende sein. Ich hatte beschlossen, nach Deutschland zurückzukehren und mich dort auf dem Gebiet der Äthiopistik weiter zu spezialisieren und in diesem Fach die Promotion anzustreben.

In Cambridge wehte der Hauch ewiger Jugend – für mich waren meine beiden Jahre dort eine Schule des Lebens. Ich genoß all die Privilegien, die man als *Cantabridgian* besaß. Aber ich spürte, daß die unbeschwerten Tage unwiderruflich zu Ende gingen. Hätte ich damals geahnt, welche Prüfung des Lebens mir unmittelbar bevorstand, hätte ich jene Tage vielleicht noch ausgiebiger ausgekostet.

Dem Abgrund entgegen

Im Herbst 1972 kehrte ich nach Deutschland zurück, um zu promovieren. Die Wahl fiel auf Frankfurt am Main, weil an der dortigen Johann Wolfgang Goethe-Universität der Gelehrte wirkte, den ich mir zu meinem Doktorvater auserkoren hatte: der große Äthiopist Professor Eike Haberland. Ich hatte Professor Haberland bereits 1967 in Addis Abeba kennengelernt, als er sich auf Forschungsreise befand. Von der ersten Begegnung an war ich fasziniert von seinen Kenntnissen der äthiopischen Geschichte und seiner Gelehrsamkeit. Seit 1967 leitete er das Frobenius-Institut der Johann Wolfgang Goethe-Universität und initiierte in dieser Funktion zahlreiche Forschungsprojekte zu afrikanischen Kulturen und deren Geschichte. Während eines der vielen Gespräche, die wir später in Deutschland führten, nahm die Idee für meine Promotion Gestalt an. Ich schlug als Thema vor, einen der zentralen, bislang unveröffentlichten historischen Texte zur Geschichte von Shoa – der Heimatprovinz meiner Familie – zu edieren, und er zeigte sich von dieser Idee sehr angetan. Also ließ ich mich im Frankfurter Westend nieder und bezog am Beethovenplatz, nicht weit von der Universität, eine kleine Wohnung, die ich »mein Schließfach« nannte. Ich immatrikulierte mich im Hauptfach Ethnologie, als weitere Fächer wählte ich Amerikanistik und Neuere Deutsche Geschichte. In der Frankfurter Universitätsbibliothek wurde mir ein kleines Arbeitskabuff zur Verfügung gestellt, das sich innerhalb weniger Wochen bis an die Decke mit Büchern und Quellentexten füllte. Doch in jenen Jahren, als ich dabei war, mich fernab der

223

Heimat in die Geschichte Äthiopiens zu vertiefen, holte mich die Gegenwart wieder ein: Die äthiopische Revolution nahm ihren Lauf – eine Bewegung, die mit großen demokratischen Hoffnungen begann und schließlich in einer blutigen Militärdiktatur endete, die nicht nur den Kaiser von Äthiopien, sondern auch Mitglieder meiner Familie in den Abgrund reißen sollte.

Im Jahr 1973 waren die Risse im Fundament des äthiopischen Kaiserreichs nicht mehr zu übersehen, und die Revolution schickte ihre dunklen Vorboten. Im Januar erlitt Kronprinz Asfa-Wossen einen schweren Schlaganfall. Er blieb halbseitig gelähmt, und nichts deutete darauf hin, daß sich sein Zustand in absehbarer Zeit bessern würde. Man schickte ihn zur medizinischen Behandlung nach England und in die Schweiz. Mein Vater war vom Kaiser zum ständigen Begleiter des Kranken ernannt worden und machte sich mit diesem nach Europa auf. Die Krankheit des Kronprinzen warf plötzlich eine Frage auf, die über all die Jahre in Äthiopien tabu war. Wer sollte auf Haile Selassie, der 1972 seinen achtzigsten Geburtstag begangen hatte, nachfolgen und nach ihm die Geschicke des Landes lenken? Es war ein offenes Geheimnis, daß der Kronprinz, dessen politische Ansichten als liberal galten, beim Kaiser in Ungnade gefallen war. Nicht wenige führende Politiker Äthiopiens, darunter auch mein Vater, sahen im Kronprinzen die Person, die Äthiopiens absolute Monarchie in eine parlamentarische Monarchie nach dem Vorbild Großbritanniens hätte führen können, in der sich die Rolle des gekrönten Staatsoberhaupts weitgehend auf repräsentative Aufgaben beschränkt. Nun zeichnete sich immer deutlicher ab, daß der Kronprinz wohl gar nicht in der Lage sein würde, die Thronfolge anzutreten.

Nur ein Abkömmling aus dem Hause David sei der äthiopischen Krone würdig, so hatte es Haile Selassie in der äthiopischen Verfassung des Jahres 1955 bekräftigt. Von den sechs Kindern Haile Selassies hatten nur zwei überlebt: Kronprinz Asfa-Wossen und die älteste Tochter des Kaisers, Prinzessin Tenagne-Work. Die Prinzessinnen Zenabe-Work und Tsehai waren bereits in jungen Jahren gestorben, die eine 1934 im Alter von fünfzehn Jahren, die andere 1942 im Alter von zweiundzwanzig im Kindbett. Prinz Makonnen, der Herzog von Harrar, der als der Lieblingssohn des Kaisers galt, war 1957 bei einem Autounfall ums Leben gekommen. Prinz Sahle Selassie war 1962 im Alter von einunddreißig Jahren verstorben, nur wenige Wochen nach dem Tod seiner Mutter, der Kaiserin Menen, die den Schock des Dezemberputsches nie mehr verwunden hatte. Gleichwohl gab es neben dem Kronprinzen verschiedene Anwärter auf den Thron, deren Namen die Runde machten. Dazu gehörten vor allem zwei Enkel des Kaisers: zum einen der Sohn der Tochter des Kaisers Tenagne-Work, der Konteradmiral und Chef der äthiopischen Marine Iskander Desta; zum anderen Wossen-Sagad Makonnen, der Sohn des verstorbenen Prinzen Makonnen. Nach dessen Tod war der Titel des Herzogs von Harrar auf ihn übergegangen. Er war nur zwei Jahre älter als ich und wurde von uns allen »Paul« genannt, doch auch er hatte im Lauf der Jahre die Gunst des Kaisers verloren. Nicht zuletzt wurde mein Vater von manchen als möglicher Thronfolger gesehen, auch wenn er vielfach unter Beweis gestellt hatte, daß er diesbezüglich keinerlei Ambitionen hegte. Aber der Kaiser unternahm nichts, um das drohende Machtvakuum abzuwenden und die Thronfolge zu regeln.

Nachdem mein Vater im Jahre 1970 das Amt des Vizekönigs von Eritrea aufgegeben hatte, war er zunächst zwei Jahre ohne Amt. Der Kaiser hatte niemals vergessen, daß sich Ras Asserate Kassa einst an die Spitze der »Stolypinisten« gestellt hatte – und vielleicht sah er in ihm tatsächlich eine Person, die ihm den Thron hätte streitig machen können. So stellte sich mein Vater auf das Ende seiner politischen Laufbahn ein und zog sich auf seinen Landsitz nach Tibila am Awash-Fluß zurück. Er wurde vom Sicherheitsdienst überwacht, und bald schon erreichte Haile Selassie die Meldung, daß der Landsitz meines Vaters zu einem Anziehungspunkt für Personen geworden war, die als politisch unzuverlässig galten. Daraufhin beschloß der Kaiser, daß mein Vater in die politischen Geschäfte eingebunden werden müsse und es besser sei, ihn in seiner Nähe zu wissen.

Fortan reiste Asserate Kassa mit dem Kaiser im Gefolge und begleitete ihn auch zu offiziellen Reisen nach Spanien und China.
Schließlich bot Haile Selassie meinem Vater einen Posten an, den er
nicht ablehnen konnte: die Präsidentschaft des Kaiserlichen Kronrats, protokollarisch das höchste Amt des äthiopischen Kaiserreichs
nach dem *Negusa Negast*. Der Verfassung zufolge bestimmte der
Kronrat die Geschicke des Landes, tatsächlich lag er seit vielen Jahren in einem tiefen Dornröschenschlaf – und der Kaiser war der
letzte, der die Neigung verspürte, ihn daraus zu wecken. Vierzig
Mitglieder umfaßte der Kronrat, fast ausschließlich Männer, die
Seiner Majestät im Lauf der Jahre lästig geworden waren oder unzuverlässig erschienen und in diese ehrwürdige Institution wegge-
lobt wurden. Nur selten kamen die vierzig Mitglieder zusammen,
das Präsidentenamt war gar seit fünfzehn Jahren verwaist. Der letzte
amtierende Präsident des Kaiserlichen Kronrats war niemand anders als mein Großvater Ras Kassa, nach dessen Tod 1957 hatte der
Kaiser selbst den Posten kommissarisch mitübernommen. Wie ein-
flußreich dieses Amt in Wirklichkeit war, sah man nicht zuletzt
daran, daß meinem Vater als Präsidenten nicht einmal Diensträume
zur Verfügung standen. 1972 war das Gremium unter Vorsitz meines Vaters nur zweimal zusammengetreten: einmal, um zu berat-
schlagen, was es dem Kaiser wohl zu dessen achtzigsten Geburtstag
schenken könne; und ein zweites Mal, als der Helikopter des Kaisers, der sich auf dem Flug in die Provinz Bale befand, vom Radar
verschwand und der Funkkontakt abbrach. Eilig wurde der Kronrat
zusammengerufen, um über die Lage zu beraten. In den Stunden,
in denen man ohne Nachricht über das Schicksal des Kaisers war,
lagen die Geschicke des Landes – wie es die äthiopische Verfassung
vorsah – in den Händen meines Vaters. Und auch in diesem Augenblick erwies sich mein Vater dem Kaiser gegenüber loyal. Die
Ungewißheit währte nicht lange: Es stellte sich heraus, daß der Helikopter tatsächlich abgestürzt war. Wie durch ein Wunder blieb
Haile Selassie gänzlich unversehrt, und auch seine Begleiter und der
Pilot erlitten nur leichte Verletzungen. Nach diesem Ereignis ver-

sank der Kronrat abermals in Schlummer. Niemand schien daran Anstoß zu nehmen, daß sich der Präsident des äthiopischen Kronrats als offizieller Begleiter des Kronprinzen im Jahre 1973 fast das ganze Jahr außer Landes aufhielt.

Anfang September 1973 erhielt ich aus London einen Anruf von meinem Vater. Der Kaiser komme am 11. September 1973 auf Einladung der baden-württembergischen Landesregierung zu einem semioffiziellen Besuch nach Deutschland, um die Ausstellung »Religiöse Kunst Äthiopiens« im Institut für Auslandsbeziehungen in Stuttgart zu eröffnen. Ich solle als Repräsentant der Familie daran teilnehmen. Ich war gerade mitten in der Arbeit an meiner Dissertation, doch ich fügte mich selbstverständlich seinem Wunsch. Der Kaiser sollte von London aus mit einer Sondermaschine in Stuttgart eintreffen, er hatte in der englischen Hauptstadt zuvor den Kronprinzen am Krankenbett besucht.

Ich fuhr also nach Stuttgart und traf dort zunächst mit dem damaligen äthiopischen Botschafter in Deutschland, Assefa Lemma, zusammen. Gemeinsam fuhren wir zum Stuttgarter Flughafen, um dort den Kaiser willkommen zu heißen. Wir hatten die Ehre, zum Kaiser ins Flugzeug geleitet zu werden, noch bevor die große Begrüßungszeremonie begann. Haile Selassie war, dem semioffiziellen Anlaß entsprechend, in einen schlichten dunkelblauen Anzug gekleidet. Nachdem ich die Proskynese vollzogen hatte, sagte der Kaiser zu mir: »Wir beide sprechen uns noch!« Ich konnte mir denken, worauf er anspielte. Ich war gerade dabei, in Frankfurt ein Benefizkonzert zugunsten der sogenannten Fliegenden Ärzte, der *Flying Doctors Society of Africa*, zu organisieren. Die Vereinigung, im Jahre 1964 auf Betreiben des britischen Chirurgen Michael Wood gegründet, hatte es sich zum Ziel gesetzt, auf unbürokratische Weise die medizinische Versorgung der Bevölkerung Ostafrikas zu verbessern. »Wenn die Patienten nicht zum Arzt kommen können, muß der Arzt zu den Patienten kommen«, lautete Woods Motto. Mit privaten Spendengeldern finanziert, hatte die Gesellschaft von Nairobi aus ein Netz von Funkverbindungen zu Missionen und Ambulanzen in entlegenen Gebieten geschaffen und dazu eine kleine Flotte einmotoriger Cessnas erworben. Über das Funksystem war es möglich, medizinische Konsultationen durchzuführen und Ärzte und Schwestern, die oft monatelang von der Umwelt abgeschnitten waren, in abgeschiedenen Missionen zu beraten. Im Notfall konnten die Fliegenden Ärzte auf Funkanforderung binnen weniger Stunden überall im Land zur Stelle sein. Zu den Flugzeugen kamen sogenannte *Mobile Units*, bewegliche Behandlungseinrichtungen mit Landrovern, Zelten, Kühlräumen und Krankenwagen, die zu mehrmonatigen Safaris ausgeschickt werden konnten. All diese Einrichtungen hatten sich in Kenia, Tansania und Uganda bewährt. Ich war beeindruckt von der Arbeit der Fliegenden Ärzte und wollte mich dafür einsetzen, daß sie ihren Wirkungskreis auch auf Äthiopien ausdehnten. Dazu hatte ich mehrere Gespräche mit Eleonore Semler, der Vorsitzenden der deutschen Sektion, geführt. Für die Schirmherrschaft des geplanten Konzerts hatte ich bereits Baronin Margit von Bethmann und Prinz Casimir Johannes zu Sayn-Wittgenstein-Berleburg gewinnen können, und was das Programm anbetraf, war ich mit dem spanischen Pianisten Antonio Baciero im Gespräch. Haile Selassie hatte seine Augen und Ohren nicht nur überall in Äthiopien, er schien auch über die Aktivitäten der Auslandsäthiopier bestens informiert zu sein; jedenfalls waren ihm meine Vorbereitungen offensichtlich bereits zugetragen worden.

Der baden-württembergische Ministerpräsident Hans Filbinger hatte sich vorgenommen, dem hohen Besuch zu zeigen, daß sein Bundesland in der Lage war, ebensoviel Pracht und Glanz aufzubieten wie einst die Bundesregierung beim ersten Deutschlandbesuch des Kaisers im Jahre 1954. Er hieß den Kaiser mit einem Grußwort auf französisch willkommen, dann schritten die beiden das Ehrenspalier der baden-württembergischen Bereitschaftspolizei in Paradeuniform mit Tschako ab. Haile Selassie begrüßte den Oberbürgermeister von Stuttgart und den ehemaligen Botschafter Dr. Kurt Müller, der ihm von der Landesregierung als Ehrenbegleitung beigestellt war. Vom Flughafen aus ging es in einem langen Autokonvoi direkt in die Stuttgarter Innenstadt zum Schloß-platz, wo sich das Institut für Auslandsbeziehungen befand. Während der Fahrt ging ich im Kopf den möglichen Ablauf meiner Unterredung mit Seiner Majestät durch. Wollte der Kaiser mich etwa zur Rede stellen? Wollte er mir vielleicht vorwerfen, daß ich mich in die äthiopische Politik einmischte; daß ich eigenmächtig, ohne Absprache mit dem kaiserlichen Hof gehandelt hatte? In Gedanken legte ich mir bereits diplomatische Gegenargumente zurecht, als wir am Ziel unserer Fahrt eintrafen. Auf dem Schloßplatz wurde die Ankunft Seiner Majestät von einer großen Menschenmenge bereits sehnsüchtig erwartet. Ich hatte nicht gedacht, daß sich so viele Menschen in Deutschland für das äthiopische Kaiserhaus interessierten. Die meisten von ihnen jubelten Haile Selassie zu und schwenkten Fahnen in den äthiopischen Landesfarben, doch es hatten sich auch einige Studenten der nahe gelegenen Universität Hohenheim daruntergemischt. Sie hielten Plakate empor mit Parolen wie »Haile Selassie – geh nach Hause und gib deinem hungrigen Volk zu essen!« und »Kampf dem Imperialismus« und verteilten Flugblätter. Es mögen nur ein paar Handvoll Protestierende gewesen sein, doch waren sie weder mir noch dem äthiopischen Sicherheitsdienst entgangen. Die äthiopischen Beamten allerdings waren des Deutschen nicht mächtig, so schrieben sie die Parolen Buchstabe für Buchstabe in ihre Blöcke ab, ohne zu wissen, was genau sie bedeuteten.

Vom Stuttgarter Schloßplatz setzte die Wagenkolonne dann ihren Weg fort zum Seeschloß Monrepos, wo der Kaiser mit seiner Entourage nächtigte. Malerisch spiegelte sich das Barockschloß am Ufer des kleinen Sees vor uns in der Sonne, als wir die Auffahrt passierten. Auch hier hatten sich bereits viele Menschen versammelt, die den Kaiser jubelnd willkommen hießen.

Haile Selassie zog sich zum Mittagessen in seine Suite zurück, wo er im privaten Kreis mit seiner Tochter, der Prinzessin Tenagne-Work, seinem Schwiegersohn, Ras Andargatchew Masai, und seinem Enkel, Konteradmiral Iskander Desta, auf seinem Zimmer aß.

Ich saß derweil mit dem deutschen Botschafter in Äthiopien, Dr. Fechter, und dessen Vorgänger, Dr. Müller, im Restaurant des Schloßhotels zu Tisch. Als das Essen aufgetragen wurde – ich hatte das Besteck schon in der Hand –, kam der Adjutant des Kaisers, Generalleutnant Assefa Demissie, die Treppe heruntergerannt und rief mir von weitem zu: »Kommen Sie schnell, der Kaiser will Sie sprechen!« Ich legte die Serviette beiseite und folgte dem Adjutanten nach oben – ich ahnte, daß mir ein unangenehmes Gespräch bevorstand.

Haile Selassie empfing mich in seiner Suite. Er hielt ein Blatt Papier in der Hand und rief mir zu: »Los, übersetze das!« Es war ein Flugblatt der protestierenden Studenten. Ich überlegte, wie ich mich wohl aus der Affäre ziehen könnte, und erwiderte: »Majestät, wäre es nicht besser, das Blatt dem Auswärtigen Amt zu übergeben und von einem offiziellen Dolmetscher übersetzen zu lassen?« Ich wußte, daß ich kaum eine Chance haben würde. »Haben wir dich nach Deutschland geschickt, daß du nicht einmal das für uns tun kannst?« gab Seine Majestät zurück. Ich weiß nicht, was in diesem Augenblick in mich fuhr, jedenfalls antwortete ich: »Majestät, ich bitte um Vergebung. Nicht Sie, mein Vater hat mich nach Deutschland geschickt.« – »Und glaubst du, er gehört nicht zu uns?« erwiderte Haile Selassie und blickte mir fest ins Gesicht. »Sicherlich, Majestät!« Ich nahm das Blatt und begann, den Text laut ins Amharische zu übersetzen. Es war ein wirres Pamphlet einer selbsternannten »Liga gegen den Imperialismus«, das eher an die Regierung der Bundesrepublik Deutschland gerichtet schien als an den Kaiser Äthiopiens. In den Augen der Verfasser jedenfalls waren das äthiopische Kaiserreich, die Bundesrepublik und die USA nichts weiter als unterschiedliche Ausprägungen eines weltumspannenden Imperialismus. Ich hielt den Kopf auf das Stück Papier gesenkt, während ich mit betont ausdrucksloser Stimme die Sätze wiedergab. Gelegentlich geriet ich ins Stocken, wenn ich nach der amharischen Wendung für Worte wie »Imperialistenknecht«, »feudale Kompradorenherrschaft« oder »Profit des Monopolkapitals« suchte. Nur hin und wieder blickte ich kurz nach oben und sah, daß der Kaiser sich bemühte, keine Miene zu verziehen. Ich spürte, daß ihn die Worte trafen. Als ich mit meinem Vortrag zu Ende war, herrschte quälende Stille. Dann fragte mich der Kaiser plötzlich: »Übrigens, wer hat dir eigentlich gesagt, daß die Äthiopier Hunger leiden?« Nun waren wir also bei der Aussprache angelangt, die er mir bei seiner Ankunft auf dem Flughafen angekündigt hatte.

»Majestät«, entgegnete ich leise, »ich glaube nicht, daß ich etwas Unrechtmäßiges tue. Die Fliegenden Ärzte leisten eine wichtige Arbeit, das haben sie in Kenia bewiesen. Ich bin überzeugt davon, daß dies gut ist für unser Land.« Haile Selassie schwieg einen Augenblick, bevor er fortfuhr: »Eine Sache beginnen kann jeder . . . Aber sie zu Ende führen, darin liegt die Kunst.« Er hielt den Kopf leicht gesenkt, und seine dunklen Augen funkelten. Dann streckte er die rechte Hand in Richtung der Tür aus. »Wir sprechen uns wieder, wenn du in Äthiopien bist.« Ich verbeugte mich und verließ den Raum.

Am selben Abend schloß sich auf Schloß Ludwigsburg ein Empfang an, und ich vermied es, dem Kaiser zu nahe zu kommen. Auf den Gängen und im Saal gab es vor allem ein Gesprächsthema: die politische Lage in Chile. Die Marine, das Heer und die Luftwaffe hätten geputscht, ging es von Mund zu Mund, der gewählte Präsident Salvador Allende habe sich mit Mitgliedern seiner Schutztruppe hinter den Mauern der Moneda, dem Präsidentenpalast in Santiago de Chile, in Sicherheit gebracht. Vor dem Palast seien Panzer der aufständischen Truppen aufgefahren. Manch einer erging sich in Spekulationen darüber, daß die US-amerikanische Regierung den Putsch initiiert habe. Am nächsten Morgen dann erfuhren wir, daß sich Allende, während die Armee die in Flammen stehende Moneda stürmte, das Leben genommen hatte. Über Nacht hatte sich Chile in eine Militärdiktatur verwandelt, mit dem Oberbefehlshaber des Heeres, General Augusto Pinochet, an deren Spitze. Haile Selassie setzte seinen Deutschlandbesuch fort und flog an jenem Vormittag nach Bonn weiter, wo es zu einem denkwürdigen

Zusammentreffen mit Bundeskanzler Willy Brandt, Außenminister Walter Scheel und Entwicklungshilfeminister Erhard Eppler kam.

Ein Vertreter der äthiopischen Delegation, der daran teilnahm, hat mir den Ablauf später geschildert. Ein wichtiges Thema des Gesprächs sollten die deutschen Entwicklungsgelder für Äthiopien sein, die vom Ministerium empfindlich gekürzt worden waren. Minister Eppler hatte in der sozialliberalen Regierung neue Richtlinien zur Entwicklungshilfe durchgesetzt, denen zufolge sozialistische Staaten bei der Vergabe von Geldern unbedingten Vorrang genossen. Besonders angetan schienen die sozialdemokratischen Beamten des Ministeriums vom sogenannten *Ujamaa*-Sozialismus Julius Nyereres in Tansania. Nyereres Traum war es, die Ausbeutung des Menschen durch den Menschen ein für allemal zu beenden. Leider beließ er es nicht beim Träumen, sein Projekt der *Ujamaa* – Dorfgemeinschaft auf Swahili – stellte nichts weniger als ein monströses Umsiedlungsprojekt dar. Mehr oder weniger freiwillig wurden die Menschen dazu gebracht, in neu angelegten Dorfgemeinschaften mit einer Bevölkerung von jeweils zweitausend Einwohnern zu siedeln. Dies schien Nyerere die ideale Einheit für die sozialistische Gemeinschaft der Nächstenliebe, wie sie ihm vorschwebte. Bis Ende der siebziger Jahre wurden mehr als sechzig Prozent der Landbevölkerung Tansanias in solche Dorfgemeinschaften deportiert, in denen es oft am Nötigsten fehlte. Wer konnte, nahm so schnell wie möglich Reißaus und baute sich irgendwo fernab der *Ujamaa*-Dörfer eine Hütte. Es gab von Beginn an warnende Stimmen, die darauf hinwiesen, daß ein derartiges Projekt im Fiasko enden mußte. Ich weiß nicht, was die Menschen zwischen Husum und Kempten dazu gesagt hätten, wenn die deutsche Regierung ihnen einen derartigen Entwicklungsplan präsentiert hätte, aber für die Bevölkerung Afrikas schien ihr ein solches Gesellschaftsmodell vortrefflich. Jedenfalls unterstützten Nyereres sozialistischen Traum nicht nur die Sowjetunion, China und Kuba; auch die sozialdemokratischen Regierungen Nordeuropas zeigten sich freigiebig und spendeten riesige Summen, allen voran die Bundesrepublik Deutschland. Ich will nicht ungerecht sein: Man kann Nyerere schlecht vorwerfen, daß er die Hand ausstreckte und das Geld aus Europa gerne annahm. Ich rechne es ihm hoch an, daß er, als sein Land 1985 bankrott war, sich bei seinem Volk für seinen »Irrtum« entschuldigte und von seinem Präsidentenamt freiwillig zurücktrat. Es war das erste Mal, daß in Afrika derartiges geschah.

Haile Selassie jedenfalls soll, wie mir mein Gewährsmann zutrug, vor dem deutschen Kanzler an jenem 12. September 1973 eine bewegende Rede gehalten haben, in der er die jahrhundertealten Beziehungen zwischen Äthiopien und Deutschland hervorhob. Und er ließ es sich auch nicht nehmen, darauf hinzuweisen, daß es seine Regierung war, die einst im schlimmen Hungerwinter 1946/47 Decken, Weizen und Kaffee in nicht unbeträchtlichem Umfang nach Deutschland geschickt hatte. Daß es *er* war, der die Bundesrepublik als erstes Staatsoberhaupt der Welt im Jahr 1954 besuchte und dadurch den jungen Staat von dem Paria-Status befreite, mit dem er aufgrund der nationalsozialistischen Verbrechen belegt war. Und nun wollte die deutsche Regierung die alte Freundschaft zwischen Deutschland und Äthiopien einer derart empfindlichen Belastung aussetzen? Der Bundeskanzler blieb von den Worten Haile Selassies nicht unbeeindruckt. Beide Seiten waren sich darin einig, daß rasches Handeln geboten war und die Entwicklungshilfe so schnell und so unbürokratisch wie möglich wieder aufgestockt werden sollte auf den Betrag von einst. Der äthiopische Politiker, dem ich all diese Auskünfte verdanke, wußte nicht mehr zu sagen, wer in der Runde es war, der auf den Einfall kam: Jedenfalls wurde an diesem Nachmittag in Bonn informell beschlossen, die für Chile vorgesehenen Gelder einzufrieren und kurzerhand nach Äthiopien umzuleiten.

Niemand hätte zu diesem Zeitpunkt ahnen können, daß das Thema Hunger in Äthiopien wenige Wochen später weltweit auf den Titelseiten der Presse und in den Spitzenmeldungen der Nachrichtensendungen verhandelt werden würde. Es war ein englischer

Reporter, der Äthiopien ins Licht der Weltöffentlichkeit katapultierte. Mehrere Monate war Jonathan Dimbleby mit seinem Filmteam durch die Provinzen Wollo und Tigray gereist und hatte mit der Kamera festgehalten, wie Hunderttausende Menschen vor Hunger starben. Am 18. Oktober 1973 sendete das britische Fernsehen seine Dokumentation, die den Titel trug *The Unknown Famine* – »Die unbekannte Hungersnot«. Bald darauf ging die Reportage um die Welt.

Der Film war auch für Menschen wie mich, die in ihrem Leben viele hungernde Menschen gesehen haben, ein schockierender Anblick: die unzähligen Kinder mit dürren Beinen, die nur noch aus Haut und Knochen bestanden, die Bäuche von der Kwashiorkor-Krankheit aufgetrieben. Aus hohlen Augen starrten die Verhungernden, auf dem nackten Boden kauernd, vor sich hin. Die Haare der Kinder waren ausgetrocknet und ausgefallen. Die Fliegen saßen in Klumpen auf ihnen, doch waren die Menschen zu schwach, um sie wegzuscheuchen. Es war das erste Mal, daß die Zuschauer in Europa zur besten Sendezeit solche Bilder zu sehen bekamen, und es sollte auch nicht das letzte Mal sein. An jenem Abend, als der Film uraugestrahlt wurde, erhielt ich in Frankfurt einen Anruf meiner Schwester Rebecca aus England. Sie hatte die Reportage atemlos vor dem Bildschirm verfolgt und war fassungslos. Die Fassungslosigkeit wich schnell einem Gefühl der Wut. Ich war nicht der erste, den sie anrief, sie hatte bereits mit meinem Vater telefoniert. »Wie konntet ihr das bloß zulassen?« hatte sie ihn gefragt. Mein Vater wußte, daß sie ihm nicht persönlich die Schuld gab – aber trug nicht das äthiopische Kaiserhaus als Ganzes Verantwortung für die Katastrophe?

Es ist viel darüber spekuliert worden, ob die kaiserliche Regierung in Addis Abeba die Dürrekatastrophe wissentlich verschwieg und der schreckliche Hungertod von hunderttausend Äthiopiern in den Provinzen Wollo und Tigray durch einen frühen Hilferuf an die Weltöffentlichkeit hätte verhindert werden können. Äthiopien ist in seiner Geschichte oft von Dürren heimgesucht worden, aber selten zuvor von einer Katastrophe dieses Ausmaßes. Es war bereits die dritte Trockenperiode in Folge, von der Wollo und Tigray betroffen waren, drei Ernten waren ausgeblieben. Ein Jahr hatte es überhaupt nicht geregnet, bis in vielen Gegenden im August sintflutartige Regenfälle die letzten Getreidehalme auf den Feldern wegspülten. Die Menschen hatten die Strohdächer ihrer *Tukuls* abgedeckt, um ihre hungernden Ochsen und Mulis zu füttern. Sie verkauften, was sie noch besaßen, um Nahrung heranzuschaffen. Zuerst starb das Vieh, und dann starben die Kinder. Schon in den ersten Monaten des Jahres waren vereinzelte Informationen über die Schwierigkeiten der Versorgung der Bevölkerung in den beiden Provinzen nach außen gedrungen, zudem hatten sich hungernde Flüchtlinge von dort auf den Weg in die Hauptstadt gemacht. Im Mai hatte das Planungsministerium den in Äthiopien tätigen Missionsgesellschaften mitgeteilt, daß es ihrer Unterstützung bedürfe. Viele internationale Organisationen waren bereits in die Hungerregionen im Norden des Landes gereist und halfen in aller Stille, wo immer sie helfen konnten. Sie drangen nicht in die abgelegenen Gebiete vor, in die keine Straße führt, die Dörfer und Siedlungen, die nur über steinige Pfade mit dem Maultier zu erreichen sind. Das Land war nicht vorbereitet auf eine derartige Katastrophe, und vielleicht hängt damit auch die Hilflosigkeit zusammen, mit der ihr begegnet wurde. Erst mit Dimblebys Film wurde der Hunger eine Realität, über die man nicht mehr hinwegsehen konnte.

In Deutschland war es die Illustrierte *Stern*, die das Thema in die Öffentlichkeit brachte. »Hilfe!« lautete die Titelschlagzeile, »Hunderttausende verhungern, wenn wir nichts tun«, und daneben war ein kleiner, ausgezehrter äthiopischer Junge abgebildet, der den Lesern mit traurigen Augen ins Gesicht sah. Die Spendenkampagne, die der *Stern* initiierte, löste eine Welle der Hilfsbereitschaft in Deutschland aus. Bereits in der Woche darauf starteten die ersten Flugzeuge der Bundeswehr in Richtung Dessie, der Hauptstadt von Wollo. Sie führten Hubschrauber, Jeeps und Unimogs, Nahrungsmittel, Medikamente, medizinisches Gerät, Decken und Zelte mit sich und brachten auch zahlreiche Ärzte, Krankenschwestern und Helfer in die Hungerregionen. Die Unterstützung beschränkte sich keineswegs nur auf kurzfristige Nahrungsmittel- und medizinische Hilfe, auch zahlreiche Infrastrukturprojekte wurden in die Wege geleitet. Es wurden Zisternen zum Aufbau der Wasserversorgung errichtet, Straßen angelegt, und in Mekele, der Hauptstadt von Tigray, wurde ein SOS-Kinderdorf für Waisenkinder ins Leben gerufen. Als der *Stern*-Herausgeber Henri Nannen nach einem Jahr Bilanz zog, konnte er stolz verkünden, daß über zwanzig Millionen Mark für die Äthiopien-Hilfe zusammengekommen waren. Damit nicht genug: Die Bundesregierung legte ein Sonderprogramm in Höhe von zehn Millionen Mark auf. Und auch in vielen anderen Ländern, in denen über den Hunger in Äthiopien berichtet worden war, waren Spendenaktionen ins Leben gerufen worden. Jonathan Dimbleby bezifferte die Summe der Spendengelder, die auf die Ausstrahlung seiner Reportage hin weltweit zusammenkamen, auf hundertfünfzig Millionen US-Dollar.

Demgegenüber nahm sich die von mir initiierte Hilfe recht bescheiden aus – immerhin kamen knapp 50 000 Mark zusammen. Das Wohltätigkeitskonzert für die Fliegenden Ärzte fand schließlich am 31. Januar 1974 im Festsaal der Deutschen Bank in Frankfurt am Main statt. Der Botschafter Äthiopiens war aus Bonn gekommen, ich sprach ein Grußwort und bedankte mich für die Hilfe der Frankfurter Bürger. Der spanische Pianist Antonio Baciero gab ein unvergeßliches Konzert mit spanischen Sonaten, Bachs Englischer Suite, Beethovens Mondscheinsonate und der Barcarole von Chopin. Die Einnahmen des Konzerts wurden durch eine kräftige Spende der Philips-Stiftung aus Holland aufgestockt, und so war es möglich, die Arbeit der Fliegenden Ärzte in Wollo für ein Jahr zu finanzieren.

Im Februar reiste ich nach Äthiopien und besuchte die Provinz Wollo, um den Beginn des Projekts zu begleiten. Kurz nachdem ich aus Dessie nach Addis Abeba zurückgekommen war, wurde ich eines Nachmittags zusammen mit meinen Eltern in den Palast bestellt. Nicht nur die Frankfurter Zeitungen, auch die Zeitungen in Addis Abeba hatten inzwischen über meine Aktivitäten berichtet, und dies konnte auch dem Kaiser nicht verborgen geblieben sein. Die kaiserliche Regierung hatte die internationale Hilfe, die durch die Berichte und Reportagen in Gang gekommen war, nach Kräften unterstützt. Der Kaiser selbst war im Dezember nach Wollo gereist, um sich über die Hilfsmaßnahmen zu informieren. Jonathan Dimblebys Film freilich durfte im äthiopischen Fernsehen nicht gezeigt werden.

Ich befürchtete, daß ich für mein Verhalten gemaßregelt würde, und meine Mutter war besorgt. Aber mein Vater nahm mich beiseite und sagte zu mir: »Du hast nichts Böses getan. Wenn man dir Vorwürfe machen sollte, kannst du sicher sein, daß ich auf deiner Seite stehe.« Also machte ich mich in Begleitung meiner Eltern zum Palast auf, voller Ungewißheit, was uns dort erwarten würde. Zu meiner großen Überraschung begrüßte mich Seine Majestät mit überschwenglichen Worten: »Zu einem Zeitpunkt, als uns die Augen verschlossen waren«, sagte er zu mir, »und man uns über das Unglück in unserem eigenen Land im unklaren ließ, hattest du die Vision, deinem Volk zu dienen. Das ist keine Selbstverständlichkeit in dieser politischen Lage . . .« Meine Mutter hatte Tränen in den Augen, als sie diese Worte aus dem Mund des Kaisers hörte, und auch mein Vater schien gerührt. Es war ein Ehrenschlag und eine Wiedergutmachung. Nachträglich gab mir der Kaiser seinen Segen für ein Projekt, das er vor Monaten noch voller Mißtrauen beäugt hatte.

Die Fliegenden Ärzte waren dann, wie geplant, ein Jahr lang in Wollo im Einsatz, danach lief das Projekt aus. Der neue Herrscher Äthiopiens, Oberst Mengistu, der im Herbst 1974 die Macht ergriffen hatte, wollte es nicht weiterführen. Die Arbeit der Hilfsorganisationen wurde nicht leichter unter der Militärdiktatur. Nicht wenige Projekte kamen zum Stillstand oder wurden abgebrochen. Der Hunger kehrte zurück nach Äthiopien. 1974 waren in den Provinzen Wollo und Tigray rund hunderttausend Menschen gestorben. Die Militärregierung hatte verkündet, sie werde dafür sorgen, daß derart Grauenhaftes in Äthiopien nie wieder geschehen werde. Sämtlicher Grund und Boden wurde verstaatlicht. Nun waren die Bauern nicht mehr der Krone und dem Adel tributpflichtig, sondern der Militärregierung. Doch im Jahre 1984 gingen Bilder um die Welt, die denen von 1974 glichen und die die Weltöffentlichkeit aufs neue schockierten. Wie zehn Jahre zuvor setzte eine weltweite Hilfskampagne ein. Allein das von dem Popmusiker Bob Geldorf ins Leben gerufene Projekt *Band Aid* spielte acht Millionen englische Pfund ein. All dies konnte freilich nicht mehr verhindern, daß der Dürrekatastrophe der Jahre 1984 und 1985 fünfhunderttausend Menschen zum Opfer fielen.

In diesem Jahr war die Militärregierung mit vielerlei Dingen beschäftigt. Oberst Mengistu feierte in Addis Abeba sein zehntes Regierungsjubiläum, und die Truppen der äthiopischen Regierung lieferten sich erbitterte Gefechte mit der eritreischen Befreiungsfront. Auch diese Katastrophe traf vor allem die nördlichen Regionen, die der Militärregierung in Addis Abeba meist ablehnend gegenüberstanden. Als die Katastrophe nicht mehr zu leugnen war, reagierte Oberst Mengistu auf seine Weise. Der »große Hunger« des Jahres 1984 wurde zum Startsignal für ein monströses Umsiedlungsprojekt der Regierung, in dessen Folge rund achthunderttausend Äthiopier gezwungen wurden, ihre Heimat zu verlassen und sich im Süden und Westen des Landes niederzulassen. Es sollte nicht viel anders ausgehen als einst das Umsiedlungsprojekt Nyereres in Tansania: Die meisten Bauern flohen lieber, als ihre Heimat aufzugeben, und Zehntausende jener Bauern, die mit Gewalt vertrieben wurden, kamen auf den Transporten ums Leben.

Ich habe damals, zu Beginn des Jahres 1974, über die Gründe Haile Selassies gerätselt, die ihn dazu veranlaßten, mein Projekt zunächst zu verurteilen und schließlich, als sein Nutzen offenkundig war, nachträglich zu rehabilitieren. Es war dies kein untypisches Verhalten für Haile Selassie, der, wie einst Friedrich II. in Preußen, ein persönliches Regiment führte. Jegliche Veränderung, die von einem seiner Untergebenen ausging, betrachtete er mit einer gewissen Skepsis. Trug die Neuerung Früchte, machte er sich diese zu eigen – und ließ einen spüren, daß er erfreut war. »Der Absolutismus bedarf in erster Linie Unparteilichkeit, Ehrlichkeit, Pflichttreue, Arbeitskraft und innerer Demut des Regierenden«, schrieb einst Bismarck in seinen Memoiren. »Sind sie vorhanden, so werden doch männliche oder weibliche Günstlinge, die eigne Eitelkeit und Empfänglichkeit für Schmeicheleien dem Staate die Früchte des königlichen Wohlwollens verkürzen, da der Monarch nicht allwissend ist und nicht für alle Zweige seiner Aufgabe gleiches Verständnis haben kann.« Bismarck folgerte daraus, daß ein Monarch einer freien Presse bedürfe und eines starken Parlaments, das in der Lage sei, den Monarchen zu kontrollieren. In Äthiopien gab es weder das eine noch das andere, Haile Selassie nahm für sich in Anspruch, ohne Beschränkungen und absolut zu regieren. Auch wenn man ihm die von Bismarck geforderten monarchischen Tugenden – Unparteilichkeit, Ehrlichkeit, Pflichttreue, Arbeitskraft und innere Demut – schwerlich wird absprechen können: Ein absolutistisches Regiment, wie es Haile Selassie führte, mußte in der zweiten Hälfte des 20. Jahrhunderts noch anachronistischer anmuten, als es das schon im ausgehenden 19. Jahrhundert war. Vor Günstlingen und Schmeichlern schützte sich Haile Selassie vor allem dadurch, daß er fast alle Entscheidungen höchstpersönlich traf – und dadurch, daß er zu keiner Person ernsthaft Vertrauen faßte. Alles im Staate war abhängig vom Wohlwollen und der Gnade Seiner Majestät.

Haile Selassies Reserviertheit ist vielfach beschrieben worden. Die Gründe für diese liegen sowohl in seiner Person als auch in der politischen Geschichte Äthiopiens. Tafaris Mutter starb im Kindbett, als er zwei Jahre alt war, und sein Vater, Gouverneur von Harrar und Held der Schlacht von Adua, starb 1906, als Tafari dreizehn war. Sein Erzieher, Abba Samuel, bei dem Tafari auch Französisch lernte, sollte ebenfalls früh und auf tragische Weise ums Leben kommen: Sein Boot kenterte beim Überqueren des Alemaya-Sees nördlich von Harrar, und er ertrank. Auch Tafari war damals mit an Bord, er gehörte zu den wenigen, welche die Katastrophe überlebten. Er wuchs am Hof in Addis Abeba auf, zusammen mit seinem Vetter Lij Iyasu, den Kaiser Menelik II. zu seinem Thronfolger bestellt hatte. Schon früh wurden Tafari politische Aufgaben übertragen. Als er 1905 stellvertretend für seinen Vater die Delegation von Kaiser Wilhelm II. in Harrar empfing, zeigten sich die Männer beeindruckt von der Reife und Statur des Zwölfjährigen. Ein Jahr später erhielt er bereits den Titel Dejazmatch, und im Jahr 1911 zog er als Gouverneur in Harrar ein. 1913 sah Tafari seinen Vetter den Thron besteigen, doch sollte die Herrschaft Lij Iyasus nicht länger als drei Jahre währen. Als Iyasu den Plan faßte, im Verbund mit muslimischen Führern im Horn von Afrika gegen die Alliierten in den Ersten Weltkrieg einzutreten, wurde er von einer Gruppe von Fürsten um Zauditu, der Tochter Kaiser Meneliks II., gestürzt. Auch Tafari gehörte zu denen, die den Putsch unterstützten, und zur Überraschung vieler wurde der Vierundzwanzigjährige vom Rat der Fürsten zum Regenten unter Kaiserin Zauditu und zum Thronfolger bestellt. Er war der Kompromißkandidat, auf den sich alle Fürsten einigen konnten. Manche von ihnen mögen geglaubt haben, der junge Regent, der von der Kaiserin den Titel Ras erhielt, würde nicht mehr sein als eine Marionette in ihren Händen. Die äthiopischen Fürsten von damals kommandierten ihre eigenen Armeen und führten ihre Territorien wie unabhängige Könige, mit Ausnahme dessen, daß sie jährliche Tributzahlungen leisteten und im Kriegsfall das Kaiserreich unterstützten. Der Regent Ras Tafari sah sich mithin von mächtigen Rivalen umgeben, von denen nicht wenige selbst die Hand nach dem Thron ausstreckten.

Mit Geschick und Beharrlichkeit gelang es ihm in den folgenden Jahren, seine Vorherrschaft zu behaupten und seine Rivalen einen nach dem andern auszuschalten. Denn wie so oft in der Geschichte Äthiopiens war auch der Weg Ras Tafaris auf den äthiopischen Thron ein steiniger und blutiger. Als 1926 sein einstiger Gönner, der Oberbefehlshaber der Armee Fitaurari Habte Giorgis, starb, zog Ras Tafari mit seinen Truppen vor den Menelik-Palast und drängte Zauditu, ihm das Kommando über die Armee zu übertragen. Zwei Jahre später brachte er die Kaiserin auf ganz ähnliche Weise dazu, ihn zum *Negus* zu krönen. 1930 schließlich erhob sich Ras Gugsa, der Gemahl der Kaiserin und Gouverneur von Gondar, gegen ihn. Er war der letzte ernstzunehmende Konkurrent unter den äthiopischen Fürsten, der Ras Tafari noch geblieben war. Er wurde in der Schlacht von Anchim bei Gondar besiegt, und wenig später verstarb die Kaiserin. Nun gab es niemanden mehr, der Ras Tafari den Kaiserthron hätte streitig machen können.

Auch nach der Krönung Ras Tafaris zum *Negusa Negast* behielten die Fürsten des Reiches ihre eigenen Armeen. Haile Selassie blieb ein Kaiser von ihren Gnaden. Was viele Jahrhunderte die europäische Geschichte bestimmte, bestimmte auch die Äthiopiens: Auch hier galt dem Monarchen die Aristokratie als größter Konkurrent. Als Mussolini 1935 Äthiopien überfiel, rief Haile Selassie die äthiopischen Fürsten zusammen, um deren Truppen zu mobilisieren, eine Staatsarmee gab es nicht. Mein Großvater Ras Kassa zog mit 86 000 Soldaten in den Krieg, und die anderen Fürsten mit den ihren – und diese Armeen hörten nicht etwa auf das Kommando des Königs der Könige, sondern ganz allein auf das ihres jeweiligen Fürsten. Nie hat es Haile Selassie verwunden, daß damals nicht alle äthiopischen Fürsten den Kampf gegen die italienischen Aggressoren unterstützten. Wollo, die Heimatprovinz des ehemaligen Kaisers Lij Iyasu (jene Provinz, die später zum Hauptschauplatz der Hungerkatastrophe werden sollte), verweigerte den kaiserlichen Truppen gar den Rückzug aus Mai Ceu, wo diese ihre entscheidende Niederlage erlitten hatten, nach Addis Abeba. Haile Selassie trug schwer an der Vorstellung, daß er nicht nur von den Truppen Mussolinis, sondern auch von einem Teil seines eigenen Volkes ins Exil getrieben worden sein könnte.

Erst nach der Rückkehr auf den äthiopischen Thron im Jahr 1941 wurde Haile Selassie zu einem wahrhaft absoluten Herrscher. Ein englischer Journalist, der den Kaiser am 6. Mai 1941, am Tag nach dem Wiedereinzug in Addis Abeba, interviewte, stellte ihm die Frage: »Majestät, was ist Ihre Vision für Äthiopien?« Er erhielt die Antwort: »Mein Land vom Feudalismus zu befreien!« Fest entschlossen, die Aristokratie zu entmachten, löste Haile Selassie die Truppen der Regionalfürsten auf, begründete eine nationale Armee und schuf eine starke Zentralregierung. In der äthiopischen Regierung fanden sich zwischen 1941 und 1974 – mit ganz wenigen Ausnahmen wie meinem Vater und Ras Mengesha, dem Fürsten von Tigray – nur sehr wenige Vertreter des Hochadels. Ein Grund dafür, warum mein Vater nie zum Ministerpräsidenten ernannt wurde, war, daß er königlichen Geblüts war. Das Mißtrauen Haile Selassies gegen die äthiopischen Fürsten war nicht erloschen, und in vielen Fällen war dies Mißtrauen nicht ohne Berechtigung. Es gab kaum einen Provinzfürsten, der sich über all die Jahre hinweg dem Kaiser gegenüber stets und uneingeschränkt loyal verhalten hatte – abgesehen von meinem Großvater, der einst im Jahr 1916 seine Ansprüche auf die Regentschaft zurückgestellt und seinem Vetter den Vortritt überlassen hatte.

Vielleicht war Ras Kassa tatsächlich die letzte Person, der Haile Selassie uneingeschränkt vertraute. Wenn mein Großvater allwöchentlich am Freitag zur verabredeten Stunde in den Palast kam, wurde sämtlichen Bediensteten befohlen, sich zu entfernen. Nicht selten, so berichtete der Adjutant des Kaisers, Brigadegeneral Mekonnen Deneke, habe man Seine Majestät und Ras Kassa hinter der Tür des Salons lautstark diskutieren, ja manchmal sogar schreien hören. Es gab keinen zweiten, der einen derart vertrauten Umgang mit dem Kaiser pflegte. Nach dem Tod von Ras Kassa gab es niemanden im Kaiserreich, der seine Rolle hätte einnehmen können, nicht einmal mein Vater, der sich gegenüber dem Kaiser über all die Jahre hinweg als ebenso loyal erwies wie mein Großvater.

Mein Vater hatte sich nach dem Putsch von 1960 nicht gescheut, beim Kaiser politische Reformen einzuklagen – und das mehr als einmal –, und er hatte es in Kauf genommen, dafür zeitweise aus dem inneren Zirkel der Macht verbannt zu werden. Seine Vorstöße hatten, wie die manch anderer, keinen Erfolg. Vielleicht lag dies auch daran, daß der Altersunterschied zwischen dem Kaiser und Asserate Kassa einfach zu groß war, immerhin dreißig Jahre lagen zwischen den beiden. Vielleicht dachte der Kaiser noch an den Jungen zurück, dem er in der Zeit des Exils im englischen Monkton Combe beim Rugbyspiel zusah. Nun stand der Junge von damals als erwachsener Mann vor ihm und wollte ihm politische Ratschläge erteilen?

Kaum jemandem konnte verborgen bleiben, daß Äthiopien – spätestens nach der gescheiterten Palastrevolte von 1960 – dringend reformbedürftig war. Auf den verschiedensten Feldern schwelten die Konflikte: zwischen der Zentralregierung und der Peripherie; zwischen den Bauern und den Großgrundbesitzern; zwischen der Aristokratie des Landes und den neuen Eliten. Nicht nur in Eritrea, auch im Ogaden-Gebiet im Osten des Landes, wo hauptsächlich Somali leben, strebte die Bevölkerung weg von der Zentralregierung, und diesen Separationsbewegungen war mit militärischen Mitteln allein nicht beizukommen. Die Landreform, welche die »Stolypinisten« bereits 1961 gefordert hatten, ließ immer noch auf sich warten. Die Hungersnot von 1973 hatte deutlich gemacht, wie dringlich sie gewesen wäre. Archaische Bewirtschaftungsmethoden, die Zersplitterung der landwirtschaftlichen Fläche und das verkrustete Pachtsystem, das die Landwirtschaft weitgehend auf eine Subsistenzwirtschaft beschränkte, all das trug nicht wenig zu der Hungerkatastrophe bei. Zudem war dem Kaiserreich eine neue Elite von jungen Menschen herangewachsen, die ihr Studium im Ausland absolviert hatten und ihr Land mit anderen Augen zu sehen begannen. Girmame Neway, der zusammen mit seinem älteren Bruder Mengistu Neway die Palastrevolte von 1960 angezettelt hatte, gehörte einst zu den ersten, die zum Studieren in die Vereinigten Staaten geschickt worden waren. Damals waren die Studenten die einzigen, aus deren Reihen die Putschisten Unterstützung erhalten hatten. Ende der sechziger Jahre hatte die internationale Studenten-

bewegung auch an der Universität von Addis Abeba ihren Wider-
hall gefunden. Es kam zu Demonstrationen, welche die kaiserliche
Regierung mit Gewalt niederzuringen entschlossen war und die
1969 zur vorübergehenden Schließung der Universität führten.

Auch in der Führungsschicht hatten sich verschiedene Gruppen
herausgeschält. Während sich die einen, zumeist adliger Herkunft,
um meinen Vater scharten, versammelten sich die »Technokraten«,
wie die zweite Gruppe genannte wurde, um den Ministerpräsidenten Aklilu Habte-Wold, der wie die meisten Regierungsmitglieder
nicht der Adelsschicht angehörte. Aklilu Habte-Wold hatte die Zeit
des Exils hauptsächlich in Paris verbracht und war auch mit einer
Französin verheiratet. Auf dem Gebiet der Außenpolitik hat er für
Äthiopien gewiß eine Menge getan, aber als Ministerpräsident besaß er ein großes Manko. Selten kam es vor, daß er die äthiopische
Hauptstadt verließ und sich in eine äthiopische Provinz aufmachte,
und nur ein einziges Mal war er in Asmara: beim Staatsbesuch des
chinesischen Premierministers Chou En-Lai, den man aus diplomatischen Gründen nicht in der Hauptstadt empfangen wollte.
Mein Vater, der alle Provinzen seines Landes bereist hatte und vielen selbst als Generalgouverneur vorgestanden hatte, ließ es den Ministerpräsidenten spüren, daß er ihn für keinen guten Kenner seines
Landes hielt. Aber allein die Tatsache, daß Aklilu Habte-Wold nicht
aus einer adligen Familie stammte, verschuf ihm Anhänger unter
den äthiopischen Intellektuellen. Haile Selassie, dem das Herr-
schaftsprinzip »*Divide et impera!*« bestens vertraut war – er hatte
sich Machiavellis *Il Principe* ins Amharische übersetzen lassen –,
verstand sich meisterhaft darauf, meinen Vater und den Ministerpräsidenten gegeneinander auszuspielen. Die Auseinandersetzungen zwischen den beiden waren berüchtigt und nicht selten lautstark, und der Kaiser hütete sich, Partei zu ergreifen. Auf diese
Weise blockierten beide Gruppierungen sich gegenseitig, durch-
greifende Reformen blieben aus. Die einzige Reform, zu der sich
der Kaiser in den sechziger Jahren durchringen konnte, bestand
darin, daß er im Mai 1966, am fünfundzwanzigsten Jahrestag der

Befreiung Äthiopiens von der italienischen Besatzung, verkündete, daß der Ministerpräsident fortan sein Kabinett selbst wählen dürfe. Das Kabinett wurde also nicht mehr vom Kaiser bestellt, wohl aber der Ministerpräsident. Das war nicht das, was sich viele äthiopische Intellektuelle unter einer Staatsreform vorstellten.

Manchmal gebe ich der Neigung nach, das »Was-wäre-gewesen-wenn«-Spiel, das Professor Eschenburg so gerne in seinen Seminaren praktizierte, auf die äthiopische Geschichte anzuwenden. Was wäre gewesen, wenn der Kaiser nach einer der vielen Auseinandersetzungen zwischen meinem Vater und dem Ministerpräsidenten die Initiative ergriffen und zu ihnen gesagt hätte: »Ich habe genug von euren ewigen Streitereien. Geht hinaus, gründet Parteien und laßt das äthiopische Volk über eure Zukunft entscheiden!« Die Führer der Parteien waren bereits vorhanden, man hätte sie nur legalisieren müssen. Was wäre gewesen, wenn der Kaiser sich nach dem Putsch von 1960 zu einer grundlegenden Staatsreform durchgerungen und den Weg für eine parlamentarische Monarchie freigemacht hätte? Im Jahr 1972, als Haile Selassie seinen achtzigsten Geburtstag feierte, machte in Addis Abeba das Gerücht die Runde, Haile Selassie würde seine Abdankung erklären und seinen Sohn zum neuen Kaiser ernennen. Was wäre gewesen, wenn er damals tatsächlich freiwillig auf den Thron verzichtet hätte? Er wäre nicht der erste gesalbte Monarch gewesen, der diesen Schritt vollzog: Christina von Schweden dankte 1654 zugunsten ihres Vetters ab, weil sie sich kaum etwas Schlimmeres vorstellen konnte, als diesen zu ehelichen. Eduard VIII. wiederum verzichtete im Dezember 1936 nach nur zehnmonatiger Regentschaft auf den Thron, um die bürgerliche, zweimal geschiedene US-Amerikanerin Wallis Simpson zur Frau nehmen zu können. In beiden Fällen wog persönliche Zu- oder Abneigung schwerer als die Macht der Krone (und inwieweit Regungen wie Liebe und Haß tatsächlich dem freien Willen unterworfen sind, sei dahingestellt). Gab es nicht sogar einen Papst, der sein Amt niederlegte? Coelestin V. erließ vorher eine Konstitution über die Abdankung des Papstes, bevor er nach nur fünf Monaten auf dem

Heiligen Stuhl im Jahr 1294 seinen Rücktritt erklärte. Lieber wollte sich der Fünfundachtzigjährige wieder in seine Einsiedelei auf dem Berg Murrone zurückziehen, als sich auch nur einen Monat länger den Intrigen des Königs, des römischen Adels und der Kardinäle am Heiligen Stuhl auszusetzen. Man hat ihm den Amtsverzicht nicht gedankt. Sein Nachfolger, Bonifatius VII., hielt Coelestin bis zum Lebensende gefangen.

In einer funktionierenden konstitutionellen Monarchie kann die Diskussion um die Legitimität einer Abdankung mit weniger Leidenschaft und Schärfe erörtert werden als im Vatikan oder einer absoluten Monarchie, wie sie das äthiopische Kaiserreich darstellte – wo die Person des Monarchen tatsächlich über Wohl und Wehe des Landes entschied. Als Königin Juliana der Niederlande an ihrem einundsiebzigsten Geburtstag im Jahr 1980 zugunsten ihrer Tochter Beatrix abdankte, gab es jedenfalls niemand, der ihr für diesen Schritt nicht Respekt zollte.

Wäre die Geschichte Äthiopiens anders verlaufen und wäre es vielleicht nicht zur Revolution gekommen, wenn sich Haile Selassie zu diesem Schritt hätte durchringen können? Ich weiß es nicht. Aber das Urteil, das die Nachwelt über ihn fällte, wäre wahrscheinlich um einiges anders ausgefallen. Es gehört nicht viel dazu, Haile Selassie als einen Despoten hinzustellen, der sich persönlich bereicherte, als einen starrsinnigen Greis, der nicht bereit war, auf seine Privilegien zu verzichten, der sich allen Reformen widersetzte und tatenlos zusah, wie sein Volk hungerte und starb, wie es Ryszard Kapuściński und andere europäische Chronisten getan haben. Doch wäre es falsch, Haile Selassie nur aufgrund seiner letzten fünfzehn Jahre zu beurteilen, in denen er sich als unfähig zur Reform erwies. Um ihm Gerechtigkeit zu erweisen, sollte man ihn in seiner Gesamtheit betrachten. Als er 1916 seine Regentschaft antrat, begann er als großer Modernisierer. Er öffnete Äthiopien gegenüber dem Westen und sicherte seinem Land die Mitgliedschaft im Völkerbund. Er kämpfte für die Abschaffung der Sklaverei und sorgte für die Einrichtung von Schulen und Krankenhäusern. Vieles von dem, was er als Regent begann, setzte er als *Negusa Negast* fort.

Seine Verdienste auf dem Gebiet der Außenpolitik waren enorm. Sein mutiger Kampf für die Unabhängigkeit des Landes und gegen die italienische Besatzung verschaffte ihm weltweit Respekt. Es gelang Haile Selassie, sein Land zu einem international geachteten und verläßlichen Partner zu machen, in Westeuropa und den Vereinigten Staaten ebenso wie in der Sowjetunion und den Staaten des Warschauer Pakts. In ganz Afrika war seine Stellung als Staatsoberhaupt des einzigen Landes, das dem Kolonialismus getrotzt hatte, unangefochten. Im Prozeß der Entkolonialisierung Afrikas und in der Einigungsbewegung des Panafrikanismus nahm er eine führende Rolle ein. Er unterstützte die afrikanischen Befreiungsbewegungen und die Anti-Apartheid-Bewegung in Südafrika. So kam Anfang der fünfziger Jahre Nelson Mandela, ausgestattet mit einem äthiopischen Paß, nach Addis Abeba und erhielt hier seine militärische Ausbildung. Zielstrebig betrieb Haile Selassie die Schaffung der Organisation für Afrikanische Einheit (OAU), die im Jahr 1963 in Addis Abeba von dreißig afrikanischen Staaten gegründet wurde und in der äthiopischen Hauptstadt ihren Sitz nahm. Im Lauf der Jahre ist es ihr gelungen, nahezu alle Staaten Afrikas unter ihrem Dach zu vereinen, bis sie schließlich 2002 in der Afrikanischen Union (AU) aufging.

Zusammen mit Jawaharlal Nehru, Josip Broz Tito und Gamal Abdel Nasser wurde Haile Selassie einer der Gründer der Bewegung der blockfreien Staaten. Die *New York Times* nannte ihn den »Meister der Bündnisfreiheit«, welche das Ergebnis einer ausgefeilten Reisediplomatie war. Mit Ausnahme der Fidschi-Inseln und Neuseelands gab es wohl kaum ein Land, das Haile Selassie nicht bereist hatte. Auch wenn Äthiopien mit den Vereinigten Staaten einen fünfundzwanzigjährigen Freundschaftsvertrag vereinbart hatte, verstand es Haile Selassie stets, die Interessen Äthiopiens zwischen den beiden Supermächten und ihren Einflußsphären souverän zu behaupten. Unvergeßlich ist vielen die Episode, als Haile Selassie 1970 zum Staatsbesuch in den Vereinigten Staaten weilte und mit Präsident Nixon über den Kauf von F-5-Flugzeugen für die äthiopische Luftwaffe verhandelte. Die amerikanische Regierung zeigte sich reserviert und mahnte demokratische Reformen an. Kurzerhand erklärte der Kaiser den Besuch für beendet und telefonierte mit dem Generalsekretär Breschnew in Moskau. Wenig später hob die Maschine des Kaisers auf dem Rollfeld in Washington mit dem Ziel Moskau ab. In Moskau war der rote Teppich für Haile Selassie bereits ausgelegt, der Kaiser wurde von Breschnew mit allen Ehren empfangen. Breschnew zeigte sich hocherfreut über die veränderte politische Lage und versicherte: Wenn der Kaiser die militärische Allianz mit den Vereinigten Staaten beende und deren Truppen aus Eritrea werfe, werde die Sowjetunion alles liefern, was der Kaiser nur wolle – mit Ausnahme von Atomwaffen. Die Moskauer Stippvisite blieb auf Washington nicht ohne Eindruck. Bei der Rückkehr von Haile Selassie nach Addis Abeba wartete bereits der amerikanische Botschafter am Rollfeld mit der Nachricht, daß seine Regierung die gewünschten Flugzeuge liefern werde – und darüber hinaus eine fünfundzwanzigjährige Karenzzeit für die Rückzahlung der erforderlichen Kredite gewähre.

Haile Selassie konnte sich im Glanz der Außenpolitik sonnen. Noch im Jahr 1972 gelang es ihm, den sudanesischen Staatspräsidenten Numeiri mit den südsudanesischen Rebellen in der äthiopischen Hauptstadt an einen Tisch zu bringen und mit ihnen den Friedensvertrag von Addis Abeba auszuhandeln, der fünfzehnjährige Bürgerkrieg im Sudan fand damit sein vorläufiges Ende. Über der Außenpolitik vernachlässigte Haile Selassie jedoch die Politik im Innern seines Landes. Spätestens nach dem Putsch von 1960 und dem Tod der Kaiserin ermattete sein Antrieb, sein Land zu modernisieren. Während Haile Selassie im Ausland als »König von Afrika« und der »Antifaschist auf dem Thron« gefeiert wurde, stand Äthiopien still wie auf bleiernen Füßen. Als Menelik II. das Ende seiner Regierungszeit nahen sah, verfaßte er ein Testament, in dem er die Thronfolge regelte und sein Volk darum bat, die Treue, die es ihm entgegengebracht hatte, uneingeschränkt auf seinen Nachfolger zu übertragen. Haile Selassie tat nichts dergleichen. Hatte er sich etwa die Haltung Ludwigs XV. zu eigen gemacht, den einst eine bemerkenswerte Mischung aus Sorglosigkeit und Egoismus zu dem Ausspruch verleitete: »Die Monarchie wird so lange bestehen wie meine Herrschaft, und ich beklage meinen Nachfolger.«

Im Jahre 1916, als Ras Tafari seine Regentschaft antrat, regierten in Berlin noch Kaiser Wilhelm II., in Wien Kaiser Franz Joseph I. und in Moskau Zar Nikolaus II., gekrönte Häupter, deren Zeit sich in Europa unwiderruflich dem Ende zuneigte. Wie diese war Haile Selassie ein Mann des 19. Jahrhunderts. Im Jahr seiner Absetzung gab es nur noch einen amtierenden Monarchen, der vor ihm den Thron bestiegen hatte: der japanische Tenno Hirohito. Alle anderen hatte er, die meisten von ihnen um viele Jahrzehnte, als gekröntes Staatsoberhaupt überdauert, bis zum Herbst 1974, als mit ihm und durch ihn in Äthiopien eine dreitausend Jahre alte Geschichte ihr Ende fand.

Als ich im Februar des Jahres 1974 in Addis Abeba eintraf, glich die elterliche Residenz auf dem Entoto einem Bienenstock. Nicht nur ich war aus Europa angereist, sondern auch meine Schwester Rebecca, die in London Politische Wissenschaften studierte, und mein Bruder Kassa, der noch in Sussex zur Schule ging. Ich freute mich darauf, auch meine Schwester Tsige und meinen Bruder Mulugeta wiederzusehen, die nach ihrer Ausbildung inzwischen nach Äthiopien zurückgekehrt waren. Tsige war Ausbilderin im Tourismusministerium, Mulugeta verwaltete die Güter meines Vaters und moderierte die englischen Nachrichten im äthiopischen Fernsehen. Natürlich waren auch Wond-Wossen und Mimi zugegen, die noch auf die Englische Schule in Addis Abeba gingen. Meiner Mutter bereitete es eine ganz besondere Freude, wenn sie alle ihre Kinder um sich wußte – und in diesem Falle gab es noch mehr Anlaß zur Freude. Denn daß die Familie zusammenkam, hatte einen ganz besonderen Grund: die Hochzeit meiner Schwester Tsige. Wie es der äthiopischen Tradition entsprach, sollte es ein großes Fest werden. Schon Wochen im voraus begannen die Vorbereitungen. Im Hilton von Addis Abeba wurde eine riesige, mehrstöckige Hochzeitstorte bestellt, auf der mit weißem Zuckerguß die Namen meiner Schwester und ihres Bräutigams geschrieben standen. In Äthiopien – und nicht nur dort – gilt der Tag der Hochzeit als einer der wichtigsten Tage im Leben, und man scheut weder Aufwand noch Mühe, dies aller Welt kundzutun. Noch heute ist es keine Seltenheit, daß sich Familien in den Ruin stürzen, wenn sie für ihre Kinder eine Hochzeit ausrichten. Nicht allen von uns war in diesem Augenblick zum Feiern zumute. Meine Mutter, die eine Reihe von wohltätigen Organisationen leitete, stammte selbst aus der Region Wollo und verfolgte die Geschehnisse in ihrer Heimat mit besonderer Anteilnahme. Als die Ausmaße der Hungersnot bekannt wurden, beschloß sie, sämtliche Einnahmen dieses Jahres aus den Ländereien des mütterlichen Familienbesitzes der Wollo-Hilfe zur Verfügung zu stellen. Niemandem jedoch wäre es in den Sinn gekommen, mit der äthiopischen Tradition zu brechen und die Hochzeitsfeier abzusagen. Der Kaiser, der nur selten an Hochzeiten teilnahm, kam am Tag vor dem Fest zu meinen Eltern in unsere Residenz und inspizierte die Örtlichkeiten. Schon vorher hatte er das Brautpaar im Jubiläumspalast empfangen und dabei reich beschenkt. Das Bankett sollte im Aderash meines Großvaters stattfinden, die Vorbereitungen waren bereits in vollem Gange. Auch bei dieser Gelegenheit war der Hunger in Wollo ein Thema. Mein Vater sprach Haile Selassie darauf an, und der sagte zu ihm: »Immerhin, nicht nur die Reichen werden zum Essen kommen.« Wie es der Tradition entsprach, gab es auch im Rahmen dieses Fests ein großes Essen für die Dienerschaft und die Armen der Stadt. Meine Mutter trug persönlich Sorge dafür, daß es genauso prachtvoll ausfiel wie das Hochzeitsbankett für die geladenen Gäste.

Es sollte nicht die einzige Hochzeit in der Familie des Kaisers bleiben, die in diesen Wochen stattfand. Einen Monat später heiratete mein Vetter David Makonnen, der Bruder von »Paul«, des Herzogs von Harrar, der sich selbst Hoffnungen auf den Thron gemacht hatte. Das Bankett, das zur Hochzeit gegeben wurde, war nicht mehr ganz so opulent und die Stimmung nicht mehr ganz so unbeschwert wie noch vier Wochen zuvor im Aderash meines Großvaters. Der Hauch der Veränderung lag in der Luft. Niemand wußte genau, wie sich das Leben am Hof von Addis Abeba verändern würde, aber daß es sich verändern würde, daran zweifelte keiner. Man war um Ausgelassenheit bemüht und darum, all die Dinge, die vor den Toren des Palastes passierten, auszublenden. In den drei Monaten von Februar bis April 1974, in denen ich mich in Addis Abeba aufhielt und Zeuge der beginnenden Umwälzung wurde, nahm ich an zehn Hochzeiten teil. Es mag seltsam erscheinen: In jenen Tagen, in denen die Revolution von Äthiopien Besitz zu ergreifen begann, feierte sich das äthiopische Kaiserreich noch einmal selbst mit all der Pracht, die ihm zur Verfügung stand. Es war wie ein letztes trotziges Aufbäumen, bevor es dem Abgrund entgegentaumelte.

»Ityopya tikdem!« – »Äthiopien über alles!«

Über die Geschichte der äthiopischen Revolution und ihre Gründe ist mancherlei geschrieben worden, und oft liest es sich so, als sei sie unvermeidbar gewesen: Geradezu zwangsläufig habe die Geschichte Äthiopiens auf eine gewaltsame Explosion zulaufen müssen. Und dennoch bedurfte es auch bei der äthiopischen Revolution – wie bei allen gewalttätigen Umwälzungen, die diesen Namen verdienen – jenes Moments des Zufälligen, das den revolutionären Prozeß erst in Gang setzt. Im Fall Äthiopiens waren dies eine Reihe von Ereignissen, die sich gleichzeitig oder doch kurz nacheinander ereigneten. Vom Schlaganfall, der den Kronprinzen ereilte und die Frage der Thronfolge aufwarf, war schon die Rede, ebenso wie von der Hungerkatastrophe, die erst durch das britische Fernsehen weltweit bekannt wurde. Im Februar des Jahres 1974 genügte ein Funke, um die Lunte in Brand zu setzen. Aus einer entlegenen Garnison in Negele, unweit der Grenze zu Kenia, wurde eine Meuterei der dort stationierten Einheit gemeldet. Nach dem Ausfall einer Wasserpumpe hatten die Offiziere den durstigen Soldaten verboten, sich aus dem Offiziersbrunnen zu bedienen. Die Soldaten rebellierten und setzten ihre Offiziere gefangen. In der Hauptstadt hatte die Dürrekatastrophe die Preise für Grundnahrungsmittel und die internationale Ölkrise die Preise für Benzin und Importwaren nach oben getrieben. Daraufhin kündigte der Handelsminister eine kräftige Erhöhung des Benzinpreises an. Die Taxifahrer waren die ersten, die auf die Straße gingen. Es war das Startsignal für die verschiedensten Gruppen, die in den darauffolgenden Wochen ihrer Unzufriedenheit freien Lauf ließen und demonstrierend durch die Stadt zogen. Allen voran die Lehrer, die sich über eine geplante Bildungsreform empörten und höhere Löhne forderten, und die Studenten der Stadt, die nur auf ihre Gelegenheit gewartet hatten. Die Busse der Verkehrsbetriebe, die sich im Besitz des Kaisers befanden, wurden mit Steinen beworfen, am Tag darauf kam der Busverkehr der Hauptstadt ganz zum Erliegen.

In der Provinz Eritrea meuterte die Zweite Division. In Massawa wurde der Chef der Marine und Enkel des Kaisers, Iskander Desta, unter Hausarrest gestellt. Es dauerte nicht lange, bis die Meuterei auf die Hauptstadt übergriff: Die Luftwaffe und die Luftlandedivision in Addis Abeba weigerten sich, gegen die Aufständischen in Eritrea vorzugehen.

Die kaiserliche Regierung versuchte gegenzusteuern, so gut es ging. Die Benzinpreiserhöhung wurde teilweise zurückgenommen, der Armeesold erhöht und die Bildungsreform außer Kraft gesetzt. Der Kaiser berief eine gemeinsame Sitzung des Kronrats und des Ministerrats ein, die von Seiner Majestät geleitet wurde (es war die dritte und letzte Versammlung des Kronrats in der Amtszeit meines Vaters). Mitten in die Sitzung platzte die Nachricht, daß sich den Aufständischen die Vierte Division angeschlossen habe, die bestausgebildete und größte Einheit der äthiopischen Armee. Daraufhin bot Ministerpräsident Aklilu Habte-Wold den Rücktritt der Regierung an. Mein Vater ergriff das Wort und erinnerte den Ministerpräsidenten an dessen Worte aus dem Jahre 1970: Es gebe kein Wort für »Rücktritt« im Amharischen, hatte der Ministerpräsident damals gesagt, als mein Vater sein Amt als Vizekönig von Eritrea aufgeben wollte. Nun forderte mein Vater den Kaiser *coram publico* auf, Aklilu Habte-Wold zu entlassen. Auch in diesem Fall wurde eine diplomatische Wendung gefunden: Die Regierung – hieß es in der offiziellen Verlautbarung – habe dem Kaiser ihre Demission angeboten, und dieser habe zugestimmt. Der Kaiser wollte seinen Schwiegersohn General Abiye Abebe, der ihm einst in den Tagen der Palastrevolte von 1960 als Gouverneur von Eritrea treu zur Seite gestanden hatte, zum neuen Ministerpräsidenten ernennen, doch verweigerten die Militärs ihre Zustimmung. Es war das erste Anzeichen, daß dem Kaiser die Regierungsgewalt zu entgleiten drohte. Nach dreizehn Jahren erhielt Äthiopien einen neuen Ministerpräsidenten: Endelkatchew Makonnen, den bisherigen Postminister und langjährigen äthiopischen Vertreter bei den Vereinten Nationen, der 1972 sogar für den Posten des UN-Generalsekretärs im Gespräch war. Der neue Ministerpräsident war ein Vetter von mir, er galt als ein kluger und erfahrener Politiker. Innerhalb weniger Tage scharte er eine Gruppe von Ministern um sich, die zu den erfahrensten und fähigsten Männern des Landes gehörten. Und Anfang März geschah das, worauf die Gruppe der Reformer um meinen Vater jahrelang gehofft hatte: Der Kaiser hielt eine Fernsehansprache und kündigte die Einrichtung einer Kommission an, die innerhalb von sechs Monaten für Äthiopien eine neue Verfassung erarbeiten sollte. »Der Wille des Volkes soll fortan unser Handeln bestimmen«, sprach Haile Selassie.

Es waren turbulente Tage im Februar und März in Addis Abeba. Wie viele meiner Freunde und Bekannten gehörte auch ich zu denjenigen, die sich über die Veränderungen freuten und in sie die größten Hoffnungen setzten. Tag für Tag regnete es Flugblätter über der Stadt, auf denen die Forderungen der Demonstrierenden und Streikenden zu lesen waren. Wie durch ein Wunder hatten sich die amtlichen Verlautbarungsblätter über Nacht in aufregende Zeitungen verwandelt. Den Verkäufern des *Ethiopian Herald* wurden die druckfrischen Exemplare auf der Straße aus der Hand gerissen, und überall sah man die Menschen, die aufgeschlagene Zeitung in den Händen, aufmerksam Artikel und Kommentare studieren. Über Nacht schien in Äthiopien Meinungs- und Pressefreiheit eingekehrt. Ich sah mein Land auf dem besten Weg zu einer demokratischen Staatsform nach dem Muster Großbritanniens, wie ich es mir immer erträumt hatte. Mein großes Vorbild war die *Glorious Revolution* von 1688/89, als sich der englische König der Macht des

Parlaments unterwarf und mit der Anerkennung der *Bill of Rights* der Grundstein zur parlamentarischen Monarchie gelegt wurde. »Die Engländer«, sagt Chamfort, »sind als einzige Nation imstande gewesen, die Macht eines Menschen einzuschränken, dessen Gesicht auf einem kleinen Taler zu sehen war«, und dafür verdienten sie zu Recht Bewunderung. Aber wenn ich mit Freunden und Bekannten meines Alters sprach, stellte ich schnell fest, daß die meisten ganz andere Vorstellungen von der Zukunft Äthiopiens hatten als ich. Sie hatten wie ich im Ausland studiert, die Mehrzahl in den Vereinigten Staaten. Vielleicht fehlten ihnen die Lehrer, die ihnen die Vorzüge des Parlamentarismus hätten nahebringen können, wie ich den meinen in Professor Eschenburg gefunden hatte. Die überwiegende Anzahl jedenfalls sah als einzige Alternative zum äthiopischen Kaiserreich, wie es sich Anfang der siebziger Jahre präsentierte, eine Diktatur des Proletariats. Während ich von der *Glorious Revolution* träumte, träumten sie von der russischen Oktoberrevolution und von der Kulturrevolution Maos, sie waren beseelt entweder vom Kommunismus sowjetischer oder vom Kommunismus chinesischer Prägung. Es war dies übrigens keineswegs eine Frage der Klasse; gerade Studenten aus gutbürgerlichem Haus – und auch einige adliger Herkunft – schwangen sich zu begeisterten Anhängern des Sozialismus auf. Ich werde nie das Beispiel eines meiner Vettern vergessen, dessen Vater zusammen mit meinem Vater im November 1974 ermordet wurde. Er kehrte nach der Revolution nach Äthiopien zurück, schüttelte dem Diktator Mengistu die Hand und sagte zu ihm: »Es war richtig, was Sie mit meinem Vater gemacht haben. Er hatte es nicht anders verdient.«

Das Feuer der äthiopischen Revolution erhielt seine Nahrung nicht aus dem Osten, sondern aus dem Westen. Die glühendsten Sozialisten unter den afrikanischen Studenten wurden in den sechziger Jahren nicht an der Lomonosov-Universität in Moskau ausgebildet, sondern in Berkeley, an der London School of Economics und an der Freien Universität Berlin. Auch viele der Entwicklungshelfer, die mit Kennedys sogenannten Peace-Corps nach Äthiopien gekommen waren, priesen hier nicht etwa die Meinungs- und Pressefreiheit und die Errungenschaften einer funktionierenden Demokratie, deren Segnungen sie selbst in den Vereinigten Staaten genossen, sondern die vermeintlichen Wohltaten des Sozialismus. Alles, was mit dem Prädikat »westlich« versehen war, galt als »imperialistisch« und »kolonialistisch«. Ein Bekannter von mir, der ein feuriger Anhänger des Marxismus-Leninismus war, erzählte mir damals, wie groß seine Enttäuschung war, als er einmal mit einer äthiopischen Studentendelegation in Moskau vorgesprochen hatte. Sie hatten einen Appell an die Parteizentrale der Kommunistischen Partei verfaßt und dabei um Hilfe gebeten, das Joch der Herrschaft Haile Selassies abzuwerfen. Sie wunderten sich, als man sie sachlich, aber bestimmt in ihre Schranken wies. Die Kommunisten Europas hatten eine hohe Meinung von Haile Selassie, für sie galt er als der »Antifaschist auf dem Thron«. In Budapest, Bukarest und Prag hätten die äthiopischen Studenten keine andere Antwort erhalten.

Ich führte viele Diskussionen mit den Studenten und Demonstranten in jenen Wochen. Daß so wenige von ihnen an eine parlamentarisch-demokratische Zukunft Äthiopiens glaubten, ließ meine Euphorie merklich abkühlen. Unter die Flugblätter, die eine gerechte Entlohnung, eine Landreform und demokratische Neuerungen verlangten, mischten sich solche, die zu einem gewaltsamen »anti-imperialistischen Umsturz« und einer »Volksrepublik Äthiopien« aufriefen.

Die äthiopische Revolution ist unter dem Namen die »schleichende« in die Geschichte eingegangen, weil sie über mehrere Monate hinweg in kleinen Schritten und fast ohne Blutvergießen verlief und weil der Revolution lange Zeit ein Zentrum fehlte. Sie wurde von keinem Individuum und keiner Gruppe ausgerufen und folgte keinem Plan. Erst allmählich schälte sich aus den verschiedenen Machtgruppen eine Organisation heraus, die sich anschickte, die Zügel der Macht in die Hand zu nehmen, während die alte Macht mehr oder weniger tatenlos zusah. Aber auch diese Gruppe,

die sich den Namen Provisorischer Militärrat gab und unter der Bezeichnung »Derg« – Ge'ez für »in einer Reihe stehen« – bekannt
werden sollte, stützte sich nicht auf ein gemeinsames Programm.
Und nach außen hin blieb sie lange Zeit ohne Gesicht. Niemand
wußte, aus wie vielen Mitgliedern sie bestand und wer unter den
führenden Offizieren sie tatsächlich unterstützte. Je länger die öffentliche Ordnung außer Kraft gesetzt war, je länger die Streiks und
Demonstrationen anhielten, desto größer wurde der Einfluß der
Militärs auf die Geschehnisse.

Es gab keinerlei Anzeichen, daß sich die Situation beruhigen
würde, im Gegenteil. Ende Februar war die in Addis Abeba tagende
Konferenz der Organisation für Afrikanische Einheit abgebrochen
worden. Der Außenminister hatte erklärt, daß er für die Sicherheit
der Delegierten nicht mehr garantieren könne – für Haile Selassie,
der so sehr auf seine Wirkung nach außen bedacht war, eine persönliche Schmach. Im März und April weiteten sich die Streiks und Demonstrationen aus. Die äthiopischen Gewerkschaften hatten zum
ersten Generalstreik in der Geschichte des Landes aufgerufen, und
zahlreiche Arbeiter und Angestellte des öffentlichen Dienstes beteiligten sich an dem Ausstand. Die Studenten befanden sich im Vor-
lesungsstreik, eine Hundertschaft von Priestern der äthiopisch-orthodoxen Kirche schloß sich an und drohte mit dem Ausstand aller
zweihunderttausend Priester im Land, ebenso wie die Prostituierten
der Hauptstadt. Der Ton der Flugblätter, welche die Straßen von
Addis Abeba füllten, der Proklamationen und Artikel nahm an
Schärfe zu. Die Streitkräfte hatten durchgesetzt, daß eine Kommission ins Leben gerufen wurde, die den immer lauter werdenden Vorwürfen nachgehen sollte, die kaiserliche Regierung und Beamten-
schaft sei von Korruption durchsetzt. Als mein Vater davon erfuhr,
sagte er zu mir: »Das äthiopische Volk hat das Recht, uns zu befra-
gen, was wir in den letzten dreißig Jahren für Äthiopien getan haben. Ich habe mir nichts vorzuwerfen.« Ich weiß nicht, ob er wirklich glaubte, den Militärs ginge es um eine objektive Untersuchung.
Die nächsten Wochen und Monate sollten zeigen, daß es sich viel-

mehr um ein politisches Tribunal handelte, das die neuen Machthaber nach Belieben steuerten. Ich führte viele Gespräche mit meinem
Vater in diesen Wochen. Früher als die meisten anderen muß er ge-
spürt haben, daß der Kaiser nicht dazu fähig war, durch beherztes
Handeln Herr der Lage zu werden und auf diese Weise die Krone zu
retten. Ich fragte ihn, warum der Kronrat den Kaiser nicht zum
Rückzug bewegen könne, aber ein derartiger Vorstoß erschien ihm
jenseits des Vorstellbaren. Doch versuchte er bis zuletzt seinen Einfluß auf Haile Selassie geltend zu machen. Immer wieder hatte mein
Vater den Kaiser dazu aufgefordert, einen Thronfolger zu benennen,
und zum äthiopischen Osterfest schließlich gab dieser dem Drängen
nach. Zur Überraschung vieler verkündete Haile Selassie, daß der
zwanzigjährige Zera-Yacob – der Sohn des Kronprinzen, der gerade
sein Studium in Oxford aufgenommen hatte – legitimer Nachfolger
seines Vaters als Kronprinz sei. Es war nicht das Signal des Aufbruchs, das das äthiopische Volk erwartet hatte. In den Straßen von
Addis Abeba hieß es, Äthiopien besitze nun nicht nur einen Kronprinzen im Sanatorium in Genf, sondern auch noch einen »Stellvertretenden Kronprinzen« auf der Universität Oxford.

Einer der Studentenvertreter von damals sagte mir viele Jahre später: »Nicht wir haben das Kaiserhaus gestürzt, ihr habt es selber getan.« Ihm selbst waren von Mitarbeitern des Geheimdiensts vertrauliche Dossiers und Akten der Regierung und der kaiserlichen
Familie zugespielt worden; ein reichhaltiges Material, aus dem die
Studenten für ihre Pamphlete schöpfen konnten. Er hatte nicht unrecht. Im Augenblick ihrer größten Bedrohung erwies sich die äthiopische Führung unfähig zum Handeln. Eine gemeinsame Sitzung
der beiden Häuser des Parlaments, für die eine Rede des neuen Ministerpräsidenten angekündigt war, endete im Tumult. Die Abgeordneten konnten sich nicht darauf einigen, ob der Ministerpräsident über die drängende Landreform sprechen sollte oder zum
Thema Hunger und Korruption. Die Führung selbst war in sich zer-
stritten, Endelkatchew Makonnen konnte sich weder der Unterstützung des Parlaments sicher sein noch der des Kaisers. Im Palast sah

er seinen Vorgänger Aklilu Habte-Wold noch immer aus und ein gehen – und hatte sich der Kaiser nicht viel lieber einen anderen Ministerpräsidenten gewünscht? Endelkatchew tat, was er tun konnte: Er kündigte eine umfassende Landreform an und benannte die Mitglieder der Verfassungskommission. Doch für Reformen von oben, gleich welcher Art, war es zu spät. Die Zeiten, in denen sich das Volk und die meuternden Streitkräfte mit der Einsetzung von neuen Kommissionen und verklausulierten Thronfolgeregelungen zufriedengegeben hätten, waren vorbei. Die Autorität der Institutionen des Kaiserreichs war in Auflösung begriffen, die Lokomotive der Revolution stand unter Dampf und nahm Geschwindigkeit auf.

Zu den Forderungen, welche die Demonstranten nun erhoben, gehörte auch die nach der Verhaftung des ehemaligen Ministerpräsidenten Aklilu Habte-Wold. Es tauchten Pamphlete auf, in denen Minister und Mitglieder des Kaiserhauses mit wüsten Beschimpfungen überzogen wurden. Anfang April machten Gerüchte die Runde, daß die Streitkräfte einen Putsch planten. Um diese Zeit las ich auf der Straße ein Flugblatt auf, das sich direkt gegen meinen Vater richtete. Es endete mit dem Aufruf, Ras Asserate Kassa müsse so schnell wie möglich »aus dem Verkehr gezogen« werden. Es hätte mich nicht verwundern dürfen: Mein Vater war ein führendes Mitglied der Kaiserfamilie, der Verfassung nach war er der zweite Mann im Staat und allein deshalb eine willkommene Angriffsfläche. Und dennoch traf es mich wie ein Stich ins Herz. Was ich bis vor kurzem noch als Frühlingswind der Veränderung empfand, begann sich auf einmal in einen Sturm zu verwandeln, der meine Familie bedrohte. Mein Vater befand sich zu diesem Zeitpunkt nicht in Addis Abeba, er war als offizieller Vertreter des Kaisers zum Begräbnis des französischen Staatspräsidenten Georges Pompidou gereist, der am 2. April mitten im Amt verstorben war. Ich besprach mich mit meinem Bruder Mulugeta und meiner Mutter, dann fuhr ich mit dem Flugblatt zur Deutschen Botschaft. Der deutsche Botschafter, Baron Herbert von Stackelberg, war mit meinem Vater befreundet, und er erklärte sich bereit, meinem Vater über die Deutsche Botschaft in Paris ein Telex zu schicken. Es hatte folgenden Wortlaut: »Kehr nicht zurück! Situation verändert. Familie und Freunde besorgt.« Mein Vater erhielt die Nachricht, doch er dachte gar nicht daran, in Europa zu bleiben. Als mein Vater in der Residenz eintraf, fragte ich ihn als erstes, warum er unserem Rat nicht gefolgt sei. Seine Antwort werde ich nie vergessen: »Ich bin nicht der Mensch, der sich aus der Verantwortung stiehlt und sich auf und davon macht. Soll ich Haile Selassie etwa im Stich lassen? Das kann ich nicht tun.« Wie einst mein Großvater hielt er das Band der Treue zu seinem Kaiser für unauflösbar, und bis zuletzt war es undenkbar für ihn, ihm die Loyalität aufzukündigen. Vierzehn Tage später demonstrierte der deutsche Botschafter noch einmal seine Verbundenheit mit unserer Familie. Mitten in der Nacht tauchte Baron von Stackelberg mit mehreren Dienstwagen vor der Residenz auf. Er sei gekommen, teilte er meinem Vater mit, um Prinzessin Zuriash-Work und die Kinder in die Deutsche Botschaft mitzunehmen. Dort seien sie sicherer aufgehoben als in der Residenz. Ihm war das Gerücht zu Ohren gekommen, daß die Luftwaffe in Addis Abeba Gebäude der Regierung bombardieren wolle. Mein Vater bedankte sich höflich und verabschiedete den Botschafter. Irgendwelchen Gerüchten, die in den Straßen von Addis Abeba die Runde machten, wollte er keinesfalls Glauben schenken.

Inzwischen hatte sich der Rat der Militärs die Forderung zu eigen gemacht, daß der ehemalige Ministerpräsident Aklilu Habte-Wold mitsamt seinem alten Kabinett inhaftiert werden müsse. Endelkatchew Makonnen selbst unterstützte die Forderung, und vielleicht war dies sein größter Fehler. Er selbst hatte schließlich in der Vorgängerregierung einen Kabinettsposten innegehabt. Zweimal sprach eine Delegation der Streitkräfte bei Haile Selassie vor, und zweimal weigerte sich der Kaiser, ihrem Druck nachzugeben. Also beschlossen sie, auf eigene Faust zu handeln. Das gesamte achtzehnköpfige Kabinett Aklilus wurde verhaftet, und in den folgenden Wochen und Monaten wanderten nach und nach Hunderte von führenden Politikern des Kaiserreichs hinter Gittern, ohne daß sich jemand dagegengestemmt oder Widerstand geleistet hätte. Jede Verhaftung ging einher mit dem öffentlichen Bekenntnis, sie geschehe im Namen des Kaisers. Der Kaiser protestierte nicht. Der Kaiser schwieg. Für keinen seiner Minister, Gouverneure und Generäle hörte man ihn die Stimme erheben. Wie von Geisterhand verschwanden vom Schachbrett Äthiopiens allmählich die Spielfiguren der kaiserlichen Partei. Zuerst die Bauern und Läufer, dann die Springer, Pferde und Türme – bis das Schachbrett fast leer und nur noch eine Figur auf dem Feld übriggeblieben war: die des Königs der Könige.

Mit der Verhaftung der ehemaligen Regierung Aklilu am 26. April war für uns alle in der Familie offensichtlich, daß auch mein Vater persönlich bedroht war. Mein Rückflugticket nach Frankfurt am Main war auf den ersten Mai ausgestellt. Es widerstrebte mir, meine Familie in dieser Stunde allein zu lassen. Ich wollte den Flug nicht antreten, doch mein Vater wollte nichts davon wissen: »Du mußt dein Studium beenden«, sagte er zu mir. »Sieh zu, daß du es zum Abschluß bringst und komm dann zurück. Es gibt nichts, was du verpaßt.« Heute weiß ich, daß er mich mit diesen Worten beruhigen wollte. Ganz gewiß schätzte er die Situation anders ein. Wer weiß, vielleicht bedeutete es ihm eine Erleichterung, seinen ältesten Sohn fern von Addis Abeba in Sicherheit zu wissen.

Es war eine alte Tradition, daß sich die Mitglieder der kaiserlichen Familie von Seiner Majestät persönlich verabschiedeten, wenn sie eine längere Reise ins Ausland antraten, und bis zuletzt lag Haile Selassie daran, daß an diesem Brauch festgehalten wurde. Kurz vor meiner Abreise, es war der Tag nach der Verhaftung Aklilus und seiner Minister, machte ich mich zusammen mit meinem Vater in den Jubiläumspalast auf, um der Pflicht Genüge zu tun. Als wir die Treppen zur Pforte des Palastes hinaufstiegen, erinnerte ich mich an meinen Abschiedsbesuch bei Haile Selassie vor meiner ersten Reise über die Grenzen von Äthiopien hinaus. Ich flog damals zusammen mit meinem Bruder Mulugeta zu indischen Freunden, die in Kenia lebten. Der Höhepunkt dieser Reise war unsere Audienz bei Jomo Kenyatta, der wenige Tage zuvor im stolzen Alter von siebzig zum kenianischen Premierminister gewählt worden war. Mein Vater hielt sich damals zu einem offiziellen Besuch in den Vereinigten Staaten als Gast des amerikanischen Kongresses auf, bei dem er auch mit John F. Kennedy zusammentraf – es war im Juni 1963, wenige Monate, bevor Kennedy in Dallas ermordet wurde. Als mein Bruder und ich uns vom Kaiser verabschiedeten, sagte dieser zu uns: »Euer Vater ist ja leider nicht da, er kann euch kein Taschengeld mit auf den Weg geben. Nehmt das dafür!« Er überreichte jedem von uns einen Umschlag, in dem sich 200 Dollar befanden, für einen Vierzehnjährigen damals eine astronomische Summe. Geschenke durfte ich als erwachsener Mann nicht mehr erwarten, wohl aber den Segen Seiner Majestät. Der Kaiser sah erschöpft und niedergeschlagen aus, als er meinen Vater und mich empfing. Innerhalb der wenigen Wochen, die seit meiner letzten Audienz vergangen waren, schien er um Jahre gealtert. Auch dieses Mal hielt er sich nicht lange mit Nebensächlichkeiten auf. Seine erste Frage war: »Wann wirst du fertig sein mit deinem Studium?« – Es wird nicht mehr sehr lange dauern, Majestät«, entgegnete ich. Haile Selassie wies mit dem Kopf in die Richtung meines Vaters. »In deinem Alter war dein Vater schon Generalgouverneur.« – »Gewiß, Majestät, aber das waren andere Zeiten.« Seine Augen blitzten für einen Moment, bevor sich wieder der Ausdruck von Müdigkeit über sein Gesicht legte. »Komm so schnell wie möglich zurück«, sagte er schließlich zu mir, »um für dein Land dazusein. Es ist wichtig, daß auch in Zukunft Menschen aus unserem Hause Äthiopien dienen.« Er küßte mich auf die Stirn und entließ mich mit seinem Segen. Die Audienz dauerte kaum länger als fünf Minuten. Es war das letzte Mal in meinem Leben, daß ich den Kaiser gesehen habe.

Ein paar Tage vorher war ich noch einmal nach Asmara gereist, um mich von Tessy zu verabschieden. Sie hatte inzwischen ihr Studium beendet und war nach Eritrea zurückgekehrt. Wir waren fest

entschlossen zu heiraten, sobald ich meine Promotion zum Abschluß gebracht hatte. Es konnte einem nicht verborgen bleiben,
wie angespannt die politische Lage in Asmara war. Die Straßencafés
waren leer, ebenso wie die Kinos der Stadt. Schwer bewaffnete Si-
cherheitskräfte waren vor dem Rathaus und den Regierungsgebäu-
den aufgezogen und patrouillierten durch die Straßen. Als wir uns
Lebewohl sagten, war uns beiden schwer ums Herz. Wir spürten
beide, daß es ein Abschied für lange sein konnte. Nur wenige Wochen nach meiner Abreise sollte Tessys Vater als Bürgermeister von
Asmara abgesetzt und verhaftet werden.

Man mußte mich fast ins Flugzeug tragen an jenem 1. Mai 1974,
bis zuletzt sträubte ich mich gegen meine Abreise. Meine Eltern und
meine Geschwister waren mit mir zum Flughafen gekommen. Wir
saßen in den VIP-Räumen des Flughafens von Addis Abeba und
warteten auf das Eintreffen der Maschine. Keiner wollte von dem
Kaffee trinken, der in weißen Porzellantassen vor uns auf dem Tisch
stand, und es wurde kaum ein Wort gewechselt. Als die Maschine
aufgerufen wurde, umarmte ich meine Schwestern und Brüder,
meine Mutter und zuletzt meinen Vater. Er drückte mich fest an sich
und klopfte mir zum Abschied auf die Schulter. Dann verließ ich,
ohne mich noch einmal umzusehen, mit schnellen Schritten die
Halle und ging zum Abflugsteig.

Von nun an verfolgte ich aus dem fernen Deutschland die Ereignisse in meiner Heimat. Mitte Mai war das neue Kabinett unter Endelkatchew Makonnen bereits in Auflösung begriffen. Ein Viertel
seiner Mitglieder war entweder verhaftet oder ins Ausland geflohen.
Die Verfassungskommission und der Anti-Korruptions-Ausschuß
nahmen ihre Arbeit auf, während in Addis Abeba weiterhin ein
Streik auf den nächsten folgte. Mitte Juni reiste Haile Selassie zusammen mit meinem Vater zum Gipfel der Organisation für Afrikanische Einheit, der im benachbarten Somalia stattfand. In seiner
Begleitung befanden sich auch sein Schwiegersohn, Ras Andargatchew Masai, und sein Enkel, Konteradmiral Iskander Desta. Es

war, anders als sonst, kein angenehmer Auslandstermin für Haile Selassie. Er lieferte sich lautstarke Auseinandersetzungen mit Siad Barre, dem neuen Machthaber Somalias, der seine Armee aufrüstete und vor den versammelten Regierungschefs Ansprüche auf den Ogaden erhob, die von Somali bewohnte äthiopische Grenzregion. Der Streit endete damit, daß Haile Selassie den Gipfel vorzeitig verließ.

Am Samstag, dem 29. Juni, fuhren vor den Rundfunkstationen und der Fernmeldezentrale der Hauptstadt Panzer auf, auf den Ausfallstraßen waren Barrikaden aufgebaut, und der Flughafen war gesperrt. Es war eine der letzten Etappen eines Staatsstreiches, der weitgehend im stillen ablief. Auch an diesem Tag wurden keine Erklärungen verlesen und kein Programm verkündet. Die Putschisten wollten nicht als Putschisten benannt werden. Kaum vierundzwanzig Stunden später wurde mein Vater verhaftet.

Man kann nicht sagen, es hätte ihn unvorbereitet getroffen. Bereits am Donnerstag, erzählte mir meine Mutter viele Jahre später, waren zwei Vertreter des Militärrats, die zur pro-monarchischen Fraktion zählten, in einem Jeep auf dem Gelände der Residenz vorgefahren und hatten meinen Vater zu sprechen verlangt. »Die gemäßigte Fraktion innerhalb des Derg hat eine Niederlage erlitten«, eröffnete der eine von ihnen das Gespräch. »Sie sollen am Sonntag festgenommen werden. Aber wir haben alles für Sie vorbereitet: Sie können über Gondar in den Sudan fliehen.« Die beiden Offiziere hörten aus dem Mund meines Vaters die gleiche Antwort, die ich einige Wochen zuvor erhalten hatte: Sein Schicksal sei unwiderruflich mit dem des Kaisers verknüpft. Entweder werde er mit ihm leben oder mit ihm untergehen. Die Offiziere schüttelten nur den Kopf und verließen die Residenz. So nahmen die Dinge ihren Lauf.

Wie jeden Sonntag besuchte Ras Asserate Kassa auch an diesem Morgen früh um sechs die heilige Messe in der Jesus-Kirche. Der Priester war überrascht, als er meinen Vater unter den Kindern und alten Menschen stehen sah, die sich zur heiligen Kommunion aufgereiht hatten. Als Erwachsener geht man in der äthiopisch-orthodoxen Kirche für gewöhnlich nur dann zur Kommunion, wenn man der weltlichen Sphäre Lebewohl sagt und sich für den Rest seiner Tage in ein Kloster zurückzieht – oder wenn man sich dem Tode nahe weiß. Während mein Vater die letzte heilige Kommunion nahm, wurde das Gelände der Residenz von Artillerie umzingelt. Vor dem Eingang der Villa Debre Tabor fuhren vier Jeeps mit schwerbewaffneten Soldaten auf. Den Offizieren des Derg war das Gerücht zugetragen worden, daß sich mein Vater in der Villa mit seinen Wachen verschanzt habe und sich keinesfalls freiwillig ergeben würde. Um so überraschter waren sie, als sie erfuhren, daß Ras Asserate die Messe besuchte. Die Militärs schickten meinen Bruder Mulugeta, um meinen Vater zu holen. Mein Vater dachte gar nicht daran, vor dem Ende des Gottesdienstes die Kirche zu verlassen, und die Offiziere wagten es nicht, die Messe zu stören. Sie warteten geduldig, bis mein Vater und mein Bruder im Gefolge der Gläubigen aus der Jesus-Kirche kamen. Der diensthabende Oberst Ayalew war meinem Vater kein Unbekannter. Der Oberst salutierte und überreichte Ras Asserate Kassa den Verhaftungsbefehl. Mein Bruder Mulugeta erzählte mir später, daß die Hände des Obersten zitterten, als dieser sich eine Zigarette anzünden wollte. »Darf ich Ihnen behilflich sein?« fragte mein Vater und gab ihm Feuer. Dann sagte er zu ihm: »Wozu die Soldaten? Schickt sie nach Hause. Ich werde mich ergeben.« Er bat darum, daß man ihn nach Hause begleite, damit er die nötigsten Sachen packen und sich von seiner Frau und seinen Kindern verabschieden könne. Der Oberst willigte ein und geleitete meinen Vater zur Residenz. Mein Vater lud ihn noch zu einem Frühstück ein – inzwischen war es zehn Uhr vormittags –, und als sie zu Ende gegessen hatten, sagte mein Vater. »Ich möchte nicht im Jeep weggebracht werden, darf ich mein eigenes Auto benutzen?« Der Oberst zögerte kurz und entgegnete leise: »Hoheit, wie immer Sie wollen – Hauptsache, Sie kommen mit.« Mein Bruder holte den Jaguar aus der Garage, und mein Vater nahm auf dem Beifahrersitz Platz. Dann fuhren die beiden, eskortiert von den Jeeps des Derg, zu den Toren der Residenz hinaus in Richtung des alten Flughafens. Dort war im Golfclub ein provisorisches Gefängnis für die Würdenträger eingerichtet. Mein Vater, sagte mir Mulugeta später, schien gelöst wie selten in den Monaten zuvor. Lange hatte er auf diesen Augenblick gewartet, nun war er eingetreten. Es ist nicht falsch, wenn man sagt, mein Vater sei sehenden Auges in den Tod gegangen. Er hatte die Möglichkeit, sich in Sicherheit zu bringen, aber er blieb. Er war beileibe nicht der einzige, der sich so verhielt. Widerstandslos fügten sich die Führer des Landes in die Rolle, die ihnen der Derg zugedacht hatte. Auch an diesem Tag, an dem der Präsident des äthiopischen Kronrats verhaftet wurde, verlautbarte die Armee, dies sei im Namen des Kaisers geschehen. Und auch an diesem Tag schwieg Haile Selassie.

Ich erfuhr von der Gefangennahme meines Vaters in Deutschland, als ich mit meinem Corpsbruder Marées im Auto zu einem Ausflug nach Föhr unterwegs war, wo wir unseren Corpsbruder Oldenburg besuchen wollten. Wir waren nur noch ein paar Kilometer von der Mole Dagebüll entfernt, der Anlegestelle der Fähre nach Wyk. Es war 14 Uhr, und im Autoradio liefen die Nachrichten des NDR. Es war eine kurze Meldung, die letzte vor dem Wetterbericht: »In Äthiopien ist heute morgen der zweite Mann im Staate gefangengenommen worden.« Ich ließ mich sofort zum Bahnhof fahren und nahm den nächsten Zug zurück nach Frankfurt.

In den darauffolgenden Wochen überschlugen sich die Ereignisse, und nicht alle davon schafften es in die deutschen Nachrichtensendungen und Zeitungen. Der Kreis der Kandidaten für mögliche Verhaftungen wurde erheblich erweitert. Im Juli wurde Ministerpräsident Endelkatchew Makonnen abgesetzt und wenig später verhaftet. Ein neuer Ministerpräsident wurde bestellt, Mikael Imru, der sich bei seiner Ernennung als Gesandter Äthiopiens bei der Unesco in Genf befand. Es dauerte nur wenige Wochen, bis auch er wieder entlassen war. Der Kronrat wurde für aufgelöst erklärt, fast alle seiner Mitglieder waren inzwischen inhaftiert. Ihnen folgten die übriggebliebenen letzten Vertrauten Haile Selassies: der Adjutant des Kaisers, der ehemalige Palastminister, der Vize-Minister der Feder und der Kommandeur der Kaiserlichen Leibgarde. Mitte August erlebte die äthiopische Hauptstadt eine eindrucksvolle Militärparade mit Panzern, Armeefahrzeugen, Militärjeeps und einem Heer marschierender Polizisten und Abordnungen der Armee und der Luftwaffe. Die Fahrzeuge waren mit Fahnen und Wimpeln geschmückt, die das Motto zeigten, das sich der Militärrat ein paar Wochen zuvor gegeben hatte und das seitdem jedes offizielle Kommuniqué beschloß: »*Ityopya tikdem!*« – »Äthiopien über alles!«

Nun blieb dem Derg nur noch eines zu tun. Er nahm den letzten Repräsentanten des äthiopischen Kaiserhauses ins Visier, orchestriert von einer Medienkampagne des staatlichen Fernsehens und der Radiosender, die sich inzwischen vollständig unter der Kontrolle der Militärs befanden. Bislang hatten die neuen Machthaber den Kaiser von öffentlicher Kritik ausgespart, nun gab es kein Tabu mehr. Eine Lawine von Vorwürfen und Schmähungen begann auf den Kaiser niederzugehen. Es fing damit an, daß man von ihm nicht mehr als *Negusa Negast*, sondern nur noch als *Negus* sprach – der Kaiser wurde zum König degradiert. Es wurde ihm vorgeworfen, daß er 1936, als Italien Äthiopien überfiel, sein Land im Stich gelassen habe und ins Exil gegangen sei. Der Kaiser trage persönlich die Verantwortung für die Hungerkatastrophe in Wollo. Man warf ihm persönliche Bereicherung vor, und es hieß, er habe ein riesiges Vermögen auf Konten im Ausland geschafft. Er stehe an der Spitze einer Klasse von Ausbeutern, die Äthiopien jahrzehntelang in ihrem Besitz gehalten habe. Ende August wurde verkündet, daß der Jubiläumspalast, in dem sich der Kaiser mit seinen verbliebenen Getreuen aufhielt, verstaatlicht sei und ab sofort Nationalpalast heiße. Tag für Tag hagelten neue Vorwürfe auf Haile Selassie ein, bis zum 11. September, dem äthiopischen Neujahrstag. In der Neujahrsansprache des Patriarchen Abuna Theophilos fehlte am Ende die übliche Huldigung des Kaisers, der doch *Defensor fidei* der äthiopisch-orthodoxen Kirche war. Statt dessen erbat der Patriarch den Segen für die »revolutionäre Bewegung«, die, mit der Unterstützung des äthiopischen Volkes, von den Streitkräften angeführt werde. Anders als 1960, als sich der damalige Abuna Basileos auf die Seite des Kaisers schlug, konnte Haile Selassie nun auch nicht mehr mit dem Beistand der Kirche rechnen. Es gab niemanden mehr, der ihn schützen und für ihn die Hand hätte erheben können – selbst die persönliche Leibgarde hatte ihn im Stich gelassen.

Am Neujahrsabend strahlte das äthiopische Fernsehen schließlich doch noch die lange verbotene Dokumentation Jonathan Dimblebys aus, allerdings in einer bearbeiteten Version. Zwischen die Bilder der sterbenden Kinder wurden Szenen von Festen und Empfängen der kaiserlichen Familie im Palast geschnitten: Bilder vom achtzigsten Geburtstag des Kaisers und schließlich auch Bilder der Hochzeit meiner Schwester Tsige. Meine Schwester Rebecca, die den Bericht Dimblebys fast ein Jahr zuvor in London gesehen hatte, war an diesem Abend bei Freunden zu Gast. Sie erkannte viele der Gäste wieder, die plötzlich essend, trinkend und lachend vor ihr auf dem Bildschirm auftauchten: Vettern und Cousinen von uns, der Kaiser und schließlich auch meine Schwester Tsige mit ihrem Bräutigam. Dann ruhte die Kamera mehrere Sekunden lang auf der Hochzeitstorte. Während Hunderttausende Äthiopier verhungerten, sprach eine vorwurfsvolle Stimme dazu aus dem Off, habe die königliche Familie diese Hochzeitstorte aus London anliefern lassen. Und als man festgestellt habe, daß sie beschädigt sei, habe man extra einen Konditor aus England einfliegen lassen, um die Torte wiederherzustellen. Es entsprach nicht den Tatsachen, meine Schwester hatte die Rechnung des Hilton in Addis Abeba aufbewahrt und präsentierte sie später sogar dem Untersuchungsausschuß des Derg, aber was machte das schon? Als meine Schwester Rebecca die Bilder sah, brach sie in Tränen aus und rief: »Das ist das Ende!« Ihre Freunde versuchten, sie zu beruhigen, doch sie erkannten, was die Stunde geschlagen hatte.

Auch Haile Selassie sah an diesem Abend die Bilder im Fernsehen, die Offiziere des Derg hatten ihn aufgefordert, sie sich in ihrem Beisein anzusehen. Für die darauffolgende Nacht war eine Ausgangssperre verhängt. Wenige Minuten, nachdem die Ausgangssperre in Kraft getreten war, wurden sämtliche Telefonleitungen von Addis Abeba ins Ausland gekappt und der Flughafen der Hauptstadt geschlossen. Um sechs Uhr morgens am 12. September betrat eine kleine Gruppe von Offizieren des Derg in Kampfuniform den ehemaligen Jubiläumspalast, der nun Nationalpalast hieß und »Eigentum des äthiopischen Volkes« war. Der Palast war wie ausgestorben, nur noch der Kaiser und eine Handvoll Bediensteter waren darin verblieben. Die Offiziere hatten drei äthiopische Journalisten dazubestellt, die das Unerhörte festhalten sollten, das sich nun im Palast abspielte. Haile Selassie wurde in die Palastbibliothek bestellt, wo die Offiziere ihn schon erwarteten. Der Kaiser hatte seine majestätische Würde nicht verloren. Erhobenen Hauptes nahm er die Proklamation entgegen, die einer der Offiziere verlas. Ihr Wortlaut fand sich später in den Zeitungen der Hauptstadt wieder. »Obwohl das Volk den Thron in gutem Glauben als Symbol der Einheit behandelt hatte, hat Haile Selassie I. die Autorität, die Würde und Ehre des Throns für seine persönlichen Ziele mißbraucht. In der Folge herrschten in unserem Land Armut und Verfall. Nun ist der Monarch in ein Alter gekommen, in dem er nicht mehr in der Lage ist, seine Amtsgeschäfte auszuführen. Deshalb wird Seine Majestät, Haile Selassie I., mit sofortiger Wirkung des Amtes enthoben und durch eine provisorische Militärregierung ersetzt.« Die Erklärung schloß mit dem Schlachtruf der Revolution: »*Ityopya tikdem!*« Haile Selassie hatte sich auch diese Worte angehört, ohne eine Regung zu zeigen. Nach einer kurzen Pause entgegnete er den Offizieren: »Wir haben unserem Volk gedient im Krieg und im Frieden. Wenn wir nun zum Wohle des Volkes abtreten müssen, werden wir uns dem nicht widersetzen.« Er wurde von den Offizieren aus der Bibliothek und durch eine Seitentür aus dem Palast geführt. Am Fuß der Treppe stand ein hellblauer VW Käfer. Als einer der Offiziere die Beifahrertür öffnete, sagte der Kaiser zu ihm: »Was, hier hinein?« Der Offizier nickte nur kurz und schob wortlos den Beifahrersitz nach vorne. Der Kaiser kletterte ins Auto und nahm auf dem Rücksitz Platz. Am Steuer saß ein Hauptmann in

Kampfuniform. Zwei Jeeps eskortierten den Wagen, als er die Tore des Palastes passierte und auf die Menelik-Avenue einbog. Man brachte ihn in das Hauptquartier der Vierten Division, wo auch viele seiner Würdenträger gefangengehalten wurden.

Noch am selben Tag wurde das Parlament aufgelöst und die Verfassung aufgehoben. In den Straßen von Addis Abeba waren Panzer aufgefahren. Die Offiziere des Derg fürchteten, daß die Bevölkerung Addis Abebas aufbegehren und für den Kaiser auf die Straße gehen könnte, aber nichts dergleichen geschah. Obwohl die Schaltzentrale der Macht nun vollständig unter ihrer Kontrolle war, scheuten sich die Militärs noch immer, die Abschaffung der Monarchie zu erklären. Kronprinz Asfa-Wossen, der halbseitig gelähmt im fernen Europa im Sanatorium lag, wurde zum Nachfolger erklärt. Einen *Negusa Negast*, einen König der Könige, sollte es nicht mehr geben. Aber wenn der Kronprinz nach Äthiopien zurückkehrte, würde er zum König gekrönt – als ein Staatsoberhaupt, das auf rein repräsentative Aufgaben beschränkt war und über keinerlei Einfluß auf Legislative und Exekutive verfügte. Niemand rechnete wirklich damit, daß der Kronprinz nach Äthiopien zurückkehrte, am allerwenigsten die neuen Machthaber. Die »schleichende Revolution« hatte ihr vorläufiges Ziel erreicht: Das äthiopische Kaiserreich gehörte der Vergangenheit an.

Während alle Welt an jenem 12. September 1974 gebannt auf den »Löwen von Juda« schaute und darauf, wie er seinen Thron verloren hatte, war meine ganze Aufmerksamkeit meiner Familie gewidmet. Ich versuchte, von Frankfurt aus nach Äthiopien zu telefonieren, aber in der Residenz auf dem Entoto nahm niemand das Telefon ab. Schließlich erreichte ich meine Tante, Emamma Bezounesh. Aus ihrem Mund erfuhr ich, daß an jenem Morgen nicht nur der Kaiser, sondern mit ihm auch die Mitglieder der kaiserlichen Familie verhaftet wurden. Darunter waren nicht nur die Tochter des Kaisers, Prinzessin Tenagne-Work und zahlreiche meiner Vettern und Cousinen. Auch meine Mutter und meine Geschwister waren an jenem

Morgen abtransportiert worden. Ich solle mir keine Sorgen machen, sagte Emamma Bezounesh, unter diesen Umständen seien sie in den Händen der Armee wahrscheinlich am besten aufgehoben. Ich spürte die Angst in ihrer Stimme, daß sie die nächste sein könnte. Uns beiden war bewußt, daß mit großer Wahrscheinlichkeit die Leitung abgehört wurde, und so gab sie mir die Worte wider, die der offiziellen Version des Derg entsprachen: Die kaiserliche Familie sei zu ihrem eigenen Schutz in Sicherheit gebracht worden.

Ich war außer mir. Daß Familienmitglieder in Sippenhaft genommen wurden, das war in der langen Geschichte Äthiopiens, die wahrlich nicht arm ist an Demonstrationen von Härte und Unbarmherzigkeit, ein bisher nie dagewesener Vorgang. Das einzige Verbrechen, das die Inhaftierten begangen hatten, war, daß sie die Frauen ihrer Männer und die Kinder ihrer Väter waren. Nach meinem Telefonat mit Emamma Bezounesh war mir klar, daß ich sehr vorsichtig vorgehen mußte. Jeder aus dem näheren und ferneren Umkreis meiner Familie, den ich kontaktierte, stand in Gefahr, ebenfalls inhaftiert zu werden. Über unseren Diener Ketemma erfuhr ich schließlich die Einzelheiten. Frühmorgens um sechs Uhr waren die Soldaten in der Residenz erschienen und hatten alle abgeführt, deren sie habhaft wurden. Nur meine Schwester Tsige entging ihrer Verhaftung, weil sie sich zu dieser Zeit im Krankenhaus aufhielt. Es wurde ihnen nicht erlaubt, irgend etwas mitzunehmen außer dem, was sie am Leib trugen. Man brachte sie in den Palast des Prinzen Makonnen, wo im Lauf des Tages weitere Familienmitglieder eingeliefert wurden. Am Nachmittag wurde Ketemma in den Palast vorgelassen, er hatte für sie Kleidung und Lebensmittel gepackt. Nur kurze Zeit später wurde aber auch unser treuer Diener Ketemma verhaftet. Die Dienerschaft mußte das Gelände verlassen, und unsere Residenz wurde von Militärs abgeriegelt.

»Jede Revolution ist viel weniger Bauplatz der Zukunft als Auktion der Vergangenheit«, schreibt Heimito von Doderer, und das galt auch für die äthiopische Revolution. In den folgenden Wochen wurden die Insignien Haile Selassies von den Gebäuden, Institutionen und Plätzen getilgt, ebenso wie von den offiziellen Dokumenten. Aber immer noch wurden Geldscheine und Briefmarken ausgegeben, die das Antlitz des Kaisers zierten. Auf dem Masqalfest am 27. September entzündete statt des Kaisers nunmehr der Bürgermeister von Addis Abeba das große Feuer. Wie aber die Zukunft des Landes aussehen und wer über dessen Geschicke bestimmen sollte, darüber brach nach der Absetzung des Kaisers innerhalb des Derg ein erbitterter Machtkampf aus. Für die Öffentlichkeit bekam die graue Masse des Derg nun ein Gesicht: Aman Andom, ein populärer altgedienter General, den man in Äthiopien den »Löwen der Wüste« nannte. Er hatte sich bereits Anfang der fünfziger Jahre im Koreakrieg Verdienste erworben, als Äthiopien im Rahmen des Kontingents der UN-Truppen die Vereinigten Staaten unterstützte. 1964 hatte er das Kommando im Grenzkrieg gegen Somalia geführt, dessen Truppen im Ogaden eingefallen waren. Aman Andom wurde zum Chef der provisorischen Militärregierung ernannt, und aus dem Derg kamen widersprüchliche Erklärungen, ob er darüber hinaus »Präsident« des Militärkomitees oder nur dessen »Sprecher« war. Aman Andom galt als ein bedächtiger, umsichtiger Mensch und ein Mann des Ausgleichs. Aber er war nicht die Sorte Mensch, die sich mit der Rolle eines prominenten Aushängeschilds zufriedengab.

Auf einer Pressekonferenz kündigte General Aman ein Referendum über die Zukunft des Landes an. Doch längst war ihm im Derg ein mächtiger Gegenspieler erwachsen, der recht genaue Vorstellungen von der zukünftigen Staatsform Äthiopiens besaß: der sechsunddreißigjährige Oberst Mengistu Haile Mariam, vormals Major der Kaiserlichen Armee und nun Erster Stellvertretender Regierungschef der provisorischen Militärregierung. Ihm schwebte eine sozialistische Diktatur sowjetischen Zuschnitts vor, und er sollte keine List und kein Verbrechen scheuen, um an dieses Ziel zu gelangen und sich zum unumschränkten Gewaltherrscher Äthiopiens aufzuschwingen.

Es waren zwei Fragen, an denen die Gegnerschaft zwischen Oberst Mengistu und General Aman offen ausbrach. Am 17. November konfrontierte Mengistu General Aman mit zwei Forderungen des Derg. Als Chef der Provisorischen Militärregierung sollte er der Entsendung weiterer Truppen nach Eritrea zustimmen, um eine militärische Offensive gegen die bewaffneten Rebellen der Eritreischen Befreiungsfront einzuleiten. Außerdem sollte er seine Unterschrift unter ein Dokument leisten, das die standrechtliche Erschießung führender Vertreter des kaiserlichen Regimes bewilligte. Beiden Forderungen weigerte sich General Aman nachzukommen. Er war selbst Eritreer und glaubte an die Möglichkeit einer Lösung des Eritrea-Konflikts am Verhandlungstisch, und die Erschießung von Gefangenen, die keinen Prozeß erhalten und über die kein Gericht ein Urteil gefällt hatte, lehnte er strikt ab. In den folgenden Tagen zeigte sich, daß Mengistu die Mehrheit des Derg hinter sich vereinen konnte. Aber General Aman wollte keinesfalls kampflos aufgeben. Er scharte eine Reihe von Offizieren und Soldaten um sich und zog sich auf sein Anwesen zurück. »Ich werde mich niemals ergeben. Lieber würde ich mich umbringen«, soll er zu einem seiner Gefährten gesagt haben.

Am Freitag, dem 22. November, erhielt der Reuters-Korrespondent John Talbot um die Mittagszeit einen anonymen Anruf, er solle zu General Aman Andoms Anwesen fahren. Als er sich dem Gelände unweit des Prinzessin-Tsehai-Krankenhauses nähern wollte, wurde er von Soldaten mit Maschinenpistolen gestoppt. Er sah genug, um zu begreifen, was vor sich ging. General Amans Anwesen war abgeriegelt, der Präsident der Militärregierung stand in seinem eigenen Haus unter Arrest. Am nächsten Tag fuhren Panzer vor dem Gelände der Residenz Amans auf. Der Derg tagte den ganzen Tag über im ersten Stock des Menelik-Palastes – einige der Gefangenen, die im Keller einsaßen, hörten von oben lautstarke Wortgefechte. Am Nachmittag fiel die Entscheidung, mit Waffengewalt gegen Aman Andom vorzugehen. Über Megaphon wurde der General aufgefordert, sich zu ergeben, andernfalls werde das

Feuer eröffnet. Kurz darauf war ein Schuß aus dem verschanzten Gebäude zu vernehmen. Die Soldaten der Vierten Division reagierten prompt. Maschinengewehrsalven wurden abgefeuert, dann rollte ein Panzer auf das Haus zu und machte es dem Erdboden gleich. Zusammen mit dem »Löwen der Wüste« starben mindestens zwei seiner Gefolgsleute, die wie er dem Militärrat angehörten. Am Abend meldete Radio Äthiopien, daß General Aman als Vorsitzender der Regierung abgesetzt sei, weil er sich geweigert habe, »mit den Streitkräften zusammenzuarbeiten«.

Währenddessen wurden den Mitgliedern des Derg im Menelik-Palast die Namen derjenigen verlesen, die auf der Todesliste Mengistus standen. Per Handzeichen fiel das Urteil darüber, wer noch in derselben Nacht ermordet werden sollte. Die ursprüngliche Liste der Gefangenen, deren Hinrichtung Aman zustimmen sollte, soll angeblich »nur« sechs Personen umfaßt haben: die beiden ehemaligen Ministerpräsidenten Aklilu Habte-Wold und Endelkatchew Makonnen, meinen Vater Ras Asserate Kassa, Iskander Desta (den Enkel des Kaisers und Marinechef), den ehemaligen Verteidigungsminister General Abiye Abebe und Ras Mesfin Shileshi, einen führenden Adeligen. Am Ende der Abstimmung umfaßte die Liste schließlich sechzig Personen. Die meisten von ihnen saßen im Keller des Menelik-Palastes ein, so auch mein Vater. Die Gefangenen wurden aus dem Keller geführt, jeweils zu zweit aneinander gefesselt und auf einen großen Lastwagen verladen. Man brachte sie zum Akaki-Gefängnis, dem großen Zentralgefängnis von Addis Abeba direkt gegenüber dem Gebäude der Organisation für Afrikanische Einheit. Sie wurden auf den Gefängnishof geführt und jeweils zu zweit mit dem Rücken zur Wand gestellt. Dann wurden sie nacheinander erschossen. Einige schrien, einige beschimpften die Erschießungskommandos, aber die meisten ließen alles regungslos geschehen. Abebe Retta, ein ehemaliges Mitglied des Kronrats, soll mit dem Finger auf seine Mörder gezeigt und ausgerufen haben: »So werdet ihr Äthiopien nicht regieren können. Ihr kennt euer Land nicht, und ihr kennt euer eigenes Volk nicht.« Auf einen

Streich war die gesamte Führungsschicht des Landes – Minister und Würdenträger, Generäle und Funktionsträger – ausgelöscht worden. Im Hof des Gefängnisses wurde eine Grube ausgehoben. Die Leichen wurden verscharrt, und es wurde Kalk auf sie geschüttet. Ein paar Soldaten der Erschießungskommandos hatten sich geweigert, den Befehl auszuführen. Sie wurden wie die Gefangenen auf der Stelle erschossen.

Oberst Ayalew, der Vertreter des Derg, der dazu ausersehen war, meinen Vater festzunehmen, überlebte diesen nur um wenige Monate. Dann wurde er selbst von seinen Genossen hingerichtet. Haile Selassie, der sich in Schweigen gehüllt hatte, als diejenigen abgeführt wurden, die ihm treu ergeben waren, sollte seine treuen Gefolgsleute um neun Monate überleben. Am 28. August 1975 gab das Militärregime die Erklärung heraus, daß sich Haile Selassie von einer Prostata-Operation nicht erholt habe und in der zurückliegenden Nacht verstorben sei. Der langjährige Leibarzt des Kaisers, der die Operation vorgenommen hatte, Professor Asrat Woldeyes, protestierte umgehend gegen diese Darstellung. Der Eingriff lag bereits Monate zurück, danach habe sich Haile Selassie bester Gesundheit erfreut. Ich selbst hatte im Jahr 1991 die Gelegenheit, in Addis Abeba mit Haile Selassies ehemaligem Leibdiener Eshetu zu sprechen, der bis zuletzt an seiner Seite blieb. Tag und Nacht war er in der Nähe des Kaisers, den man einige Wochen nach seiner Verhaftung in den Menelik-Palast verbracht hatte. In seinem alten Palast war Haile Selassie ein notdürftiges Quartier eingeräumt worden, zwei spärlich möblierte Räume und ein Badezimmer. Eshetu hatte sich geschworen, seinen Herrn niemals aus den Augen zu lassen, nachts schlief er auf einer Pritsche im Vorraum des kaiserlichen Schlafgemachs. Mit stoischer Gelassenheit habe der Kaiser die Gefangenschaft über sich ergehen lassen. Es gab nur zwei Gelegenheiten, bei denen Eshetu ihn die Fassung verlieren sah: das erste Mal in den Novembertagen 1974, als die Wachen des Derg seinem Herrn die Zeitung auf den Tisch warfen, die auf der Titelseite die Ermordung der Sechzig meldete. Und das zweite Mal wenige Wochen vor dem Tod Haile Selassies. An jenem Tag im Juli 1975 war Oberst Mengistu zusammen mit Offizieren des Derg in den Palast gekommen, und sie hatten den Kaiser mehrere Stunden lang verhört. Sie waren nach wie vor überzeugt davon, daß er größere Summen ins Ausland geschafft hatte, doch Haile Selassie erklärte nur immer wieder mit stoischer Ruhe, daß es keine geheimen Konten im Ausland gebe: »Alles, was das Land besitzt, gehört Ihnen bereits.« Als Mengistu den Palast verlassen hatte, trat der Kaiser ans offene Fenster und starrte auf den Turm der Kirche *Kidane Mehret* (»Bund der Vergebung«), die sich auf dem Palastgelände befand. »Wenn wir für dich, Äthiopien, nichts getan haben«, sprach er ins Leere, »soll uns der allmächtige Gott bestrafen.« Es waren dies die einzigen beiden Male, bei denen Eshetu seinen Herrn und Gebieter weinen sah.

Und dann erzählte mir Eshetu, wie er die letzten Stunden Haile Selassies miterlebt hatte. An jenem Abend des 27. August hatte er, wie er es jeden Tag tat, dem Kaiser gerade das Abendessen gebracht, als ihm erklärt wurde, er solle nach Hause gehen. Eshetu weigerte sich zunächst, auf keinen Fall wollte er den Kaiser allein lassen. Mit vorgehaltenem Gewehr wurde er schließlich aus dem Palast getrieben. Er verbrachte eine schlaflose Nacht im Haus seiner Familie, und noch vor Sonnenaufgang am nächsten Morgen stand er wieder vor den Toren des Palastes. Sämtliche Wachen ließen ihn passieren, bis er vor der Tür des Schlafgemachs stand. Er klopfte, aber alles blieb still. Nach einer Weile öffnete er die Tür. Das erste, was er im Raum wahrnahm, war ein durchdringender Gestank nach Äther. Dann sah er den Kaiser leblos in seinem Bett liegen. Das Kopfkissen lag nicht unter seinem Kopf, sondern direkt neben ihm. Alles deutete darauf hin, daß er im Schlaf betäubt und anschließend erstickt wurde. Weder der Leibarzt noch Abuna Theophilos, die beide den Toten zu sehen verlangten, wurden in den Palast vorgelassen. Oberst Mengistu hatte die Leiche unter den Dielenbrettern einer Toilette im Palast verscharren lassen. Dort wurden die Gebeine nach dem Ende des Mengistu-Regimes 1992 gefunden und exhumiert. Zwei Jahre später stieß man im Hof des

276

Akaki-Gefängnisses auf das Massengrab, in das die Leiche meines Vaters und die der anderen Opfer des Blutsamstags geworfen worden waren.

Kurze Zeit nach dem Tod meines Vaters erreichte mich in Frankfurt ein Anruf aus London. Am Apparat war der Geschäftsführer von Henry Poole in der Savile Row. Hier liege ein Cape meines Vaters, das für ihn umgearbeitet werden solle. Man habe alles versucht, aber es sei unmöglich, es für ihn passend zu machen. Ich wußte nicht, um was es sich handelte, und so ließ ich es mir nach Deutschland schicken. Als ich das Paket öffnete, kam ein Cape aus feinstem dunkelblauem Tuch zum Vorschein mit vergoldeten Knöpfen eines englischen Feldmarschalls und goldbesticktem Kragen, dessen Muster den Löwen von Juda zeigte. Ich kannte es gut, es war ein persönliches Geschenk des Kaisers an meinen Vater. Bei ihrem Staatsbesuch in Äthiopien hatte die Queen 1965 Haile Selassie den Titel des Ehrenmarschalls der britischen Armee verliehen. Daraufhin ließ der Kaiser sich jenes dem Titel entsprechende Cape schneidern. Nun hätten der Kaiser und mein Vater von der Statur her kaum unterschiedlicher sein können. Trotzdem fühlte sich mein Vater sehr geehrt, als Haile Selassie es ihm zum Geschenk machte. Derartige persönliche Geschenke entsprachen der äthiopischen Tradition, und für den Beschenkten bedeutete es eine hohe Auszeichnung. Mein Vater hatte das Cape nach England geschickt, um es umschneidern zu lassen, und so war es in meinen Besitz gekommen. Es entsprach ungefähr meiner Größe, aber niemals wäre ich auf die Idee gekommen, es anzuziehen. Es ist das einzige, was mir aus unserem Familienbesitz geblieben ist, abgesehen von einer Anzahl von Pfeifen aus der umfangreichen Sammlung meines Vaters. Einer unserer treuen Diener hatte sie mir aus Addis Abeba nach Frankfurt geschickt. Nach dem 23. November 1974 war unser gesamter Familienbesitz beschlagnahmt worden, nicht nur die Residenz auf dem Entoto und die Landgüter meiner Eltern in den Provinzen und der Fuhrpark meines Vaters, auch sämtliches Mobiliar, das Familiensilber, Bilder und Kunstwerke, der Inhalt der Kleiderschränke und selbst noch die persönlichsten Erinnerungsstücke. Unser treuester Diener, Ketemma, wurde verhaftet, die anderen Bediensteten von den Grundstücken vertrieben, sie verloren nicht nur ihre Einkünfte, sondern auch ihre Unterkunft auf dem Gelände der Residenz. In den Wirren der Beschlagnahmungen war es einem unserer Diener, Abebe Gabre, gelungen, eine Handvoll Pfeifen aus einer der Vitrinen des Salons zu entwenden, und so landeten sie bei mir.

In mehrtägigen Auktionen wurde der Familienbesitz im Frühjahr 1975 in Addis Abeba versteigert und zu Geld gemacht. Die schönsten Stücke hatte sich allerdings, wie ich später erfuhr, Oberst Mengistu höchstpersönlich angeeignet. Der Diktator richtete sich in unserer Residenz seinen Wochenendsitz ein – und nicht nur das. Im Jahr 1979 wurde unser Haus auf dem Entoto zum Schauplatz einer grausamen Bluttat. Oberst Mengistu gab dort ein großes Fest, es galt einen äthiopischen Minister zu verabschieden. Während in den oberen Stockwerken gefeiert und getanzt wurde, spielten sich im Kellergeschoß der Residenz schreckliche Szenen ab. Siebzehn führende Repräsentanten des Kaiserreichs, die man gefangenhielt, wurden dort in jener Nacht zu Tode gefoltert. Der bekannteste unter ihnen war der Patriarch der äthiopisch-orthodoxen Kirche, Abuna Theophilos, der sowohl am 12. September 1974 geschwiegen hatte, als der Kaiser verhaftet wurde, als auch am 23. November, dem Tag der Ermordung der Sechzig. Die neuen Machthaber in Addis Abeba hatten am Morgen darauf verfügt, daß um die Erschossenen nicht getrauert werden und kein Seelenamt für sie abgehalten werden durfte. Viele in Addis Abeba hielten sich nicht an das Verbot, zu Hunderten strömten sie in die Häuser der Ermordeten und ihrer Verwandten und kondolierten. Überall, so schilderte mir Emamma Bezounesh viele Jahre später, habe man schwarzgekleidete Menschen gesehen, den Kopf zu Boden gerichtet und Tränen in den Augen. Aber die Kirche folgte den neuen Machthabern. Nicht einmal in der Jesus-Kirche in Addis Abeba, die mein Großvater einst erbauen ließ, zeigten sich die Priester bereit, eine Messe für meinen

Vater und seine mit ihm ermordeten Vettern zu halten. Meine Tante Tesseme setzte von diesem Tag an nie mehr einen Fuß über die Schwelle der Kirche, die einst ihr Vater erbaut hatte. Wie die orthodoxen Kirchen im Osten Europas, die gleichzeitig Nationalkirchen waren, gab auch die äthiopische in der Stunde ihrer Bewährung kein rühmliches Vorbild ab. Sein Schweigen verschaffte dem Patriarchen nur eine kurze Atempause. Immer weiter trieben die neuen Führer die Kirche in die Enge, und als sie sich anschickten, die kirchlichen Ländereien und Besitztümer zu konfiszieren, war auch für Abuna Theophilos der Punkt erreicht, an dem er nicht mehr schweigen konnte. Als man ihn schließlich verhaftete, brachte man ihn zunächst zu den anderen prominenten Gefangenen in den Keller des Menelik-Palastes. Barfüßig, seines Ornats beraubt und gefesselt stand er vor seinen Peinigern. Er sollte in eine Einzelzelle verbracht werden, bat aber um eine halbe Stunde Aufschub. In dieser Zeit ging er zu jedem einzelnen der Gefangenen, kniete nieder, küßte ihm die Füße und sagte: »Mein Kind, vergib mir, ich habe gegen dich gesündigt!« Vom Tag seiner Gefangennahme an nahm er nichts mehr zu sich außer Wasser und Brot. Es war ein eindrucksvoller Akt der Buße, der ihn schließlich zum Märtyrer der äthiopisch-orthodoxen Kirche werden ließ.

Es gab neben dem Patriarchen unter den siebzehn im Keller unserer Residenz Ermordeten einen weiteren, den ich persönlich kannte und dessen Tod mir sehr naheging: Dejazmatch Haregot Abay, der ehemalige Oberbürgermeister von Asmara und Vater meiner Freundin Tessy. Es war nicht lange her, daß wir hier auf dem Entoto noch gemeinsam gescherzt und getrunken hatten. Nun hatte sich nicht nur mein Vaterland, sondern auch die Villa Debre Tabor, der Ort, an dem ich aufgewachsen war und die glücklichsten Stunden meiner Kindheit verbracht hatte, in ein blutiges Schlachthaus verwandelt.

Auch auf die Leichen der siebzehn in unserer Residenz Ermordeten stieß man erst nach dem Ende des Mengistu-Regimes.

Schickt mir die Heimatlosen . . .

Als ich am Morgen des 25. November 1974 in meiner Frankfurter Studentenwohnung erwachte, fühlte ich mich wie erschlagen. Unablässig stellte ich mir die Frage: Wieso ausgerechnet ich? Wieso bin ich als einziger aus meiner Familie verschont worden? Wieso war ich in jener Stunde nicht an der Seite meiner Geschwister und meiner Eltern? Manches hatte ich von und über Exilanten gelesen, plötzlich war ich selber einer von ihnen. Man hatte mich nicht nur meines Vaters, sondern auch meiner Heimat und meiner Existenzgrundlage beraubt. Es ist schwer, das Gefühl der Beklemmung zu beschreiben, das von diesem Moment an von mir Besitz zu ergreifen begann. All die Jahre über versuchte ich es abzuschütteln. Doch mit Regelmäßigkeit drohte es mich einzuholen – immer dann, wenn die Zweifel überhandnahmen, ob ich meine Geschwister und meine Mutter jemals im Leben wiedersehen würde. Es gab Augenblicke in jenen bleiernen Jahren, während deren ich von Deutschland aus um die Freilassung meiner Familie kämpfte, in denen ich mir wünschte, zusammen mit meinen Geschwistern ins Gefängnis gesperrt zu sein. Zu groß schien mir die Aufgabe, die das Schicksal mir auferlegt hatte, und zu groß die Verantwortung, die auf mir lastete. Daß mich jenes Gefühl der Leere nicht übermannte, verdanke ich der Hilfe derer, die mich in dieser Zeit unterstützten. Dazu gehörten nicht nur meine Freunde und die zahlreichen Freunde meiner Familie, sondern auch viele Personen innerhalb und außerhalb von Hilfsorganisationen und Verbänden, die mich bis dahin gar nicht persönlich gekannt hatten und dennoch meine Angelegenheit zu der ihrenmachten.

Der äthiopische Blutsamstag beherrschte die internationalen Schlagzeilen an diesem Montag im November 1974. Eine Vielzahl von Staaten hatte das Verbrechen öffentlich verurteilt, die afrikanischen Mitgliedstaaten der UNO bereiteten eine Resolution vor, welche die äthiopischen Machthaber aufforderte, das Leben der restlichen Gefangenen zu schonen. Zusammen mit Haile Selassie und den Angehörigen der Kaiserfamilie saßen mehr als tausend vermeintliche oder tatsächliche Führungsleute des Kaiserreichs in den Kellern und Verliesen des Derg. Die Weltöffentlichkeit zeigte sich konsterniert, auch in der deutschen Presse schafften es die Nachrichten aus meiner Heimat auf die Titelseite. Viele afrikanische Zeitungen zeigten sich bestürzt und sprachen davon, daß sich ein Terrorregime in Äthiopien etabliert habe. In einem Blatt war zu lesen: »Diese Bluttat ist ein neuer riesiger Schandfleck in der Geschichte dieses Kontinents, allenfalls vergleichbar mit der Liquidation der ugandischen Führungsschicht durch Idi Amin und mit den Untaten im Kongo.« Bei allen Kommentatoren war die Befürchtung zu spüren, daß es sich nur um den Auftakt für weitere Verbrechen handelte. Sie sollten recht behalten mit ihren Befürchtungen. Wie die Ermordung der Romanows während der russischen Revolution war auch der äthiopische Blutsamstag ein Fanal der Rechtlosigkeit und des Terrors, dem unzählige weitere Untaten folgen sollten. Für jeden innerhalb und außerhalb des Landes war es nun offensichtlich, daß in Äthiopien ab sofort ein Menschenleben nichts mehr zählte, egal ob es sich um einen Gegner der Revolution handelte oder um einen ihrer Anhänger. Noch an jenem Montag erhielt der Derg einen neuen Vorsitzenden, den Brigadegeneral Teferi Benti, und auch ihm sollte nur eine kurze Amtszeit beschieden sein. Er wurde zwei Jahre später zusammen mit weiteren Führern der Militärjunta von Mengistu erschossen – es waren die letzten innerparteilichen Gegner des Diktators, die sich dessen Alleinherrschaft entgegenstellten. Am selben Tag, an dem der Militärrat einen neuen Vorsitzenden erhielt, wurde eine weitere Division von Addis Abeba nach Norden geschickt, um den Kampf gegen die eritreischen Aufständischen zu forcieren. Drei Tage später stand das Rathaus von Addis Abeba in Flammen, ein Anschlag, zu dem sich die Eritreische Befreiungsbewegung bekannte. Es war der Auftakt für den blutigen Bürgerkrieg und den »Roten Terror«, der Äthiopien in den nächsten siebzehn Jahren in Atem halten sollte.

Zu den ersten Anrufern, die mich an jenem Montagmorgen erreichten, nachdem ich das Telefonkabel wieder eingesteckt hatte, gehörten Tante Vera und Tante Louise. Beide hielten sich Gott sei Dank in Europa auf und waren in Sicherheit. Tante Louise hatte bereits vor einigen Jahren Äthiopien den Rücken gekehrt und sich zusammen mit ihrem Mann in Leonstein in Oberösterreich niedergelassen. Tante Vera befand sich in Deutschland zu einem Kuraufenthalt, als über Äthiopien die Revolution hereinbrach. Sie sprachen mir ihr Beileid aus, und es tat gut, sie in meiner Nähe zu wissen.

Auch mein Doktorvater, Professor Eike Haberland, rief mich an diesem Morgen an. Er sicherte mir seine Unterstützung zu und bat mich, ihn aufzusuchen. Noch am selben Vormittag machte ich mich auf den Weg in seine Wohnung in der Frauenlobstraße. Er versicherte mir, daß es gelingen würde, mir für die restliche Zeit meines Doktorandendaseins ein Stipendium zu besorgen. Ich war ihm sehr dankbar dafür, daß er dieses Thema ansprach. Der letzte Wechsel, den ich am 1. Mai von Addis Abeba nach Frankfurt mitgebracht hatte, sicherte mich noch bis zum Ende des Jahres ab, und wie es dann weitergehen würde, war völlig ungewiß. Ich wußte, daß ich mich auf meinen Doktorvater verlassen konnte. Mit der tatkräftigen Hilfe des Vorsitzenden der Frobenius-Gesellschaft, Ernst August Tewes, bekam ich ein Stipendium der Otto-Benecke-Stiftung, womit ich meine Doktorarbeit fortführen konnte. Auch der Deutsche Akademische Auslandsdienst sollte später seinen Obolus entrichten. An diesem Morgen allerdings schien mir die Frage meiner Doktorarbeit seltsam fern. Ich hatte mir geschworen, um meine Familie zu kämpfen, und vor dieser Aufgabe mußte alles andere in den Hintergrund treten. Aber was konnte ich von Frankfurt aus tun? Wo und wie sollte ich beginnen? Als ich Professor Haberland diese Frage stellte, antwortete er mir auf amharisch: »*Mejemerya mekemetchayen*« – »Zuerst den Dorn, auf dem ich sitze!« Es war sicher nicht leicht, mich an diesem Tag zu einem Lächeln zu bewegen, aber Professor Haberland war das Kunststück gelungen. Es handelte sich um ein altes äthiopisches Sprichwort, das man nur versteht, wenn man die dazugehörige Geschichte kennt. Ein Mann trifft im Wald auf einen Affen, so geht die äthiopische Sage, dessen Fell mit Dornen übersät ist. Das Gesicht des Affen ist vor Schmerz verzerrt. Der Mann will dem Affen helfen und fragt ihn, welchen Dorn er zuerst ziehen soll. Der Affe antwortet: »Zuerst den, auf dem ich sitze!« – Auf gut deutsch: das Wichtigste zuerst.

Ich kam auf drei Dinge, die mir am dringlichsten schienen. Zuallererst: zu gewährleisten, daß für meine Familie im Gefängnis gesorgt war. Das Militärregime kam nicht für die Verpflegung seiner Gefangenen auf. Wenn sie nicht von Angehörigen und Freunden versorgt wurden, ließ man sie elendig verhungern. Ich wußte, daß meine drei Tanten, die »drei Grazien«, nicht inhaftiert waren und sich um meine Familie kümmerten, allen voran Emamma Bezounesh. Sie brachten den Gefangenen jeden Tag Essen, wuschen ihnen die Wäsche und versorgten sie mit Medikamenten. Dabei wurden sie von einer meiner Cousinen mütterlicherseits, Muluimebet Faris, tatkräftig unterstützt. Aber was, dachte ich, wenn auch sie verhaftet würden? Der zweite Punkt war eine Frage der Ehre: Nach den Gesetzen der äthiopisch-orthodoxen Kirche muß die Beerdigung innerhalb von vierundzwanzig Stunden nach Eintritt des Todes stattfinden. Und zu den Aufgaben des erstgeborenen Sohnes gehört es, für seinen verstorbenen Vater ein Requiem abzuhalten. Die Militärs hatten jegliche Trauerfeiern für die Erschossenen in Äthiopien untersagt, aber sie konnten mir nicht verbieten, für meinen Vater in Europa einen Trauergottesdienst zu organisieren.

Der dritte Punkt schließlich betraf eine Sache, die für die meisten wohl schwer nachvollziehbar ist. Die Militärs hatten all unseren Besitz beschlagnahmt. Es gab viele Dinge darunter, die mir am Herzen

lagen – allen voran die unersetzlichen persönlichen Erinnerungsstücke –, aber nichts so sehr wie die große Bibliothek meines Vaters.
Geschichte wiederholt sich nicht, aber wenn die öffentliche Ordnung zu zerfallen droht, spielen sich überall ähnliche Szenen ab. Ich
dachte an die Französische Revolution und daran, wie in den Wirren des Umsturzes in Paris die Paläste und Bibliotheken der Aristokratie gestürmt und geplündert wurden und die Menge begann,
mit den Büchern die Straßen zu pflastern. In Äthiopien benutzt
man Zeitungen und aus Büchern gerissene Seiten zum Tapezieren
der Wände, wenn nichts anderes zur Verfügung steht. Die Vorstellung, daß eine der wertvollsten Sammlungen der äthiopischen Kulturgeschichte ein derartiges Schicksal erleiden könnte, war mir ein
Greuel. Also entschloß ich mich, einen Brief an die äthiopische Regierung zu schreiben. Man möge Lastwagen auf den Entoto schik-
ken und die Bücher in Sicherheit bringen, immerhin handele es
sich um einen nationalen Schatz. Wem sie gehörten, sei zweitran-
gig, aber es sei wichtig, daß sie gerettet würden. So kam es, daß die
gesamte Bibliothek meines Vaters in die National- und Universitätsbibliothek von Addis Abeba überführt werden konnte. Dort
sind die meisten der Bücher übrigens noch heute zu finden, versehen mit dem Exlibris meines Vaters.

Was die Trauerfeier für meinen Vater anging, nahm ich Kontakt
zu dem damaligen Frankfurter Stadtdekan auf, Monsignore Adlhoch, der mir seine Unterstützung zusicherte. Die Messe fand am
7. Dezember 1974 im Dom zu Frankfurt am Main statt, und Monsignore Adlhoch höchstpersönlich zelebrierte sie. Es nahmen wohl
mehr als fünfhundert Menschen daran teil, und ich war überrascht,
wie viele darunter waren, die ich gar nicht persönlich kannte. Sie
hatten in der Zeitung davon gelesen und wollten am Schicksal meiner Familie Anteil nehmen.

Es blieb nicht bei dieser einen Trauerfeier. Mein Vater war in
England zur Schule gegangen, hatte während der italienischen Besatzung Äthiopiens an der Seite des Kaisers und meines Großvaters
die Zeit des Exils in England verbracht und in Sandhurst die Briti-

sche Militärakademie besucht. Er hat London geliebt und dort zahlreiche Freunde gefunden. Viele von ihnen riefen mich in jenen Tagen an, und wir beschlossen gemeinsam, auch in Großbritannien einen Gedenkgottesdienst abzuhalten. Malcolm Lyell, der Generaldirektor von Holland & Holland und einer der engsten Vertrauten meines Vaters, leitete das Vorbereitungskomitee. Die Messe sollte nicht nur für meinen Vater, sondern für alle Opfer des äthiopischen Blutsamstags sein. Es wurde lange darüber diskutiert, in welcher Reihenfolge die sechzig Getöteten aufzuführen seien. Sollten die Ministerpräsidenten, der Enkel und die Vettern des Kaisers Vorrang genießen vor den anderen Opfern, den Generälen und Ministern? Sollte auch General Aman Andom geehrt werden, der Vorsitzende des Derg, der selbst die Verhaftung einiger auf der Liste der Getöteten in die Wege geleitet hatte und schließlich zum Opfer seiner Mitverschwörer geworden war? Ich gehörte zu denen, die sich dafür einsetzten, sie alle – einschließlich des Generals Aman – in alphabetischer Reihenfolge zu nennen, ohne Rücksicht auf ihren Rang oder Titel. So geschah es schließlich auch. Egal, was vorher war, der Tod hatte sie alle gleich gemacht.

Die Messe fand am 11. März 1975 in St. Margaret's Church statt, unmittelbar neben Westminster Abbey. Seit 1614, als die puritanischen Parlamentarier des Prunkes von Westminster Abbey überdrüssig geworden waren, ist St. Margaret's die Pfarreikirche des britischen Parlaments. Aus allen Teilen Großbritanniens kamen Angehörige und Wegbegleiter der Getöteten und Freunde Äthiopiens nach London, darunter auch Soldaten, die selbst einst in der britischen Armee gegen die italienische Besetzung gekämpft haben, und britische Entwicklungshelfer, die in Äthiopien im Einsatz gewesen waren. Königin Elisabeth II. wurde durch die Herzogin von Gloucester, Prinzessin Alice, vertreten. Die britische Regierung schickte den Parlamentsabgeordneten Winston Churchill, den Enkel des großen britischen Premiers, und Anthony Eden, den ehemaligen britischen Außenminister, der 1936 aus Protest gegen die Appeasement-Politik Chamberlains zurückgetreten und in den fünfziger Jahren Churchill als Premierminister nachgefolgt war. Er war zeit seines Lebens ein wichtiger Fürsprecher Äthiopiens und viele Jahre Präsident der Anglo-Äthiopischen Gesellschaft. Insgesamt hatten sich mehr als tausend Teilnehmer in St. Margaret's eingefunden. Mir war eine der Lesungen aufgetragen. Ich wählte eine Stelle aus dem ersten Buch der Könige, die Schilderung des Besuchs der Königin von Saba am Hof von König Salomo. Ich las die Worte auf amharisch aus meiner eigenen Bibel. Schon damals sah sie ein wenig zerfleddert aus. Sie begleitet mich seit dem Jahr 1966 bis heute, mein Vater hatte sie mir zum achtzehnten Geburtstag geschenkt.

Die beiden Trauergottesdienste gaben mir neue Kraft. Sie zeigten mir, daß ich in meiner Trauer nicht allein war, und daß in dieser Stunde das Verbindende über allem Trennenden stand. Sowohl die katholische als auch die anglikanische Kirche hatten ihre Pforten geöffnet, damit Christen aus den verschiedenen Kirchen und Konfessionen zusammen beten und trauern konnten. Die Berichte über die Trauerfeier gingen auch nach Äthiopien und erreichten dort die Freunde und Angehörigen der Ermordeten. Auch für sie war es ein Trost, zu wissen, daß der Opfer gedacht wurde. Es war ein Zeichen der Menschlichkeit und der Hoffnung inmitten der Düsternis. Viele Jahre später, nachdem meine Familie freigekommen war und ich wieder nach Äthiopien reisen durfte, hatte ich Gelegenheit, meine Dankbarkeit zu zeigen. Im Namen meiner Familie vermachte ich St. Margaret's ein traditionelles goldbesticktes Priesterornat der äthiopisch-orthodoxen Kirche und dem Dom zu Frankfurt ein äthiopisch-orthodoxes Vortragekreuz. Beide Gaben fanden ihren Platz in den jeweiligen Museen der Kirchen.

Ein befreundeter Journalist sagte einmal zu mir, man dürfe sich niemals so weit herablassen und einen Leserbrief an eine Zeitung schreiben. Er hielt es für unappetitlich, persönliche Ansichten und politische Bekenntnisse öffentlich kundzutun, und sicherlich hatte er damit nicht ganz unrecht. Aber ich war damals nicht in der bequemen Position, auf derlei Dinge Rücksicht nehmen zu können. In den Jahren zwischen 1974 und 1991 verwandelte ich mich in einen Lobbyisten in eigener Sache: Ich kämpfte um das Leben meiner Familie und gegen das kommunistische Militärregime in meiner Heimat. Ich kämpfte um jedes Zipfelchen öffentlicher Aufmerksamkeit, denn mir war bewußt: Solange die äthiopische Regierung wußte, daß die Gefangenen nicht vergessen waren, hatten sie auch eine Chance, am Leben zu bleiben. Ich fing an, Menschen aus allen Teilen Europas zu kontaktieren, Freunde meiner Eltern, Freunde des äthiopischen Kaiserreichs, Politiker, Unternehmer, Medienvertreter und Menschen mit öffentlichem Einfluß. Ich nahm Verbindung zu Menschenrechtsorganisationen auf, zu politischen und humanitären Verbänden, ich schrieb Leserbriefe, gab Zeitungs- und Rundfunkinterviews, nahm an öffentlichen Diskussionen und Tagungen teil und hielt Vorträge.

Gott sei Dank fand ich dabei zahlreiche Mitstreiter und Unterstützer. Als ich mich zwei Jahre zuvor als ein Student von fünfundzwanzig Jahren in Frankfurt niedergelassen hatte, kannte ich kaum jemanden außer meinem Doktorvater. Aber ich hatte ein Empfehlungsschreiben in der Tasche, durch das ich bei einer bewundernswerten Dame Frankfurts eingeführt wurde – bei Lilly von Schnitzler, der großen Mäzenin und Förderin Max Beckmanns, die meinen Vater in den fünfziger Jahren in London kennengelernt hatte. Sie entschloß sich, für mich einen Abend in ihrer Wohnung in der Stresemannallee zu geben. Es sollte ein großes Ereignis für mich werden: mein Entrée in die Frankfurter Gesellschaft. An diesem Abend versammelten sich unter anderem der Bankier Hermann Josef Abs, der Vorstandssprecher der Deutschen Bank Jürgen Ponto, Fürst und Fürstin Welf von Hannover, die Bankiers Dicky Daus und Klaus Döll, Fürst und Fürstin Alois zu Löwenstein und der Vorsitzende der Metallgesellschaft Karl Gustav Ratjen. Aus diesem einen Abend sind eine Fülle von Freundschaften und Verbindungen entstanden, die mir bei meinen Bemühungen um meine Familie von großem Nutzen sein sollten. Ein anderer großer Mäzen und

Ehrenbürger der Stadt Frankfurt, Bruno Schubert, Generalkonsul von Chile, brachte mich in seinem Salon ebenfalls mit vielen Menschen zusammen, die mich unterstützten.

Viele Mitglieder des deutschen Adels haben sich all die Jahre über politisch und finanziell für meine Familie eingesetzt, darunter Prinz Casimir zu Sayn-Wittgenstein, Prinz Hubertus zu Löwenstein und der Markgraf Maximilian von Baden. Das Haus Baden war schon seit vielen Jahren mit dem äthiopischen Kaiserhaus befreundet. Die Enkelsöhne des Kaisers, die nun ebenfalls inhaftiert waren, waren einst in der Obhut des Markgrafen Maximilian, als sie in Salem zur Schule gingen. In England waren es neben dem schon erwähnten Malcolm Lyell besonders Hugh Astor aus der Verlegerfamilie, die einst die *Times* besaß, der ehemalige britische Botschafter in Addis Abeba, Sir John Russell, der damalige Präsident der Anglo-Äthiopischen Gesellschaft, Sir Bernard Braine, sowie Edward Ullendorff, Professor für Semitistik an der London School of Oriental and African Studies, die sich für das Schicksal meiner Familie einsetzten. Sie bildeten in London ein Komitee zur Unterstützung der inhaftierten Mitglieder des Kaiserhauses.

Es ist unmöglich, hier die Namen aller zu nennen, die mir in jenen Jahren geholfen haben, geschweige denn, ihr Wirken in diesem Buch ausführlich zu würdigen. Auf eine Person aus diesem Kreis möchte ich jedoch kurz eingehen: Prinz Hubertus zu Löwenstein. Ich kannte ihn bereits seit 1968. Er hielt sich gerade in Addis Abeba auf, als ich an der Deutschen Schule mein Abitur ablegte, und war Gast meiner Abiturfeier in der elterlichen Residenz. Zeitlebens bewunderte ich ihn für seine Zivilcourage und seinen Mut. In der Weimarer Republik gehörte er der Deutschen Zentrumspartei an und rief die Jugendorganisation des »Reichsbanners Schwarz-Rot-Gold« ins Leben, das bis zuletzt gegen die Kampfbünde der Nationalsozialisten und der Kommunisten für den Erhalt der Republik stritt. Als Redakteur der *Vossischen Zeitung* gehörte er zu den ersten, die vor der Gefahr warnten, die von Hitler und seiner Partei ausging. Nach der Machtübernahme der Nazis floh er zunächst nach

Österreich, dann von dort über England in die Vereinigten Staaten. In New York gründete er die »Deutsche Akademie der Künste und Wissenschaften im Exil«, die das Ziel hatte, zu zeigen, daß es kein Widerspruch war, Deutschland zu lieben und Hitler zu bekämpfen. Zu den Präsidenten der Akademie wurden Thomas Mann und Sigmund Freud gewählt. 1946 kehrte Prinz Löwenstein nach Deutschland zurück, er arbeitete als Journalist und schloß sich der FDP an. Gern erzählte er von seiner abenteuerlichen Aktion zur Rettung Helgolands im Jahre 1950. Die Insel wurde damals als Bombenübungsplatz der Royal Air Force genutzt, nachdem die britische Regierung vergeblich versucht hatte, sie zu sprengen. Zusammen mit den Studenten René Leudesdorff und Georg von Hatzfeld setzte der Prinz in einem Kutter nach Helgoland über, hißte die Europaflagge und erklärte die Insel kurzerhand für besetzt. Die »Besetzung« dauerte vierzehn Tage und erregte großes öffentliches Aufsehen. Sie führte dazu, daß Helgoland wieder in deutschen Besitz kam und die Bevölkerung zurückkehren konnte.

Sechs Jahre später, während des Ungarn-Aufstands, bewies Prinz Löwenstein erneut Größe. Er war damals Bundestagsabgeordneter der FDP, und sowie er von den Ereignissen gehört hatte, reiste er nach Budapest, um die Aufständischen gegen die sowjetische Besatzungsmacht zu unterstützen. Über Radio Kossuth, die Budapester Rundfunkstation, schickte er, während die sowjetischen Panzer auf Budapest vorrückten, einen dramatischen Appell an die freie Welt: »Hilfe für Ungarn!« Kurz darauf wurde er von den Sowjets festgenommen. Man zog seinen Diplomatenpaß ein, und er wurde mehrmals verhört. Eines dieser Verhöre hat mir Prinz Löwenstein geschildert: »Ich wollte den Ungarn helfen«, gab er dem sowjetischen Geheimdienstoffizier, der ihn befragte, zu Protokoll. »Wem wollten Sie helfen? Den Faschisten?« – »Machen Sie sich nicht lächerlich. Hier gibt es keine Faschisten. Außerdem bin ich Demokrat!« – »Ein Prinz sind Sie! Jeder Prinz ein Faschist.« – »Auch Fürst Kropotkin und Graf Tolstoi?« Schließlich erhielt der Prinz seinen Paß zurück mit dem ersehnten *propusk*, der sowjetischen Ausreisegenehmigung.

Prinz Löwenstein gehörte zu den vielen Deutschen, die mir und meiner Familie über all die Jahre hinweg beistanden. Unmittelbar nach der Ermordung meines Vaters verfaßte er einen Artikel in der *Welt am Sonntag*, in dem er die Verbrechen des Derg scharf verurteilte und das Schicksal der Kaiserfamilie zum Thema machte. Als Präsident des Freien Deutschen Autorenverbands engagierte er sich für die Rechte von inhaftierten oder aus ihrer Heimat vertriebenen Schriftstellern in aller Welt. Auf einem Kongreß des Verbandes sprach ich über die Situation der Menschenrechte in Äthiopien. Es sollte nicht die einzige öffentliche Plattform bleiben, zu der mir Prinz Löwenstein verhalf.

Zu Beginn des Jahres 1975 war es offensichtlich, daß Mengistus Proklamation eines »äthiopischen Sozialismus« keine leere Floskel war. Noch im Januar wurden alle Banken und eine Vielzahl von Unternehmen verstaatlicht. Zwei Monate später ging sämtlicher Landbesitz in das Eigentum des Staates über sowie alle Immobilien, die – wie es hieß – »nicht ständig von ihren Eigentümern bewohnt werden«. Es gab im Amharischen kein Wort für Sozialismus, ebensowenig wie in Somali, der Amtssprache des benachbarten Somalia, wo Siad Barre ein paar Jahre zuvor den »somalischen Sozialismus« ausgerufen hatte. Siad Barre hatte sich mit dem Begriff *hantiwadaag* beholfen, was sich mit »Teilen des Viehs« übersetzen läßt. Er brachte damit die nomadische Bevölkerung in allen Teilen des Landes gegen sich auf, die fürchtete, sie würde ihres Viehbesitzes beraubt. Der äthiopische Sozialismus nannte sich *hibretesebawinet* – eine Zusammensetzung aus den amharischen Vokabeln für »Einheit« und »Menschlichkeit«. Die Realität sprach den schönen Worten hohn: Mengistu führte Äthiopien durch Terror und Tod zusammen. Immer neue Berichte von Festnahmen, Folterungen und Erschießungen drangen aus meiner Heimat in die Welt.

Ich war mir wohl bewußt, daß der Derg nicht nur mit aller Gewalt gegen die Opposition im Land vorging, sondern auch über die Aktivitäten der Auslandsäthiopier Informationen sammelte. Das

Militärregime hatte einen neuen Botschafter nach Bonn entsandt, den ich recht gut kannte: Bekele Indeshaw war mit der Schwester meines Freundes Basha verheiratet, unter Haile Selassie war er kaiserlicher Vizeminister gewesen. Nun hatte er sich in den Dienst des Militärregimes gestellt. Im Frühjahr 1975 stellte ich fest, daß mein äthiopischer Paß abgelaufen war. Es blieb mir nichts anderes übrig, als mich mit der Äthiopischen Botschaft in Bonn in Verbindung zu setzen. Ich bekam den Botschafter ans Telefon und bat ihn um ein persönliches Gespräch. Zwei Wochen später saß ich ihm in seinem Amtszimmer gegenüber und erklärte, ich sei gekommen, um einen neuen Paß zu beantragen. Er sah mich ungläubig an: »Wie bitte? Du hast deinen äthiopischen Paß noch?« Offensichtlich wußte er nicht, was er mit mir anstellen sollte. Also beschloß er, meine Anfrage an die Regierung weiterzuleiten, und hieß mich am Nachmittag wiederzukommen. Als ich zurückkam, eröffnete er mir, daß mir aufgrund meiner »revolutionsfeindlichen Umtriebe« kein neuer Paß ausgestellt werden könne. Ich bat ihn, mir dies schriftlich zu geben, doch er schüttelte den Kopf. Ich war auf diese Reaktion vorbereitet. Gleich am nächsten Tag suchte ich einen Notar auf und gab eine eidesstattliche Erklärung über meinen Besuch in der Botschaft ab. Darin hielt ich fest, daß ich meine äthiopische Staatsbürgerschaft nicht freiwillig aufgegeben hatte. Mit der Weigerung, meinen Paß zu verlängern, war sie mir de facto aberkannt worden. Eine Abschrift schickte ich an den Botschafter nach Bonn und eine zweite an das Außenministerium nach Addis Abeba. Am Tag darauf beantragte ich in Deutschland Asyl. Es sollte nicht lange dauern, bis mein Antrag Erfolg hatte. Geradezu mustergültig erfüllte ich die Kriterien dessen, den das deutsche Asylrecht einen »politisch Verfolgten« nennt. So erhielt ich einen grauen Fremdenpaß, der mir für die folgenden sieben Jahre Aufenthaltsrecht und eine Arbeitserlaubnis gewährte. Auf der Innenseite des Passes stand in großen Lettern geschrieben: »Der Inhaber dieses Reiseausweises ist kein deutscher Staatsbürger.« Einige Monate nachdem ich meinen deutschen Fremdenpaß erhalten hatte, erfuhr ich dann, daß Äthiopien einen neuen Botschafter nach Bonn bestellt hatte. Bekele Indeshaw war von einer Reise in die Vereinigten Staaten nicht zurückgekommen. Er hatte in Washington einen Antrag auf Asyl gestellt.

Im Jahr 1975 verlor ich nicht nur meine äthiopische Staatsangehörigkeit, sondern auch die Person, die ich bis dahin als meine treueste Verbündete ansah. Kurz vor meiner Abreise nach Frankfurt, im April 1974, hatte ich Tessy das letzte Mal gesehen. Tessy war in Asmara geblieben, und wir schrieben uns weiterhin. Nach der Bluttat des 23. November rückte der Traum eines gemeinsamen Lebens in Äthiopien in immer weitere Ferne. Tessys Vater saß in Addis Abeba im Gefängnis, und wie allen Angehörigen der Gefangenen war es auch für sie praktisch unmöglich, aus Äthiopien auszureisen. Und selbst wenn sie es gekonnt hätte, hätte sie sich vermutlich dafür entschieden, in der Nähe ihrer Familie zu bleiben. Mit aller Härte und Brutalität versuchte der Derg, den Widerstand der Eritreer zu brechen, und er machte dabei wenig Unterschiede, ob es sich um Kämpfer oder aktive Unterstützer der Guerillabewegungen handelte oder um die Zivilbevölkerung. Es waren denkbar schlechte Zeiten für die Liebe zwischen einer Eritreerin und einem Äthiopier im Exil. Ich weiß nicht, ob irgendeine Liebe es vermocht hätte, derartigen Belastungen standzuhalten, die unsere jedenfalls vermochte es nicht. Irgendwie gelang es uns immer noch, Briefe nach Asmara hinein- und von dort herauszuschmuggeln. Aber ich bemerkte sehr wohl, daß der Ton ihrer Schreiben kühler wurde. Den letzten Brief von Tessy erhielt ich im Mai 1975. Sie schrieb mir, daß sie mich noch immer liebe, sie aber keine Hoffnung mehr für uns beide sehe. Sie sei außerstande, sich zu entzweien. Sie würde nun einen Schritt tun, von dem sie sich niemals hätte vorstellen können, daß sie dazu in der Lage sei. Ich rätselte, was sie damit meinte, bis ich erfuhr, daß sie einen Eritreer geheiratet hatte.

Ob sie ihn wohl geliebt hat? Ich weiß es bis heute nicht, ich sollte sie nie mehr wiedersehen. Ein Jahr nach unserer Trennung starb sie auf tragische Weise im Kindbett, weder Mutter noch Kind überlebten die Geburt. Ich habe alle ihre Briefe an mich aufgehoben. Wenn ich sie gelegentlich wieder zur Hand nehme, darin lese und mich in Erinnerungen an unsere gemeinsame Zeit verliere, bilde ich mir ein, am Papier ihren unverwechselbaren süßen Duft wahrzunehmen. Auch die Kette mit der goldenen Figur des heiligen Christophorus, die sie mir schenkte, als ich zum Studieren nach Tübingen aufbrach, besitze ich noch; seit ihrem Abschiedsbrief habe ich sie nicht mehr getragen. Wenigstens ist Tessy erspart geblieben, mitzubekommen, wo und auf welche Weise ihr Vater ums Leben kam – drei Jahre nach ihrem Tod.

Eines der schlimmsten Dinge in jener Zeit war für mich, daß ich keine Informationen über meine gefangene Familie aus erster Hand bekam. Es war praktisch unmöglich, mit Verwandten und Freunden in Addis Abeba zu telefonieren. Die Leitungen wurden abgehört, und jede unbedachte Äußerung hätte dazu führen können, daß auch sie verhaftet wurden. Es gab einige treue Diener meiner Eltern und meiner Tanten, mit denen ich in Kontakt stand. Durch sie wußte ich zumindest, wo meine Geschwister und meine Mutter gefangengehalten wurden. Sie durften den Gefangenen Essen bringen, aber in die Zellen selbst wurde niemand vorgelassen. Mir blieb nur die fromme Hoffnung, daß meine Angehörigen gesund waren und sie menschlich behandelt wurden. Von unserem Diener Ketemma wußte ich, daß sich meine Schwester Tsige in Freiheit befand. Aber mit ihr direkten Kontakt aufzunehmen, war ebenfalls ein Ding der Unmöglichkeit. Da sie schwanger war, wurde sie auch in den Tagen und Wochen nach dem 12. September 1974 verschont. Kurz nachdem mein Vater im November erschossen wurde, erlitt sie eine Fehlgeburt. Auch ihr Mann Asnake, der damalige Geschäftsführer der äthiopischen Kaffeegesellschaft, war inzwischen verhaftet worden, und ihr war wohl bewußt, daß sie in höchster Gefahr war. Schließlich waren es die Bilder ihrer Hochzeit, die den propagandistischen Auftakt für die Verhaftung des Kaisers und der kaiserlichen Familie bildeten. Tsige hielt sich in Addis Abeba versteckt, aber ich wußte nicht, wo. Ich betete darum, daß wenigstens sie sich in Sicherheit befand.

Ein paar Tage, nachdem ich Tessys Abschiedsbrief bekommen hatte, erhielt ich endlich Gewißheit. Es kam ein Anruf aus Dschibuti, am Apparat war eine vertraute Stimme: meine Schwester Tsige! Ich war erleichtert, sie gesund und am Leben zu wissen. Es war ihr gelungen, von Addis Abeba nach Dschibuti zu fliehen. Sie schilderte mir, wie sie die letzten Monate in Äthiopien erlebt hatte, und dann erzählte sie mir die abenteuerliche Geschichte ihrer Flucht. Als sie nach der Ermordung meines Vaters aus dem Krankenhaus gekommen war, stellte sie fest, daß die Residenz meines Vaters weiträumig abgesperrt war. Das Haus ihres Mannes, der ebenfalls im Gefängnis saß, war nicht konfisziert worden, also kehrte sie dorthin zurück. Als sie die verdächtigen Autos vor dem Gebäude bemerkte, wurde ihr bewußt, daß sie unter Beobachtung stand. Von da an war sie fest entschlossen zu fliehen. Sie wußte, daß sie äußerst vorsichtig vorgehen mußte, um keinen Verdacht zu erregen. Es gelang ihr, zu Ali Mira, dem Sultan der Provinz Afar im Nordosten Äthiopiens, Kontakt aufzunehmen. Sultan Ali Mira war ein Freund der Familie, und er half meiner Schwester schließlich, das Land zu verlassen. Der erste Versuch im April 1975 scheiterte, weil der Vertraute des Sultans, der sie abholen sollte, nicht erschien. Am 1. Mai unternahm sie einen zweiten Versuch. Mengistu hatte den »Tag der Arbeit« zum neuen höchsten Feiertag Äthiopiens ausgerufen, die Machthaber des Derg waren mit Paraden und Aufmärschen abgelenkt. Ein Emissär des Sultans schleuste sie nach Asaita, der Hauptstadt von Afar, fünfzig Kilometer von der Grenze zu Dschibuti entfernt. Sie verbrachte einige Tage im Haus des Sultans, bis sie, versteckt in einer Kamelkarawane, über die Grenze geschleust wurde. Am 18. Mai, achtzehn Tage nach dem Beginn ihrer Flucht, traf sie in Dschibuti-Stadt ein. Von dort aus setzte sie sich sogleich mit mir in Verbindung. Dschibuti war zu diesem Zeitpunkt noch französische Kolonie, also nahm ich über die Französische Botschaft Kontakt zum Büro von Staatspräsident Giscard d'Estaing auf. Ich mußte mein Anliegen nicht lange erläutern, das Büro des Präsidenten sagte mir auf der Stelle Unterstützung zu. Ein paar Tage später bestieg meine Schwester die Maschine nach Paris und konnte schließlich von dort nach London ausreisen. Die britische Regierung hatte sich bereit erklärt, ihr Asyl zu gewähren.

Während ich am Flughafen auf sie wartete, fragte ich mich, wie sie wohl die letzten Wochen und Monate überstanden hatte? Als junges Mädchen galt Tsige als der Rebell der Familie. In Addis Abeba war sie eine der ersten, die einen Minirock trug, und sie war die erste unter uns Kindern, die eine Auslandsschule besuchte, Clarendon in Wales. Mit Leidenschaft lehnte sie sich gegen die reichlich puritanische Schulleitung auf, die in regelmäßigen Abständen Ermahnungen und Beschwerdebriefe an meinen Vater sandte. Einige Jahre nachdem Tsige die Schule verlassen hatte, war das Schulgebäude in Flammen aufgegangen, und ich hatte sie mit den Worten aufgezogen: »Wenn ich damals, als du noch in Clarendon warst, gehört hätte, daß die Schule brennt, hätte ich keine Sekunde überlegen müssen, wer das Feuer gelegt haben könnte.« Als wir uns schließlich am Londoner Flughafen in die Arme fielen, erkannte ich sofort: Sie hatte sich ihren Kampfgeist von einst bewahrt! Mit derselben Entschlossenheit, mit der sie als Mädchen für ihre Unabhängigkeit gekämpft und schließlich ihre Flucht aus Äthiopien bewerkstelligt hatte, kämpfte sie nun an meiner Seite für die Freilassung unserer Familie.

Bei der Organisation von Tsiges Ausreise unterstützte mich vor allem Amnesty International. Die äthiopischen politischen Gefangenen waren der britischen Sektion anvertraut. Ihr Leiter, Martin Hill, setzte sich persönlich für meine Angehörigen ein. Ich muß zugeben: Bevor ich mit Amnesty International in Kontakt getreten war, hing ich dem Vorurteil an, die Organisation könnte auf dem linken Auge blind sein. Gegen die Menschenrechtsverletzungen in sozialistischen Diktaturen, hörte man häufig, ginge Amnesty International nicht mit derselben Entschlossenheit vor wie gegen die Verbrechen in anderen Diktaturen. Das war ein großer Irrtum.

Amnesty International hat schier Unglaubliches geleistet, um den politischen Gefangenen in Äthiopien zu helfen, egal, ob es sich um Bauern, um Studenten, um Professoren oder um die Angehörigen der Kaiserfamilie handelte, und daran hat sich bis zum heutigen Tag nichts geändert. Die Organisation hat ein effektives Modell entwickelt, um politischen Gefangenen zu Hilfe zu kommen, das sogenannte Adoptionsmodell. Eine Person »adoptiert« einen Gefangenen, das heißt, sie kümmert sich direkt um ihn – schreibt Regierungsstellen an, fragt bei Behörden nach und stellt Öffentlichkeit her, so daß der Betreffende nicht in Vergessenheit gerät. Je weniger prominent ein Gefangener ist, desto wichtiger ist diese Form der persönlichen Betreuung, aber auch alle meine Brüder und Schwestern erhielten ihren Verbindungsmann. Nach ihrer Ankunft in London wurde meine Schwester Tsige von Martin Hill persönlich in Obhut genommen. Er half, eine Pressekonferenz zu organisieren, auf der Tsige von ihren Erfahrungen berichtete. Der Zulauf war groß. Zum ersten Mal drangen nun konkrete Informationen über die politischen Zustände in Äthiopien seit der Machtübernahme des Derg-Regimes und über das Leid des äthiopischen Volkes an die Öffentlichkeit. Tsige beschloß, sich in London niederzulassen; von nun an hatte ich eine Anlaufstelle in der englischen Hauptstadt.

Noch im selben Jahr rief ich dort, unterstützt von meiner Schwester, eine politische Organisation ins Leben, das Council of Civil Liberties in Ethiopia (CCLE). Die Organisation wollte nicht nur auf das Schicksal der inhaftierten Kaiserfamilie aufmerksam machen, sondern auf das Schicksal aller politischen Gefangenen in Äthiopien. Es handelte sich um die erste äthiopische Menschenrechtsorganisation. Zu den Gründungsmitgliedern gehörten neben Tsige und mir zwei Verwandte: mein Vetter Johannes Mengesha und meine Cousine Hanna Dereje, die wie ich das Glück hatten, ihrer Verhaftung zu entgehen, weil sie sich damals im Ausland aufhielten.

London kam im Hinblick auf Äthiopien eine Schlüsselrolle zu. Hier wurde die Richtung der westlichen Äthiopien-Politik festgelegt. Die Regierung der Bundesrepublik Deutschland hielt sich in dieser Frage merklich zurück. Äthiopien gehörte nicht zu den Prioritäten des deutschen Außenministers Hans-Dietrich Genscher, und auch nicht zu denen von Bundeskanzler Helmut Schmidt. Der eine oder andere Politiker mag der Illusion erlegen sein, Einfluß auf die äthiopische Regierung nehmen und diese an den Westen binden zu können, wenn man sich still verhielt und auf Proteste verzichtete. Gleichwohl hat das Auswärtige Amt eine Reihe von Demarchen bezüglich der kaiserlichen Familie bei Mengistu veranlaßt. Insbesondere Staatssekretär Andreas Meyer-Landrut sollte mir in vierlerlei Hinsicht eine große Unterstützung sein. Ich schrieb auch dem SPD-Vorsitzenden und vormaligen Bundeskanzler Willy Brandt, der später der sogenannten Nord-Süd-Kommission der Vereinten Nationen vorsaß, mehrere Male. Er hatte im April 1974, wenige Wochen, bevor er wegen der Guillaume-Affäre zurücktrat, meinen Vater in Paris kennengelernt: Sie saßen beim Staatsbegräbnis von Pompidou nebeneinander. Willy Brandt hat mit vielen afrikanischen Führern und Staatschefs über das Schicksal der politischen Gefangenen in Äthiopien gesprochen und auf diesem Weg ebenfalls eine Reihe von Demarchen an die äthiopische Regierung initiiert.

Im Lauf des Jahres 1975 wurde es immer offensichtlicher, daß sich die äthiopische Regierung der Sowjetunion zuzuwenden begann. Der äthiopisch-amerikanische Freundschaftsvertrag, den Haile Selassie im Jahre 1953 geschlossen hatte, sollte 1978 auslaufen. Noch im Jahr 1976 lieferte Washington eine Schwadron der einst vom Kaiser bestellten F-5-Bomber an Addis Abeba. Den amerikanischen Regierungswechsel von Ford zu Carter im Herbst 1976 und die Veröffentlichung eines Menschenrechtsreports des Senats, der die Verbrechen der äthiopischen Regierung gegen die eigene Bevölkerung anprangerte, nahm Mengistu schließlich zum Anlaß, die militärische Zusammenarbeit mit den USA für beendet zu erklären und den Abzug aller amerikanischen Truppen zu fordern. Wenig später zogen die letzten GIs aus Kagnew-Station in Asmara ab. Bereits im Dezember 1976 war Mengistu heimlich nach Moskau geflogen, um mit Leonid Iljitsch Breschnew ein Abkommen über sowjetische Militärhilfe zu unterzeichnen. Im darauffolgenden Jahr sollte die Neuordnung der Bündnissphären für jedermann offenkundig werden. Im Juli 1977 nutzte der somalische Staatschef Siad Barre die Schwäche der äthiopischen Zentralregierung, um in Äthiopien einzufallen – mit einer Armee, die in den Jahren zuvor von der Sowjetunion hochgerüstet worden war. Nun kehrte Moskau dem »somalischen Sozialismus« den Rücken und wandte sich dem »äthiopischen Sozialismus« zu. Die Sowjetunion schickte Kriegsgerät, und Kuba 18 000 Soldaten, die an der Seite Mengistus gegen Somalia kämpften. Die Vereinigten Staaten wiederum wandten sich dem »somalischen Sozialismus« zu und belieferten Siad Barre mit Waffen. Doch die Hilfe aus Washington kam zu spät. Innerhalb kurzer Zeit hatte Äthiopien die von den somalischen Truppen besetzten Gebiete zurückerobert. Fortan leistete die Sowjetunion Äthiopien militärische Unterstützung in Höhe von 1 Milliarde US-Dollar im Jahr, und ihr treuer Vasall DDR schickte Offiziere der Staatssicherheit nach Addis Abeba, um Mengistus Geheimdienst aufzubauen.

In London hatte ich engen Kontakt zu dem anglo-irischen Politiker Louis FitzGibbon, der zwar kein Amt in der britischen Regierung innehatte, aber einer Organisation vorsaß, die auf die britische Afrikapolitik maßgeblichen Einfluß hatte: »The Horn of Africa Council«, ein Ausschuß, der vom britischen Unterhaus eingerichtet worden war. Den Vorsitz hatte der Tory-Abgeordnete und spätere Lord Julian Amery inne, und Louis FitzGibbon bekleidete das Amt des Generalsekretärs. Eigentlich unterstützte FitzGibbon Siad Barre, aber uns verband der gemeinsame Haß auf Mengistu. FitzGibbon war ein Träumer vom Schlage Lawrence von Arabiens und ein englischer Exzentriker par excellence. Ich habe ihn nie ohne Monokel gesehen, und stets trug er einen Stock bei sich. Als ich ihn kennenlernte, war er noch strenggläubiger Katholik, doch mit den Jahren wandte er sich mehr und mehr dem Islam zu. Es ging nicht

298

so weit, daß er zum Islam übertrat, aber er liebte es, die Leute zu schockieren und begrüßte mich gerne mit den Worten *Allah'u akbar* – »Allah ist der Größte!« Der Ausschuß tat sein möglichstes, um die britische Regierung auf die Menschenrechtsverletzungen in Äthiopien aufmerksam zu machen. Als jedoch der Tausch der Bündnispartner vollzogen und die neuen Einflußsphären der Großmächte am Horn von Afrika abgesteckt waren, zeigte sich auch die britische Regierung immer weniger bereit, politische Initiativen zu ergreifen.

Für eine Tat bin ich der britischen Regierung allerdings zu großem Dank verpflichtet. Als im Jahr 1975 das Gerücht umging, daß in Addis Abeba weitere Mitglieder der kaiserlichen Familie erschossen werden sollten, nahm ich über Julian Amery zum damaligen britischen Außenminister James Callaghan Kontakt auf, der sich gerade auf einer Konferenz der EG-Außenminister in Rom befand. Er reagierte umgehend und brachte die versammelten Minister dazu, eine Protestnote an die Regierung in Addis Abeba zu richten: Die freie Welt, hieß es darin, werde es nicht dulden, wenn unschuldige Frauen und Kinder ermordet werden. Solche öffentlichen Appelle blieben allerdings die Ausnahme, in der Regel mußte man darauf setzen, daß Personen von Gewicht auf die äthiopischen Machthaber mit Demarchen und in persönlichen Gesprächen Einfluß zu nehmen versuchten.

In den siebziger und achtziger Jahren war ich selbst in unzähligen diplomatischen Missionen unterwegs und sprach bei Staatsoberhäuptern, Ministern und Botschaftern vor, um diese zum Handeln zu bewegen. Eine der ersten und wichtigsten dieser Reisen führte mich in den Buckingham-Palast zu Elisabeth II. Für den 26. Juli 1977 erhielt ich eine Einladung zum fünfundzwanzigsten Thronjubiläum der Königin von England. Ich gehörte zu den Auserwählten, die an diesem Nachmittag in das Royal Tea Tent vorgelassen wurden. Oft hatte mir mein Vater von der prachtvollen Krönungsfeier Elisabeths II. in Westminster Abbey erzählt, der er 1953 selbst beigewohnt hatte. Der Kronprinz, General Abiye Abebe und er bildeten damals die äthiopische Delegation. Zwei der äthiopischen Teilnehmer von einst waren nicht mehr am Leben – General Abiye wurde wie mein Vater am 23. November 1974 ermordet –, und der dritte, der Kronprinz, war aufgrund seiner Krankheit nicht reisefähig. Also schlug Prinzessin Alice, die Herzogin von Gloucester und Tante der Queen, der Königin vor, dessen Sohn, den Prinzen Zera-Yacob, und mich als Vertreter der kaiserlichen Familie Äthiopiens zur Feier des Thronjubiläums nach London einzuladen. Da Prinz Zera-Yacob verhindert war, sollte ich schließlich der einzige Repräsentant des äthiopischen Kaiserhauses sein.

Ich reiste von Frankfurt aus mit dem Zug nach Paris und von dort mit dem Nachtzug bis Victoria Station. Der Beginn meiner Reise stand unter keinem guten Stern. In Paris angekommen, stellte ich fest, daß ich meinen Zylinder im Zug hatte liegenlassen. Ich bedauerte den Verlust, da es sich um eine Spezialanfertigung handelte. In Deutschland war und ist es für mich bis heute nahezu unmöglich, einen Hut passender Größe zu finden, nicht umsonst trug ich in Äthiopien den Spitznamen *Tshinke* – »großer Kopf«. Ich weiß noch, wie ich einmal in meiner Not zu einem Verkäufer in einem Frankfurter Hutgeschäft sagte: »Ich nehme jeden Hut, der mir paßt.« Der Verkäufer zog die Augenbrauen nach oben und musterte mich. Dann verschwand er nach nebenan und kehrte mit einem schwankenden Turm aufeinandergestapelter Hüte im Arm zurück. Und mit jedem Hut, der aus seiner Hand auf meinen Kopf wanderte, nahm der Ausdruck der Verzweiflung in seinem Gesicht zu. Nach dem fünfzigsten Modell kapitulierte er, es war keiner in meiner Größe zu finden. Später fand ich dann doch noch eine zuverlässige Quelle für meine Kopfbedeckungen, die Hutfabrik Wegener im oberhessischen Lauterbach, die auch Maßanfertigungen vornimmt – von dort stammte auch mein verlorener Zylinder. Um so mehr ärgerte mich nun sein Verlust. In London angekommen, brachte ich mein Gepäck in den Travellers' Club. Eins war gewiß: Ohne Hut konnte ich unmöglich zum Thronjubiläum der Königin.

Zu meinem großen Glück stieß ich bei James Lock & Co. in der St. James's Street auf einen wunderschönen Chapeau Claque, der mir paßte.

Ich wollte auf jeden Fall standesgemäß im Buckingham-Palast erscheinen, auch wenn ich es mir damals eigentlich nicht leisten konnte. Also stand ich am Nachmittag im Cut, mit Zylinder und Regenschirm in der Hand vor dem Travellers' Club und wartete auf die bestellte Daimler-Limousine, die pünktlich auf die Minute um halb vier Uhr eintraf. Vor dem Buckingham-Palast lotsten uns die Palastwachen zu dem Tor, das den Würdenträgern und Diplomaten vorbehalten ist. Ein junger Wächter in der traditionellen roten Uniform und mit schwarzer Biberfellmütze öffnete mir die Wagentür und führte mich in den Garten. Den ganzen Tag über hingen über London dicke Wolken, nun riß der Himmel auf, und die Sonne strahlte. Die Blumenrabatten leuchteten in Rot, Gelb und Violett über dem satten Grün des königlichen Rasens. Tausend Gäste waren an diesem Nachmittag geladen, und wie es der Tradition entsprach, kamen sie aus allen Schichten der Gesellschaft und aus allen Ländern des Commonwealth. Ich genoß das bunte Treiben, es erinnerte mich an die großen Feste in Addis Abeba auf der Wiese Seiner Majestät.

Um Viertel nach vier stimmte die Kapelle auf der Terrasse *God Save the Queen* an, und Ihre Majestät erschien. Sie trug ein hellblaues Sommerkleid, dazu einen weißen Hut und weiße Handschuhe. Im nächsten Augenblick war sie auch schon in der Menge verschwunden und begann, Hände zu schütteln. Ich spazierte durch die bezaubernden Gartenanlagen und sah auf einem Rasenstück die berühmte Waterloo-Vase. Napoleon hatte sie einst aus einem riesigen Block Carrera-Marmor schlagen lassen, auf den er unterwes zur russischen Front in der Toskana gestoßen war. Die Fertigstellung der Vase freilich wurde auf den Zeitpunkt verschoben, an dem Napoleon Bonaparte ganz Europa beherrschen würde, eingearbeitete Reliefs sollten von seinen militärischen Triumphen künden. Es kam bekanntlich anders. Nach der Niederlage bei Waterloo hatte die

Vase über den Großherzog von Toskana ihren Weg nach London gefunden, wo sie Georg IV. vollenden ließ: mit der Figur seines Vaters, Georgs III., auf dem Thron und ihm zu Füßen Napoleon im Staub liegend. Mit einem Gewicht von fünfzehn Tonnen und einer Höhe von fünf Metern war die Marmorurne zu schwer für jeden Holzboden, so hatte sie schließlich in den Gartenanlagen des Buckingham-Palastes ihren Platz gefunden. Hier auf dem englischen Rasen, auf einem festen steinernen Fundament ruhend, wirkte der »weiße Elefant« immer noch äußerst eindrucksvoll.

Schließlich machte ich mich auf den Weg ins Royal Tea Tent, wo die Queen um fünf Uhr vor ihren besonderen Gästen erscheinen sollte, nur fünfzig Damen und Herren wurden an diesem Nachmittag in den innersten Bezirk vorgelassen. Ich wußte zu diesem Zeitpunkt noch nicht, ob die Königin mich zu einer persönlichen Audienz empfangen würde, Prinzessin Alice hatte versprochen, sich dafür einzusetzen. Eine Reihe von Botschaftern und Hochkommissaren der Commonwealth-Länder hatte sich bereits im königlichen Teezelt versammelt. Diener in Livree liefen mit silbernen Tabletts durch den Raum. Es wurden Sachertorte und Himbeeren mit Sahne auf goldverziertem Porzellan gereicht, das mit dem Monogramm Georgs VI. geschmückt war. Ich aß ein wenig von meinem Teller, dann stellte ich ihn beiseite, schließlich war ich nicht zu meinem Vergnügen hier. Lord Fitzalan-Howard, der Marschall des Diplomatischen Corps, machte mich mit den Würdenträgern bekannt, und wo immer es möglich war, versuchte ich, das Gespräch auf Äthiopien zu lenken.

Ich sprach mit dem amerikanischen, dem sudanesischen und dem saudiarabischen Botschafter und mit dem Erzbischof von Canterbury, und in dem Augenblick, als mich der Marschall dem sowjetischen Botschafter vorstellen wollte, wurde die Ankunft Ihrer Majestät gemeldet. Mit einem gütigen Lächeln auf dem Gesicht, in dem nicht die leiseste Anstrengung zu spüren war (obgleich sie doch in der letzten Stunde wohl fünfhundert Hände geschüttelt hatte), betrat die Queen mit ihrem Privatsekretär, Sir Martin Charteris, und Lord Maclean, dem Lord Chamberlain des Königlichen Haushalts, das königliche Zelt, um sich ein Täßchen Tee zu gönnen, bevor ihr die nächsten Gäste präsentiert wurden. Eine Welle der Ehrfurcht durchströmte alle Anwesenden. Im Nu war die Atmosphäre erfüllt vom Zauber der Königin, der sich weder angemessen beschreiben, geschweige denn rational erklären läßt. Zu meiner großen Freude wurde mir mitgeteilt, daß ich auf der Liste der zweite sei, der Ihrer Majestät vorgestellt werden sollte; die ersten, die begrüßt wurden, hieß es, seien persönliche Gäste der Queen, die eigens aus Australien angereist waren.

Als es schließlich soweit war, holte ich tief Luft. Flankiert von Lord Chamberlain und zwei Adjutanten begab ich mich zu Ihrer Britannischen Majestät. Ein paar Meter vor der Queen taten meine Begleiter einen Schritt zur Seite, und der Lord Chamberlain rief: »Prinz Asserate von Äthiopien, Eure Majestät!« – und da stand ich direkt vor Königin Elisabeth II. Ich trat nach vorne und begrüßte Ihre Majestät, wie es sich gehört, nicht mit einer Verbeugung, sondern indem ich mit ausgestrecktem Rücken den Kopf auf die Brust fallen ließ. Sie streckte mir ihre Hand entgegen, und ich überreichte Ihrer Majestät einen Handkuß – eine Form der Huldigung, die nur »Kontinentalen« gestattet ist. Schon mit den ersten Worten aus ihrem Mund war jegliche Anspannung verflogen. Sie fragte mich, ob ich einen angenehmen Flug gehabt hätte, und war erstaunt zu hören, daß ich mit dem Zug gereist war. Ich übermittelte ihr die Grüße des Kronprinzen und der Kronprinzessin und den Dank aller exilierten Äthiopier, die im Vereinigten Königreich Aufnahme gefunden hatten. Wir sprachen über ihren letzten Staatsbesuch in Äthiopien, wo mein Vater sie in Asmara in seiner Eigenschaft als Vizekönig von Eritrea empfangen hatte. Ich war verblüfft, wie gut sie über die politischen Verhältnisse in meiner Heimat informiert war. Sie wußte um den Bürgerkrieg in Eritrea und um die prekäre Lage im Ogaden, wo der Angriff der somalischen Truppen unmittelbar bevorstand. Ich schilderte ihr meine Sorge um die gefangenen Mitglieder der kaiserlichen Familie, und sie versicherte mir, daß ich mir ihres Beistandes gewiß sein durfte. Die Audienz dauerte eine gute Viertelstunde, dann wurde mir bedeutet, daß es Zeit sei, sich zu verabschieden, und wenig später fand ich mich wieder unter den Gästen.

Ich hatte noch Gelegenheit, Prinzessin Alice zu sprechen und mich bei ihr zu bedanken. Ich hatte mehr erreicht, als ich in meinen kühnsten Träumen zu hoffen gewagt hatte. Mehr als fünfzehn Minuten hatte die Königin von England mir und den Sorgen und Nöten meines Landes ihre Aufmerksamkeit geschenkt. Es war mir bewußt, daß ihre Rolle es der britischen Königin verbot, offizielle Statements abzugeben, aber von Prinzessin Alice wußte ich, daß sie sich hinter den Kulissen auf vielerlei Weise für die Belange der inhaftierten Kaiserfamilie einsetzte. Bei ihren wöchentlichen Zusammenkünften mit dem britischen Premierminister hat sie das Thema mehr als einmal zur Sprache gebracht. Sie war sich auch nicht zu schade, persönlich zu helfen. Sie wußte darum, mit welchen – auch finanziellen – Schwierigkeiten die Angehörigen aus dem äthiopischen Kaiserhaus im Exil zu kämpfen hatten. Dem äthiopischen Kronprinzenpaar bot sie eine *Grace-and-Favour-Residence* an, die Unterkunft in einem Haus aus dem Besitz der Krone. Der Kronprinz konnte das Angebot jedoch nicht annehmen. Die Residenz lag außerhalb der englischen Hauptstadt, er aber mußte sich zur medizinischen Behandlung ständig in London aufhalten. Unermüdlich hatte der Derg die Behauptung verbreitet, Haile Selassie habe während seiner Regentschaft ein Millionenvermögen beiseite geschafft und auf Schweizer Bankkonten deponiert. Jahrelang suchte eine Delegation der äthiopischen Regierung in der Schweiz und in Europa nach versteckten Konten, bis sie schließlich zu dem Ergebnis kam, daß es keine solchen Konten gab. Diesen Aufwand hätte sich die Militärjunta ganz gewiß sparen können, sie hätte sich nur umsehen müssen, unter welchen Bedingungen die Angehörigen der äthiopischen Kaiserfamilie im Exil lebten.

Der Besuch bei der englischen Königin war meine erste diplomatische Mission am Hofe eines Monarchen – was wohl mein Vater dazu gesagt hätte? Ich fuhr zurück in den Travellers' Club, zog mich um und machte mich zur Wohnung des Kronprinzenpaars auf, um Bericht zu erstatten. Am nächsten Tag trat ich die Heimreise an. Meine Schwester Tsige begleitete mich zur Victoria Station. Das Hochgefühl, von Königin Elisabeth II. empfangen worden zu sein, war der alltäglichen Bekümmernis gewichen, die über allem lag, was wir in jenen Jahren unternahmen. Die Gedanken waren bei unserer Mutter und unseren Brüdern und Schwestern, die, ohne Anklage und ohne Aussicht auf ein ordentliches Verfahren inzwischen seit fast drei Jahren in den Verliesen des Derg saßen.

Ein paar Wochen nach meiner Rückkehr nach Deutschland erhielt ich einen Anruf der Vizekonsulin der Britischen Königin in Frankfurt. Es sei ein Paket für mich aus dem Buckingham-Palast eingetroffen, teilte sie mit. Ich fuhr zum britischen Generalkonsulat und bekam dort zwei braune Schachteln und einen Umschlag überreicht. Es handelte sich um signierte Photographien der Königin und des Herzogs von Edinburgh, gerahmt in blaues marokkanisches Leder mit dem Monogramm der beiden Hohen Herrschaften. Der beigelegte Brief trug die Unterschrift des Privatsekretärs der Königin, Sir Martin Charteris, und darüber stand in Schreibschrift: »Ihre Majestät erlaubt sich, Ihnen für das anregende Gespräch am 26. Juli im Buckingham-Palast zu danken. Die beiliegenden Photographien mögen jene ersetzen, die in Äthiopien zurückgeblieben sind.« Ich hatte dem Privatsekretär Ihrer Majestät erzählt, daß mein Vater 1965 beim Besuch Elisabeths II. in Asmara zwei gerahmte Photographien der Königin und des Prinzgemahls als Geschenk erhalten hatte. Als die Villa Debre Tabor beschlagnahmt und unser Familienbesitz konfisziert wurde, befanden sich darunter auch jene beiden Bilder. Jetzt hatte die Queen höchstpersönlich für Ersatz gesorgt. Ich war gerührt über diese Geste der Verbundenheit. Seit mittlerweile fast dreißig Jahren schmücken die Portraits von Königin Elisabeth II. und Prinz Philip nun meinen Salon.

Die Königin von England war nicht das einzige gekrönte Staatsoberhaupt, das dem äthiopischen Kaiserhaus in dieser schweren Stunde zu Hilfe kam. Ich selbst habe bei einer Reihe von Königshäusern vorgesprochen und dabei viel Unterstützung erfahren. Das Haus Liechtenstein sei hier erwähnt, aber auch Königin Juliana der Niederlande, und vor allem der spanische König Juan Carlos. 1970 war Haile Selassie zu einem Staatsbesuch nach Madrid gereist, wo ihn der spanische Staatschef General Franco empfing. Meine Eltern begleiteten den Kaiser auf dieser Reise. Dieser lud, wie es das Protokoll vorsah, General Franco zum Gegenbesuch ein. Im Jahr zuvor hatte Franco festgesetzt, daß nach seinem Tod die Monarchie wiedereingesetzt werden und Juan Carlos, der Sohn des spanischen Thronfolgers im Exil, den spanischen Thron besteigen solle. Mein Vater war, wie er mir später erzählte, keineswegs traurig darüber, daß der Caudillo den Gegenbesuch nicht persönlich antrat, sondern an seiner Statt Juan Carlos und Prinzessin Sophia nach Äthiopien schickte. Er wurde Juan Carlos als offizieller Begleiter zur Seite gestellt, er führte die beiden Monarchen durch Addis Abeba und absolvierte mit ihnen die Historische Route. Aus dem Besuch entspann sich ein reger Kontakt der beiden Familien. Leider durfte mein Vater nicht mehr miterleben, wie Juan Carlos – nur wenige Tage nach Francos Tod – im November 1975 zum König von Spanien gekrönt wurde, er wäre sicherlich sehr gerührt gewesen. Wie König Juan Carlos dann Spanien in kürzester Zeit von der Diktatur zurück zur Demokratie führte, ist eine Leistung, die in der Welt ohne Beispiel ist. Und mehr noch: Juan Carlos verteidigte die junge Demokratie auch in der Stunde ihrer größten Gefahr, als am 23. Februar 1981 eine Handvoll spanischer Offiziere zusammen mit zwei Hundertschaften der Guardia Civil das Parlament stürmte, wo gerade ein neuer Regierungschef gewählt werden sollte. Während die aufständischen Militärs die Mitglieder des Parlaments als ihre Geiseln hielten, trat der König in Uniform als Oberbefehlshaber der Streitkräfte zu einer Fernsehansprache vor die Kameras und rief den Putschisten zu: »Ich befehle euch: Kehrt in eure Kasernen zurück!

Die Krone, Symbol der Einheit Spaniens, wird auf keinen Fall Aktionen oder Handlungsweisen von Personen dulden, die mit Gewalt den Demokratisierungsprozeß zu unterbrechen versuchen, der in der Verfassung festgelegt ist, über die das spanische Volk in einem Referendum entschieden hat.« Wahrscheinlich war dies der größte Moment, den die Krone in der Weltgeschichte je hatte. Seit dieser Zeit bin ich ein glühender Verehrer des spanischen Königs.

Ich hatte im Lauf der Jahre mehrmals die Ehre, im Zarzuela-Palast in Madrid zu Gast sein zu dürfen. König Juan Carlos hat das Anliegen der kaiserlichen Gefangenen in Addis Abeba stets im Sinn gehabt, wenn er mit afrikanischen Staatsoberhäuptern zusammentraf. Er hat sogar Fidel Castro gebeten, seinen Einfluß auf Oberst Mengistu geltend zu machen. Das würde nichts helfen, beschied ihm der *Máximo Líder* achselzuckend, auf diesem Ohr sei Mengistu taub. Königin Sophia gehört meine besondere Bewunderung, wenn wir uns sehen, sprechen wir meist Deutsch miteinander. Da sie einst in Salem zur Schule ging, beherrscht sie es fließend. Sophias Mutter, Königin Friederike von Griechenland, war eine deutsche Prinzessin von Hannover und Enkelin Wilhelms II., mithin ist Sophia die Urenkelin des letzten deutschen Kaisers. Ich habe Königin Sophia als äußerst warmherzige, kluge und zutiefst religiöse Frau kennengelernt, die sich auch sehr für die spanische Kunst und Kultur einsetzt. Der Stiftung Reina Sofía, der sie als Präsidentin vorsteht, verdankt das Land nicht nur eines der wichtigsten Museen der zeitgenössischen Kunst, sondern auch zahlreiche soziale Projekte wie das der Unterstützung von Alzheimer-Patienten und ihrer Angehörigen. Für das Anliegen der inhaftierten Kaiserfamilie hatte Königin Sophia ebenfalls stets ein offenes Ohr.

Im Jahr 1978 gelang es mir, im Vatikan und beim Schah von Persien vorzusprechen. Seit der Inhaftierung meiner Familie hatte ich mich um einen Kontakt zum Heiligen Vater in Rom bemüht. Über den Apostolischen Nuntius in Bonn, Monsignore del Mestri, erhielt ich schließlich im Juli 1978 eine Einladung in den Vatikan. Dort wurde ich von Monsignore Silvestrini, dem persönlichen Sekretär des Kardinalstaatssekretärs und Camerlengo Kardinal Villot, zu einem Gespräch empfangen. Auch er erinnerte sich an meinen Vater und daran, daß dieser sich stets für die Missionare der römisch-katholischen Kirche in Eritrea eingesetzt hatte. Ich war mit einem konkreten Anliegen nach Rom gekommen. Könnte der Papst nicht anläßlich des äthiopischen Neujahrsfestes einen öffentlichen Appell an die Machthaber in Addis Abeba richten?, fragte ich Monsignore Silvestrini. Dieser machte keinen Hehl daraus, daß er meinen Vorschlag für wenig erfolgversprechend hielt und verwies auf die Vorzüge der »stillen Diplomatie«. Aber er versprach mir, meinen Fall dem Heiligen Vater vorzutragen. Nach meinem Besuch im Vatikan ging ich in die Vatikanischen Gärten, um das Äthiopische Kolleg aufzusuchen, ein Kloster der äthiopisch-katholischen Kirche im Vatikan. Die Ursprünge dieses Klosters gehen bis auf das Mittelalter zurück, seit dem Jahr 1919 werden hier äthiopische Theologiestudenten ausgebildet. Ich betrat die mit äthiopischen Ikonen geschmückte Kapelle und sprach ein Gebet für meine Familie.

Es sollte schließlich zu keinem öffentlichen Appell des Papstes zum äthiopischen Neujahrsfest am 11. September kommen. Niemand konnte im Juli ahnen, daß das Jahr 1978 als Dreipäpstejahr in die Geschichte eingehen würde. Noch vor dem äthiopischen Neujahrsfest, am 6. August, verschied Papst Paul VI., sein Nachfolger Johannes Paul I. war gerade einmal dreiunddreißig Tage im Amt, bevor auch er starb. Am 16. Oktober schließlich wurde Karol Wojtyla als Johannes Paul II. zum Papst gewählt. Ich bemühte mich weiterhin um eine Audienz, allerdings ohne Erfolg. Aber wer konnte schon sagen, was welche Demarche, was welches Gespräch unter vier Augen erreichen konnte – und ob ein öffentlicher Appell des Papstes zum äthiopischen Neujahrsfest tatsächlich mehr hätte bewirken können als ein stilles Gebet in den Gärten des Vatikans?

Meine Reise nach Teheran zur Audienz bei Mohammed Resa Schah Pahlavi im selben Jahr ist mir in besonderer Erinnerung geblieben. Zum ersten Mal in meinem Leben wurde ich wie ein hoher

Staatsgast empfangen, dabei vertrat ich doch gar keinen Staat, sondern nicht mehr und nicht weniger als meine Familie. Ich wurde mit einer metallgrauen Mercedes-Limousine am Rollfeld abgeholt, im VIP-Bereich des Flughafens wurde der rote Teppich für mich ausgerollt und im Royal Teheran Hilton war eine ganze Zimmerflucht für mich reserviert. Der stellvertretende Zeremonienmeister am Kaiserlichen Hof, Seine Exzellenz Hussein Ali Emami, war als mein ständiger Begleiter abgestellt. Ich erhielt eine Privatführung durch den Golestanpalast und die »Bank Markazi Iran«, die Zentralbank Irans, wo damals die kaiserlichen Kronjuwelen aufbewahrt wurden. Die Krone der Kaiserin Farah Pahlavi und der berühmte Pfauenthron mit seinen 26 000 Edelsteinen funkelten in majestätischem Glanz. Schließlich erhielt ich meine Audienz beim Schah-in-schah. Er empfing mich in einem Kamelhaaranzug mit dazu passender brauner Krawatte im Niavaran-Palast, auf einem Louis-seize-Stuhl sitzend. Geduldig hörte er sich mein Anliegen an und begann sogleich, Befehle zu erteilen. Noch am selben Tag wurde ich mit dem ehemaligen Ministerpräsidenten Amir Abbas Hoveyda zusammengebracht. Hoveyda war ein hochintelligenter Mann, der einen überaus bescheidenen Lebensstil pflegte. Als führendes Mitglied der Reformpartei »Neues Iran« hatte er sich mit aller Kraft für die Modernisierung seines Landes eingesetzt. In den vielen Stunden, die wir zusammensaßen, entstand nicht nur ein Plan zur Koordination der Lobbyarbeit für die Gefangenen in Addis Abeba, sondern auch das Projekt der Gründung einer oppositionellen Partei in meiner Heimat. Es sollte bei hochfliegenden Plänen bleiben. Nur wenige Monate nach meiner Audienz in Teheran gehörte auch das 2500 Jahre alte persische Kaiserreich der Geschichte an. Der Schah-in-schah und die Schabanu flohen aus dem Lande. Ajatollah Chomeini übernahm die Macht und rief die Islamische Republik aus. Hoveyda, der der Baha'i-Religion angehörte, sollte zu den ersten Opfern des Ajatollahs zählen. Im April 1979 wurde er von einem Erschießungskommando der Revolutionsregierung hingerichtet.

Auch wenn in den Jahren nach 1974 mein Leben vor allem mit der Sorge um meine Familie ausgefüllt war, hatte ich mir die Mahnungen meiner Ratgeber und väterlichen Freunde zu Herzen genommen, meine berufliche Zukunft nicht aus dem Blick zu verlieren. Im Herbst 1978 gelang es mir, meine Doktorarbeit zu vollenden. Ich hatte meinem Vater bei einem unserer letzten Gespräche in Addis Abeba versprochen, ihn zu meiner Doktorfeier nach Frankfurt einzuladen. Nun mußte ich feststellen, daß an deutschen Universitäten ein solches Zeremoniell gar nicht mehr vorgesehen war. Man durfte sich im Sekretariat des Fachbereichs eine Urkunde abholen, bekam einen Händedruck – der Rest war »Privatsache«. Mein Vater hatte mir seinerseits versprochen, daß er mich nach dem Abschluß meiner Promotion zu einer besonderen Reise einladen würde: einer Überfahrt Erster Klasse an Bord der »Queen Elizabeth II.« nach New York. Noch während der Trauerfeier für meinen Vater im Frankfurter Dom hatte ich mir geschworen, die Reise auf jeden Fall anzutreten, wenn es soweit war, meinem Vater zum Gedenken. Aber wie in aller Welt sollte ich sie finanzieren? Ein Freund erzählte mir, daß die Kreuzfahrtgesellschaft auf der Schiffspassage ein umfangreiches Begleitprogramm anbot. Also schrieb ich an die Cunard Schiffahrtsgesellschaft und bot mich als Vortragsredner an. Ich schlug zwei Themen vor: »Die strategische Bedeutung des Roten Meers« und »Äthiopien nach der Revolution«, und zu meiner Überraschung wurde ich tatsächlich angenommen. Man bekam kein Honorar für die Vorträge, aber freie Kost und Logis mit einer Suite Erster Klasse für zwei Personen und zwei Rückflugtickets nach Europa. Ich hatte noch nie eine längere Schiffsreise absolviert und hatte große Angst davor, seekrank zu werden. Daher wählte ich als meinen Begleiter einen Freund, von dem ich wußte, daß er sich auf den Gebieten meiner Vorträge auskannte, so daß er im Notfall für mich einspringen konnte: Guy Hawtin, den Frankfurter Korrespondenten der *Financial Times* in Deutschland.

Die Queen Elizabeth II. sollte von Le Havre ablegen. Guy Hawtin und ich machten uns von Frankfurt aus mit dem Zug in die Normandie auf. Wir waren hingerissen, als wir das riesige Kreuzfahrtschiff im Hafen vor Anker liegen sahen. Die »QE 2«, wie sie im Volksmund genannt wurde, war ganz gewiß ein majestätisches Schiff, sie hatte nur einen Nachteil: unsere zahlreichen Mitreisenden. Das Gros der Gäste erinnerte eher an die Teilnehmer einer Kaffeefahrt als an die Passagiere eines Luxusliners. Guy Hawtin und ich stellten uns schon darauf ein, die vor uns liegenden fünf Tage vornehmlich allein an der Bar zu verbringen. Daß es nicht so kam, verdanken wir einer Person: Jessica Mitford. Sie war eine der berühmt-berüchtigten Mitford-Schwestern und wie ich als Rednerin engagiert. Als Thema hatte sie sich die amerikanische Beerdigungsindustrie gewählt, über die sie ein glänzendes Buch verfaßt hatte, sowie »Amerika in der McCarthy-Ära«. Jessica Mitford galt als »rotes Schaf« der Familie, als Mitbegründerin der Kommunistischen Partei der Vereinigten Staaten war sie in den fünfziger Jahren selbst ins Fadenkreuz des »Ausschusses für unamerikanische Umtriebe« geraten. Erst ein paar Monate vor der Reise hatte sie Einsicht in ihre Geheimdienstakten erhalten, darüber berichtete sie in ihrem Vortrag. Sie reiste zusammen mit ihrem zweiten Mann, dem Anwalt Robert Edward Treuhaft, der sie vor dem McCarthy-Ausschuß verteidigt hatte. Auch wenn er einen Kopf kleiner war als sie, gaben sie doch ein zauberhaftes Paar ab.

Wir verbrachten viel Zeit an Bord miteinander. Jessica Mitford war eine scharfsinnige und humorvolle Frau, stets spielte ein spitzbübisches Lächeln um ihre pausbäckigen Wangen. Und sie erwies sich als eine phantastische Erzählerin, besonders wenn es um ihre Familiengeschichte ging, die Stoff mehr als genug bot für die fünftägige Überfahrt. Wenn man ihr zuhörte, schien es einem, als hätten sich in den Mitfords sämtliche politischen Wirrungen des 20. Jahrhunderts kristallisiert. Zwei ihrer Schwestern, Unity und Diana, waren überzeugte Nationalsozialisten und glühende Verehrerinnen Hitlers gewesen, und vielleicht hatte auch dies dazu beigetragen, daß Jessica Mitford zum Kommunismus überlief. Unity war

1934 im Alter von zwanzig nach München übergesiedelt und verkehrte in den darauffolgenden Jahren in der engsten Umgebung
Adolf Hitlers. Als sie einmal den britischen Botschafter in München mit dem Hitlergruß willkommen hieß, soll der sie dazu aufgefordert haben, auf der Stelle ihren britischen Paß abzugeben. Diana
wiederum war mit dem Anführer der britischen Faschistischen Partei, Sir Oswald Mosley, verheiratet, die Trauung hatte im Berliner
Büro von Propagandaminister Goebbels stattgefunden. Als Großbritannien im September 1939 Deutschland den Krieg erklärte,
schoß sich Unity im Englischen Garten in München mit einer Pistole in den Kopf, nicht ohne dem Führer einen persönlichen Abschiedsbrief zu hinterlassen. Sie überlebte, die Kugel war im Schä-
delknochen steckengeblieben. Eine Operation schien zu gefährlich,
also wurde sie schwerverwundet nach England überstellt. Dort
wurde sie inhaftiert, und nicht anders erging es ihrer Schwester Diana und deren Gatten Sir Oswald Mosley. Zu diesem Zeitpunkt
hatte Jessica Mitford längst mit ihrer Familie gebrochen. Sie war
nach Spanien gereist, um sich den Internationalen Brigaden im
Spanischen Bürgerkrieg anzuschließen, und dort lernte sie auch ihren ersten Mann, Esmond Romilly, kennen, der ein Neffe von
Winston Churchill war. Der englische Generalkonsul in Barcelona
war beauftragt worden, die beiden aus Spanien herauszuholen und
in die Vereinigten Staaten in Sicherheit zu bringen.

Von ihren Freunden wurde Jessica Mitford »Decca« genannt,
auch uns hatte sie nach kurzer Zeit ihren Spitznamen angeboten.
Decca machte auf mich den Eindruck einer vollendeten Dame, und
so schien es mir schwer vorstellbar, daß sie tatsächlich einmal Churchill in dessen Haus ins Gesicht gespuckt hatte, wie man sich in
London erzählte. Ich konnte nicht widerstehen, sie darauf anzusprechen. Sie lachte kurz auf und schüttelte den Kopf, dann erzählte
sie mir die Geschichte. Im Jahre 1941 hatte sie Churchill in London
aufgesucht, um Genaueres über den Verbleib ihres Mannes zu erfahren, der sich als Freiwilliger der Royal Canadian Air Force angeschlossen hatte und nach einem Bombenflug gegen Deutschland als

vermißt galt. Sie traf Winston Churchill in seinem Bett an, gehüllt in einen pfauenfarben-schillernden Morgenmantel. Der britische Premierminister eröffnete ihr nicht nur, daß das Flugzeug ihres Gatten tatsächlich über der Nordsee abgeschossen worden war; er teilte ihr auch mit, daß er persönlich veranlaßt hatte, Sir Oswald Mosley, den Mann ihrer Schwester, ins Londoner Frauengefängnis Holloway zu verlegen, damit er mit seiner Frau eine Zelle teilen konnte. Über diese Vorzugsbehandlung ihrer Familie sei sie, erzählte mir Decca, so empört gewesen, daß sie auf der Stelle hinausgestürmt sei und die Tür hinter sich zugeschlagen habe. »Ich habe meinen Mund nicht mehr aufgemacht, bis ich zu Hause war, also konnte ich dem britischen Premierminister auch nicht ins Gesicht spucken.«

Unablässig pries Decca in ihren Erzählungen die Vorzüge des Kommunismus, aber sie war alles andere als eine Parteisoldatin. Ihr Lebensmotto lautete: »Wenn man die Welt schon nicht ändern kann, kann man wenigstens die Schuldigen in Verlegenheit bringen.« Das jedenfalls schien mir in höchstem Maße vernünftig. Guy Hawtin und ich nahmen stets zusammen mit Decca und ihrem Gatten unser Lunch und Dinner ein, und ich muß sagen, ich habe noch keinen Menschen gesehen, der derart viele Wodka Martini in so kurzer Zeit leerte wie Decca. Auch hatte sie sich, wie ich erleichtert feststellte, einen gesunden Appetit auf Champagner und Kaviar bewahrt. Ein saudischer Scheich hatte die drei größten Suiten der »QE 2« für sich und seine Frau gemietet und diese in einen einzigen riesigen Salon verwandelt. Jeden Nachmittag um 18 Uhr lud er zu einer kleinen Cocktail-Party in sein Reich, worauf wir uns jeden Tag aufs neue freuten. Auf einem großen weißgedeckten Tisch war eine riesige silberne viktorianische Schale aus dem 19. Jahrhundert aufgestellt, die stets prall mit Kaviar gefüllt war. Daneben stand ein großer Humidor mit Havannas. Einmal nahm ich mir beim Hinausgehen drei Zigarren und steckte sie mir in die Jackentasche. Als ich mich anschließend von der zauberhaften Frau meines Gastgebers verabschieden wollte, mich nach vorne beugte und zu einem

Handkuß ansetzte, sah ich, wie die Zigarren aus der Tasche fielen und über den Boden kullerten. Die Angelegenheit war mir in höchstem Maße peinlich, zumal sie auch meinem Gastgeber nicht entgangen war. »Ach, Sie rauchen Zigarre?« rief der Scheich mir zu, während er mit beiden Händen in den Humidor griff und mir ein Dutzend Havannas überreichte. Decca lachte aus vollem Hals über mein Malheur.

Die ersten Tage an Bord vergingen ohne nennenswerten Seegang, so daß ich zu der Überzeugung gelangte, daß meine Furcht vor der Seekrankheit unbegründet sei. Am dritten Tag allerdings zog nach dem Frühstück ein kräftiger Sturm auf. »Windstärke zehn!« meldete der Kapitän über die Lautsprecher und mahnte die Passagiere zu äußerster Vorsicht an Deck. Der Boden tanzte unter unseren Füßen, und bei Tisch begannen sich die Teller und Gläser selbständig zu machen. Ausgerechnet für diesen Nachmittag war mein erster Vortrag angesetzt. Auf der Titelseite der Schiffszeitung, die das Bordprogramm ankündigte, prangte ein großes Bild von mir. Schon nach dem Mittagessen waren die meisten Gäste in ihren Kabinen verschwunden, und ich fragte mich, wer sich wohl bei diesem Seegang auf dem Atlantik für die politischen Stürme auf dem Roten Meer interessieren würde. Ich hielt mich tapfer bis zur Stunde meines Vortrags. Der Raum war nur halb besetzt, als ich mit dem Manuskript in der Hand den Vortragssaal betrat, sanft wogten die Gäste auf ihren Stühlen hin und her. Ich stellte mich an das bedenklich schwankende Rednerpult, doch viel mehr als die Begrüßung brachte ich nicht über meine Lippen. Glücklicherweise saß mein treuer Gefährte Guy Hawtin in der ersten Reihe bereit. »*Guy, it's your turn now!*« rief ich, drückte ihm die Unterlagen in die Hand und schoß in Blitzeseile zur Tür hinaus.

Guy Hawtin baute sich vor dem Rednerpult auf, mit seinem roten Haar und seinem dichten Vollbart gab er eine imposante viktorianische Erscheinung ab. Ich hörte ihn noch sagen: »*Ladies and Gentlemen, I'm afraid His Highness has to attend to more important matters*«, was die Gäste mit einem schallenden Gelächter kommentierten. Und während ich auf meiner Kabine dem Neptun opferte, trug Guy Hawtin mein Referat vor. Später wurde mir erzählt, daß mein Freund seine Sache außerordentlich gut gemacht hatte. Er war fast schon am Ende angekommen, als zwei weitere Damen den Raum betraten, beide mit der Schiffszeitung unter dem Arm. Sie sahen den rothaarigen, bärtigen Hünen auf der Bühne, blickten hinab auf die Zeitung, dann sagte die eine zur andern so laut, daß jeder im Saal es verstehen konnte: »*He doesn't look very much like his picture!*«

Ich lag derweil in meiner Kabine und fühlte mich so schlecht, daß der Bordarzt hinzugerufen wurde. »Ich kann Ihnen eine Spritze geben«, sagte er zu mir, »aber Sie müssen mir vorher diese Erklärung unterschreiben.« Ich weiß nicht, was auf dem Papier stand, das er mir vor die Nase hielt, in diesem Augenblick hätte ich alles unterschrieben. Tief und fest schlief ich bis zum nächsten Tag. Als ich erwachte, war die See ruhig und glatt wie ein Spiegel, und ich fühlte mich, als wäre die Welt neu erschaffen worden. Gott sei Dank kam es zu keinen weiteren Zwischenfällen an Bord. Seit damals fühle ich mit jedem, der von der Seekrankheit geplagt wird, es läßt sich kaum Entsetzlicheres vorstellen. Vor kurzem las ich, daß auch Kaiser Wilhelm II., der als begeisterter Segler galt, darunter litt. Der preußische Unterstaatssekretär Alfred von Kiderlen-Wächter, der als eine Bereicherung jeder Gesellschaft galt, wurde vom Kaiser regelmäßig zu seinen Nordland-Reisen eingeladen, bis er durch eine unbedachte Äußerung an Bord in Ungnade gefallen war. Als er Seine Majestät einmal bleichen Gesichts an der Reling stehen sah, soll der Unterstaatssekretär zu ihm gesagt haben: »Nicht wahr, Majestät, runter zu schmeckt's besser als rauf zu!«

Am fünften Tag unserer Reise liefen wir in den Hafen von New York ein. Schon vor Morgengrauen wurden wir geweckt. Wir versammelten uns mit einem Glas Buck's fizz auf dem Oberdeck und sahen zu, wie über der Skyline von New York langsam die Sonne aufging. Das Wasser glitzerte im Morgenrot und die Schiffsglocke läutete. Als wir Liberty Island und die Freiheitsstatue passierten, las

315

uns der Erste Offizier an Bord die glorreichen Worte vor, die in den Sockel der Statue eingraviert sind: *Give me your tired, your poor, / Your huddled masses yearning to breathe free, / The wretched refuse of your teeming shore; / Send these, the homeless, tempest-tost to me, / I lift my lamp beside the golden door!* – »Gebt mir eure Müden, eure Armen, / Eure geknechteten Massen, die frei zu atmen begehren, / den elenden Abschaum eurer gedrängten Küsten; / Schickt mir die Heimatlosen, vom Sturme Getriebenen, / hoch halt' ich mein Licht am goldnen Tore!«

So viele Schiffe mit Heimatlosen, Geknechteten und vom Sturme Getriebenen hatte ich bereits in so vielen Filmen in den Hafen von New York einlaufen sehen: Nun, da ich es selbst erlebte, schien mir die Ankunft in New York wie ein einzigartiges, unvergleichliches Ereignis. Auch die Demokratie bedarf ihrer gemeinschaftsstiftenden Symbole und Rituale, vielleicht sogar mehr noch als die absolut regierten Staaten von einst, die sich Gehorsam und Gefolgschaft erzwingen konnten. Kein Land der Welt weiß dies besser als die Vereinigten Staaten von Amerika.

So setzte ich zum ersten Mal im Leben den Fuß auf amerikanischen Boden. Ich sah mir New York an und besuchte Freunde in Manhattan. Ich hatte noch Gelegenheit, dem todkranken Schah einen Besuch abzustatten, der sich in den USA im Exil aufhielt und im New York Hospital behandelt wurde. Ich besuchte Harvard und die Johns Hopkins University in Baltimore und führte Gespräche mit den jeweiligen Dekanen des Fachbereichs Afrikanistik. Für kurze Zeit spielte ich mit dem Gedanken, eine wissenschaftliche Karriere an einer amerikanischen Universität zu beginnen, aber ich verwarf den Plan schnell wieder. Ich wußte, daß die Vereinigten Staaten nicht der richtige Platz für mich waren. Vielleicht war ich schon zu sehr Europäer geworden, vielleicht hatte ich mich auch schon zu sehr an Deutschland gewöhnt. Zum ersten Mal jedenfalls, stellte ich im fernen Amerika fest, verspürte ich nicht nur Heimweh nach Äthiopien, sondern auch so etwas wie Heimweh nach Deutschland.

Nach vier Wochen kehrte ich nach Frankfurt zurück. In den letzten Jahren hatte ich begonnen, mich journalistisch zu betätigen. Für die Londoner Monatszeitschrift *New African* arbeitete ich als Deutschlandkorrespondent. Nun bot mir der Hauptgeschäftsführer der Frankfurter Messegesellschaft, Graf Peter Wedel, eine Anstellung in der Presseabteilung an. Mein Vertrag war auf ein Jahr befristet, doch kurz vor dessen Ablauf machte mich Graf Wedel mit Kurt Schoop, dem Vorsitzenden der Geschäftsführung der Düsseldorfer Messegesellschaft, bekannt. Kurt Schoop sollte dann den Grundstein für meine berufliche Karriere legen. Man kann nicht sagen, daß jemand wie Kurt Schoop einen Pressechef nötig gehabt hätte, kaum einer war im Umgang mit den Medien versierter als er. Gleichwohl stieg ich innerhalb kurzer Zeit zum Leiter der Abteilung Presse und Information auf. Drei Jahre füllte ich dieses Amt aus, dann wechselte ich als Gesellschafter der Beratungsgesellschaft International Communications Services nach Mainz. In Volker Hansen, dem Gründer des Unternehmens, erwuchs mir ein Freund, der mich in meinem Kampf um meine Familie tatkräftig unterstützte. Es war der Beginn meiner Tätigkeit als Unternehmensberater, die mich dann einige Jahre später zurück nach Frankfurt am Main führen sollte. Für mein Auskommen war also gesorgt, aber noch immer bangte ich um das Leben meiner Familie.

Nach sieben Jahren als »Asylant« in Deutschland konnte ich Ende 1981 die deutsche Staatsbürgerschaft beantragen, wenig später erhielt ich meinen deutschen Paß. Einige meiner äthiopischen Freunde, die in den Vereinigten Staaten Aufnahme gefunden hatten und amerikanische Staatsbürger geworden waren, erzählten, wie bewegend der Tag ihrer Einbürgerung für sie war. Die örtliche Gemeinde versammelt die neuen Staatsbürger zu einer feierlichen Zeremonie. Gemeinsam schwören sie den Treueeid auf die Verfassung, den der Bezirksrichter ihnen vorspricht. Es wird eine Grußbotschaft des Präsidenten verlesen (heutzutage wird sie per Video eingespielt), bevor man gemeinsam *God bless America* anstimmt. Und es gibt niemand, erzählen mir meine amerikanischen Freunde, der in diesem Augenblick nicht Tränen der Rührung in den Augen hat. Jedem neuen amerikanischen Bürger wird ein kleines Paket überreicht, in dem sich die Unabhängigkeitserklärung, die amerikanische Verfassung und eine kleine Nationalflagge befinden. Der Tag meiner Einbürgerung spielte sich folgendermaßen ab: Ich machte mich zu einem grauen Amtsgebäude der Stadt Düsseldorf auf und trat am Ende eines langen Ganges an einen verwaisten Schalter. Ein Beamter hinter einer milchigen Plexiglasscheibe schob mir ein Formular zu und nuschelte die Worte: »Unterschrift unten rechts!« Ich unterzeichnete, legte einige Geldscheine in die graue Durchreiche, die Plastikschale wanderte auf die andere Seite der Scheibe und wieder zurück, und da lag er vor mir – mein Personalausweis der Bundesrepublik Deutschland. Ich will mich nicht beklagen, es war trotz allem ein beglückender Tag für mich. Ich betrachtete es als eine große Ehre, deutscher Staatsbürger zu sein (und ich tue dies bis zum heutigen Tage). Aber wie gerne hätte ich jenen Tag meiner Einbürgerung feierlich zelebriert, wie gerne hätte ich meinen Treueeid auf das Grundgesetz geschworen und die deutsche Nationalhymne angestimmt. Und ganz sicher hätte ich in diesem Augenblick Tränen der Rührung in den Augen gehabt.

Zeitenwende

Meine Schwester Tsige und ich zählten die Zeit der Gefangenschaft unserer Familie inzwischen nicht mehr in Tagen und Wochen, sondern in Jahren. Von den im Sommer und Herbst 1974 angekündigten Prozessen, die den gefangenen kaiserlichen Beamten und Würdenträgern in Addis Abeba gemacht werden sollten, war seit dem Blutsamstag vom 23. November 1974 nie mehr die Rede gewesen. Jedes Jahr aufs neue sahen wir mit Hoffen und Bangen dem 11. September entgegen, dem äthiopischen Neujahrstag. Den Tag, an dem der Kaiser abgesetzt worden war, feierte das Militärregime als Geburtstag der Revolution: ein willkommener Anlaß, sich den Anschein von Mildtätigkeit zu geben. Jedes Jahr am 11. September veröffentlichte Mengistu eine Liste mit Gefangenen, die »begnadigt« werden sollten. So waren 1981 die einstigen Minister Haile Selassies aus dem Gefängnis entlassen worden, aber mit der kaiserlichen Familie kannte man kein Erbarmen. Nur eine einzige Angehörige des Kaisers war bislang freigelassen worden, die betagte Prinzessin Yeshashe-Work Yilma, eine Nichte Hailes Selassies. Sie war einundsiebzig, als sie inhaftiert wurde. Man entließ sie 1979 im Alter von sechsundsiebzig Jahren. Wie lange, fragte ich mich, wollte Mengistu die Kaiserfamilie noch in Sippenhaft halten? Prinzessin Tenagne-Work, die inhaftierte Tochter Haile Selassies, war im Januar 1983 siebzig geworden, meine Mutter war zweiundfünfzig. Sollten sie den Rest ihres Lebens in den Verliesen des Derg zubringen?

Mir war es inzwischen gelungen, einen ranghohen Vertrauensmann in Äthiopien zu gewinnen, der mich mit Nachrichten aus Addis Abeba versorgte. Es handelte sich um einen Offizier, der selbst Mitglied des Derg war und zum engeren Kreis von Mengistu gehörte. Als mein Vater Vizekönig von Eritrea war, hatte er mit ihm in Asmara zusammengearbeitet. Jener Mann war ganz sicher kein Monarchist, aber mein Vater genoß bei ihm hohes Ansehen. Zwischen uns beiden entwickelte sich nach und nach ein Verhältnis zu beiderlei Nutzen. Ich lieferte ihm Informationen über die Wahrnehmung Äthiopiens im Ausland, er ließ mir regelmäßig Informationen über meine Familie zukommen.

Im Sommer 1983 signalisierte mir mein Verbindungsmann, daß es Anlaß zur Hoffnung gebe. Meine Angehörigen sollten zu jenen gehören, denen am Neujahrstag die Freiheit geschenkt werde. Ich konnte es kaum glauben: Sollte, nach neun Jahren Haft, das Martyrium meiner Familie tatsächlich ein Ende haben? Als am 11. September 1983 in Addis Abeba die Liste der Gefangenen bekanntgegeben wurde, die amnestiert werden sollten, befand sich kein Mitglied der kaiserlichen Familie darunter. Doch wenige Tage später erreichte mich in Frankfurt die Nachricht, daß meine Geschwister tatsächlich freigekommen waren. Nur meine fünf Geschwister, alle anderen Angehörigen der Kaiserfamilie, einschließlich meiner Mutter, blieben weiterhin in Haft. Wie gerne hätte ich mit meinen Brüdern und Schwestern wenigstens telefoniert, aber ich wußte, daß dies zu gefährlich war. Ihnen waren die Pässe abgenommen worden, und sie standen unter ständiger Beobachtung. Ich machte mir wenig Hoffnung, daß ich sie bald in meine Arme würde schließen können. Nichts deutete darauf hin, daß man ihnen die Ausreise genehmigen würde; und auf illegale Weise das Land zu verlassen war praktisch unmöglich. Auch wenn sie nicht mehr im Gefängnis saßen, waren sie doch Gefangene im eigenen Land.

Über Dritte erfuhr ich, daß meine Geschwister wohlauf waren, bis auf meine Schwester Rebecca. Sie war während der Haft an Lupus erkrankt, einer schweren Hautkrankheit. Der Arzt, der sie nach ihrer Freilassung untersuchte, machte ihr wenig Hoffnungen. Sie hätte, als die Krankheit ausgebrochen war, auf der Stelle behandelt werden müssen. In diesem fortgeschrittenen Stadium könne ihr in Äthiopien nicht geholfen werden, sie müsse ins Ausland reisen. »Warum stellen Sie nicht einen Ausreiseantrag?« fragte der Arzt. Rebecca sah den Arzt an, als käme er von einem anderen Stern. Neun Jahre war sie gefangen gewesen, ihr Paß war eingezogen worden, ihre Mutter und ihre Tanten saßen immer noch im Gefängnis. Warum sollte die Militärjunta ausgerechnet ihr erlauben, das Land zu verlassen?

Mit Hilfe meines Kontaktmannes sollte es dann tatsächlich gelingen, ihr zur Ausreise zu verhelfen. Es handelte sich um eine Angelegenheit, die sich auf finanziellem Wege regeln ließ. Offiziell hieß es, die Ausreise würde ihr genehmigt, wenn zwei Bürgen eine größere Summe Geldes hinterlegten und garantierten, daß sie nach der Behandlung wieder nach Äthiopien zurückkäme. Jedermann wußte, daß meine Schwester unter keinen Umständen zurückkehren würde, auch die Machthaber in Addis Abeba. Es war nichts anderes als die verklausulierte Beschreibung dessen, was man gemeinhin einen Freikauf nennt. Es gelang meinen Geschwistern, zwei Geschäftsleute zu finden, die sich als Bürgen zur Verfügung stellten, und mein Kontaktmann tat das Seine dazu. Auf dem Flughafen von Frankfurt am Main traf ich mit einem jungen Mann mit Sonnenbrille zusammen, der gerade der Maschine der Ethiopian Airlines entstiegen war. Er nahm aus meiner Hand einen schwarzen Koffer entgegen, dann flog er mit derselben Maschine nach Addis Abeba zurück. Ein paar Wochen später erhielt Rebecca von der äthiopischen Regierung ein Ausreisevisum, und ich besorgte ihr von London aus ein britisches Visum und ein Flugticket.

Sie war völlig außer Atem, als sie mir am Flughafenausgang entgegenlief. Die ersten Minuten brachte niemand von uns ein Wort heraus, Tränen flossen vor Freude und Glück. Am Abend ihrer Ankunft erzählte Rebecca mir, wie es ihr die letzten neun Jahre ergangen war. Bis heute ist es mir ein Rätsel, was Mengistu dazu bewogen haben mag, ausgerechnet die Frauen der kaiserlichen Familie so grausam zu behandeln. Meine Brüder waren zusammen mit Hunderten weiterer politischen Gefangenen in den Kellern des Menelik-Palastes inhaftiert. Sie wurden von den älteren Gefangenen in Obhut genommen. Jeder gab das, was er besonders gut konnte, an die Jüngeren weiter. Die Frauen jedoch kamen in das berüchtigte Akaki-Gefängnis, jenes Gefängnis, in dem am 23. November 1974 mein Vater und seine Mitgefangenen erschossen und in einem Massengrab verscharrt worden waren. Dort wurden sie in Isolationshaft genommen, und es wurde ihnen medizinische Behandlung verweigert. Die ersten Wochen nach ihrer Gefangennahme am 12. September waren meine Geschwister und meine Mutter gemeinsam im Palast des Herzogs von Harrar untergebracht. Direkt gegenüber dem Palast lag die Amerikanische Botschaft, das gab ihnen ein gewisses Gefühl der Sicherheit – bis zu dem Tag, als sie von der Erschießung meines Vaters erfuhren. Die Familie wurde im Salon zusammengerufen, und ein Offizier des Derg erklärte ihnen: »Das endgültige Urteil wurde vollzogen!« Es dauerte einen Augenblick, bis sie die Bedeutung der Worte verstanden. Es wurde ihnen verboten, zu weinen und Trauerkleidung anzulegen. Eine Woche darauf wurden die männlichen von den weiblichen Mitgliedern der Familie getrennt. Monatelang hielt man sie in verschiedenen Flügeln des Palastes gefangen. Es war ihnen nicht erlaubt, sich zu sehen, aber sie durften sich regelmäßig schreiben. Zwanzig Wörter pro Nachricht, die Offiziere achteten penibel auf die Einhaltung dieser Vorschrift. Unter den Frauen, die zusammen mit meiner Mutter und meinen Schwestern gefangen waren, es waren insgesamt elf Personen, befand sich auch die Tochter des Kaisers, die Prinzessin Tenagne-Work. Eines Morgens im August 1975 wurde ihr wortlos eine Zeitung gereicht, die auf der Titelseite das Ableben des Kaisers meldete. So erfuhr sie vom Tod ihres Vaters. Eine Woche später wurden die Frauen ins Akaki-Gefängnis abtransportiert.

Noch vor Anbruch der Dämmerung waren die Wachen ins Zimmer gekommen und hatten ihnen erklärt, daß sie verlegt würden. Es sei nicht nötig, irgend etwas mitzunehmen, meinten die Soldaten. An dem Ort, zu dem sie gebracht würden, bräuchte man nichts. Sie wurden auf ein Militärfahrzeug geladen, die Fahrt dauerte nur wenige Minuten. Im Morgengrauen wurden sie auf einen Gefängnishof getrieben – auf ebenjenen Hof, wo neun Monate zuvor mein Vater und seine Mitgefangenen erschossen worden waren. Sie standen von morgens bis in die Nacht im Freien, bewacht von Soldaten mit Gewehr im Anschlag. Es war ihnen nicht erlaubt, sich auf den Boden zu setzen, sie bekamen weder Wasser noch etwas zu essen. Die Dunkelheit brach herein, auf dem Hof herrschte absolute Finsternis. Irgendwann waren Schritte zu hören, und dann der Befehl, Schmuck und Uhren abzulegen. Rebecca wurde aufgefordert, ihre Brille abzugeben. Sie weigerte sich, und schließlich ließen die Wachen davon ab. Man befahl ihnen, sich hintereinander aufzustellen. Rebecca war sich sicher, daß sie erschossen würden, doch es kam anders. An der Stirnwand des Hofes öffnete sich ein Tor, aus dem ein schwacher Lichtschein drang. Man trieb sie hinein. Die Tür fiel ins Schloß. Das erste, was sie wahrnahmen, war ein geradezu bestialischer Gestank. Als sich ihre Augen ans Licht gewöhnt hatten, sahen sie Hunderte Augenpaare auf sich gerichtet. Der Raum war voller Gefangener mit schmalen, verhärmten Gesichtern, die Köpfe kahlrasiert. Es dauerte eine Weile, bis sie erkannten, daß es ausnahmslos Frauen waren. Auf einer Seite standen Stockbetten, doch die meisten der Gefangenen kauerten auf dem Boden, ein paar auf Decken, die anderen auf dem nackten Beton. Niemand sagte ein Wort. Da wurde hoch oben im Raum eine Klappe zur Seite geschoben, und sie hörten die Worte: »Seid nett zu ihnen, sie haben es verdient!« Es war die Stimme eines Wachmanns, das erste Zeichen von Menschlichkeit seit dem Abtransport aus dem Palast. Eine der Frauen, die auf einem Stockbett saß, sprang herab und gab ihren Mitgefangenen Anweisungen: »Du, du und du, holt etwas zu essen! Du, du und du, bringt eure Decken!« Zwei der Gefangenen nahmen Lappen und Eimer und wandten sich dem Loch im Boden zu, das als Waschgelegenheit und als Toilette diente. Sie begannen zu putzen, damit die Neuankömmlinge es benutzen konnten. Einige der Betten wurden ihnen freigeräumt. So verbrachten die Frauen der kaiserlichen Familie in schmutzige Decken gehüllt, jeweils zu dritt auf einer Pritsche, ihre erste Nacht im Frauengefängnis von Akaki. Erst später erfuhren sie, daß es sich um die Abteilung für Schwerverbrecher handelte.

Der Tag, an dem sie nach Akaki gekommen waren, war ein Samstag. Der Sonntag galt als der Tag in der Woche, an dem die Gefangenen Besucher empfangen durften. Am Morgen betraten Wachen den Gefängnisraum und riefen meiner Mutter und den anderen Frauen zu: »Besuch für euch.« Als sie hinausgeführt wurden, staunten die Gefangenen, sie waren von einer Menge von Menschen umringt. Die Nachricht ihrer Einlieferung ins Akaki-Gefängnis hatte sich in der Stadt herumgesprochen, viele Frauen und Männer hatten sich mit Decken und Lebensmitteln auf den Weg gemacht.

Es war das erste und letzte Mal, daß zu den prominenten Gefangenen in Akaki Besucher vorgelassen wurden. Noch am selben Tag wurden sie von den anderen Häftlingen isoliert. Von nun an waren meine Schwestern, meine Mutter und die anderen Frauen der kaiserlichen Familie in einem eigenen Trakt untergebracht – elf Frauen in einem Raum von fünfundzwanzig Quadratmetern, ohne Kontakt zur Außenwelt und zu anderen Gefangenen.

Meine Schwestern verbrachten in diesem Raum acht Jahre ihres Lebens, meine Mutter fast dreizehn. Ich habe mich oft gefragt, wie sie dies durchgestanden haben, ohne Schaden an ihrer Seele zu nehmen. Zu Beginn der Haft hatten sie keine Betten, sie mußten auf dem nackten Boden schlafen. Was sie am Leib trugen, benutzten sie als Unterlage und als Zudecke. Es war ein täglicher Kampf gegen die Kälte und den Schmutz – und gegen die Ratten, die sie im Schlaf überraschten. Die Gefangenen wurden nicht körperlich mißhandelt, aber die permanente Erniedrigung, die sie in jenen Jahren erfuhren, kam einer psychischen Folter gleich. Meine Schwester erzählte mir, daß es die Routine des Tagesablaufs war, die sie am Leben erhielt. Das tägliche Ausklopfen der Decken am Morgen, das Fegen des Raumes, das Auslegen des Bodens mit Zeitungen; sie gaben sich Mühe, wenigstens den Anschein von Zivilisation aufrechtzuerhalten. Zweifellos war es für die älteren Frauen der Familie noch viel schlimmer als für meine Schwestern. Rebecca war aus den Zeiten ihres Studiums in London ein einfaches Leben gewohnt, aber tagtäglich mit anzusehen, wie ihre Mutter, die über fünfzig war, die fast siebzigjährige Prinzessin Tenagne-Work und die noch um einige Jahre ältere Prinzessin Yeshashe-Work auf dem Betonboden schlafen mußten, das erfüllte Rebecca mit Zorn. Doch gerade die älteste unter ihnen, Prinzessin Yeshashe-Work, trug die Bürde ihrer Gefangenschaft mit stoischem Gleichmut. Sie war zukkerkrank, hatte Gicht und Arthrose, aber all das hielt sie nicht davon ab, auch im Gefängnis das Regiment zu führen. Sie ließ keine Gelegenheit aus, den Generälen und Wächtern zu zeigen, wie sehr sie diese verachtete: »Ihr wollt mich umbringen?« rief sie den Offizieren des Derg zu. »Nur zu! Lieber heute als morgen.« Es war eine Form der moralischen Kriegführung, die ihr Ziel, ihre Peiniger zu beschämen, nicht verfehlte. Die Prinzessin hielt meine Mutter aufrecht und heiterte die jungen Frauen auf. »Niemals dürft ihr die Hoffnung aufgeben!« schärfte sie ihnen ein. »Versprecht mir das!« Als Prinzessin Yeshashe-Work nach fünf Jahren Haft als erste freigelassen wurde, verließ sie das Gefängnis erhobenen Hauptes.

Ohne ihre Bücher, meinte Rebecca, hätte sie die Haft wohl nicht überstanden. Sie verschlang jedes neue Buch, das Freunde und Verwandte für sie abgegeben hatten. Die Bücher durchliefen die Zensur, aber die Wächter nahmen ihre Aufgabe nicht sehr ernst. Rebecca gelang es sogar, George Orwells *Animal Farm* im Gefängnis zu lesen. Der für die Zensur zuständige Wärter überreichte ihr das Buch mit den Worten: »Ich wußte gar nicht, daß du dich für Landwirtschaft interessierst.« In der ersten Zeit der Gefangenschaft verhielten sich die Wächter und Soldaten unnahbar, doch das änderte sich mit den Jahren. Der »Rote Terror« tränkte ganz Äthiopien mit Blut, so konnte es nicht ausbleiben, daß auch Angehörige und Freunde der Wärter den Schergen Mengistus zum Opfer fielen. Es habe Wärterinnen und Wärter gegeben, erzählte Rebecca, die mit ihr und den Mitgefangenen weinten. Tag für Tag lebten sie mit ihnen, und als meine Schwestern Rebecca und Mimi die Nachricht von ihrer Freilassung erhielten, waren ihre Aufpasser die ersten, die sie beglückwünschten.

Zuerst wollten meine Schwestern es nicht glauben. Die Nachricht wurde ihnen an einem Sonntag mitten in der Nacht überbracht, sie waren bereits im Nachthemd und hatten sich schlafen gelegt. Rebecca weigerte sich anfangs mitzugehen. Auf keinen Fall wollte sie ihre Tanten und ihre Mutter allein im Gefängnis zurücklassen. Doch Prinzessin Tenagne-Work nahm meine Schwester beiseite und erklärte ihr: »Sei vernünftig. Du kannst uns draußen mehr helfen als hier drinnen.« Ich bin froh, daß Rebecca den Rat der Prinzessin befolgte.

Die letzte Nacht vor ihrer Freilassung sollte für sie jedoch eine der schlimmsten ihrer neunjährigen Gefangenschaft werden. Rebecca blieb mißtrauisch bis zuletzt. Wenn man sie freilassen wollte, warum ausgerechnet mitten in der Nacht? Rebecca und Mimi wurden zu einem weißen Volkswagen geführt, der vor dem Gefängnis stand. Darin saßen meine Brüder Mulugeta, Kassa und Wond-Wossen, die man aus den Kellern des Menelik-Palastes geholt hatte. Meinen jüngsten Bruder Wond-Wossen erkannte Rebecca kaum wieder. Er war ein Junge von vierzehn Jahren, als er verhaftet worden war, nun sah sie in das Gesicht eines erwachsenen Mannes im Alter von dreiundzwanzig. Noch bevor sie sich umarmen konnten, wurde meinen Geschwistern befohlen, in ein Militärfahrzeug zu steigen. Die Fahrt durch die finstere Nacht dauerte vielleicht eine halbe Stunde. »Macht euch keine Sorgen, ihr werdet freigelassen«, versuchte sie einer der Soldaten im Wagen zu beruhigen. Doch meine Geschwister erschraken, als der Wagen vor einem weiteren Gefängnis hielt. Aus dem Gebäude drangen dumpfe Schreie nach draußen, es war eines jener Verliese, das als Folterstätte Mengistus berüchtigt war. Sie wurden die Stufen hinab in einen großen Raum geführt, in dem sich nichts befand außer ein paar hölzernen Schemeln. Von der Decke leuchtete eine nackte Glühbirne, an den Seitenwänden hoben sich zwei grünlackierte Metalltüren vom grauen Beton ab. Man befahl ihnen, sich hinzusetzen, dann verließen die Wachen den Raum. Als Rebecca in der Halle auf dem Schemel saß und darauf wartete, was nun geschehen würde, erinnerte sie sich an den Film *Nikolaus und Alexandra*, den sie Anfang der siebziger Jahre im Kino gesehen hatte: die gefangene Zarenfamilie in Jekaterinburg, der einsame Keller, das hereinstürmende Erschießungskommando . . . Sie war sich sicher, daß ihnen das gleiche Schicksal bevorstand. Nach quälenden Minuten des Wartens betrat ein einzelner bewaffneter Offizier den Raum und stellte sich vor meinen Geschwistern in Position. Die Brust nach vorn gestreckt, setzte er zu einem Vortrag über die Errungenschaften des »äthiopischen Sozialismus« an. Er redete wohl eine geschlagene Stunde – eine nicht enden wollende Suada. Und in fast jedem seiner Sätze tauchte die Vokabel *hibretesebawinet* auf, bei der inzwischen niemandem mehr in Äthiopien die Worte »Einheit« und »Menschlichkeit« in den Sinn kamen. Am Schluß seiner Ausführungen sagte der Offizier zu meinen Geschwistern: »Hoffentlich habt ihr gut zugehört. Jetzt seid ihr entlassen.« Dann wurden sie vor die Tore des Gefängnisses geführt, wo Emamma Bezounesh und unser Diener Ketemma bereits seit Stunden auf sie warteten.

Beinahe, erzählte mir Rebecca, wäre ihre Ausreise doch noch vereitelt worden. Es war ihr auferlegt, mit niemandem darüber zu sprechen, daß sie das Land verlassen würde. Am Tag vor ihrer Abreise wurde sie vom äthiopischen Geheimdienst einbestellt. Meine Brüder, die wußten, daß Rebecca sich nicht würde einschüchtern lassen, schärften ihr ein, sich diplomatisch zu verhalten: »Du bist so gut wie draußen«, sagte Mulugeta, »mach jetzt bloß keine Dummheiten!« Meine Schwester hielt sich nicht daran. Sie betrat ein holzgetäfeltes Büro mit einem riesigen Schreibtisch, hinter dem ein Mann in Uniform saß. Der Offizier hielt den Blick auf einen Stapel von Akten gesenkt, über ihm prangte eine Photographie von Oberst Mengistu im Kampfanzug, die Linke empor gestreckt und zur Faust geballt. Unaufgefordert nahm Rebecca auf einem der Ledersessel Platz, die ein wenig abseits um einen Couchtisch herum gruppiert waren. Der Mann hinter dem Schreibtisch machte keine Anstalten, von ihr Notiz zu nehmen. Rebecca zündete sich eine Zigarette an, und nach einer Weile fragte sie: »Wie lange wird das hier dauern?« Endlich blickte der Offizier von seinen Akten auf. »Sie sollten wissen«, entgegnete er, »daß ich von Anfang an gegen Ihre Freilassung war und daß ich auch jetzt dagegen bin, daß Ihnen die Ausreise erlaubt wird. Es wurde auf höherer Ebene entschieden.« Nach einer Pause setzte er hinzu: »Ich habe Sie kommen lassen, um Sie zu warnen. Wenn Sie irgendwelche Interviews geben, wenn sie Einzelheiten über ihre Haft erzählen sollten – denken Sie stets daran, daß ihre Mutter im Gefängnis sitzt, und daran, daß wir ihre Geschwister jederzeit wieder verhaften können.« Da riß es Rebecca von ihrem Sessel, sie bemühte sich, nicht zu schreien: »Und ich warne *Sie*! Wenn ich auch nur hören sollte, daß meine Mutter im Gefängnis einen Schnupfen bekommt . . .« Sie verließ das Büro und knallte die Tür hinter sich zu.

Als mir Rebecca dies erzählte, stockte mir der Atem. Wie viele Äthiopier sind unter Mengistu aus weit geringerem Anlaß standrechtlich erschossen worden! Meine Geschwister rechneten mit dem Schlimmsten, aber nichts geschah. Am nächsten Tag bestieg Rebecca das Flugzeug nach London. Ein ehemaliger Beamter der kaiserlichen Regierung, der wie sie lange in Haft war und nun bei Ethiopian Airlines arbeitete, erkannte sie, als er ihr Handgepäck kontrollierte. Er lächelte ihr zu und sagte: »Ich freue mich so sehr für Sie, daß Sie gehen können.« Rebecca dachte an die Worte des Offiziers und entgegnete nur: »Ich fliege nach Asmara, nicht weiter.« Im Flugzeug stieß Rebecca auf ein bekanntes Gesicht, ein Mitarbeiter des äthiopischen Geheimdienstes, der den Platz direkt neben ihr hatte. Solange sie sich in einem Flugzeug von Ethiopian Airlines befand, schoß es ihr durch den Kopf, war sie noch nicht in Sicherheit. Den ganzen Flug über beobachtete sie ihren Nachbarn aus den Augenwinkeln: Konnte es sein, daß die Regierung einen

Agenten auf sie angesetzt hatte? In der ersten Reihe hatte sie einen freien Platz gesehen, kurz vor dem Landeanflug nahm sie ihre Tasche und setzte sich nach vorne. Und in dem Augenblick, als das Flugzeug auf der Rollbahn zum Stehen kam und die Zeichen zum Anschnallen erloschen, sprang Rebecca auf und rannte so schnell sie konnte zum Ausgang. »Was denkt sich dieser Mengistu eigentlich!« machte sich Rebecca Luft, nachdem sie mir alles erzählt hatte. »Ich kenne diesen Typ überhaupt nicht. Ich habe ihn nie in meinem Leben gesehen. Was in aller Welt nur haben wir ihm getan?«

Rebecca ließ sich von den Drohungen des Geheimdienstoffiziers in Addis Abeba nicht einschüchtern. Sie wurde eine wichtige Zeugin, die aus eigener Anschauung über die Haftbedingungen der politischen Gefangenen in Äthiopien berichten konnte. Es heißt, daß in Zeiten der Diktatur die Korruption das letzte Stück Freiheit sei, und nur durch den Einsatz aller zur Verfügung stehenden politischen, aber auch finanziellen Mittel konnte ich mein Ziel erreichen, meine Geschwister baldmöglichst außer Landes zu schaffen. Dieses konnte ich mit Gottes Hilfe und durch die aktive Unterstützung vieler Freunde und Gönner in Europa tun. Mein Gewährsmann des Derg tat das Seine. Codewörter wurden ausgetauscht, Termine und Treffpunkte vereinbart, und noch mancher Koffer wanderte am Flughafen Frankfurt von einer Hand in die andere. So konnten in den achtziger Jahren nach und nach alle meine Brüder das Land verlassen. Und wie habe ich die dafür erforderlichen Mittel bereitstellen können? Ich habe sie buchstäblich zusammengebettelt, doch immer in der Hoffnung, einen Teil davon in Zukunft zurückzahlen zu können. Meine Familie hat ihr Leben vielen hochherzigen Wohltätern zu verdanken, deren Geduld und Großherzigkeit ich in ständiger Dankbarkeit bewahre. Meine Brüder wurden in London herzlich aufgenommen. Aber es gab keinerlei Anzeichen dafür, daß sich die Militärjunta in Addis Abeba dazu erbarmen ließ, meine Mutter und die anderen noch inhaftieren Angehörigen der Kaiserfamilie freizulassen. Sie sollten das Faustpfand sein, das Mengistu bis zuletzt in seinen Händen behalten wollte.

Es waren vor allem drei Staaten, die Mengistus Regime in Addis Abeba aufrechterhielten: die Sowjetunion, Kuba und die Deutsche Demokratische Republik. Mit Erich Honecker pflegte Mengistu ein besonders inniges Verhältnis. Kaum eine Gelegenheit ließ der Generalsekretär des Zentralkomitees der SED und Vorsitzende des Staatsrats der DDR aus, um seine Verbundenheit mit dem äthiopischen Sozialismus zu bekunden. Am 11. September 1984, zum zehnten Jahrestag der äthiopischen Revolution, verkündete Mengistu die Gründung einer sozialistischen Einheitspartei und legte sich den Titel »Generalsekretär der Äthiopischen Arbeiterpartei« zu. Während die Meldungen über die neuerliche Hungerkatastrophe in Tigray und Wollo um die Welt gingen, feierte sich das Regime mit Paraden und Aufmärschen. Neben hochrangigen Vertretern aus Moskau, Havanna, Hanoi und Pjöngjang war auch Erich Honecker unter den Gästen. Auf einem Parkstück in der Nähe der Universität weihten die beiden Generalsekretäre Honecker und Mengistu eine riesige Büste mit dem Konterfei von Karl Marx ein, ein Geschenk der Werktätigen der DDR an die Arbeiter und Bauern Äthiopiens. Fünf Meter ragte das Denkmal aus Meißener Granit in den Himmel. Es war aus mehr als einem Dutzend Einzelteilen zusammengesetzt, die mitsamt der für die Aufstellung nötigen Hebetechnik von Ostberlin nach Addis Abeba geflogen worden waren. Nicht nur Granitbüsten offerierte die DDR ihrem Bruderstaat am Horn von Afrika, sie lieferte Industriegüter, Waffen und »Material für Sonderaufgaben«, wie es im Jargon des Ministeriums für Staatssicherheit hieß: Foltergeräte, Schlagstöcke, Handfesseln, Knebel und Ketten. Die DDR schickte Spezialkräfte und militärische Berater, der äthiopische Geheimdienst wurde von Offizieren der Staatssicherheit aufgebaut. Viele der Lehrmeister aus Ostberlin waren in den Gefängnissen Mengistus selbst an Folterungen beteiligt, ein finsteres Kapitel der äthiopisch-deutschen Geschichte, das bis heute kaum aufgeklärt ist.

Der Geheimdienst der DDR lieferte darüber hinaus regelmäßige Berichte über die Aktivitäten der Exil-Äthiopier in der Bundesrepublik Deutschland nach Addis Abeba. Daß auch ich es in Ostberlin zu einem gewissen Bekanntheitsgrad gebracht habe, erfuhr ich Anfang der achtziger Jahre auf einem Presseempfang der Düsseldorfer Messe. Ein Freund von mir führte dort ein Gespräch mit einem leitenden Redakteur des *Neuen Deutschland*. Er sah mich ein paar Meter entfernt an der Theke stehen, zeigte auf mich und sagte zu seinem Gegenüber: »Sehen Sie den da? Das ist ein großer äthiopischer Patriot ... Gehen Sie ihn mal begrüßen.« Dem Parteijournalisten aus Ostberlin muß die Ironie dieser Worte entgangen sein. Ohne eine Sekunde zu zögern, lief er mit ausgestreckten Armen auf mich zu und begrüßte mich in breitestem Sächsisch mit den Worten: »Komm, umarme mich, Genosse!« Bevor ich Einspruch erheben konnte, hatte er schon seine Lippen zum Bruderkuß geschürzt. »Verzeihen Sie, mein Herr«, entgegnete ich, »aber ich bin von der anderen Seite.« Er blieb wie angewurzelt stehen und rief: »*Sie* sind es also!« Dann machte er auf dem Absatz kehrt und eilte davon.

Auch den bundesdeutschen Behörden war es nicht entgangen, daß ich im Fadenkreuz des ostdeutschen Geheimdienstes stand. Die örtliche Polizei in Frankfurt hatte mir einen »persönlichen Ansprechpartner« zur Verfügung gestellt. Hin und wieder meldete er sich bei mir, meist mit beruhigenden Worten, doch einmal erklärte er mir: »In Äthiopien stehen Sie auf der Liste der politischen Staatsfeinde an Nummer vier.« Ich schluckte, als ich dies hörte, das war mehr Prominenz, als mir lieb sein konnte. Er bemerkte mein Unbehagen und setzte hinzu: »Sie brauchen sich keine Sorgen zu machen, wenn Sie auf Platz zwei vorgerückt sind, bekommen Sie Polizeischutz.« – »Und wer sagt Ihnen«, entgegnete ich, »daß Sie es erfahren, wenn Mengistu seine Liste auf den neuesten Stand bringt?« Aller Nachstellungen und Einschüchterungsversuche zum Trotz: Ich hatte mir fest vorgenommen, mir keine Angst einjagen zu lassen. Es war dies weniger eine Frage des Mutes als eine Frage des

Stolzes. Mengistus Schergen hatten meinen Vater erschossen und meine Familie auf unvorstellbare Weise gedemütigt. Ich jedoch hatte mir geschworen: Mich würden sie nicht dazu bringen, daß ich vor ihnen zitterte.

Den dreizehnten Jahrestag der äthiopischen Revolution im Jahre 1987 nahm Mengistu zum Anlaß, den Provisorischen Militärrat aufzulösen und die »Volksrepublik Äthiopien« auszurufen. Das Land erhielt eine Verfassung marxistischen Zuschnitts und eine Abgeordnetenkammer, die sich *Shengo* nannte und Mengistu zu ihrem Präsidenten ausrief. Auch zu diesen Feierlichkeiten war Honecker aus Ostberlin angereist ebenso wie Todor Schiwkow, der Staatschef des kommunistischen Bulgarien. Der neue Generalsekretär der KPdSU jedoch, der seit zwei Jahren im Amt war, Michail Gorbatschow, hatte sich entschuldigen lassen und in Vertretung den örtlichen Moskauer Parteichef geschickt. Es war ein erstes Zeichen dafür, daß sich die Sowjetunion unter ihrer neuen Führung von Mengistu abzuwenden begann. Im Januar 1987 hatte Michail Gorbatschow die demokratische Umgestaltung von Partei und Gesellschaft verkündet. Ein paar Wochen zuvor war der sowjetische Regimekritiker Andrej Sacharow rehabilitiert und aus der Verbannung zurückgerufen worden. Moskau nahm Abschied von der Breschnew-Doktrin und sicherte den Ostblock-Staaten Eigenständigkeit zu. Es dauerte nicht lange, bis die ersten Länder, allen voran Polen und Ungarn, davon Gebrauch machten und politische Reformen durchsetzten. Der frischernannte Präsident der Volksrepublik Äthiopien reagierte auf seine Weise und verbot den äthiopischen Medien die Verwendung der Begriffe *Glasnost* und *Perestroika*.

Rebecca, Tsige und ich und all die anderen, die immer noch beharrlich um die Freilassung der letzten Gefangenen der kaiserlichen Familie kämpften, begannen wieder Hoffnung zu schöpfen. Ich versuchte, Kontakt zum Kreml aufzunehmen und schrieb Michail Gorbatschow einen Brief, in dem ich ihn bat, seinen Einfluß auf Mengistu geltend zu machen, aber es kam keine Antwort. Im Jahr

1988 sollten aufgrund der Lomé-III-Vereinbarung der Europäischen Gemeinschaft mit sechsundsechzig Entwicklungsländern in Afrika, der Karibik und im Pazifik (den sogenannten AKP-Staaten) Entwicklungshilfegelder in Höhe von 476 Millionen Mark an Äthiopien freigegeben werden. Nicht nur ich, die allermeisten Exil-Äthiopier in Amerika und Europa waren empört darüber, daß die EG das Regime von Mengistu zu einem Zeitpunkt stützte, als sich die treuesten sozialistischen Bruderstaaten von ihm abzuwenden begannen. Es war offensichtlich, daß das Regime gespendete Nahrungsmittel einbehielt und nicht an die hungernde Bevölkerung, sondern an die Regierungstruppen verteilte, die im Kampf gegen die aufständischen Provinzen vor nichts zurückschreckten. Am 22. Juni 1988 warfen Flugzeuge der Regierung Napalmbomben auf die Stadt Hauzien nördlich von Mekele. 2500 Bewohner starben im Feuersturm – ein äthiopisches Guernica. Wenn der Widerstand nicht mit Gewehren zu unterdrücken war, dachte sich die Regierung, dann eben auf andere Weise. Ich beschloß, die Diskussion um die Zahlungen aus dem Lomé-Abkommen für eine öffentliche Kampagne zu nutzen. Erst wenn sich das sozialistische Regime zu den elementaren Menschenrechten bekenne und alle politischen Gefangenen in Äthiopien auf freien Fuß setze, sollten die Gelder freigegeben werden. In der britischen Europa-Abgeordneten Margaret Daly fand ich eine leidenschaftliche Fürsprecherin. Sie war die Vizepräsidentin des Entwicklungshilfeausschusses des Europäischen Parlaments und ermöglichte es mir, im März 1988 an einer Anhörung des Ausschusses in Straßburg teilzunehmen und einen Vortrag über die Menschenrechtssituation in Äthiopien zu halten. Ein paar Tage später reiste Margaret Daly selbst nach Äthiopien, um die verbliebenen zehn inhaftierten Mitglieder der Kaiserfamilie im Gefängnis zu besuchen. Sie hatte britische Einreisevisa für alle der zehn Inhaftierten im Gepäck, und sie wurde tatsächlich zu ihnen vorgelassen. Aber es gab keinen Hinweis darauf, daß die Regierung in Addis Abeba den Forderungen des Europäischen Parlaments nachkommen wollte.

Ich weiß nicht, was dann tatsächlich den Ausschlag gegeben hat: War es die Drohung der EG, der äthiopischen Regierung die Gelder aus dem Lomé-Abkommen nicht zu bewilligen? War es das beherzte Auftreten von Margaret Daly in Addis Abeba? Oder war es vielleicht der fünfundzwanzigste Jahrestag der Organisation für Afrikanische Einheit, zu dem Ende Mai die afrikanischen Staatschefs in Addis Abeba erwartet wurden? Mehrere von ihnen hatten Mengistu immer wieder bedrängt, die kaiserliche Familie freizulassen, schließlich galt Haile Selassie als der Vater und Wegbereiter der OAU. Am Abend des 23. Mai 1988 war ich zum Essen eingeladen. Ich wollte pünktlich sein und war gerade dabei, das Haus zu verlassen. Ich hatte die Wohnungstür schon zugezogen und den Schlüssel in der Hand, als ich das Telefon klingeln hörte. Ein paar Sekunden stand ich unschlüssig vor der Tür und hörte dem Klingeln zu. Ich zählte in Gedanken mit – ein hartnäckiger Anrufer, dachte ich. Vielleicht meine Gastgeberin, der eingefallen war, daß noch irgend etwas fehlte? Ich drehte den Schlüssel im Schloß, öffnete die Tür und stürzte zum Telefon. Es war nicht meine Gastgeberin, es war mein treuer Freund Ketemma aus Addis Abeba. Die inhaftierten Frauen der kaiserlichen Familie seien frei, sagte er, und zwar alle sieben: die Herzogin Sara von Harrar, Prinzessin Tenagne-Work mit ihren vier Töchtern – und die Prinzessin Zuriash-Work, meine Mutter. Es gehe ihnen allen gut, versicherte mir Ketemma. Er legte auf, und ich saß wie versteinert auf meinem Stuhl, den Telefonhörer in der Hand haltend. Aus der Muschel erklang der Besetztton, aber ich achtete nicht darauf. Die Worte Ketemmas hallten in meinem Kopf. Es dauerte ein paar Minuten, dann liefen die Tränen in Strömen über mein Gesicht, ich weinte und lachte zugleich. Mit einem Mal fiel eine schwere Last von mir ab. Ich weiß nicht mehr, wie lange ich so dasaß. Irgendwann stand ich auf, ging zum Kühlschrank, nahm eine Flasche Champagner heraus und machte mich auf den Weg. Ich würde zu spät zum Essen kommen, dachte ich, als ich das Haus verließ.

Noch in derselben Nacht gelang es mir, mit meiner Mutter zu

sprechen. Es dauerte eine ganze Weile, bis ich realisiert hatte, daß das, worum ich vierzehn Jahre gekämpft hatte, nun Wirklichkeit war: Meine Mutter war frei! Nun ging es darum, auch sie so schnell wie möglich aus Äthiopien herauszubekommen.

Es sollte schließlich drei lange Jahre dauern. Erst mußte der Eiserne Vorhang fallen, erst mußte der Wind der Geschichte die maroden sozialistischen Systeme von der Landkarte fegen und Mengistu gestürzt werden, bevor meine Mutter Äthiopien verlassen konnte. Anfangs hatte ich darauf gesetzt, daß mir mein Verbindungsmann in Addis Abeba noch einmal behilflich sein würde. Doch zu jener Zeit trug er bereits einen kühnen Plan in seiner Brust, und er wollte alles vermeiden, was diesen hätte gefährden können. Er gehörte zu jenen Offizieren, die im Mai 1989 einen Putschversuch gegen Mengistu unternahmen. Mengistu war gerade zu einem Staatsbesuch in der DDR, als die Gruppe von Offizieren in Addis Abeba die Schaltzentralen der Macht besetzte und den Diktator für abgesetzt erklärte. Sowie Mengistu von dem Umsturzversuch erfuhr, brach er seinen Besuch ab und flog unverzüglich nach Addis Abeba zurück. Innerhalb weniger Stunden gelang es ihm, die Revolte niederzuschlagen. In den darauffolgenden Wochen wurden Hunderte von Generälen und Offizieren der äthiopischen Armee hingerichtet. Zu ihnen zählte auch mein Gewährsmann aus dem Derg. Über ihn hatte ich bereits Monate vorher von dem Umsturzplan erfahren. Er hatte sich an mich gewandt mit der Bitte, ihm bei der Beschaffung von abhörsicheren Funkgeräten behilflich zu sein. Ich nahm Kontakt zu verschiedenen Behörden auf, darunter auch zu Dr. Hans Stercken, dem Vorsitzenden des Auswärtigen Ausschusses des Deutschen Bundestags, mit dem ich seit einigen Jahren bekannt war. Im Jahre 1988 war er selbst mit Mengistu in Addis Abeba zusammengekommen. Als Stercken das mächtige Dreierportrait von Marx, Engels und Lenin auf dem Revolutionsplatz sah, soll er – wie mir der damalige Sekretär des Ausschusses, Dr. Hans Schwüppe, berichtete, der ihn auf dieser Reise begleitete – zu Mengistu gesagt haben:

»Könnten Sie nicht wenigstens die beiden Rheinländer aus dem Bild entfernen?« Mengistu soll keine Miene verzogen haben, als er dies hörte. Auf jeden Fall kontaktierte Dr. Stercken einige Nato-Beamte und amerikanische Regierungsstellen. Doch seine Bemühungen blieben erfolglos, und so mußte ich meinem Gewährsmann mitteilen, daß wir von den westlichen Mächten keinerlei Hilfe erwarten konnten. Es entbehrt nicht einer gewissen Ironie, daß einer der Gründe für das Scheitern des Putsches ausgerechnet die unzureichende Kommunikation zwischen den Putschisten in Addis Abeba und Asmara war. Die Gespräche, die über die vorhandenen herkömmlichen Funkgeräte von Ohr zu Ohr gingen, wurden von Beamten der Staatssicherheit abgehört und deren Inhalt dem äthiopischen Staatschef überbracht.

»Die Mauer wird in fünfzig und auch in hundert Jahren noch bestehen«, erklärte Erich Honecker zu Beginn des Jahres 1989. Ein paar Monate später begann die Erosion der DDR. Im Mai 1989 bauten ungarische Grenzsoldaten den Stacheldrahtzaun zur österreichischen Grenze ab, im Sommer besetzten Tausende Ostdeutscher die Botschaften der Bundesrepublik in Warschau, Prag und Budapest. Am 10. September öffnete Ungarn die Grenze zu Österreich für die Bürger der DDR, zwanzig Tage später verkündete Hans-Dietrich Genscher vom Balkon der Prager Botschaft die Ausreiseerlaubnis für die vielen, die seit Wochen und Monaten auf dem Botschaftsgelände ausharrten. Und am 18. Oktober wurde Erich Honecker vom Politbüro der SED gestürzt. Auch ich saß in der Nacht des 9. November 1989 und in den Tagen danach gebannt vor dem Fernseher und sah zu, wie die Mauer fiel. Ich sah die Lawine der Trabis, die sich durch den Grenzübergang Bornholmer Straße durch das Spalier jubelnder Berliner aus beiden Teilen der Stadt schob, sah die Menschen auf der Mauer tanzen und singen, sah, wie sich Ost- und Westdeutsche nach Jahrzehnten der Trennung weinend vor Rührung in die Arme fielen. »Die Deutschen sind heute das glücklichste Volk auf der Welt«, verkündete der Westberliner Regierende Bürgermeister Walter Momper, und wer wollte daran zweifeln. Für mich war dies im doppelten Sinne ein glücklicher Moment. Ich freute mich für Deutschland, daß die Zeit der Teilung des Landes zu Ende ging. Und ich freute mich für Äthiopien: Wenn die DDR unterging, davon war ich fest überzeugt, waren auch die Tage des Mengistu-Regimes gezählt. Doch wie verwundert war ich, als ich feststellte, daß sich in dieser Schicksalsstunde ihres Landes nicht alle Deutschen gleichermaßen freuen konnten. Als Helmut Kohl, Willy Brandt, Hans-Dietrich Genscher und Walter Momper gemeinsam vor dem Rathaus Schöneberg die Nationalhymne anstimmten, wurden sie ausgepfiffen. Gab es jemals in der deutschen Geschichte einen Moment, an dem die Liedzeile »Einigkeit und Recht und Freiheit« mit größerer Berechtigung hätte gesungen werden kön-nen? Am Beispiel meiner Heimat Äthiopien konnte ich sehen, welch kostbares und fragiles Gut die Einheit der Nation ist. Nie hätte ich mir träumen lassen, daß nicht alle Deutschen in dieser Stunde für die Wiedervereinigung ihres Landes eintraten. Es gab leider immer noch Menschen, die, nachdem der Sozialismus mehr als siebzig Jahre lang seine blutige Spur über den Erdball gezogen hatte, weiterhin an einen »Sozialismus mit menschlichem Antlitz« glaubten. Und zu meinem Erschrecken gehörte dazu nicht nur der versprengte unverbesserliche Kern der alten SED, sondern auch ein Teil der Sozialdemokratischen Partei Deutschlands, allen voran ihr Kanzlerkandidat Oskar Lafontaine. Dabei bot doch jeder der sozia-listischen Bruderstaaten des Ostblocks, die man in diesen Monaten einen nach dem anderen in sich zusammenfallen sah, den gleichen erbärmlichen Anblick. »Sie können nicht ertragen, daß einer ein Schloß hat und der andere ein Lumpenbett«, hatte Witold Gom-browicz schon Anfang der fünfziger Jahre mit Blick auf seine Hei-mat Polen notiert. »Sie sind sich gar nicht so sicher, daß die Dikta-tur des Proletariats jedem ein Häuschen mit Garten verschafft. Aber das ist es gerade, sie wollen lieber ein allgemeines, gerechtes Lum-penbett und Elend für alle als einen Wohlstand, der auf Unrecht ge-wachsen ist.«

Im Herbst und Winter des Jahres 1989 waren auf den Straßen

und Plätzen im Osten Deutschlands nicht nur der Chor der Worte »Einigkeit und Recht und Freiheit« zu hören, sondern auch »Deutschland einig Vaterland«, die Worte aus der Hymne der DDR. Im Gegensatz zu ihren Führern, die bei offiziellen Anlässen nur noch die Melodie von Hanns Eisler spielen ließen, haben die Ostdeutschen ihre Hymne sehr wohl beim Wort genommen. Daß diese selbst ein unvermißverständliches Bekenntnis zur Wiedervereinigung enthielt, war den Genossen der SED seit je unangenehm. Als Willy Stoph, damals noch stellvertretender Vorsitzender des Staatsrates der DDR, dem deutschen Bundeskanzler Willy Brandt im Jahr 1972 erklärte, es gebe zwei deutsche Staaten, entgegnete dieser: »Aber Sie singen doch selbst in Ihrer Hymne: Deutschland einig Vaterland!« Hätte man mich 1990 gefragt, welche Hymne für das wiedervereinigte Deutschland die beste wäre, ich hätte für die Vereinigung der beiden deutschen Hymnen plädiert. Die Verse der einstigen DDR-Hymne passen hervorragend zu der Komposition von Joseph Haydn, Johannes R. Becher hatte sie ursprünglich sogar für diese geschrieben. Kann man sich treffendere Worte für die Deutschen und ihre Geschichte vorstellen als die Verszeile »Auferstanden aus Ruinen und der Zukunft zugewandt«? Jedenfalls hätte in diesem Fall niemand mehr der Versuchung erliegen können, beim Singen der Hymne statt der dritten Strophe des Lieds der Deutschen dessen erste Strophe anzustimmen, oder gar dessen zweite mit ihren betörenden Versen: »Deutsche Frauen, deutsche Treue, deutscher Wein und deutscher Sang / Sollen in der Welt behalten ihren alten schönen Klang / Uns zu edler Tat begeistern unser ganzes Leben lang.«

In den zwanzig Jahren, die ich mich bis dato in Deutschland aufhielt, war ich nie nach Berlin gereist. Die Vorstellung, auf dem Transitweg die DDR passieren zu müssen und den Grenzbeamten des treuesten Verbündeten des Unrechtsregimes in meiner Heimat von Angesicht zu Angesicht gegenüberzustehen, war mir ein Graus. Nun, nach dem Fall der Mauer, wollte ich endlich Berlin sehen und die Gelegenheit ergreifen, mir selbst ein Bild vom Osten Deutschlands zu machen. Da ich keinen deutschen Reisepaß bei mir hatte, erhielt ich am Paßschalter des Tränenpalastes, wie die Berliner den Grenzübergang am Bahnhof Friedrichstraße nannten, einen provisorischen Paß der DDR ausgestellt. Mir war ein wenig mulmig zumute, als ich die unzähligen, größtenteils verwaisten Abfertigungsanlagen sah. Ich ging die Friedrichstraße hinab, bog auf die Prachtstraße Unter den Linden ein und lief bis zum Alexanderplatz und wieder zurück. Es war einer jener Berliner Wintertage, an denen es nicht hell werden wollte. Die Straßen, die Häuser, der Himmel, alles war in ein einziges trostloses Grau getaucht. In den Gesichtern der Menschen war nichts von der Euphorie der Tage der Maueröffnung zu spüren, die doch erst ein paar Wochen zurücklagen. Ich war erleichtert, als ich wenig später wieder auf der anderen Seite des Tränenpalasts stand.

Wenig später sollte es mir dann doch noch gelingen, im Kreml vorzusprechen. Mein Freund Manfred Hardt, ein deutscher Unternehmer mit guten Kontakten zum sowjetischen Außenminister Eduard Schewardnadse, war mir dabei behilflich, den Besuch einzufädeln. Die Äthiopische Botschaft in Moskau sollte von meinem Aufenthalt nichts erfahren, offiziell reiste ich als Teilnehmer an einer Tagung der sowjetischen Akademie der Wissenschaften mit dem Titel »Wissenschaftliche und humanitäre Zusammenarbeit in der Welt«. Als mein persönlicher Begleiter war der Vizepräsident des Instituts für Systemforschung ausersehen, Professor Viktor Gelowani, der selbst Georgier und ein enger Vertrauter Schewardnadses war. Als Gast der Akademie hatte ich die Ehre, mit einem schwarzen Tschaika mit verdunkelten Scheiben durch die Stadt gefahren zu werden. Ich war im Hotel Meshdunarodnaja untergebracht, einem dreizehnstöckigen Betonklotz mit mehr als 500 Zimmern, der anläßlich der Olympischen Spiele 1980 von dem amerikanischen Ölmagnaten Armand Hammer gebaut worden war. Als Vorsitzender von Occidential Petroleum hatte Dr. Hammer bereits zu Zeiten Stalins beste Geschäftsbeziehungen zu Moskau gepflegt. In der Lobby des Hotels erhob sich eine riesige Kupfersäule mit einer Uhr und einem Messinghahn an der Spitze, der zu jeder vollen Stunde krähte. Vom Fenster meines Zimmers aus sah ich auf die Moskwa hinab und auf das Hotel Ukraina auf der anderen Seite des Flusses, eine der »sieben Schwestern«, wie die nach dem Zweiten Weltkrieg im stalinistischen Zuckerbäckerstil erbauten Hochhäuser genannt wurden.

Während meines Aufenthalts in Moskau erfuhr ich, was wahre georgische Gastfreundschaft heißt. Mein Begleiter Professor Gelowani führte mich in eines der ersten privaten Restaurants, in die man damals seinen Wodka noch selbst mitzubringen hatte, und wies mich in die Feinheiten der georgischen Tischkultur ein. Zu einer georgischen Tischzeremonie gehört ein Zeremonienmeister, der *tamada*, dem die Pflicht aufgetragen ist, die zahlreichen obligatorischen Toasts auszusprechen: auf die versammelten Gäste, auf deren Ahnen und Vorfahren, auf Georgiens Zukunft und die von Äthiopien, auf das weibliche Geschlecht und den Weltfrieden. Ich hatte mir nicht vorstellen können, daß der Toast irgendwo auf der Welt eine noch zentralere Rolle spielen könnte als in der Kneipe meines altehrwürdigen Corps Suevia, in Moskau allerdings wurde ich eines besseren belehrt. Mein Begleiter zeigte mir die Stadt, in dessen Straßen der Frühlingshauch der Perestroika wehte. In der Pokrovskaja-Kirche zündete ich eine Kerze für meinen Vater an, bevor ich in den Kreml geführt wurde und in das Allerheiligste der untergehenden Sowjetunion, das Lenin-Mausoleum am Roten Platz. Nicht ohne Genugtuung vernahm ich aus dem Mund meines Begleiters, daß das Sowjetparlament gerade den Beschluß diskutierte, von der Kremlspitze den roten Stern abzunehmen und durch den alten doppelköpfigen Adler des Russischen Reiches zu ersetzen.

Schließlich erhielt ich am letzten Tag meines Besuchs in der Sowjetunion eine Audienz bei einem engen Vertrauten von Generalsekretär Michail Gorbatschow, Professor Dscherman Gwischiani, Mitglied der Akademie der Wissenschaften und Präsident des Instituts für Systemforschung. Professor Gwischiani galt als Gorbatschows Fachmann für heikle außenpolitische Missionen, und wenn er versicherte, daß er das Anliegen eines Besuchers dem Generalsekretär vortragen würde, konnte man davon ausgehen, daß dies auch geschah. Professor Gwischiani wußte über die aktuellen Entwicklungen in Äthiopien bestens Bescheid, und er machte keinen Hehl daraus, daß er alles andere als ein Freund von Mengistu war. Ich weiß nicht zu sagen, ob mein Besuch in Moskau damit in irgendeinem Zusammenhang stand, in jenen Monaten jedenfalls verlor Mengistu nach der DDR seinen zweiten und allerwichtigsten Verbündeten. Bereits Anfang des Jahres hatte die Sowjetunion die Militärhilfe für Äthiopien spürbar gedrosselt, im Dezember 1990 wurde sie ganz eingestellt. Und ich war mir inzwischen ganz sicher: Fidel Castro allein würde Mengistu nicht an der Macht halten können.

Nachdem sich die Sowjetunion von Äthiopien abgewandt hatte, sollte es schließlich nur noch wenige Monate bis zum Sturz des äthiopischen Diktators dauern. Die Regierungsarmee war der Übermacht der beiden Rebellengruppen im Norden – der Tigrinischen Volksbefreiungsfront (TPLF) unter ihrem Anführer Meles Zenawi und der Eritreischen Volksbefreiungsfront (EPLF) unter Isayas Afewerki – nicht mehr gewachsen. Beide Rebellenführer waren marxistisch gesinnt wie Mengistu und dennoch erbitterte Feinde der äthiopischen Zentralregierung. Seit Beginn der Revolution hatten sie für die Unabhängigkeit ihrer Provinzen von Äthiopien gekämpft. Im Jahr 1989 allerdings vollzog Meles Zenawi eine entscheidende Kehrtwendung. Er schwor dem Sezessionismus ab und schloß sich mit anderen Befreiungsbewegungen im Westen und Osten des Landes zu einer Organisation zusammen: der EPRDF (Ethiopian People's Revolutionary Democratic Front), der späteren Regierungspartei Äthiopiens. Noch während die Kämpfe mit den äthiopischen Truppen tobten, gelang es dem eloquenten und ehrgeizigen Guerillakämpfer Meles Zenawi, der aus einer tigrinischen Beamtenfamilie stammt, die USA für sich einzunehmen. Die Regierung in Washington sah darüber hinweg, daß Meles Zenawi noch wenige Jahre zuvor die sozialistische Regierung Albaniens unter Enver Hoxha als sein großes Vorbild pries. Die Vereinigten Staaten schlossen mit den ideologischen Feinden von einst ihren Frieden und sicherten sich so ihren Einfluß am Horn von Afrika. Ihren alten Verbündeten, den sozialistischen Diktator Siad Barre im benachbarten Somalia, hatten sie zu diesem Zeitpunkt bereits verloren. Er war im Januar 1991 abgesetzt worden und hatte die Flucht nach Nigeria angetreten. In den letzten Wochen vor Mengistus Fall, als sich die Rebellenarmeen von allen Seiten in Richtung der äthiopischen Hauptstadt vorkämpften, unterstützten die USA Meles Zenawi mehr oder weniger offen. Im Mai wurden in Londoner und Washingtoner Hinterzimmern die entscheidenden Weichen für die Zukunft Äthiopiens gestellt. Der Diktator Mengistu Haile Mariam, der Äthiopien siebzehn Jahre lang im Würgegriff gehalten hatte, wurde mit seiner Familie nach Simbabwe ausgeflogen, wo ihm der befreundete Diktator Robert Mugabe bis zum heutigen Tage Unterschlupf gewährt. Kaum hatte die Volksrepublik Äthiopien ihren Kopf verloren, brach auch der Widerstand der Regierungstruppen in sich zusammen. Eine Woche nach der Flucht von Mengistu marschierten am 28. Mai 1991 die siegreichen Rebellengruppen in Addis Abeba ein.

Ich verfolgte den Zusammenbruch des Mengistu-Regimes aus der Ferne. In jenen Tagen, als die äthiopische Hauptstadt ohne Regierung war, machte ich mir in Deutschland große Sorgen um die Sicherheit meiner Mutter. Nach ihrer Entlassung wohnte sie zusammen mit meiner Schwester Mimi und ihrer kleinen Familie in einem kleinen Apartment in der Innenstadt. Ich befürchtete, daß es in Addis Abeba zu Ausschreitungen und Plünderungen kommen würde. Doch auf meine Freunde in London war Verlaß. Mit Hilfe des britischen Foreign Office erreichte ich, daß sämtliche Angehörigen der kaiserlichen Familie in der Britischen Botschaft Aufnahme fanden, darunter auch jene drei Enkel des Kaisers, die als allerletzte Mitglieder der Kaiserfamilie 1990 freigelassen worden waren. Ein paar Wochen später reiste meine Mutter zusammen mit meiner Schwester Mimi und ihrer Familie nach London aus. Es war ein bewegender Moment, als ich meine Mutter und meine kleine Schwester wiedersah. Alle meine Geschwister waren mit mir zum Flughafen gekommen, und nicht nur sie. Die halbe Kolonie der Londoner Exil-Äthiopier stand bereit, um meiner Mutter einen triumphalen Empfang zu bereiten. Niemand konnte uns meinen Vater wiederbringen, aber der Rest der Familie war nach siebzehn Jahren der Trennung wieder vereint. Seit jenem Tag im Juni 1991, an dem meine Mutter am Flughafen von Addis Abeba die Maschine nach London bestieg, hat sie nie wieder den Fuß auf äthiopischen Boden gesetzt.

Je mehr ich über das Schreckensregime Mengistus erfuhr, desto klarer wurde mir: Was unserer Familie passierte, war nichts Außergewöhnliches in dieser Zeit. Hunderttausende von Familien erlitten in den Jahren des Roten Terrors ein ähnliches Schicksal. Niemand kann genau sagen, wie viele Äthiopier in der Ära Mengistu ihr Leben lassen mußten. Seriöse Schätzungen wie die von Amnesty International gehen von 2,5 Millionen Toten aus. Im Grunde genommen haben wir Glück gehabt. Unsere Familie wurde gerettet, und wir können unsere Geschichte erzählen. All jene Familien, die unter Mengistu ausgelöscht wurden, können dies nicht.

Für Anfang Juli 1991 hatte Rebellenführer Meles Zenawi, der in Addis Abeba die Fäden in der Hand hielt, eine Konferenz zur Bildung einer Übergangsregierung anberaumt und dazu auch eine Reihe oppositioneller Gruppen im Ausland geladen. Da ich keiner Partei vorstand, hatte ich keine offizielle Einladung bekommen, aber ich beschloß, die Versammlung zum Anlaß zu nehmen, in meine Heimat zu reisen – das erste Wiedersehen nach siebzehn Jahren.

Ich bestieg die Maschine nach Addis Abeba mit gemischten Gefühlen. In meiner Erinnerung hatte ich mir in all den Jahren im Exil ein Idealbild von Äthiopien bewahrt, aber in welchem Zustand ich mein Land tatsächlich vorfinden würde, das ahnte ich nicht. Meine Maschine landete frühmorgens am Flughafen der Hauptstadt. Eine Cousine von mir, Herani Berhane-Masqal, und unser treuer Gefährte Ketemma erwarteten mich schon. Bereits auf der Fahrt vom Flughafen in die Stadt wich die Freude, heimischen Boden zu betreten, einer zunehmenden Bedrücktheit. Panzer und Militärfahrzeuge bestimmten das Straßenbild, und überall sah man die Spuren des Bürgerkriegs. Die meisten Gebäude waren heruntergekommen oder beschädigt, links und rechts der Straßen türmten sich Berge von Schutt. Quer über den Weg waren Wäscheleinen aufgespannt, an denen Soldaten ihre Kleider aufhängten. Am Straßenrand grasten bis auf die Knochen abgemagerte Ziegen, und in der Luft lag Staub und Dreck. Die Autos sahen so aus, als wären sie bereits 1974 auf den Straßen unterwegs gewesen: klapprige Mercedes und baufällige Chevrolets, die schon vom bloßen Hinsehen auseinanderzufallen schienen. An einer Gebäudefront war ein ausgebleichtes Wandgemälde, auf dem ich Oberst Mengistu erkannte, sein Kopf war von Einschußlöchern durchsiebt. Die Gebäude, die ich als riesig in Erinnerung hatte, kamen mir auf einmal winzig klein vor. Bettler und Kriegsversehrte bevölkerten zu Tausenden die Straßen. Aus ihren Provinzen Vertriebene, die ziellos umherirrten, Menschen mit zerfetzten Gesichtern, Beinlose, die auf den Händen liefen, kleine Kinder, auf wacklige Krücken gestützt. Ich sah nur wenige, die die traditionelle Shamma trugen, viele hatten nicht mehr als ein paar Lumpen am Leib. Vor dem Menelik-Palast turnten Kinder auf den Kanonenrohren verlassener sowjetischer Panzer. Ich bat Ketemma, bei der Enrico-Bar vorbeizufahren, aber die Konditorei, in der wir als Kinder unser Eis aßen, war kaum mehr wiederzuerkennen. Die meisten Restaurants, die ich einst gerne besuchte, waren geschlossen oder verschwunden. Als wir an der Universität vorbeikamen, sah ich zum ersten Mal persönlich die von Honecker gestiftete monumentale Karl-Marx-Büste. Sie stand noch, im Gegensatz zu der riesigen Lenin-Statue, ein Geschenk Moskaus, die bereits im Mai von einer aufgebrachten Menge gestürzt und an den Rand der Stadt transportiert worden war.

Ich hatte von Deutschland aus ein Zimmer im Hilton gebucht. Das Hotel war voller Gäste, die Teilnehmer der Konferenz der Befreiungsbewegungen waren hier untergebracht, die über die Übergangsregierung und die zukünftige Verfassung des Landes beraten sollten. Auch für die Gäste des Hilton galt die Ausgangssperre, die nachts über Addis Abeba verhängt war, mit Beginn der Sperrstunde füllte sich die Hotelbar. So erhielt ich Gelegenheit, viele Gespräche zu führen. Ich war neugierig, wie sich die versammelten Politiker die Zukunft Äthiopiens vorstellten. Die allermeisten von ihnen vertraten eine der vielen Volksbefreiungsbewegungen, die in den Monaten und Wochen zuvor wie Pilze aus dem Boden geschossen waren. Es gab keine unter diesen »Befreiungsbewegungen«, die nach weltanschaulichen Kriterien organisiert war, alle vertraten eine bestimmte Ethnie. Eine jede betonte, was sie von allen anderen in Äthiopien grundlegend unterschied, und eine jede rief nach Autonomie. Gab es niemand unter ihnen, fragte ich mich, der sich nicht in erster Linie als Oromo, als Tigray, als Amhare, als Somali fühlte, sondern als Äthiopier?

Wie viele Äthiopier im In- und Ausland hatte auch ich in diesen Monaten, als das sozialistische Militärregime Mengistus endlich gestürzt war, die Hoffnung, daß sich mein Heimatland zu einer wahrhaften, föderal organisierten Demokratie entwickeln würde. Ich hatte sogar mit dem Gedanken gespielt, selbst eine demokratische Partei zu gründen, deren Basis nicht rassische Gemeinsamkeiten, sondern gemeinsame politische Wertvorstellungen sein sollten. Und wie viele Äthiopier im In- und Ausland setzte auch ich darauf, daß die westlichen Demokratien ihren Einfluß geltend machen würden, um diesen Prozeß zu unterstützen. Unsere Hoffnungen wurden leider enttäuscht. Bereits in diesem Sommer 1991 schien der Weg, den mein Land gehen sollte, vorgezeichnet. Meles Zenawi erklärte sich zum Präsidenten der Übergangsregierung, und wenig später wurde Äthiopien nach ethnischen Gesichtspunkten in Regionen aufgeteilt. 1993 erhielt Eritrea, nachdem sich die dortige Bevölkerung in einer Volksabstimmung mit überwältigender Mehrheit für die Loslösung von Äthiopien ausgesprochen hatte, seine Unabhängigkeit. Es standen nur zwei Alternativen zur Wahl: die In-

345

tegration Eritreas in Äthiopien oder die Errichtung eines unabhängigen Staates. Diejenigen, die der Idee einer Föderation mit Äthiopien anhingen oder einer weitgehenden Autonomie innerhalb des äthiopischen Staates, hatten keine Möglichkeit, ihre Stimme abzugeben.

Die Verfassung, die Äthiopien 1995 bekam, zementierte die ethnische Aufteilung des Landes. *De jure* erhielten die Regionen weitgehende Selbstbestimmung bis hin zum Recht der Sezession, *de facto* dominierte jedoch die Ethnie der Tigray, die rund sieben Prozent der Bevölkerung Äthiopiens stellt, alle anderen. Bis heute sind alle wichtigen Schaltstellen der Macht mit Abkömmlingen jener Ethnie besetzt, der auch Staatschef Meles Zenawi entstammt. Ich war einer von vielen Äthiopiern, die von Anbeginn vor einer ethnischen Aufteilung des Landes gewarnt hatten. Wohin eine Politik führen kann, welche die rassische Zugehörigkeit über alles andere stellt, hat der Völkermord in Ruanda drastisch vor Augen geführt. Die Wahlen, die in den darauffolgenden Jahren stattfanden, wird niemand als demokratisch bezeichnen können, sie wurden von den meisten Oppositionsgruppen boykottiert. Seitdem hat es die Opposition in Äthiopien sehr schwer. Eine der Hauptforderungen, welche die demonstrierenden Studenten im Frühjahr 1974 erhoben, war die nach einer Landreform. Damals waren Grund und Boden im Besitz des Kaisers, der Kirche und des Adels. Das sozialistische Militärregime unter Mengistu verstaatlichte den Grundbesitz, und die neue Regierung hielt an dieser Devise fest. Bis zum heutigen Tag gibt es in Äthiopien kein Land im Privatbesitz. Einst waren die Bauern die Pächter des Kaisers, heute sind sie die Pächter des Staates.

Die Wahlen im Mai 2005 schienen im Vergleich zu den vorhergehenden im großen und ganzen demokratisch gewesen zu sein. Doch die Ergebnisse fielen nicht so aus, wie es sich die Regierungspartei vorgestellt hatte. In den darauffolgenden Monaten verhaftete die Regierung mehrere tausend Personen, darunter die gesamte Führung der »Koalition für Einheit und Demokratie«, des wich-

346

tigsten Oppositionsbündnisses, und zahlreiche Journalisten. Man bezichtigte sie des Landesverrats und der Anstiftung zum bewaffneten Aufstand.

Am Morgen nach meiner Ankunft in Addis Abeba im Juli 1991 fuhr ich frühmorgens auf den Entoto hinauf. Der Eukalyptus roch noch immer so, wie ich ihn in Erinnerung hatte. Ich fuhr an der Villa Debre Tabor vorbei, das Gelände war von Militärs abgeriegelt. Für einen Moment war ich mir nicht sicher, ob es sich um Soldaten der tigrinischen Befreiungsfront handelte oder um ein paar übriggebliebene Soldaten Mengistus, ihre Kampfanzüge unterschieden sich nur in Nuancen. Ich verspürte kein Verlangen anzuhalten. Bis heute wird die Villa Debre Tabor übrigens von äthiopischen Regierungsstellen genutzt. Wir wissen nicht genau, wer darin wohnt, Gerüchte besagen, daß es sich um eine Nebenstelle der Geheimpolizei handeln soll. Auch vor der Residenz meines Großvaters hielten wir nicht. Sie sei in eine Kirche umfunktioniert worden, erzählte mir Ketemma, und kaum noch wiederzuerkennen.

Meine Tante, Emamma Bezounesh, erwartete mich bereits, aber mein erster Gang an jenem Morgen führte mich in die Jesus-Kirche. Wie alle Kirchen war auch die Patronatskirche meiner Familie in Staatsbesitz übergegangen, und wie die meisten Kirchen war auch sie in einem beklagenswerten Zustand. Die meisten Patrone von einst, die sich um den Erhalt ihrer Kirchen gekümmert hatten, waren enteignet oder nicht mehr am Leben. Ich sprach ein Gebet und zündete eine Kerze für meinen Vater an, den letzten Patron der Jesus-Kirche. Dann ging ich zu Emamma Bezounesh, die eine große Wiedersehensfeier für mich vorbereitet hatte. Es waren wohl mehr als hundert Gäste, die mich willkommen hießen. Ich hatte Geschenke aus Deutschland mitgebracht, Schals, Pullover und Medikamente. Einige, die sich mir vorstellten, erkannte ich nicht wieder. Aus den Waisenkindern von einst, mit denen ich als Junge im Hof gespielt hatte, waren erwachsene Männer und Frauen geworden. Eine der Köchinnen von damals war noch im Haus meiner

Tante, sie hatte extra für mich *Doro dabo* zubereitet, das mit Hühnerfleisch gefüllte Brot, das ich als Kind so gerne aß. In die Freude an jenem Tag des Wiedersehens mischte sich Schmerz: Mein Willkommensfest war gleichzeitig auch die Trauerfeier für meinen Vater.

Es lag eine eigentümliche Melancholie über dieser Reise, und je länger mein Aufenthalt dauerte, desto mehr schuf sich die Schwermut Raum. Die meisten meiner Besuche, die ich absolvierte, waren Kondolenzbesuche. Ich war erschüttert, wie viele Familien während der Zeit des »Roten Terrors« Angehörige und Freunde verloren hatten. Nicht wenige meiner Freunde von einst lebten nicht mehr in Äthiopien, sie waren wie ich ins Exil gegangen und über die ganze Welt verstreut. Auch die meisten meiner armenischen, italienischen und griechischen Bekannten, an die ich mich zurückerinnerte, lebten inzwischen im Ausland. Ich stattete der Deutschen, der Britischen, der Französischen und der Amerikanischen Botschaft einen Besuch ab. Im Gegensatz zu den meisten anderen Gebäuden waren die Botschaften vollkommen intakt geblieben. Und ich besuchte die Familie Hildebrandt in ihrem Haus auf dem Entoto. Die Apotheke in der Stadt war inzwischen in die Hände Karl Hildebrandts, des Sohns des alten Apothekers, übergegangen. Irgendwie war es den Hildebrandts gelungen, die Apotheke durch die schlimmen Jahre zu bringen und vor der Schließung zu bewahren.

Ich hielt mich in jenem Juli 1991 nur für zwei Wochen in Äthiopien auf, und nur einmal verließ ich in dieser Zeit die Hauptstadt: als ich zum Grab meines Großvaters nach Chagal bei Debre Libanos fuhr. Am vorletzten Tag meines Aufenthalts hatte ich noch die Gelegenheit, den Jubiläumspalast zu besuchen. Ein ehemaliger Adjutant des Kaisers, General Fere-Senbet, den ich noch aus meiner Kindheit kannte, hatte sich all die Jahre als Verwalter um den Palast gekümmert. Mengistu habe das Gebäude nur selten genutzt, erzählte er mir, aber Erich Honecker hatte hier übernachtet. Von außen betrachtet, schien der Palast nicht viel von seinem alten Glanz bewahrt zu haben. Die Palastgärten waren verwildert, von den Lampen auf den Mauern war das Glas herausgeschlagen. Im Hof saßen Soldaten in Kampfanzügen im Schneidersitz, ihre Kalaschnikows gegen die Mauer gelehnt.

Doch als mich General Fere-Senbet durch das Gebäude führte, stellte ich fest, daß es ihm gelungen war, eine Menge von dem zu retten, was einstmals die Pracht des Palasts ausmachte. Immer wieder, erzählte der General, habe er auf Mengistu eingeredet, um ihn vom Verkauf des unersetzlichen Interieurs abzuhalten. Vieles war kurzerhand in den Keller geschafft worden und lagerte dort in Kisten und Abstellräumen. Ich erkannte darunter auch einige Sessel und Silbersachen aus unserer Residenz, der Villa Debre Tabor. Im Privaten Salon des Kaisers hatte sich kaum etwas verändert, seitdem ich ihn das letzte Mal betreten hatte – im April 1974, als ich mich in Begleitung meines Vaters von Haile Selassie verabschiedet hatte, bevor ich nach Deutschland zurückflog. Die englischen Ledersessel, der Pietra-dura-Tisch mit seinem prächtigen Blumen-Mosaik, die roten Samtvorhänge, alles war noch wie damals, nur die Menschen im Raum fehlten. Ich schloß die Augen und versuchte, den Palast mit Leben zu füllen, versuchte, das Gewimmel der Hofmarschalle, Adjutanten, Agafari, Pagen und Leibgardisten heraufzubeschwören, aber es wollte mir nicht gelingen. Ich erinnerte mich an die letzten Worte, die Haile Selassie bei jenem Besuch an mich richtete. »Komm so schnell wie möglich zurück«, hatte er mir damals gesagt, »um für dein Land dazusein!« Ich hörte die Stimme von damals, aber es tauchten vor meinem inneren Auge keine Bilder dazu auf. Alles blieb dunkel im Palast der Erinnerung. Mir gingen die Verse von Thomas Moore durch den Kopf: *I feel like one who treads alone, / Some banquet hall deserted: / Whose lights are fled, whose garlands dead / And all but me departed.*

Die Schwermut wich auch in den folgenden Jahren nicht von mir, wenn ich, aus privaten oder geschäftlichen Gründen, Äthiopien bereiste. Meistens war ich in Begleitung von Freunden oder Geschäftspartnern unterwegs, nur selten blieb ich länger als einige Wochen. Wenn auf politischem Weg in Äthiopien keine Fortschritte zu erzielen waren, dachte ich mir, dann wenigstens auf wirtschaftlichem oder kulturellem Gebiet. Seit vielen Jahren setze ich mich mit aller Kraft dafür ein, Investoren für Äthiopien zu gewinnen. Aber je mehr der Prozeß der Demokratisierung und des Wandels ins Stocken gerät, desto schwerer fällt es mir, etwas für mein Heimatland zu erreichen. Die europäischen Investoren erwarten stabile Verhältnisse, Rechtssicherheit und die Möglichkeit, Grund und Boden zu erwerben. All das, sagen sie, könne ihnen das heutige Äthiopien nicht bieten.

Ich war froh, daß ich schließlich doch ein Gebiet fand, auf dem ich mich für mein Land nützlich machen konnte. Niemandem, der nach 1991 das Land bereiste und noch das Äthiopien des Kaiserreichs kannte, konnte verborgen bleiben, daß viele Kulturgüter des Landes dabei waren, zu verfallen. Nicht wenige der jahrtausendealten Kirchen waren in den Jahren der Revolution dem Erdboden gleichgemacht worden, andere hatte man aufgegeben und ihrem Schicksal überlassen. Die neue Regierung machte kaum Anstalten, diesem Verfall des kulturellen Erbes Einhalt zu gebieten. So rief ich 1994 *Orbis Aethiopicus* ins Leben, eine Gesellschaft zur Erhaltung und Förderung der äthiopischen Kultur. Für den Vorsitz gelang es mir, Prof. Dr. Walter Raunig, den Direktor des Völkerkundemuseums München, und den Verleger Dr. Friedrich Vogel zu gewinnen. Das Amt des Schatzmeisters übernahm der Kunsthistoriker Dr. Peter Roenpage, der noch zu Zeiten des Kaisers in der Kunstakademie in Addis Abeba gelehrt hatte. Seit mehr als einem Jahrzehnt leistet die Gesellschaft nun ihren bescheidenen Beitrag zum Erhalt und zur Pflege der äthiopischen Kulturdenkmäler. Sie unterstützt die Instandsetzung von Kirchen, veranstaltet in ganz Europa Kongresse und wissenschaftliche Tagungen zu den verschiedensten Aspekten der äthiopischen Kulturgeschichte, gibt eine eigene Schriftenreihe heraus und versucht so, in Europa und insbesondere in Deutschland die Kenntnisse über Äthiopien, seine Völker und Kulturen zu verbreiten.

Zweimal reiste ich in den Jahren nach der Revolution nach Äthiopien, um an feierlichen Beisetzungen teilzunehmen. Beide Trauerfeiern sind mir bis heute unvergeßlich – die erste war die für meinen Vater und die Opfer des Blutsamstags vom 23. November 1974, die andere die für meinen Großonkel, Kaiser Haile Selassie.

Ein Jahr nach dem Sturz Mengistus, im Jahr 1992, war man im Menelik-Palast auf die verscharrten Gebeine Haile Selassies gestoßen. Viele Jahre widersetzte sich die äthiopische Regierung hartnäckig einem Staatsbegräbnis, bis der öffentliche Druck schließlich so groß wurde, daß sie einer feierlichen Beisetzung mit dem Geleit des Patriarchen der äthiopisch-orthodoxen Kirche ihre Zustimmung gab. Am 5. November 2000 sollte es schließlich soweit sein. In einer zehn Kilometer langen Prozession durch die Stadt sollten die Gebeine Haile Selassies von der Kirche der Heiligen Mariam Ba'ita, wo der Kaiser eine vorübergehende Ruhestätte gefunden hatte, in die Kathedrale der Heiligen Dreifaltigkeit überführt werden, in der 1962 schon die Kaiserin beigesetzt worden war. Ich war mit meiner Schwester Rebecca nach Addis Abeba gereist. Bereits morgens um fünf, unmittelbar vor dem Beginn des Requiems, war die Stadt voller Menschen. Aus allen Teilen des Landes waren die Menschen in die Hauptstadt gekommen, und dazu Trauergäste aus aller Welt. Die Vereinigten Staaten, Kanada, Großbritannien, Deutschland und viele weitere Länder hatten Vertreter ihrer Botschaften entsandt, aber kein einziger Vertreter der äthiopischen Regierung und keine Abordnung der Streitkräfte nahmen an der Beerdigung teil.

Aus Jamaika, Trinidad und Tobago und anderen Ländern waren zweitausend Rastafari angereist. Ihr Gründer, der Jamaikaner Marcus Garvey, hatte einst im Jahre 1927 die Vision, daß in Afrika ein schwarzer Gott zum König gekrönt werde; drei Jahre später bestieg Ras Tafari als Haile Selassie den äthiopischen Thron. Seitdem verehren die Rastafari Haile Selassie als den wiedergekehrten Messias, eine Ansicht, die wohl jeder Rechtgläubige der äthiopisch-orthodoxen Kirche, sosehr er den Kaiser auch verehren mag, als eine Form

351

der Blasphemie ansehen muß. Zu Lebzeiten Haile Selassies gab es nie mehr als etwa vierzig Anhänger des Rastafari-Kultes in seinem Heimatland, im Todesjahr des Kaisers sollen es noch etwa fünfundzwanzig gewesen sein, die im Südwesten Äthiopiens unweit der Stadt Shashamane lebten. Haile Selassie selbst hatte ihnen 1969 dort ein Grundstück zugewiesen. Der Besuch des Kaisers in Jamaika im Jahr 1966 ist den Rastafari in unvergeßlicher Erinnerung geblieben. Haile Selassie ließ ihnen zwei äthiopisch-orthodoxe Kirchen errichten, eine in Jamaika, die andere in Trinidad und Tobago, um ihnen das Christentum schmackhaft zu machen – er hatte damit wenig Erfolg.

Unter den Rastafari, die sich im November 2000 zur Beerdigung Haile Selassies in Addis Abeba eingefunden hatten, war auch die Witwe Bob Marleys. Der jamaikanische Musiker galt als einer der bekanntesten Rastafari, er hatte zahlreiche Reden und Vorträge Haile Selassies zu Reggaeklängen vertont. Als ich Rita Marley im Trauerzug begegnete, fragte ich sie: »Wenn du glaubst, daß Haile Selassie unsterblich ist, wieso nimmst du dann an seiner Beerdigung teil?« In Glaubensfragen sind rationale Argumente in aller Regel fehl am Platz, und so war es auch in diesem Fall. Rita Marley führte die Zahl der Anhänger des Rastafari-Kultes ins Feld. So viele Gläubige, meinte sie, könnten nicht irren. Und überhaupt hätten wir Äthiopier Haile Selassie gar nicht verdient.

Vor den Stufen der Ba'ita-Kirche war eine große Tribüne aufgebaut. Vor den versammelten Gläubigen sollte die äthiopisch-orthodoxe Kirche hier von ihrem *Defensor fidei* Abschied nehmen. Der Patriarch Abuna Paulos saß der Zeremonie vor. Zur Rechten des Patriarchen hatte auch ich unter den versammelten Bischöfen und Würdenträgern meinen Platz gefunden, meine Schwester Rebecca saß auf der anderen Seite der Ehrentribüne unter den weiblichen Ehrengästen neben der betagten Prinzessin Tenagne-Work, der letzten noch lebenden direkten Nachfahrin des Kaisers. Die Menge in den Straßen von Addis Abeba wuchs Stunde um Stunde, während sich der Trauerzug nach der Zeremonie vor der Kirche formierte und in Bewegung zu setzen begann. Der Sarg mit den Gebeinen des Kaisers war auf einem geschmückten Hubwagen drapiert, umhüllt von einer riesigen Flagge des äthiopischen Kaiserhauses in den Landesfarben Grün, Gelb und Rot, auf welcher der Löwe von Juda prangte. Links und rechts neben dem Sarg schritt die Priesterschaft in prunkvollen liturgischen Gewändern unter glitzernden Sonnenschirmen, die mit Samt und Brokat bespannt und mit Silberflitter besetzt waren. Dahinter liefen Abordnungen der ehemaligen kaiserlichen Leibgardisten in den Uniformen von einst und Veteranen des äthiopisch-italienischen Krieges. Einige von ihnen trugen die traditionelle Kriegsbekleidung mit Maske vor dem Gesicht und Kopfschmuck mit Löwenhaar, in den Händen Speer und Schild. Die anderen hatten ihre Militäruniformen angelegt, auf denen die Kriegsauszeichnungen und Orden glänzten. Dazwischen hatten sich die tanzenden Rastafari gemischt. Zehntausende Menschen säumten den Trauerzug, weinende Frauen und Männer mit Taschentüchern vor dem Gesicht, viele hielten Portraits des Kaiserpaars in die Luft. Vor der Kathedrale des Heiligen Georg, wo Haile Selassie fast auf den Tag genau siebzig Jahre zuvor zum *Negusa Negast*, zum König der Könige, gekrönt worden war, wurde der Sarg noch einmal aufgebahrt, bevor sich der Zug zu seiner letzten Station, zur Kathedrale der Heiligen Dreifaltigkeit, aufmachte. Auf den Stufen der Kathedrale stimmten Hunderte Debteras ihren Gesang an und wiegten sich im Takt der Trommeln und Sistren. In der Kathedrale fand Haile Selassie I. schließlich seine letzte Ruhestätte an der Seite seiner Gemahlin, der Kaiserin Menen. Es war einst sein ausdrücklicher Wille, neben der Kaiserin bestattet zu werden. Nun endlich, fünfundzwanzig Jahre nach seinem Tod, wurde sein Wunsch erfüllt. Auch Kronprinz Asfa-Wossen, der 1997 verstorben war, hat hier seine letzte Ruhestätte gefunden.

Ein noch größerer Augenblick als die feierliche Beisetzung des Kaisers war für mich freilich der Tag, an dem die sechzig ermordeten Söhne Äthiopiens ihr letztes Geleit erhielten. Im Jahr 1994 hatte die Regierung die Erlaubnis gegeben, die Opfer des 23. November

1974 auf dem Friedhof der Kathedrale der Heiligen Dreifaltigkeit zu bestatten. Was Arlington für die Vereinigten Staaten ist, ist dieser Friedhof für Äthiopien: Hier ruhen die Opfer der italienischen Besatzungszeit und die äthiopischen Soldaten, die im Korea-Krieg ihr Leben verloren hatten. Auch zu dieser Messe, die wiederum der Patriarch Abuna Paulos zelebrierte, hatten sich Gesandte der meisten akkreditierten Länder eingefunden. Auch ich richtete an diesem Morgen einige Worte an die Trauergemeinde. Es sollte ein Plädoyer der Versöhnung sein, und es kam von Herzen. Ich verspürte keinen Haß mehr in jenem Augenblick. Diejenigen, die ermordet wurden, konnten nicht mehr zum Leben erweckt werden. Aber wir Überlebenden konnten uns ihrer erinnern und dafür sorgen, daß so etwas in Äthiopien nie wieder passierte. Und es tat gut, meinen Vater rehabilitiert und würdig bestattet zu wissen.

Am Morgen der Begräbnisfeier war der Himmel wolkenverhangen, es war mitten in der äthiopischen Regenzeit. Als ich aus der Kathedrale kam, hatte es gerade angefangen zu regnen. Ich wartete in der Menge auf den Wagen, der mich abholen sollte. Neben mir stand eine weinende ältere Frau, die ein Bild von einem Jungen in ihrer Hand hielt. Es gelang mir, einen Blick auf das Photo zu werfen. Es war niemand, den ich kannte. In diesem Augenblick dachte ich nicht daran, daß es in Äthiopien nichts Ungewöhnliches ist, sich fremden Trauerfeiern anzuschließen und dabei eigene verstorbene Familienmitglieder und Freunde zu beweinen. Vielleicht, ging es mir durch den Kopf, war sie ja die Mutter eines der unbekannten Soldaten, die sich in jener Nacht des 23. November 1974 auf dem Hof des Akaki-Gefängnisses geweigert hatten, das Feuer auf die Gefangenen zu eröffnen. Ich entschloß mich dazu, sie anzusprechen: »Verzeihen Sie, wer ist denn dieser Junge?« Sie antwortete: »Sie kennen ihn nicht. Ich beweine ihn, weil ich ihn eigenhändig umgebracht habe.« Ich wollte es nicht glauben und erwiderte: »Sie haben ihn umgebracht?« – »Er ist mein Sohn. Er war siebzehn, als er von Geheimdienstleuten Mengistus ermordet wurde. Er hat ihnen nichts getan, außer daß er ein Flugblatt von der Straße aufhob.« Sie schluckte, dann fuhr sie fort: »Wenn ich damals, als eure Leute umgebracht wurden, auf die Straße gegangen wäre . . . Wer weiß, vielleicht wäre mein Sohn heute noch am Leben.« Ich erwiderte nichts, statt dessen nahm ich die unbekannte Frau in meinen Arm.

Dort, wo das Herz spricht

Seit fast vierzig Jahren lebe ich nun in Deutschland. In dieser Zeit hat sich mir das Land von allen erdenklichen Seiten erschlossen. Als Pressechef der Düsseldorfer Messe reiste ich im Namen und Auftrag Deutschlands fast um die ganze Welt, und als Unternehmensberater diente ich nicht selten als Advokat deutscher Firmen und Investoren, die in Afrika und im Mittleren Osten geschäftliche Beziehungen knüpfen wollten. Ich habe das Glück gehabt, in Deutschland Freunde aus allen Schichten der Gesellschaft zu finden, darunter auch eine Reihe von Künstlern und Mäzenen. Der Schriftsteller Martin Mosebach und der Maler Peter Schermuly gehören dazu, ebenso wie der langjährige Kulturdezernent der Stadt Frankfurt und spätere Präsident des Goethe-Instituts, Hilmar Hoffmann, und Renate von Metzler, eine große Liebhaberin der Literatur und der Künste. Meine verschiedenen beruflichen Tätigkeiten und meine persönliche Neugier brachten es mit sich, daß ich Einblicke in die verschiedensten Bereiche des gesellschaftlichen Lebens in Deutschland erhielt. Ich hatte die Ehre, viele deutsche Politiker persönlich kennenzulernen, darunter Willy Brandt, Hans-Dietrich Genscher und Franz-Josef Strauß, und mit ihnen über die Zukunft meines Landes und Afrikas zu diskutieren. Ich wurde in den Schlössern der deutschen Aristokratie herzlich empfangen und hatte Gelegenheit, die überwältigende Gastfreundschaft eines bayerischen Almbauern zu genießen. Auf dem Siebten Vorderladerschießen in Villingen-Schwenningen wurde ich zum Ehrengrenadier des Historischen Grenadiercorps 1810 ernannt, am selben Tag übrigens wie der spätere baden-württembergische Ministerpräsident Erwin Teufel. Nach einer Befahrung des Grubengebäudes der Zeche Victoria in Westfalen erhielt ich den Ehrenhauerschlag. Was manche, die sich intellektuell nennen, gern als spießig bezeichnen, lernte ich in Deutschland besonders zu schätzen: das kleinstädtische Leben in seiner unverwechselbaren Form, das sich seiner Tradition verbunden weiß.

Ich weiß sehr wohl, daß dieses Bild von Deutschland nur eines von vielen ist, und gewiß auch ein idealisiertes. Denjenigen, die sich darüber mokieren, sei immerhin gesagt, daß dieses Milieu die Wiege dessen darstellt, was man heute als »deutsche Kulturnation« bezeichnet. Zu Goethes Zeiten war die Residenzhauptstadt Weimar eine Kleinstadt mit 6000 Einwohnern. Der Lebensstil des Geheimen Rates am Hofe zu Weimar war geprägt von Bescheidenheit, Einfachheit und Häuslichkeit. Über Goethes spartanisch eingerichtetem Studierzimmer hing eine Tafel mit der Inschrift »Von Osten nach Westen / Zu Hause am besten«. Für Veranstaltungen bei Hofe wußte sich Goethe auf das korrekteste zu kleiden, aber zu Hause trug er am liebsten seinen weißen Flanellschlafrock und Pantoffeln, und in diesem Aufzug empfing er auch seinen Herzog. In diesem Nährboden entstanden einige der großartigsten Werke der deutschen Literatur. »Es war zweifellos eine große Leistung, so geniale Männer wie Wieland, Herder und Goethe an den bescheidenen Hof von Weimar zu holen«, schreibt Harold Nicolson über die Herzoginmutter Anna Amalia, »eine noch viel größere Leistung aber bedeutete es, diese für ihr Leben lang dort zu halten.« Bekanntlich wollte Goethe nur ein paar Wochen als Gast des jungen Herzogs Karl August in Weimar verbringen. Sein Aufenthalt währte schließlich siebenundfünfzig Jahre, in denen sich der Musenhof zur literarisch-gelehrten Hauptstadt Deutschlands entwickelte. Am Ende seines Lebens war Goethe der eigentliche Herzog von Weimar, die Staatsgäste wurden bei Karl August vorstellig, um zu erkunden, ob er nicht für sie eine Audienz beim Geheimen Rat erwirken könne.

Auch wenn er alle anderen überragte, stand der Olympier von Weimar keineswegs allein. Auf dem Flickenteppich der Duodezfürstentümer erhob sich im 18. Jahrhundert das goldene Zeitalter der deutschen Kultur. Kriege konnten sich die mitteldeutschen Kleinstaaten nicht leisten, also beschloß man, sich auf anderem Felde hervorzutun und förderte die Wissenschaften und Künste. In Frankreich, sagte einst Leibniz, könne man nur am Pariser Hof sein; ein deutscher Höfling hingegen könne, wenn er es an einem Hof nicht mehr aushalte, zum nächsten ziehen. In den verschiedenen Residenzstädten wetteiferten die regierenden Herzöge miteinander auf dem Gebiet der Wissenschaften und Künste, erbauten Theater, schufen Gemäldegalerien und Antikensammlungen und richteten Bibliotheken ein. Man denke nur an den Hof von Sachsen-Meiningen, dessen Theater im 19. Jahrhundert unter Herzog Georg II. weltweite Berühmtheit erlangte. Der Herzog leitete das Meininger Hoftheater nicht nur, er betätigte sich auch als Bühnenbildner, führte selbst Regie und begleitete das Ensemble auf seinen triumphalen Tourneen nach London, Wien, Brüssel und Moskau. In allen Ecken und Winkeln Deutschlands stößt man auf die glanzvollsten Leuchttürme der Kunst, und wie viele davon strahlen bis zum heutigen Tag. Als Virginia Woolf im Jahr 1909 zum ersten Mal die Festspiele in Bayreuth besuchte, war sie nicht wenig erstaunt. »In Bayreuth«, schrieb sie, »geht man zwischen den Akten hinaus und sitzt auf einem Acker und schaut einem Mann zu, der Rüben hackt ... Ich glaube, nur ernsthafte Menschen gehen hin.« Eine Versenkung in die Kunst ohne das Beiwerk funkelnden gesellschaftlichen Lebens konnte sich Virginia Woolf gar nicht vorstellen. Ich muß zugeben, auch für mich war dies zunächst eine neue Erfahrung. Wenn ich in meiner Kindheit das Theater in Addis Abeba besuchte, wurden dort meist Stoffe aus der äthiopischen Geschichte gezeigt. Wenn das heroische Ende des Kaisers Theodorus oder der Kampf gegen die italienische Besatzung auf dem Programm stand, war ein dankbares Publikum garantiert. Die Zuschauer waren dabei selbst Teil der Inszenierung: Beklagte ein Schauspieler in der Rolle eines äthiopischen Bauern in einem langen Monolog die Grausamkeit der italienischen Soldaten, wurde jede der schrecklichen Einzelheiten mit Seufzern, Schluchzern und Schreien kommentiert. Stieß er ein patriotisches Bekenntnis hervor, riß es die Zuschauer von den Sitzen, sie johlten und applaudierten. Wer allerdings das Pech hatte, die Rolle eines italienischen Soldaten zu spielen, der mußte durchaus um sein Heil fürchten. Ich habe es selbst erlebt, wie bei einer Vorstellung aufgebrachte Zuschauer die Bühne stürmten und den Darsteller des für seine Grausamkeit berüchtigten italienischen Generals Graziani traktierten, bis er sich schließlich die Schminke vom Gesicht wischte und flehte: »Ich bin's nicht, ich bin's nicht!« Wahrscheinlich ging es im Golden Globe Theatre zu Zeiten Shakespeares nicht viel anders zu. Jenes von Friedrich Schiller entworfene Ideal der Schaubühne als einer »moralischen Anstalt«, die Menschen »aus allen Kreisen und Zonen und Ständen« zusammenbringt, sie die »Fessel der Künstelei und der Mode abwerfen« läßt und spürbar macht, was es heißt, ein *Mensch* zu sein: das habe ich erst im deutschen Theater wirklich kennengelernt. Im Lauf der Jahre bin ich zu einem großen Bewunderer des deutschen Dreispartenhauses geworden. Ich empfinde es als beglückend, wenn ich auf Reisen in eine mittelgroße deutsche Stadt komme und an einem Wochenende in ein und demselben Haus – je nachdem, wonach mir gerade der Sinn steht – etwa zwischen einer Aufführung von *Minna von Barnhelm*, einer Inszenierung der *Zauberflöte* und einer Darbietung von *Schwanensee* wählen kann, die ganz gewiß alle drei respektabel ausfallen.

Ein Leben ohne die deutsche Sprache, ohne das deutsche Theater und ohne die Musik Bachs, Beethovens und Mozarts kann ich mir nicht mehr vorstellen. Und ganz gewiß auch nicht ein Leben ohne die deutsche Literatur. Als ich zum ersten Mal in Deutschland eine Buchhandlung betrat, ging mir förmlich das Herz auf. All jene Schätze der deutschen Literatur, von denen mir meine deutschen Erzieherinnen und meine deutschen Lehrer in Addis Abeba so viel erzählt hatten, waren hier an einem Ort versammelt. Eine deutsche Buchhandlung erschien mir wie eine Bundeslade des Geistes, und so ist es bis heute geblieben. Nicht wenige Menschen in Deutschland, allen voran solche, die aus beruflichen Gründen mit Büchern zu tun haben, führen heutzutage laut Klage über die Vielzahl der Bücher, die jedes Jahr neu auf den Markt kommen und deren Inhalt kein Mensch mehr überblicken könne. Die allermeisten von ihnen lebten wohl niemals in Verhältnissen, in denen der Analphabetismus einen erheblichen Teil der Gesellschaft von der geistigen und politischen Teilhabe ausschließt, und sie haben auch niemals eine politische Zensur kennengelernt, die das Erscheinen von Büchern nach Belieben zu steuern vermag. Mir jedenfalls erscheint die Fülle des Angebots in einer deutschen Buchhandlung als eine besondere Errungenschaft und ein großes Privileg. In meiner Bibliothek nimmt heute die deutsche Literatur – neben der äthiopischen und der englischen – einen zentralen Platz ein. Immer wieder aufs neue greife ich zu den Klassikern, zu Goethe und Schiller, zu Heinrich Heine und Gottfried Keller, zu Thomas Mann und Heimito von Doderer. Es ist sicher nicht übertrieben zu sagen, daß mir die deutschsprachige Literatur zu einer geistigen Heimat geworden ist.

Patria est, ubicumque est bene. Wohl dem Vertriebenen, der von sich sagen kann, daß es ihm in seinem Gastland gutgeht und er sich um elementare Fragen des Lebensunterhaltes und der Aufenthaltsgenehmigung keine Sorgen zu machen braucht. Aber das ist es nicht alleine, was einem die Fremde zur Heimat macht. Ich vermag es kaum zu sagen, wann mir bewußt wurde, daß Deutschland für mich nicht mehr nur Gastland, sondern zu einer zweiten Heimat geworden war. War es vielleicht jener Moment während meiner ersten Reise in die Vereinigten Staaten nach der bestandenen Promotion, an dem ich zum ersten Mal Heimweh nach Deutschland verspürte? Oder der Augenblick, in dem ich meinen deutschen Paß erhielt und ich mich fortan deutscher Staatsbürger nennen durfte? Oder war es der Zeitpunkt, an dem ich an mir plötzlich Eigenschaften festzustellen begann, die man gemeinhin als »typisch deutsch« bezeichnet? Im Seminar von Professor Eschenburg habe ich noch laut mitgelacht, wenn dieser von seiner Audienz bei Reichspräsident Hindenburg erzählte: Im Präsidentenpalais hatten

einst alle Uhren um fünf Minuten nachzugehen, weil der Reichspräsident nichts mehr haßte als unpünktliche Gäste. Heute ertappe
ich mich selbst dabei, daß ich ungehalten werde, wenn mich Ge-
schäftspartner aus Asien oder Afrika, denen ein anderes Zeitgefühl
eigen ist, über Gebühr warten lassen.

Heimat, sagt Kurt Tucholsky, ist dort, wo unser Herz spricht
und wir zum Boden nicht »Sie«, sondern »Du« sagen. Und ein
äthiopisches Sprichwort besagt: In seiner Heimat ist der Mensch
wie der Löwe im Busch und das Krokodil im Wasser. Meine äthiopische Heimat, den Ort, an dem ich meine Kindheit verbrachte,
wird mir kein Land der Welt jemals ersetzen können, aber wenn
ich es von heute aus betrachte, schien mein Weg nach Deutschland
fast schon vorgezeichnet. Tante Vera und Tante Louise, die Deutsche Schule in Addis Abeba mit ihren Lehrern, die aus den verschiedensten Regionen Deutschlands kamen – sie alle sorgten dafür, daß mir Deutschland bereits vertraut erschien, noch bevor ich
zum ersten Mal deutschen Boden betrat. Nicht alles, was ich in
Deutschland sah, deckte sich mit dem Bild, das ich mir in meiner
Phantasie geschaffen hatte. Aber trägt nicht auch jeder Deutsche,
der seine Heimat liebt, sein ganz eigenes, sein Privat-Deutschland
im Herzen?

Daß ich Deutschland heute als meine zweite Heimat empfinde, hat
sicherlich auch mit der Stadt zu tun, in der ich seit vielen Jahren
lebe. Frankfurt am Main ist eine Metropole, die sich ihre kleinstäd-
tischen Wurzeln bewahrt hat. Man bekommt hier alles, was man in
London, Paris und New York bekommen kann, aber es gibt keine
weiten Wege. Die Liebfrauenkirche an der Hauptwache ist mein
geheimes Zentrum der Stadt, von dem aus sich mir im Umkreis von
ein paar Kilometern ganz Frankfurt erschließt. Ich schätze die Offenheit der Frankfurter gegenüber ihren ausländischen Mitbürgern.
In kaum einer Stadt Deutschlands leben so viele verschiedene Nationen miteinander wie in Frankfurt, und das Zusammenleben
läuft weitgehend reibungslos ab.

In Frankfurt kennt man auch keine Hierarchien. Hier gilt jeder gleich viel, ohne daß einem gleich ein Bekenntnis zum Kommunismus abverlangt würde. Ich hege von Haus aus eine tiefe Antipathie gegen das Duzen, aber in Frankfurt schien es mir von Anfang an das Natürlichste auf der Welt. In den siebziger Jahren gab es am unteren Teil der Niedenau eine Kneipe namens »Moog's Bierbar«, eine Institution, in der sich Frankfurter aus allen Schichten zusammenfanden: Bankangestellte und Geschäftsleute aus den umliegenden Büros trafen auf Studenten und Opernliebhaber, die von einer Premiere kamen und von der Stimme der Anja Silla schwärmten. Mit ihren schummrigen Lampen und den mit rotem Samt bespannten Sesseln und Sofas erinnerte Moog's Bierbar an ein mondänes Bordell des 19. Jahrhunderts, und tatsächlich kam es hie und da vor, daß sich auch eine Nachtschwalbe vom nahe gelegenen Westendplatz dorthin verirrte, um sich aufzuwärmen. Ich erinnere mich an einen Abend, als meine Freunde und ich dort einen schrägen Vogel kennenlernten. Ein kleiner untersetzter Mann, die Haare mit reichlich Brillantine nach hinten gekämmt, hatte sich uns gegenüber an der Theke in Position gestellt. Er war ganz in schwarz gekleidet, bis auf eine weiße Krawatte, die unter seinem Kinn leuchtend hervorstach. Eine Weile musterte er uns, während wir unser Bier tranken, dann sprach er uns an: »Ei, was trinkt ihr denn da für ein proletarisches Gesöff?« Einer meiner Begleiter antwortete ihm: »Man tut, was man kann!« Wir stellten uns vor, und schon waren wir im Gespräch. »Jetzt zeig ich euch mal, wie das hier geht!« sagte er und winkte der Barfrau. Er bestellte eine Flasche Fürst Metternich Sekt und dazu eine Flasche Fürst Bismarck Korn, klopfte mir auf die Schulter und rief: »Schon vom Namen her gebongt!« Unser neuer Freund war ein äußerst spendabler Mensch. Jedesmal, wenn er einen von uns unter den Gästen erblickte, gab er eine Runde aus, nicht selten schmiß er sogar eine Lokalrunde. Dann sah man ihn plötzlich nicht mehr. Einmal fragte ich Frau Moog, was denn aus ihm geworden sei. »Ja, haben Sie denn gar nichts davon gehört?« entgegnete sie und blickte mich entgeistert an. Ich erfuhr, daß es sich bei unserem Freund um einen stadtbekannten Zuhälter handelte, der einem Mord im Milieu zum Opfer gefallen war.

Die Diskretion wird in Frankfurt hochgehalten wie kaum anderswo in Deutschland. Als ich vor einiger Zeit an meinem Stammkiosk unweit des Bankenviertels ein Exemplar der *Frankfurter Allgemeinen Zeitung* erstehen wollte, fragte mich die Verkäuferin: »Mit oder ohne?« Ich sah sie verwundert an. Mir war diese Frage bislang nur aus Berlin bekannt, wo die Inhaber von Currywurstbuden ihren Kunden anheimstellen, ob sie ihre Wurst lieber mit oder ohne Darm möchten. Doch meine Verkäuferin klärte mich sogleich auf: »Ei, mit oder ohne *BILD*?« Für ihre Kunden aus der Frankfurter Geschäftswelt, denen es aus welchen Gründen auch immer peinlich war, mit der Boulevardzeitung unter dem Arm gesehen zu werden, hüllte sie diese in den Mantel der Seriosität.

Es gibt wohl kaum etwas Schöneres, als einen echten Frankfurter Frankfurterisch sprechen zu hören. Dem Frankfurter ist ein ganz besonderer Humor zu eigen, der für Fremde nicht leicht zu entdecken ist. Wenn er einen Witz erzählt, mag dies einem auswärtigen Besucher gänzlich verborgen bleiben. Gewiß, bis man die Frankfurter und das Frankfurterisch schätzengelernt hat, braucht es eine Weile – da verhält es sich wie mit dem »Äppelwoi«, dem Frankfurter Nationalgetränk. Mein Freund Martin Mosebach, der in Frankfurt geboren ist und mir seine Welt der Äppelwoi-Kneipen erschloß, schrieb einmal: »Die Welt des Apfelweins ist C-Dur. Die Säure ist präzis, ein gleichsam ausformulierter Geschmack. Er ist kurz, er überschwemmt nicht mit Geschmackssensationen. Das Saure erweckt den Anschein, als durchdringe es das Unscharfe, Talgige, Fette, Stumpfe im Körper.« Auch wenn es eine ganze Weile gedauert hat, dahin zu kommen: Ich darf sagen, daß ich heute sehr wohl schlechten von gutem Äppelwoi unterscheiden kann und einen echten Frankfurter von einem Zugereisten aus der Wetterau. Wenn ich mehr als vier Wochen im Ausland verbringe, beginne ich unruhig zu werden und sehne den Tag herbei, an dem ich nach Frankfurt zurückkehre. Und sowie ich angekommen bin, führt

mich einer meiner ersten Wege nach Sachsenhausen in eine Äppel-
woi-Kneipe. Wenn ich meinen Äppelwoi und die Ochsenbrust mit
Grüner Soße vor mir auf dem Tisch sehe, dann weiß ich, daß ich
wieder zu Hause bin.

In Frankfurt war es auch, wo ich vor vielen Jahren bei einem
Abendessen den Schriftsteller und Verleger Hans Magnus Enzensberger kennenlernte. In der von ihm herausgegebenen *Anderen Bibliothek* war gerade Ryszard Kapuścińskis Buch *König der Könige* erschienen, und ich sagte zu ihm: »Um all das geradezurücken, was
Kapuściński über Äthiopien geschrieben hat, müßte man ein ganzes
Buch schreiben!« Er antwortete mir: »Tun Sie es doch! Ich will es
gerne verlegen.« Es ist dann ein ganz anderes Projekt daraus geworden, ein Buch über deutsche und europäische Umgangsformen,
und es war eine Ehre für mich, daß Hans Magnus Enzensberger es
schließlich tatsächlich für würdig befand, in die *Andere Bibliothek*
aufgenommen zu werden. Ich habe immer wieder betont, daß es
mir auf dem Gebiet der Manieren niemals um das Aufzählen oder
gar Aufstellen von Regeln im Umgang der Menschen ging, sondern
vielmehr um das Herausbilden eines bestimmten Charakters. Wo
die Tugenden Anmut und Demut lebendig geblieben sind, gesellen
sich die Manieren wie von selbst dazu. Die meisten, die mein Buch
gelesen haben, haben dies auch so verstanden, den zweifelhaften Titel »Manierenpapst«, den mir einige Medienvertreter angedeihen
ließen, würde ich zuallerletzt für mich in Anspruch nehmen wollen.
Kaum jemand hätte damals damit gerechnet, daß mein Buch *Manieren* in Deutschland auf ein derart großes Interesse stoßen würde,
ich wohl am allerwenigsten. Mich hat es besonders gefreut, daß unter den zahlreichen Zuschriften, die ich von Lesern erhielt, auch
viele von jungen Leuten waren, die in meinem Buch etwas für sich
entdeckten, was ihnen von Haus aus nicht mit auf den Weg gegeben war. Die *Manieren* sollen sogar auf dem Küchentisch einer
Hamburger Hausbesetzerkommune gesichtet worden sein. Es
kommt vor, daß ich auf offener Straße auf mein Buch angesprochen

werde, wie es vor einiger Zeit an einem Samstagvormittag in Frankfurt geschah. Ich kam gerade vollbeladen mit Tüten aus dem Supermarkt, als zwei ältere Damen an mich herantraten. »Jetzt haben wir Sie erwischt!« rief die eine und streckte den Finger nach mir aus. »Sie haben doch in Ihrem Buch geschrieben, daß ein Herr keine Tüten trägt!« Ich wußte erst nicht, was ich darauf antworten sollte. »Gewiß doch, gnädige Frau«, erwiderte ich schließlich, »aber haben Sie auch das Kapitel in meinem Buch über Nachlässigkeit gelesen?«

Auf den mehr als 150 Lesungen aus dem Buch, die mich von Kiel bis nach Obergünzburg führten und von Aachen bis Dresden, habe ich Deutschland noch einmal auf eine neue Weise kennengelernt. Noch in den kleinsten Städten versammelte sich ein interessierter Zirkel von Lesern in der örtlichen Buchhandlung, um mir zuzuhören und mit mir ins Gespräch zu kommen. Auf jeder dieser Veranstaltungen wurden mir viele Fragen gestellt, gelegentlich holte mich dabei auch meine eigene Vergangenheit ein. Nach einer Lesung in Basel etwa kam eine alte Frau im Rollstuhl auf mich zu und sprach mich an. »Ich habe Ihren Namen früher schon einmal gehört.« Ich fragte sie, wo, und sie sagte mir, daß sie im Jahre 1936 einen jungen Mann namens Asserate Kassa kennengelernt habe, der mit Kaiser Haile Selassie in Genf im Hotel Richemont abgestiegen war, dem sie damals als Hausdame vorstand. Sie zog eine vergilbte Photographie aus der Tasche, auf der ich meinen Vater in jungen Jahren erkannte: Zusammen mit Haile Selassie und meinem Großvater stand er vor dem Eingang des Hotels und lächelte in die Kamera. Mein Großvater und mein Vater hatten den Kaiser damals nach Genf begleitet und wohnten seinem historischen Auftritt vor der Generalversammlung des Völkerbundes bei.

Oft wurden auf der Lesereise auch Fragen zu meiner Person gestellt. Eine der häufigsten war die, wie ich von Äthiopien nach Deutschland gekommen sei – und warum ich in Deutschland blieb. »Dies ist eine lange und komplizierte Geschichte«, antwortete ich dann. »Und es gibt Kapitel in dieser Geschichte, an die ich mich nicht gerne zurückerinnere. Aber wenn ich die Zeit finde, werde ich sie vielleicht einmal aufschreiben.« Viele meiner deutschen und äthiopischen Freunde haben mich schließlich darin bestärkt, meine Erinnerungen niederzuschreiben. Aber im Grunde ist es den beharrlichen Fragen meiner Leser zu verdanken, daß das vorliegende Buch entstanden ist.

Im Lauf meines Lebens hat man mir eine Vielzahl von Namen gegeben: meinen Taufnamen *Sarsa Dengel*, »Schützling der heiligen Muttergottes«, den ich am vierzigsten Tag nach meiner Geburt erhielt; meinen Pferdenamen *Abba Merkeb* – »der Vater des Schiffes«; meinen Spitznamen aus Kindertagen, *Tshinke*, »der große Kopf«; während meiner Studentenzeit rief man mich in Äthiopien *The Black Englishman*, und in England war ich Reresby Sitwells *Favourite Kraut*. Schützling der heiligen Muttergottes bin ich bis zum heutigen Tag geblieben, alle anderen dieser Namen treffen, wenn überhaupt, nur einen Teil von mir. Vielleicht hat es jener englische Journalist am besten getroffen, der mich einen »anglo-germanophilen Äthiopier« genannt hat. Denn wenn mir Frankfurt und Deutschland zu meiner zweiten Heimat geworden sind, dann müßte London als meine dritte zählen. In London haben sich die meisten meiner Geschwister niedergelassen, dort lebt bis heute auch meine Mutter. Sie war immer eine lebenslustige Frau, und sie ist es trotz der qualvollen Jahre der Gefangenschaft auch geblieben. Bis zum heutigen Tag hat sie ein bemerkenswertes Geschick, Menschen für sich zu gewinnen und die unterschiedlichsten Personen mit den verschiedensten politischen Einstellungen zusammenzuführen. Ihre kleine Wohnung unweit von Regent's Park ist zu einem Mekka der äthiopischen Exilgemeinde geworden. Viele kommen zu ihr und holen sich Rat, ob jung oder alt, pausenlos klingelt das Telefon. Sie nimmt sich der Probleme ihrer Landsleute an und versucht zu helfen, wo sie nur kann.

Mehrere Wochen des Jahres verbringe ich in der englischen Hauptstadt, und jedes Jahr zu Weihnachten kommt hier die ganze Familie zusammen. Am 24. Dezember besuchen wir die Mitter-

nachtsmesse im Jesuitenkloster in Farm Street, und am ersten
Weihnachtstag treffen wir uns alle in der Wohnung meiner Mutter.
Der Weihnachtsbaum im Wohnzimmer ist nun kein Wacholderbaum mehr, sondern eine echte Tanne, aber er ist genauso bunt geschmückt wie der von einst in der Villa Debre Tabor. Wie früher
gibt es Truthahn zu Weihnachten, und zum Nachtisch den obligatorischen Christmas Pudding. Auch die traditionellen Mince Pies
von Harrods dürfen nicht fehlen, sie müssen nun nicht mehr wie
damals eine lange Reise von London nach Addis Abeba antreten.
Wir erzählen uns alte Geschichten aus Äthiopien und denken an
die Weihnachtsfeste mit meinem Vater auf dem Entoto zurück. Jedesmal, wenn ich meine Geschwister, meine Mutter und mich am
Weihnachtstag um den großen Eßtisch sitzen sehe, danke ich dem
Herrgott für die große Gnade, daß wir nach all den Jahren der Trennung und des Leids diesen Tag gemeinsam feiern dürfen.

Wenn ich heute vor dem Einschlafen ein Buch zur Hand nehme,
schweifen meine Gedanken oft zu meinem unglücklichen, immer
noch von den Geißeln des Krieges, der Armut, des Hungers und der
Krankheit geschundenen Vaterland ab, und ich frage mich, wie der
Weg in eine bessere Zukunft aussehen könnte. Wie jedermann sehe
auch ich Äthiopien heute wie einen geschlagenen Bettler vor mir,
aber es fehlt mir das unbefangene Herz eines Außenstehenden. Ich
kann nicht vergessen, wie stolz und strahlend mein Land in der
Welt stand, bevor der Kaiser gestürzt wurde und Äthiopien zu
einem Synonym für Chaos und Untergang degenerierte. Daß ich
mir über die zahlreichen Fehler der kaiserlichen Regierung schon zu
einem Zeitpunkt keine Illusionen gemacht habe, an dem viele, auch
ausländische Beobachter, die Augen noch fest verschlossen hielten,
habe ich auf den vorliegenden Seiten, wie ich glaube, deutlich gemacht. Ich bin zu diesen kritischen Ansichten als junger Mensch
nicht aus eigener Kraft gelangt, sondern ich verdanke sie dem großen Glück meines Lebens, daß ich der Sohn meines Vaters sein
durfte – Nachkomme eines Mannes, den fast eine ganze Generation

von jungen Äthiopiern nie richtig gekannt und fälschlicherweise als Reformgegner bezeichnet hat. Von diesem Mann habe ich frühzeitig gelernt, wo die Schwachstellen der kaiserlichen Herrschaft saßen, aber ich hatte auch reichlich Gelegenheit zu erleben, wie ermutigend und vorbildlich das äthiopische Kaiserreich gerade auf das sich aus den kolonialen Fesseln lösende Afrika wirkte.

Die afrikanischen Kolonien hatten oft genug ihre angestammten politischen Traditionen verloren. Die Menschen waren von der eigenen Geschichte abgeschnitten, sie fanden sich, von den kolonialen Mächten zu Sklavendiensten erniedrigt, ihrer Fähigkeit beraubt, selbständige politische Subjekte zu sein. Fast jedes afrikanische Land ist ein Vielvölkerstaat, die willkürlichen kolonialen Grenzziehungen haben diese Tendenz noch verstärkt. Für die jungen afrikanischen Republiken war Äthiopien das einzige Land, das nie kolonisiert wurde (mit Ausnahme der fünfjährigen Besatzung durch das faschistische Italien), das einzige Land, das sich seine eigene Kultur hatte bewahren können, das einzige Land mit einer uralten Schriftsprache, das einzige Land, dessen kaiserlicher Herrscher mit den Oberhäuptern der ehemaligen Kolonialmächte auf Augenhöhe verhandeln konnte. Das äthiopische Kaiserreich zeigte, trotz des langen Konflikts mit Eritrea, auch die Möglichkeit eines friedlichen Zusammenlebens der verschiedenen Ethnien in einem gemeinsamen Staat. Es besteht für mich kein Zweifel, daß die Koexistenz der verschiedenen Volksgruppen innerhalb der Grenzen Äthiopiens durch die Idee der äthiopischen Krone ihre eigentliche Stabilität erhielt. Man könnte hier, wenn man an europäische Verhältnisse anknüpfen möchte, an die belgische Krone erinnern, ohne die es den flämischen und wallonischen Belgiern gewiß sehr viel schwerer fallen würde, zusammenzubleiben.

Einen Vielvölkerstaat zu regieren ist kein leichtes Unterfangen, es gehört höchste Staatskunst dazu. Berühmt wurde der Ausspruch des Grafen Taaffe, der als Ministerpräsident Kaiser Franz Joseph diente: »Die Kunst, die Donaumonarchie zu regieren, besteht darin, all ihre Länder in einem gleichmäßigen Zustand leichter Unzufriedenheit zu halten.« Von der bloßen Möglichkeit solcher politischer Meisterschaft ist das gegenwärtige Äthiopien freilich weit entfernt. Seine Völkerschaften stehen sich gegenwärtig mißtrauisch gegenüber, jede Ethnie präsentiert der anderen alte Rechnungen und vergißt dabei, daß wir auch viele Gemeinsamkeiten besitzen, die uns seit Jahrhunderten politisch und kulturell geprägt haben. Mancher Bürger des heutigen Äthiopien könnte mir vorhalten, daß ich es leicht hätte, mit solcher Unparteilichkeit auf die einzelnen Ethnien zu blicken, weil ich keiner von ihnen ausschließlich angehöre. Gewiß, meine Familie ist tief im amharischen Volk verwurzelt, aber es gehörte seit langem zu unserer Familienpolitik, sich mit anderen Völkern zu mischen. Sogar die Muslime wurden nicht ausgenommen – man zeige mir in der Weltgeschichte ein Herrscherhaus, in dem Christen und Muslime derart unbefangen verwandtschaftliche Bande schmiedeten. Einer meiner Lieblingsverwandten in meiner Kindheit war Hajji Rahmato, der aus dem gleichen Geschlecht, aus Selte, stammte wie meine Ur-Urgroßmutter Wayzaro Wuriga, die Frau des Fürstenprimas Ras Darge.

Das größte Übel für jedes Land ist der Bürgerkrieg, und wir Äthiopier müssen alles Menschenmögliche tun, um ein Horrorszenario zu vermeiden, wie wir es unlängst in Somalia, Ruanda, Sierra Leone und Liberia erlebt haben. Wir müssen aufeinander zugehen und einen »Wettstreit der Ideen« ohne ethnozentrische Ideologien in Gang setzen. Nun wird es aber auch darum gehen, nicht immer weiter das alte Lied von der Unterdrückung der Ethnien im Kaiserreich zu singen, sondern aus alten Fehlern zu lernen und einer neuen Generation von Äthiopiern begreiflich zu machen, welche Kraft und welche wirtschaftlichen Möglichkeiten in einem vereinten Äthiopien liegen. Ich wünschte mir, daß Amharen und Oromo, Tigriner und Sidama, Christen und Muslime in meiner Heimat verstehen, daß wir alle Kinder unserer gemeinsamen Mutter Äthiopien sind – so wie Bayern und Hamburger, Rheinländer und Sachsen keine Schwierigkeiten haben, trotz ihrer nicht immer durch ein friedliches Miteinander bestimmten Vergangenheit, sich als Deutsche zu begreifen, ohne daß sie deshalb etwas von ihrer Eigenart aufgeben müßten. Die Krone erwies sich in Äthiopien lange Zeit als ein kraftvolles Symbol der Einheit des Landes, in Großbritannien, Spanien, Belgien und vielen anderen europäischen demokratischen Staaten ist sie ein solches bis zum heutigen Tag. Wenn in Äthiopien die Krone aus dem Hause David gegenwärtig nicht mehr das Symbol dieser großen Einheit sein kann, muß man nach einem anderen Symbol suchen, das imstande wäre, die Unterschiede der Sprachen, Religionen und Kulturen in sich harmonisch aufzuheben.

Nicht nur mein Heimatland, ganz Afrika gibt heute vielen Beobachtern wenig Anlaß zu Optimismus. Krieg, Armut und Hunger, die Seuche Aids und das Problem des Analphabetismus halten weite Teile des Kontinents am Boden. Wenige Staaten Afrikas haben das, was man gemeinhin als eine gute Regierung bezeichnet. Doch wer will, kann auch Zeichen der Hoffnung erkennen: Botsuana gilt als das Musterbeispiel einer funktionierenden Demokratie mit einem Mehrparteiensystem, einer guten Gesundheitsversorgung und einem stetigen wirtschaftlichen Wachstum. Auch die Republik Südafrika hat sich nach dem Ende der Apartheid zu einem stabilen demokratischen Staat entwickelt. Im Jahr 2001 haben die Staaten Algerien, Ägypten, Nigeria, Senegal und Südafrika das Entwicklungsprogramm NEPAD (New Partnership for Africa's Development) ins Leben gerufen. Die fünfzehn afrikanischen Regierungen, die sich ihm anschlossen, haben sich zu einer demokratischen Regierungsführung, der Wahrung der Menschenrechte, zur Förderung einer nachhaltigen wirtschaftlichen Entwicklung und zur Lösung von Konflikten auf friedlicher Basis verpflichtet. Jetzt kommt es darauf an, den Worten Taten folgen zu lassen.

Im Herbst 2007 feiert Äthiopien, dessen Zeitrechnung dem Julianischen Kalender folgt, die Jahrtausendwende. Wäre das »afrikanische Millennium«, wie es auf dem afrikanischen Kontinent vielfach auch genannt wird, nicht eine gute Gelegenheit für die äthiopische Regierung, die Opposition im Lande und die äthiopische Diaspora, aufeinander zuzugehen und gemeinsam neu anzufangen? Ich jedenfalls bin fest entschlossen, mir meinen Optimismus nicht nehmen zu lassen.

Europa und Afrika haben eine gemeinsame Vergangenheit, in Äthiopien liegt die Wiege der Menschheit. Wir alle sind Nachfahren von *Dinkenesh*, der Wundersamen, von den Europäern Lucy genannt, die vor dreieinhalb Millionen Jahren am Ufer des Awashflusses lebte. Vor rund 100 000 Jahren verließ eine kleine Gruppe des *Homo sapiens* den afrikanischen Kontinent über die Sinai-Halbinsel in Richtung Asien und breitete sich von dort über den Rest der Welt aus – die ersten Migranten der Weltgeschichte. In Europa kamen sie vor etwa 40 000 Jahren an. Vor rund 600 Jahren begann Europa seine Fühler wieder nach Afrika auszustrecken. Die Portugiesen waren die ersten, die kamen und sich auf dem afrikanischen Kontinent ein Bollwerk errichteten; sie waren auch die letzten, die aus Afrika wieder abzogen – im Jahre 1974, als die Nelkenrevolution in Lissabon dem Starrsinn der letzten Kolonialisten ein Ende setzte. Die Zeit, in der die europäischen Mächte im Wettlauf miteinander den afrikanischen Kontinent unter sich aufteilten und unter ihre Kolonialherrschaft zwangen, war ganz gewiß kein Ruhmesblatt der europäischen Geschichte. Mit den Folgen des Kolonialismus ließ Europa Afrika weitgehend allein. Ich setze darauf, daß Europa begreift, daß Afrika und Europa nicht nur eine gemeinsame Vergangenheit besitzen, sondern auch nur gemeinsam eine Zukunft haben werden.

Nachbemerkung

Kein Autor, der sich dem eigenen Leben zuwendet, wird für sich selbst den Anspruch der Unparteilichkeit erheben können, und so verhält es sich auch in meinem Fall. Die vorliegenden Erinnerungen geben einen subjektiven Blick wieder – handelnde Personen, Orte und Begebenheiten erscheinen auf den zurückliegenden Seiten so, wie ich sie erlebt habe. Andere mögen diese Zeit ganz anders gesehen haben und daraus, mit ebenso großer Berechtigung wie ich, ganz andere Schlüsse ziehen. Jedenfalls war es nicht meine Absicht, eine historische Studie über mein Heimatland Äthiopien oder über Deutschland zu verfassen. Eine der größten Gefahren des Schreibens über das eigene Leben, meint Arthur Koestler, sei die »sentimentale Falle«, die Gefahr, seine eigene Kindheit und Jugend in ein verklärtes Licht zu tauchen. Der Leser möge mir verzeihen, wenn er mich in diesem Buch an der ein oder anderen Stelle dabei ertappt, wie ich in diese Falle trete – ich fürchte, ich konnte der Versuchung nicht ganz und nicht immer widerstehen.

Während der Jahre, die ich von Deutschland und England aus für die Freilassung meiner Familie kämpfte, gab es eine Vielzahl von Personen, die mir dabei zur Seite standen und mich auf jede erdenkliche Weise unterstützten – zu viele, daß sie alle in diesem Buch namentlich genannt werden könnten. Ihnen allen möchte ich an dieser Stelle noch einmal von ganzem Herzen danken. Sie dürfen sich sicher sein: Meine Familie wird Ihnen Ihren selbstlosen Einsatz niemals vergessen.

Viele Zeitzeugen und viele meiner Verwandten und Freunde haben sich mir als Gesprächspartner zur Verfügung gestellt und bereitwillig Auskunft gegeben. Nicht zuletzt ihnen ist es zu verdanken, wenn sich diese Erinnerungen zu einem lebendigen Bild fügen.

Meinem Lektor Rainer Wieland, der die Entstehung dieses Buches von der ersten Idee bis zum fertigen Manuskript in allen Phasen begleitet hat, bin ich zu ganz besonderem Dank verpflichtet. Darüber hinaus danke ich meinem Agenten Joachim Jessen von der Agentur Thomas Schlück, Garbsen, ebenso wie Peter Lohmann, Felix Rudloff und den anderen Kollegen der S. Fischer Verlage in Frankfurt am Main. Bei der Überprüfung von Daten und Namen half Dr. Wolbert G. C. Smidt vom Asien-Afrika-Institut der Universität Hamburg, das Register wurde von Burkard Miltenberger erstellt.

Die äthiopische Zeitrechnung folgt dem Julianischen Kalender, der gegenüber dem hierzulande gebräuchlichen Gregorianischen Kalender gut sieben Jahre zurückliegt. Sämtliche Datumsangaben im vorliegenden Buch wurden in die der Gregorianischen Zeitrechnung entsprechenden umgewandelt.

Die äthiopische Namensgebung kennt nicht die in Europa gebräuchliche Einteilung in Vor- und Nachnamen. In Äthiopien steht an erster Stelle der Name der jeweiligen Person (in meinem Fall: Asfa-Wossen), gefolgt vom Namen des Vaters (in meinem Fall: As(se)rate). Werden im Text Namen in Kurzform wiedergegeben, so erscheinen sie in der Regel ohne den Zusatz des Vaternamens, was keineswegs als eine vertrauliche Form zu verstehen ist.

Bei der Wiedergabe von amharischen Namen und Begriffen wurde der Lesbarkeit zuliebe auf die internationale wissenschaftliche Transliteration nach dem System der *Encyclopaedia Aethiopica* verzichtet. Die hier verwendete Transkription orientiert sich an der üblichen, in deutschen und englischen nichtwissenschaftlichen Publikationen verwendeten Form. Die im äthiopischen Kaiserhaus gebräuchlichen Titel sind am Ende des Buches auf S. 375 zusammengefaßt.

Die Epoche des äthiopischen Kaiserreiches harrt noch ihres Gibbon oder Mommsen, eine umfassende Gesamtdarstellung seiner dreitausendjährigen Geschichte gibt es bis heute nicht. Bei der Schilderung der historischen Ereignisse waren mir – neben den zahlreichen Gesprächen, die ich mit Zeitzeugen geführt habe, und einer Vielzahl von amharischen Quellen – die folgenden Werke in englischer und deutscher Sprache hilfreich: Zur Kulturgeschichte des äthiopischen Kaiserreichs allgemein: Eike Haberland: *Untersuchungen zum äthiopischen Königtum.* Wiesbaden: F. Steiner 1965, sowie: Ernst Hammerschmidt: *Äthiopien. Christliches Reich zwischen Gestern und Morgen.* Wiesbaden: Otto Harrassowitz 1967. Zur Geschichte des italienisch-äthiopischen Krieges 1936–1941: Asfa-Wossen Asserate, Aram Mattioli: *Der erste faschistische Vernichtungskrieg.* Köln: SH-Verlag 2006, sowie: David Shirreff: *Bare Feet and Bandoliers. Wingate, Sandford, the Patriots and the Part They Played in the Liberation of Ethiopia.* London, New York: The Radcliffe Press 1995. Zur Geschichte der Palastrevolte des Jahres 1960 und deren Vorgeschichte: Richard Greenfield: *Ethiopia. A New Political History.* London: Pall Mall Press 1967. Zur Eritreapolitik der kaiserlichen äthiopischen Regierung: Volker Matthies: *Der Eritrea-Konflikt. Ein »Vergessener Krieg« am Horn von Afrika.* Hamburg: Institut für Afrika-Kunde im Verbund der Stiftung Deutsches Übersee-Institut 1981. Zur Chronologie der Ereignisse von 1974: Blair Thompson: *Ethiopia. The Country That Cut Off Its Head. A Diary of the Revolution.* London: Robson Books 1975. Eine umfassende wissenschaftliche Enzyklopädie der Länder des *Orbis Aethiopicus*, des Horns von Afrika, wird derzeit unter Federführung des Asien-Afrika-Instituts der Universität Hamburg erarbeitet. Die ersten beiden der auf fünf Bände angelegten *Encyclopaedia Aethiopica* sind 2003 (Band 1: A–C) und 2005 (Band 2: D–Ha) im Otto Harrassowitz Verlag, Wiesbaden, erschienen, der Abschluß des Projektes ist für das Jahr 2009 vorgesehen.

Frankfurt am Main im Januar 2007   Asfa-Wossen Asserate

Verzeichnis Kaiserlich-äthiopischer Titel

I. Männliche Titel

Negusa Negast: »König der Könige«, Kaiser
Negus: König
Germawi, Janhoy: Majestät
Réesa Mesafent: Fürst Primas
Leul: Hoheit, neuerer Titel für Prinzen
Lij: »Infant«, traditioneller Titel für Prinzen aus dem Hause David
Abeto: traditioneller Titel für Prinzen aus dem Hause Shoa
Leul Ras: Kaiserlicher Herzog, Fürst
Ras: Herzog, Fürst
Mesfen (Plural Mesafent): Fürst, Mitglied der Hocharistokratie
Afe Negus: »Mund des Königs«, höchster Richtertitel
Tsehafi-Tezaz: »Schreiber der Verordnungen«, Reichskanzler
Dejazmatch: »Befehlshaber des Tores« (d. h. des Zentrums), vergleich-
    bar mit dem Titel Graf
Liqamakwras: Würdenträger am Hofe, die stets den Herrscher begleiten
    und auch als sein Double fungieren
Fitaurari: »Befehlshaber der Vorhut«, vergleichbar mit dem Titel Baron;
    höher in der Hierarchie, wenn er mit dem Posten des Kriegsministers
    einhergeht
Naggadras: Oberster Zoll- und Handelsaufseher, später auch Handels-
    minister
Kegnazmatch: »Befehlshaber des rechten Flügels«, niederer Adelstitel
Grazmatch: »Befehlshaber des linken Flügels«, niederer Adelstitel
Belatten Geta: »Pagen-Meister«, Gelehrtentitel
Makonnen (Plural Mekwanint): Würdenträger
Agafari: Zeremonienmeister
Azaj: Küchenmeister

II. Weibliche Titel

Negesta Negestat: »Königin der Königinnen«, Kaiserin
Negest: Königin
Itege: Kaiserin, Königin
Germawit: Majestät
Leelt: Prinzessin, Hoheit
Mesfenit: Herzogin, Fürstin
Emebet-Hoy: Lady
Woizerit-Hoy: Dawager Lady (verwitwet)
Wayzaro: Dame, später auch Frau

Genealogische T(

Die Salomonische Dynastie (seit ca. 1990 v. Chr.)
Das Haus Shoa

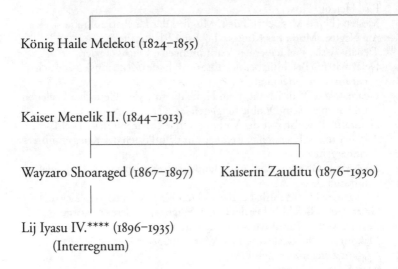

König Haile Melekot (1824–1855)

Kaiser Menelik II. (1844–1913)

Wayzaro Shoaraged (1867–1897)   Kaiserin Zauditu (1876–1930)

Lij Iyasu IV.**** (1896–1935)
   (Interregnum)

* Auszug
** 225. Monarch aus dem Hause David
*** auch Nachkomme aus dem Kaiserlichen Haus Gondar und
   dem Königlichen Haus Lalibela
**** auch Nachkomme aus dem Königlichen Haus Wollo und des
   Heiligen Propheten Mohammed

Hauses David*

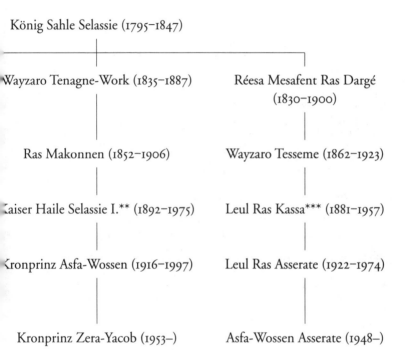

König Sahle Selassie (1795–1847)

Wayzaro Tenagne-Work (1835–1887) — Réesa Mesafent Ras Dargé (1830–1900)

Ras Makonnen (1852–1906) — Wayzaro Tesseme (1862–1923)

Kaiser Haile Selassie I.** (1892–1975) — Leul Ras Kassa*** (1881–1957)

Kronprinz Asfa-Wossen (1916–1997) — Leul Ras Asserate (1922–1974)

Kronprinz Zera-Yacob (1953–) — Asfa-Wossen Asserate (1948–)

Register

Abate Boyalew, Ras 65, 126
Abebe Haile, Kapitän-leutnant 43
Abebe Retta 274
Abera Kassa, Dejazmatch 150
Abiye Abebe, General-leutnant 143f., 253, 274, 300
Abreha Tessemma, Dejaz-match 146
Abs, Josef 287
Adenauer, Konrad 35, 110
Adlhoch, Walter 284
Aida Desta, Prinzessin 57
Ahmed ibn Ibrahim al Gazi 64
Aklilu Habte-Wold, Tse-hafi-Tezaz 128, 146, 244, 253, 259–261, 274
Albers, Hans 109
Alexander, Peter 109
Alexandra Fjodorowna, Zarin von Rußland 40, 281
Ali Mira, Sultan von Afar 294
Allende, Salvador 231
Alten, Svantje von 181
Altman, Robert 134
Aman Andom, Generalleutnant 12f., 272–274, 285
Amery, Lord Julian 298f.
Amin, Idi 281
Andargatchew Masai, Ras 229, 263
Anderson, Dr. 38
Anka, Paul 134
Anna Amalia, Herzogin von Sachsen-Weimar-Eisenach 357

Asfa-Wossen Kassa, Dejazmatch 150
Asfa-Wossen, Kronprinz 14, 117–120, 123, 125–127, 135, 141, 147, 149, 224f., 227, 252, 258, 270, 300, 303–305, 353, 376f.
Asnake Getachew 293f.
Asrat Deferessu, Haupt-mann 126
Asrat Woldeyes, Prof. 275
Assefa Demissie, Gene-ralleutnant 139, 230
Assefa Lemma, Botschaf-ter 227
Assefa Wubishet, Balam-baras Agafari 18, 47
Asserate Kassa, Leul Ras (Vater des Autors) 11–14, 16, 18f., 29–32, 35f., 38f., 41–46, 53, 56–60, 78, 82f., 101, 113, 116–119, 121, 123, 125f., 129–131, 136–139, 142–144, 146f., 149–151, 153–155, 158, 191f., 207, 211–213, 224–227, 230, 234, 237, 242–245, 250, 253f., 257–261, 264–266, 274f., 277, 279, 283–286, 290, 293–295, 297, 299, 303, 305, 308, 310, 320, 322, 343, 347f., 354, 365, 367f., 365, 376f.
Astaire, Fred 134
Astor, Hugh, The Hon. 212, 288
Atsede Asfaw, Prinzessin 57f., 88, 92
Ayalew, Oberst 265, 275
Baader, Andreas 188, 190

Bach, Johann Sebastian 103, 359
Baciero, Antonio 228, 236
Baden, Markgraf Maxi-milian von 288
Baede-Mariam Makon-nen, Prinz 78
Bagge, Sir John 212
Bamm, Peter 105
Barre, Siad 290, 298, 342
Bartók, Béla 103
Barzel, Dr. Rainer 217
Basileos, Abuna, Patriarch 36f., 121, 268
Bauer, Frau 160–162, 177f.
Beatrix, Königin der Niederlande 246
Becker, Bernhard 56, 98, 148
Becher, Johannes R. 338
Beckmann, Max 287
Beethoven, Ludwig van 112, 359
Bekele Indeshaw, Bot-schafter 291f.
Benedikt XVI., Papst 85, 169, 184f.
Berhane-Maskal Desta, Dejazmatch 113
Bethmann, Baronin Mar-git von 228
Betjeman, Sir John 202
Bezounesh Kassa, Lady 14, 38f., 40, 44, 50, 63, 77, 270f., 278, 283, 327, 347
Bismarck, Fürst Otto von 239
Bloch, Prof. Dr. Ernst 168, 172
Blos, Wilhelm 164
Böll, Heinrich 105

378

Bonifatius VII., Papst 216

Borges, Jorge Luis 60

Braine, Lord Bernard 212, 288

Brandt, Willy 164, 172, 186, 217, 232f., 297, 337f., 356

Brecht, Bertolt 105

Brentano, Clemens 104

Breschnew, Leonid Iljitsch 9, 248, 298

Bronski, Frau 109

Buder, Walter 107

Busch, Wilhelm 59, 96

Buxton, Lord Aubry 212

Byron, Lord George Gordon 192

Callaghan, James 299

Cameron, Charles Duncan, Konsul 52

Carstens, Karl 9

Carter, Jimmy 297

Castro, Fidel 85, 307, 341

Chamberlain, Arthur Neville 197, 285

Chamfort, Nicolas Sebastien 255

Charles Mountbatten-Windsor, Fürst von Wales (Prince Charles) 96

Charteris, Sir Martin 302f., 305

Chesterton, Gilbert Keith 27

Chomeini, Ajatollah Ruhollah Musawi 309

Chou En-Lai 244

Christina I., Königin von Schweden 245

Churchill, Sir Winston 30, 101, 218, 286, 312f.

Churchill, Winston Spencer 198, 285

Cicero Marcus Tullius 59, 220

Claudius, Kaiser von Äthiopien 64

Coelestin V., Papst 245f.

Coward, Sir Noël Peirce 202

Crick, Francis 192

Crosby, Bing 134

Daly, Margaret 333f.

Darge, Réesa Mesafent, Ras 68, 369, 376f.

Darwin, Charles 192

Daus, Dicky 287

David, König von Juda 20, 23, 25

David Makonnen, Prinz 78, 250

Day, Doris 134

Debebe Haile-Mariam, Generalleutnant 125, 155

Deedes, Bill 208

Dereje Haile Mariam, Hauptmann 124

Dialer-Jonas, Gisela 186

Diana Frances Mount-batten-Windsor, Fürstin von Wales 96

Dickens, Charles 58f., 123

Dimbleby, Jonathan 234–237, 268

Doderer, Heimito von 215, 271, 360

Döll, Klaus 287

Dönhoff, Marion Gräfin 131

Duckwitz, Georg Ferdinand 164

Dukes, Ashley 134

Eberhard I., Herzog von Württemberg 159

Eden, Anthony (Lord Avon) 285f.

Eduard VIII., König von England 207, 245

Eichendorff, Joseph von 104

Einstein, Albert 112

Eisler, Hanns 338

Eisner, Frau 175

Elisabeth II., Königin von England 140–142, 210, 285, 299–305

Elisabeth, Prinzessin von Toro 204

Emami, Hussein Ali 309

Endalkatchew Makonnen, Lij 10, 225, 254, 258–260, 266, 274

Engels, Friedrich 335

Ensslin, Gudrun 188–190, 217

Enzensberger, Dr. Hans Magnus 364

Eppler, Dr. Erhard 232

Eschenburg, Prof. Dr. Theodor 171–175, 245, 255, 360

Eshetu 275f.

Ezana, König von Axum 64

Fallaci, Oriana 85

Farah Diba Pahlavi, Schabanu von Persien 142, 309

Faruk I., König von Ägypten 117

Fasilidas, Kaiser von Äthiopien 64

Fechter, Dr. Rudolf, Botschafter 230

Fere-Senbet, Brigadegeneral 348f.

Fesshaye Haregot 153f.

Filbinger, Hans 228

Fitzalan-Howard, Lord Michael 302

FitzGibbon, Louis 298

Fontane, Theodor 201

Ford, Gerald 9, 297

Francis, Connie 152

Franco, Francisco, General 306

Franz Joseph I., Kaiser von Österreich 81f., 249, 368

Fraser, Antonia 198, 212

Fraser, Sir Hugh 212

Freud, Sigmund 289

Friederike, Prinzessin von Hannover und Königin der Hellenen 307
Friedrich II., König von Preußen 157, 239
Friedrich III., Deutscher Kaiser 173
Friedrich Wilhelm I., König von Preußen 131
Froebe, Gert 135
Froboess, Conny 109
Frumentius, Bischof von Axum 61, 63f.
Gabre Menfes Kedus, Heiliger 57
Galda, Dr. Günter 104
Gama, Christovão da 64
Gama, Vasco da 64
Garvey, Marcus 351
Geldorf, Bob 238
Gelowani, Prof. Viktor 339f.
Genscher, Hans-Dietrich 297, 336f., 356
Georg II., Herzog von Sachsen-Meiningen 358
Georg III., König von England 302
Georg IV., König von England 302
Georg V., König von England 25, 206
Georg VI., König von England 302
Germatchew Tekle-Hawriat, Dejazmatch 12, 143f.
Gibbon, Edward 62
Girmame Neway 124, 127, 243
Giscard d'Estaing, Valéry 294
Gloucester, Alice Herzogin von 207f., 285, 300, 302, 304
Gloucester, Henry Herzog von 206f.

Gloucester, Prinz William von 206, 209f.
Goebbels, Dr. Joseph 312
Goethe, Johann Wolfgang von 100, 104, 106, 110, 112, 200, 357, 360
Gombrowicz, Witold 337
Gómez Dávila, Nicolás 69, 140, 201
Gorbatschow, Michail 332, 340
Graziani, Rodolfo, General 359
Grass, Günter 104
Greer, Prof. Dr. Germaine 216
Grimm, Wilhelm und Jacob 42, 96, 100
Gromyko, Andrej 69
Gründgens, Gustav 109
Gryphius, Andreas 105
Gugsa Wolie, Ras 241
Gwischiani, Prof. Dscherman 340f.
Gwynne-Thomas, John, Reverend 193
Haberland, Prof. Dr. Eike 223, 282f.
Habte Giorgis Negede, Fitaurari 241
Haile Melekot, König von Shoa 376f.
Haile Selassie I., Kaiser von Äthiopien (Ras Tafari Makonnen) 10f., 13f., 18, 24f., 28–30, 32, 37f., 45, 52f., 67f., 72f., 75f., 78–81, 83–85, 87, 99, 117–120, 124–129, 131, 137–144, 146, 153–155, 173, 206, 208, 224–231, 233, 237–250, 253f., 256–264, 266–270, 272, 275–277, 281, 284, 288, 291, 293, 297, 304,

306, 319, 322, 334, 349, 351–353, 365, 376f.
Haile Sinke, Dejazmatch 58
Hall, David, Staatsrat 52f., 81, 107
Hall, Katharina 52
Hall, Moritz 51f.
Hålme, Helvi 41, 95
Hamilton, Sir Walter 193f., 216
Hammer, Dr. Armand 339
Hämmerle, Siegfried 103f., 112, 134
Hanna Dereje 296
Hanna Jimma, Abba 118
Hannibal 28
Hannover, Prinz Welf von 287
Hansen, Volker 317
Hardt, Manfred 339
Haregot Abay, Dejazmatch 152, 279
Harris, Arthur, General 210
Hassel, Ulrich von 164
Hatzfeld, Georg von 289
Hauff, Wilhelm 59, 96, 169
Haunold, Franz 41, 98, 113
Haunold, Louise 41–43, 54, 73, 84, 95f., 98, 108f., 111, 113, 169, 282, 361
Hawtin, Guy 213, 310f., 313–315
Haydn, Joseph 338
Hegel, Prof. Dr. Georg Wilhelm Friedrich 112
Heidegger, Prof. Dr. Martin 169
Heine, Heinrich 17, 100, 104, 112, 165, 168, 360
Heinrich VI., König von England 193
Hellwig, Marianne und Margot 101

Henslow, John Stewart 192
Herani Berhane-Masqal 343
Herder, Johann Gottfried 357
Herzog, Prof. Dr. Roman 114
Hesse, Hermann 169
Heuss, Theodor 28
Hildebrandt, Kurt 41, 111
Hildebrandt, Karl 111, 348
Hildner, Herr 102
Hill, Martin 295f.
Hindenburg, Paul von, Reichsfeldmarschall 47, 81, 360f.
Hirohito, Kaiser von Japan 249
Hitler, Adolf 27, 107, 164, 173, 197, 288f., 311f.
Hoffmann, Prof. Dr. Hilmar 356
Hölderlin, Friedrich 116, 169
Honecker, Erich 330, 332, 336, 344, 348
Hoveyda, Amir Abbas 309
Hoxha, Enver 342
Huffington, Arianna (geb. Stassinopoulos) 198f.
Huffington, Michael 198
Humboldt, Alexander von 62, 112
Imru Haile Selassie, Leul Ras 125, 139
Isayas Afewerki 341
Iskander Desta, Konteradmiral 225, 229, 253, 263, 274
Iulius Caesar 59
Iyasu IV. Lij, Kaiser von Äthiopien 32, 139, 240f., 376f.

Jens, Prof. Dr. Walter 172
Jesus Christus 25, 63, 106
Johannes Mengesha, Lij 296
Johannes Paul I., Papst 308
Johannes Paul II., Papst 185, 308
Johnson, Donald 61
Juan Carlos I., König von Spanien 306f.
Juan de la Cosa 62
Juliana, Königin der Niederlande 147, 246, 306
Jürgens, Curd 135
Kaczyński, Lech 87
Kant, Prof. Dr. Immanuel 112
Kapuściński, Ryszard 78, 86, 246, 364
Karl V., Kaiser des Hl. Römischen Reiches 100
Karl August, Großherzog von Sachsen-Weimar-Eisenach 357
Karl der Große 27
Kassa Asserate, Lij (Bruder des Autors) 41, 249, 326
Kassa Hailu, Leul Ras (Großvater des Autors) 24f., 29–36, 44, 46, 56, 63–72, 75, 78, 87, 93f., 101, 131, 150, 156, 226, 241f., 260, 278, 284, 347f., 365, 376f.
Katharina II., Zarin von Rußland 157
Kaunitz, Fürst Wenzel Anton von 70
Kebede Gebre, Generalleutnant 120
Keller, Gottfried 104, 360
Kennedy, John F. 255, 262

Kenyatta, Jomo 262
Kessler, Graf Harry 156
Ketemma Kebede 11, 45f., 81, 116, 271, 278, 293, 327, 334, 344, 347, 355
Kiderlen-Wächter, Alfred von 315
Kiesinger, Kurt Georg 171, 186
Klopstock, Friedrich Gottlieb 104
Knoke, Thomas 162
Kohl, Dr. Helmut 172, 337
Kolbert, Dr. Colin, His. Hon. 202f.
Kosroff, Oberst 130
Kraus, Peter 109
Kropotkin, Pjotr Alexejewitsch 289
Kubitschek, Juscelino 117
Kubitschek, Sarah 117
Kumarasi Kukiidi III., König von Toro 204
Küng, Prof. Dr. Hans 169, 185
Lafontaine, Oskar 337
Lalibela, äthiopischer König 64
Langhans, Rainer 187
Laroche, Guy 204
Lawrence, Thomas Edward 298
Lazzaroni Luigi 150
Leibniz, Gottfried Wilhelm 358
Lenin 335
Lessing, Gotthold Ephraim 104
Leudesdorff, René 289
Liebknecht, Wilhelm 164
Löwenstein-Werthheim-Rosenberg, Fürst Alois zu 287
Löwenstein-Werthheim-Freudenberg, Prinz Hubertus zu 288–290

381

Lübke, Dr. Heinrich 28, 98f.
Lübke, Wilhelmine 99
Ludwig XIV., König von Frankreich 86, 90
Ludwig XV., König von Frankreich 249
Lukas, Abuna, Bischof von Eritrea 49
Lyell, Malcolm 212, 288
Macauly, Thomas Babington 192
MacLane, Billy, Lit. Colonel 212
Maclean, Lord Charles 303
Maggi, Ottaviano 157
Mahler, Horst 189
Makeda (Königin von Saba) 20–28, 47, 60, 286
Makonnen Deneke, Brigadegeneral 242
Makonnen Haile Selassie, Prinz, Herzog von Harrar 29, 78, 225
Makonnen Woldemikael, Ras 133, 239, 376f.
Mammo Wudineh 148
Mamuschka Madame 39–42
Mandela, Nelson 247
Mann, Thomas 100, 104, 289, 360
Manyahleshal Kassa, Lady 50
Mao Zedong 113, 255
Maravento, Saverio, Oberst 30
Marées, Baudouin 266
Maria Theresia, österreichische Kaiserin 70
Marley, Bob 352
Marley, Rita 352
Marlowe, Christopher 200
Martin, Dean 134
Marx, Dr. Karl 164, 330, 335

Massimo, Camillo Francesco 27f.
Maugham, William Somerset 202
McCaughey, John 214f.
Medferiash-Work, Kronprinzessin 14f., 116–120, 123, 303
Meinhof, Ulrike 10, 190
Meles Zenawi 115, 341–343, 346
Melville, Herman 59
Menelik I., König von Äthiopien 22f., 25f., 47
Menelik II., Kaiser von Äthiopien 33, 46, 65f., 71, 82, 87, 126, 240, 248, 376f.
Menen Asfaw, Kaiserin von Äthiopien 24, 31f., 38, 53, 72f., 118, 121, 125, 128, 225, 351, 353
Mengesha Seyoum, Leul Ras 242
Mengistu Haile Mariam, Oberst 12, 113, 115, 138, 237f., 255, 272f., 276, 278, 281, 290, 294, 297f., 307, 319, 321, 326–333, 337, 341–344, 346, 349, 354
Mengistu Neway, Brigadegeneral 117f., 124, 127f., 243
Mentwab, äthiopische Kaiserin 52
Merid Mengesha, Generalleutnant 119f., 143f.
Merkel, Dr. Angela 85
Mesfen Biru, Lij 117
Mesfin Shileshi, Ras 274
Mestri, Guido del 307
Metzler, Renate von 356
Meyer-Landrut, Andreas 297
Mikael Imru, Lij 266

Mikael, König von Wollo 24, 31
Mikael Makonnen, Prinz 78
Milton, John 192
Mitford, Diana 311f.
Mitford, Jessica 311–314
Mitford, Unity 311
Mohammed, Prophet 24, 31
Mohammed Resa Pahlavi, Schah von Persien 142, 307f.
Moik, Karl 102
Momper, Walter 336f.
Montanelli, Indro 150
Montespan, Françoise-Athénaïs Marquise de 90
Moog, Frau 362
Moore, Thomas 349
Mörike, Eduard 169
Morrow, Vick 134
Mosebach, Martin 356, 363
Mosley, Sir Oswald 312f.
Mozart, Wolfgang Amadeus 103, 359
Mugabe, Robert 342
Müller, Dr. Kurt, Botschafter 113, 158, 228, 230
Mulugeta Asserate, Lij (Bruder des Autors) 16, 41, 129, 249, 259, 262, 265f., 327
Mulugeta Yigezu, Ras 31
Muluimebet Faris 283
Mussolini, Benito 29, 66, 107, 144, 208, 241
Nannen, Henri 236
Napier, Lord Robert, General 52
Napoleon I. Bonaparte, Kaiser von Frankreich 27f., 301f.
Napoleon III., Kaiser von Frankreich 213

382

Nasser, Gamal Abdel 247
Nebeye-Leul, Fitaurari 14, 23f., 44, 60
Nehru, Jawaharlal 247
Newton, Sir Isaac 192, 219
Nicolson, Sir Harold 156f., 357
Nikolaus II., Zar von Rußland 40, 249, 281, 327
Nixon, Richard 248
Numeiri, Dschafar Muhammad 248
Nyerere, Julius 232, 238
Obermaier, Uschi 187f.
Obote, Milton 205
Oldenburg, Michael 266
Orde, Charles Wingate, Brigadegeneral 30
Orwell, George 325
Ovid 59
Paul VI., Papst 308
Paulos, Abuna, Patriarch 352, 354
Pepys, Samuel 219f.
Philip, Herzog von Edinburgh 141, 210, 305
Pinochet, Augusto, General 231
Pinter, Harold 198
Plath, Sylvia 192
Pompidou, Georges 259
Ponto, Jürgen 287
Proll, Thorwald 188
Quintus Maximus Cunctator 28
Rachmaninow, Sergei 103
Raiser, Prof. Dr. Ludwig 171
Rahmato, Hajji 369
Ratjen, Karl Gustav 287
Raunig, Prof. Dr. Walter 350
Rebecca Asserate (Schwester des Autors) 19, 41, 129, 234, 249,

268, 320f., 323, 325–329, 332, 351f.
Rena Makridis 9f., 12
Roenpage, Dr. Peter 350
Romilly, Esmond 312
Roosevelt, Franklin D. 79
Russell, Bertrand 192
Russell, Georgiana 96
Russell, Sir John, Botschafter 206, 288
Sacharow, Andrej 332
Sackville-West, Vita 156
Sadat, Anwar 117
Sahle Selassie, König von Shoa 376f.
Sahle Selassie Haile Selassie, Prinz 119, 225
Salomo, König von Juda 20–28, 47, 60, 286
Sara Gezaw, Herzogin von Harrar 334
Sayn-Wittgenstein-Berleburg, Prinz Casimir Johannes zu 228, 288
Scammacca del Murgo e d'Agnone, Baronessa 148f.
Scharf, Kurt, Bischof 9
Scheel, Walter 232
Schermuly, Peter 356
Schewardnadse, Eduard 339
Schiller, Friedrich 104, 112, 359f.
Schily, Otto 189
Schiwkow, Todor, Marschall 332
Schmidt, Helmut 172, 297
Schnitzler, Lilly von 287
Schöfer, Martha 112, 134
Schoop, Kurt 317
Schröder, Prof. Dr. Horst 171, 175f.
Schubert, Bruno, Generalkonsul 288
Schubert, Franz 103
Schumacher, Kurt 53

Schumacher, Vera 51–56, 81f., 96, 108, 129, 135, 155, 282, 361
Schwab, Gustav 59, 169
Schwarzenegger, Arnold 199
Schwüppe, Dr. Hans 335
Sefrash Asfa-Wossen, Prinzessin 117, 123
Seume, Johann Gottfried 179
Seyoum Mengesha, Leul Ras 88, 92
Shakespeare, William 221, 360
Shoaraged Menelik, Wayzaro 376f.
Sihin Asfa-Wossen, Prinzessin 117, 123
Silla, Anja 362
Silvestrini, Achille, Kardinal 308
Simpson, Wallis 245
Sinatra, Frank 134
Sitwell, Sir Reresby 215, 366
Söhnlein, Horst 188
Sophia, Königin von Spanien 306f.
Spitzweg, Carl 159
Spyri, Johanna 54
Stackelberg, Baron Herbert von 259f.
Staël, Anne Louise Germaine de 184
Stalin, Josef 69
Stephen, Thoby 192
Stercken, Dr. Hans 335f.
Stevenson, Robert Louis 18, 59
Stolypin, Pjotr 144
Stolzmann, Paulus von, Botschafter 158
Stoph, Willy 338
Strachey, Lytton 192
Strauß, Franz-Josef 356
Straw, Jack 42
Stresemann, Dr. Gustav 172f.

383

Stromeyer, Helga (verh. Roenpage) 109
Susenyos, äthiopischer Kaiser 64
Swift, Jonathan 59
Taaffe, Graf Eduard 368
Tafari Makonnen, Prinz 78
Taitu, Kaiserin von Äthiopien 66
Talbot, John 273
Talleyrand, Charles-Maurice de 175
Tamrat Yigezu, Oberst 143f.
Teferi Benti, General 281
Tekle Haymanot, Heiliger 70f., 94
Tenagne-Work Haile Selassie, Prinzessin 153, 224f., 229, 270, 319, 322, 325–327, 334, 352
Tenagne-Work Sahle Selassie, Wayzaro 376f.
Teshome Ergetu, Generalleutnant 154
Tesseme Darge, Wayzaro 376f.
Tesseme Kassa, Lady 50, 279
Teufel, Erwin 357
Tewes, Ernst August 282
Theodorus II., Kaiser von Äthiopien 32, 51f., 122, 127, 358
Theophilos, Abuna, Patriarch 267, 276, 278f.
Thianges, Gabrielle Marquise de 90
Tickell, Kim 204f.
Tito, Josip Broz 138, 247
Titulescu, Nicolae 67
Tolstoi, Lew Nikolajewitsch 289
Trevelyan, George Macaulay 219
Triepel, Heinrich 174

Tsehai Haile Selassie, Prinzessin 224
Tsehainesh Haregot 16, 19, 151–154, 181, 210f., 222, 262, 279, 292–294
Tsige Asserate (Schwester des Autors) 11, 19, 41, 120, 122, 129, 249f., 268, 271, 293–296, 305, 319, 332
Tucholsky, Kurt 56, 361
Turuwork Asserate (Schwester des Autors) 19, 41, 54, 123, 154, 249, 326, 342
Twain, Mark 100, 106, 164
Uhland, Ludwig 169, 179
Ullendorff, Prof. Edward 288
Unseld, Dr. Siegfried 169
Vergil 59
Vesper, Bernward 188f.
Vesper, Will 188
Victor (Portier des Ritz) 211
Viktoria, Königin von England 52
Villot, Jean-Marie, Kardinal 308
Vogel, Dr. Friedrich 350
Watson, James 192
Waugh, Auberon 208f.
Waugh, Evelyn 53, 191, 195, 208f.
Wedel, Graf Peter 317
Weischedel, Prof. Dr. Wilhelm 169
Wicki, Bernhard 109
Wieland, Christoph Martin 357
Wilde, Oscar 200, 202
Wilhelm II., Deutscher Kaiser 54–56, 81, 173, 240, 249, 307, 315
Willhelm II., König von Württemberg 164

Wittgenstein, Ludwig 192
Wond-Wossen Asserate, Lij (Bruder des Autors) 41, 154, 249, 326
Wond-Wossen Kassa, Dejazmatch 150
Wood, Dr. Michael 227
Woolf, Leonard 192
Woolf, Virginia 358
Workneh Gebeyehu, Oberst 117, 124, 127
Wossen-Sagad Makonnen, Herzog von Harrar 79, 225, 250
Wuriga, Wayzaro 369
Wright, Sir Denis, Botschafter 119
Wright, Orville und Willbur 27
Yeshashe-Work Yilma, Prinzessin 319, 325
Yohannes IV., Kaiser von Äthiopien 24, 31f., 88
Yohannes, Abuna, Bischof von Tigray 89, 92
York, Peter Graf 164
Zauditu, Kaiserin von Äthiopien 240, 376f.
Zenabe-Work Haile Selassie, Prinzessin 224
Zera-Yacob Asfa-Wossen, Kronprinz 117, 258, 300, 376f.
Zewde Germachtew, Dr. 9f., 12–15, 143, 291
Zuriash-Work Gebre-Igziabher, Prinzessin (Mutter des Autors) 11, 14, 16, 19, 24, 28, 31f., 35–39, 74, 89, 116, 149, 155, 159, 237, 249f., 260, 263, 270, 293, 319, 321f., 324–326, 328f., 334f., 342f., 366f.